Manfred Schröder

Die schönsten Kanutouren in Sachsen, Sachsen-Anhalt und Thüringen

32 Ein- und Zweitagestouren
zwischen Elbe und Werra

Impressum:

www.dkvgmbh.de
Postfach 10 03 15
D-47003 Duisburg
Tel.: +49 (203) 99759-0
Fax: +49 (203) 99759-61

1. Auflage
Fotos: Manfred Schröder
Titelbild: Elbe bei Pirna, Foto: Hans-Peter Wagner
Gestaltung: www.publicdesign.de
Druck: Silber Druck oHG, Lohfelden
Lektorat: Antje Weber
Karten: Uwe Rex mit Canua MapMaker
Kartendaten: © OpenStreetMap-Mitwirkende, www.openstreetmap.org, Lizenz ODbL 1.0
Übersichtskarte: NordNordWest/Wikimedia Commons, CC BY-SA 3.0
Gewässerdaten: © Deutscher Kanu-Verband e.V., 2021

Aktuelle Infos:
Der Deutsche Kanu-Verband und die Zeitschrift KANU-SPORT bieten aktuelle Informationen über ihre jeweilige Homepage. Anregungen zu diesem Buch werden in der nächsten Auflage berücksichtigt. Verlag und Autor sind für alle Hinweise dankbar und erreichbar unter:
info@dkvgmbh.de

Deutscher Kanu-Verband e.V.
Bertaallee 8, 47055 Duisburg
Tel. 0203/99759-0, Fax -60
Internet: *www.kanu.de*

ISBN: 978-3-937743-59-2

Top KANU Touren

Manfred Schröder

Die schönsten Kanutouren in Sachsen, Sachsen-Anhalt und Thüringen

32 Ein- und Zweitagestouren
zwischen Elbe und Werra

Deutscher Kanu-Verband

DKV Wirtschafts- und Verlags GmbH
Postfach 100315 - 47003 Duisburg

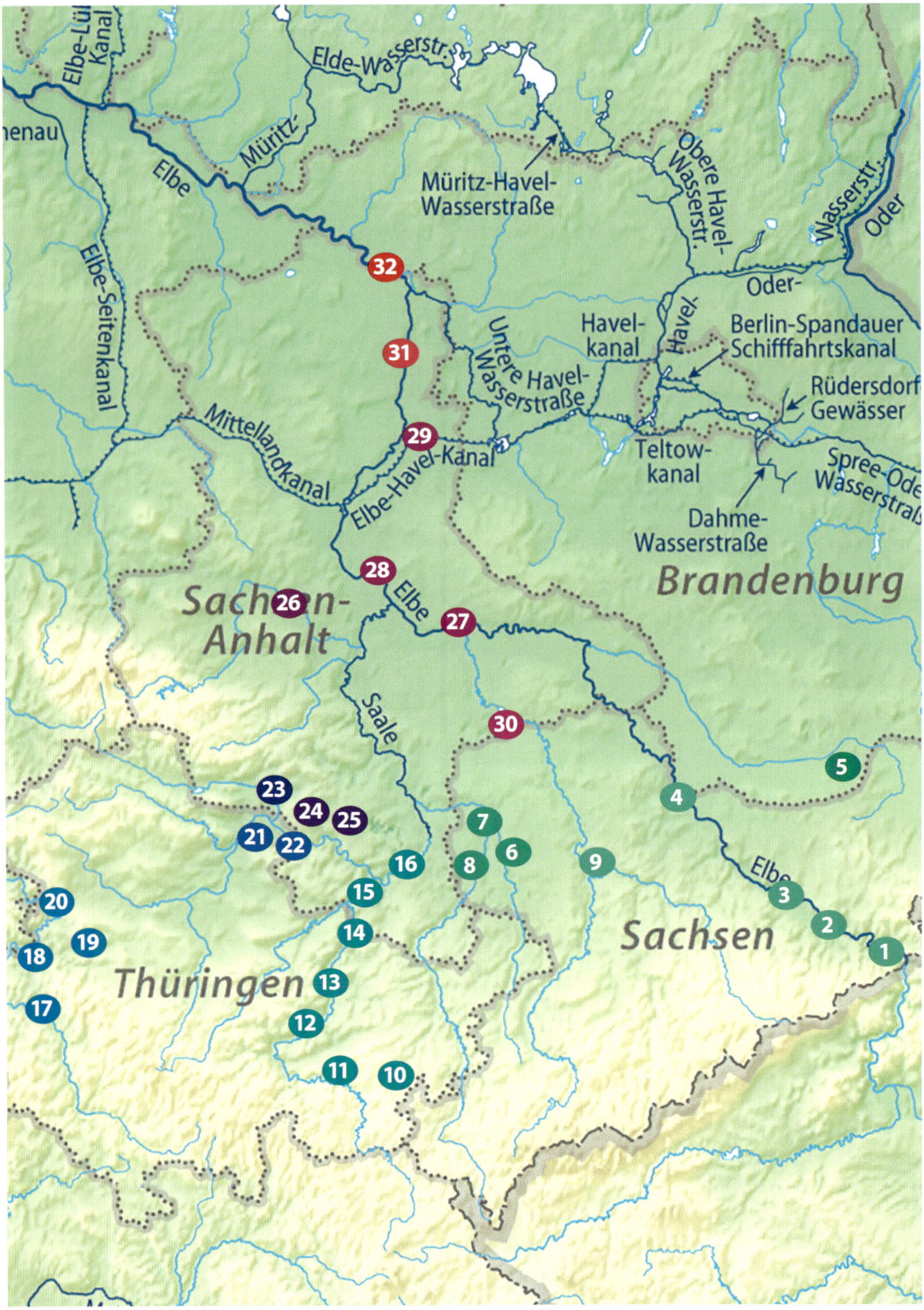
Elbe-Lübeck-Kanal
Elde-Wasserstr.
Müritz-
Elbe
Müritz-Havel-Wasserstraße
Obere Havel-Wasserstr.
Wasserstr.
Oder
Elbe-Seitenkanal
Oder-
Havelkanal
Havel
Berlin-Spandauer Schifffahrtskanal
Untere Havel-Wasserstraße
Rüdersdorf Gewässer
Mittellandkanal
Elbe-Havel-Kanal
Teltowkanal
Spree-Oder-Wasserstraße
Dahme-Wasserstraße
Brandenburg
Sachsen-Anhalt
Elbe
Saale
Elbe
Sachsen
Thüringen
1
2
3
4
5
6
7
8
9
10
11
12
13
14
15
16
17
18
19
20
21
22
23
24
25
26
27
28
29
30
31
32

VORWORT

Wer in Deutschland eine mehrtägige Kanu-Gepäck-Wanderfahrt unternehmen möchte, ohne umzutragen oder schleusen zu müssen, hat nicht viel Auswahl. Neben dem Rhein und der Oder bleibt da nur die Elbe. Nur eine Schleuse stört hier ihren ungestörten Lauf; die in Geesthacht, kurz bevor sie Hamburg erreicht. Von den knapp 600 km frei fließenden Elbekilometern sind in diesem Kanuführer ca. 210 km, verteilt auf sieben Tagesetappen, vorgestellt; vier in Sachsen und drei in Sachsen-Anhalt. Saale, Unstrut, Mulde oder Bode mögen da etwas neidisch sein, denn alle paar Kilometer bremst eine Schleuse oder ein Wehr ihren Lauf. Sei es, um der Berufsschifffahrt bessere Bedingungen zu bieten oder die Wasserkraft zur Stromerzeugung oder zum Antrieb vom Mühlen zu nutzen. In den letzten Jahren wurden die Möglichkeiten zur Befahrung mit Kanus Schritt für Schritt verbessert. Vor allem an Saale und Unstrut wurden Ein- und Aussetzstellen geschaffen, Wehre mit Kanupässen versehen oder gänzlich zurückgebaut.

Der landschaftszerstörende Braukohleabbau in den Regionen um Halle / Leipzig und Senftenberg findet hier einen positiven Abschluss. Die verlassenen Tagebaulöcher wurden bereits zu einem großen Teil mit Wasser gefüllt. Wo sie nahe genug beieinander liegen, verbinden Kanäle diese. Die Renaturierung ist noch nicht völlig abgeschlossen. Insofern werden sich die Möglichkeiten fürs Kanufahren in den nächsten Jahren weiter verbessern. Aber bereits jetzt bemüht man sich, etablierten Regionen in Brandenburg und Mecklenburg Konkurrenz zu machen.

Unabhängig von diesen Veränderungen wird im vorliegenden Kanu-Reiseführer eventuell das eine oder andere Gewässer fehlen, von dem heimische Paddler sagen, dass es doch in dieses Buch gehören müsste. Zum einen habe ich in erster Linie Gewässer ausgewählt, die mög-

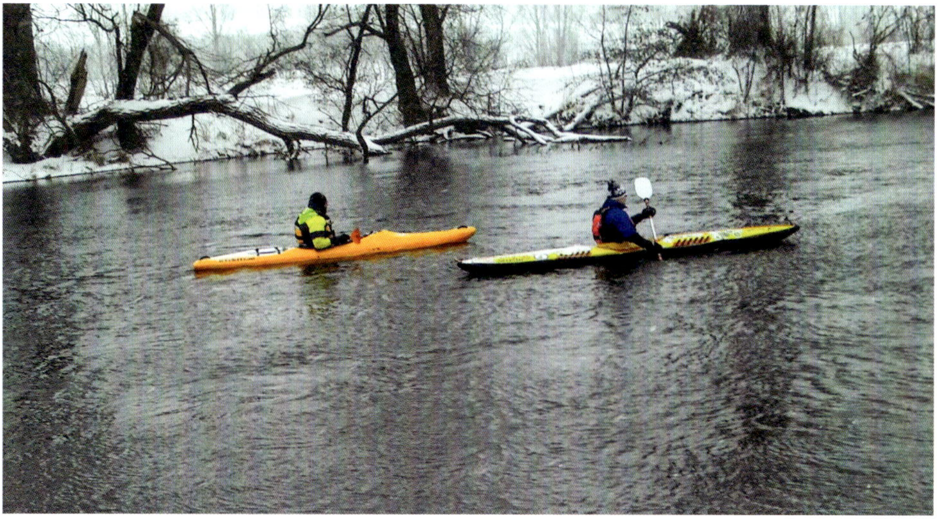

Winterpaddeln auf der Saale.

lichst einfach und somit auch von Anfängern zu paddeln sind. Zum anderen habe ich mich entschieden, die vorgeschlagenen Touren lieber zwei- oder dreimal zu paddeln, um möglichst viele Facetten des Gebietes kennenzulernen und weiterzugeben. Es besteht ja immer noch die Möglichkeit, in der Zeitschrift des Deutschen Kanu-Verbandes, dem „Kanu-Sport", oder im Internet über später gepaddelte Touren zu berichten.

Im vorliegenden Buch werden ein paar Touren vorgestellt, die auch mal 30 km und länger sind. Überwiegend wurde das Augenmerk aber auf eher kurze Touren gelegt, die für Gruppen und Anfänger bequem zu schaffen sind. Wer sich mehr zutraut, kann sich aus den angebotenen Fahrten seine Tour selbst zusammenstellen und eventuell zwei Tagesetappen zu einer zusammenfassen. Auf den schnell fließenden Flüssen hilft aber auch die Strömung, sodass die Pausen nicht zu kurz kommen.

Auf die Ausweisung von Öffnungszeiten, Telefonnummern und Adressen wurde – mit Ausnahme der Tourist-Informationen – verzichtet, da sich diese Daten häufig ändern. Stattdessen wurde auf die Web-Sites hingewiesen, denn inzwischen sind die meisten Kanuten mit Smartphone u.ä ausgerüstet und können sich somit aktuell vor Ort über die Dinge, die sie interessieren, informieren.

Wer nach Sachsen, Thüringen und Sachsen-Anhalt eine weite Anreise in Kauf nehmen muss und nur ein verlängertes Wochenende oder eine Urlaubswoche Zeit zum Paddeln dort hat, will vielleicht wissen, welches denn die absoluten Spitzenreviere sind, die man unbedingt gepaddelt haben muss: Da fällt mir als erstes natürlich der Elbabschnitt von Schmilka nach Dresden ein. Die Tour durchs Elbsandsteingebirge mit seinen markanten Felsformationen entlang von Bastei und Schrammsteinen oder Tafelbergen wie dem Königstein und Lilienstein muss jeder Kanute einmal gepaddelt sein. Im Leipziger Neuseenland kann man sich die sächsische Metropole vom Wasser aus erschließen. Die Saale erfordert zwar etwas Bootsbeherrschung, aber in den kleinen Städten bietet sich eine Vielzahl an kulturellen und geschichtlichen Sehenswürdigkeiten und außerhalb der Orte ist man schnell in unberührter Natur.

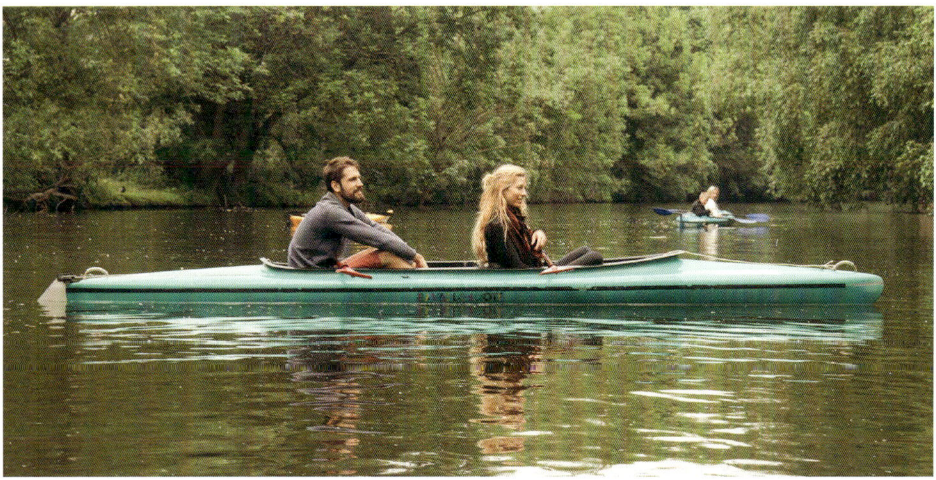

Im späten Frühjahr ist schon Paddelhochsaison.

ÜBERS PADDELN

1. Kanutypen, Kennzeichnung der Kanus, Leihboote und Bootsverleih, Paddeln im Verein

Die Geschichte des Kanus reicht zurück bis in die Steinzeit. Immer wieder werden bei Ausgrabungen und Tauchgängen historische Bootstypen entdeckt. Die ersten Kanus wurden einfach aus einem Baumstamm herausgehauen. Man vermutet, dass man mit diesen primitiven Wasserfahrzeugen nicht nur zum Fischen auf Flüsse und kleine Seen hinausgepaddelt ist, sondern auch Entdeckungsfahrten entlang der Küsten und zu entfernten Inseln unternommen hat. Als Sportgerät wird das Kanu aber erst seit gut einhundert Jahren genutzt. Ging die Entwicklung vom Holzkajak zum Faltboot und später zum Plastekahn noch recht langsam vor sich, wechseln heute in rasanter Geschwindigkeit wie bei kaum einem anderen Sportgerät Form, Material, Fertigungstechnologie und vor allem Zweck. Da gibt es Kanus für Tourenpaddler, Wildwasserfahrer, Kanu-Polospieler und Freestyler; man kann Drachenboote, Slalomkanus und Seekajaks kaufen.

Von einigen, selbst erfahrenen Kanuten werden die Begriffe Kanu und Canadier synonym benutzt. Dabei ist „Kanu" der Oberbegriff für die per Muskelkraft in Blickrichtung fortbewegten Wasserfahrzeuge. Fährt man rückwärts, sitzt man im Ruderboot. Die in Vereinen Sport treibenden Kanuten sind darum auch im Deutschen Kanu-Verband (DKV) organisiert. Die beiden zahlenmäßig größten Unterarten der Kanus sind der Canadier und der Kajak. Den Canadier kennt jeder aus Filmen über die Indianer Nordamerikas. Er wird mit sogenannten Stechpaddeln vorangetrieben. Stechpaddel haben im Gegensatz zum Doppelpaddel nur ein Paddelblatt. Beim Stechpaddeln werden immer mehrere, wenn nicht sogar alle Schläge auf derselben Seite gepaddelt. Damit der Canadier auch Kurs hält, muss mit Steuerschlägen dem Abdriften entgegengewirkt werden. Der Name Kajak stammt aus der Sprache der grönländischen Inuit, die mit kleinen, wendigen Kajaks zum Robbenfang aufs Meer hinausfuhren. Gepaddelt wird der Kajak mit einem Doppelpaddel. Neben den schon genannten Kanutypen sieht man in den letzten Jahren vermehrt Kanuten auf Stand-Up-Paddelboards – kurz SUP genannt. Auf SUP-Boards wird stehend gepaddelt.

Die Kanus können aus Holz, den verschiedensten Kunststoffen oder aus „Gummi" bestehen; als festes oder faltbares Boot; Seekajak, Allrounder, Wildwasserboot oder ultrakurzes Spielboot die Gewässer befahren. Wer auf stehenden Gewässern längere Tagestouren unternimmt, wird sicher nicht zum nur zwei Meter langen Spielboot greifen. Gruppen, die Mehrtagestouren mit Gepäck vorhaben, bevorzugen meist die voluminösen Canadier. Für Touren, bei denen das Reisegepäck an Land bleibt, bieten sich Einer- oder Zweierkajaks mit Steuereinrichtung an. Nach ein paar Runden auf dem Wasser haben auch Ungeübte bald den Bogen raus, das Schiff auf Kurs zu halten. Schwieriger ist da schon das Geradeausfahren im steuerlosen Einerkajak. Schon mehr als einer hat entnervt aufgegeben, wenn das Boot immer wieder allen Gegensteuerns zum Trotz in den Wind drehte. Für den Anfänger ist ein Kajak mit Steuer da sicher besser.

Kanus benötigen zwar kein amtlich verordnetes Kennzeichen, müssen aber trotzdem einen Namen haben. Dieser muss mit mindestens 10 cm hohen Buchstaben beidseitig von außen zu erkennen sein. Weiterhin müssen der Name und die Adresse des Bootseigentümers angegeben sein. Da reicht es aber aus, dass diese Angaben innen auf einem Schildchen stehen oder direkt mit wasserfestem Stift auf die Innenseite geschrieben sind.

Vermieter haben Canadier und robuste Einer- und Zweierkajaks im Angebot. Kaum jemand vermietet Faltboote oder aufblasbare Luftboote. Diese sind im Anschaffungspreis recht teuer und sehr reparaturanfällig. Diese Bootstypen bieten sich für den an, der sein eigenes Boot besitzen möchte, aber zu Hause keinen Platz zum Unterbringen fester Boote besitzt oder oft auf Reisen mit öffentlichen Verkehrsmitteln bzw. mit dem Flugzeug geht.

Gute Bootsvermieter stellen heute nicht nur Boot und Paddel zu Verfügung, sondern zumindest noch wasserdichte Tonnen und Schwimmwesten. Bei einigen kann man sich die komplette Campingausrüstung leihen oder von Kanulehrern begleitete Touren buchen. Eine umfassende Einweisung in die Paddeltechnik und in die zu beachtenden Umweltbestimmungen gehört ebenfalls zum Merkmal guter Verleihstationen.

Allein oder in Familie zu paddeln, macht sicher viel Spaß. Aber manchmal möchte man auch mit anderen Gleichgesinnten auf Tour gehen oder an organisierten Fahrten teilnehmen. Dann bietet es sich an, selbst Mitglied in einem Kanu-Verein zu werden. Die Bootshäuser der Vereine befinden sich meist direkt an einem Paddelgewässer und bieten neben Vereinsbooten oft auch Liegeplätze für das eigene Boot. Internet-Adressen von Kanu-Vereinen entlang der beschriebenen Strecken sind weiter unten aufgelistet. Man findet sie aber auch auf den Internetseiten des DKV *(www.kanu.de)* bzw. der Landes-Kanu-Verbände.

2. Fähren, Schleusen, Bootsschleppen, Umtragen

Beim Paddeln auf Elbe und Saale wird man immer mal wieder den Weg von Fähren kreuzen. Fähren gehören zur Berufsschifffahrt und Paddler haben ihnen somit Vorfahrt zu gewähren. Besondere Sorgfalt muss man bei der Begegnung mit Seilfähren walten lassen. Da diese bei fehlerhaftem Verhalten von Freizeitkapitänen nicht ausweichen können, kam es in der Vergangenheit bereits zu mehreren Unfällen. Es gilt die Regelung: Bei der Vorbeifahrt muss die Fähre an der ständigen Liegeseite stillliegen! Soweit auf Karten oder in diesem Kanuführer nicht auf den ständigen Liegeplatz aufmerksam gemacht wird, ist er am Verkehrszeichen für „nicht freifahrende Fähre“ zu erkennen, welches etwa einen Kilometer vor der Fährstelle an der Uferseite steht, an der sich auch der ständige Liegeplatz befindet. Das Verkehrszeichen ist rechteckig und zeigt auf blauem Grund eine weiße Fähre über einem weißen Querband. Da die Strömungsgeschwindigkeit der Elbe recht hoch ist, sollte man sich rechtzeitig vor dem Fährstandort in Ufernähe einen Platz suchen, an welchem eine eventuelle Fährfahrt abgewartet werden kann.

Als man begann, die Flüsse für die Schifffahrt auszubauen, mussten die unterschiedlichen Höhen zwischen den Wasserwegen ausgeglichen werden. Es wurden Schleusen errichtet. Auf einer durchschnittlichen Paddeltour wird man kaum mehr als zwei bis drei Schleusen pro Tag überwinden müssen. Trotzdem sollten die Wartezeiten vor den Schleusen in die Zeitenplanung für Kanutouren mit einbezogen werden. Wird außerhalb der Sommersaison nur zu bestimmten Zeiten oder gar nicht geschleust, so heißt es in der Hauptsaison warten, bis man an der Reihe ist. Den Hinweisen des Schleusenmeisters ist auf jeden Fall Folge zu leisten. Ansonsten haben die ausfahrenden Boote natürlich Vorfahrt vor den einfahrenden, und Motorboote sollten zuerst die Schleusenkammer befahren. Viele Schleusen wurden in den letzten Jahren aus Kostengründen zu Selbstbedienungsschleusen umgebaut. Da hier die helfende Hand des Schleusenmeisters fehlt, ist von den Freizeitkapitänen noch mehr Disziplin gefordert.

An einigen Schleusen lässt sich die Wartezeit durch Nutzen der Bootschleppe oder des eigenen Bootswagens verkürzen. Ohne hohen Kraftaufwand geht das bei vielen der oft uralten Schleppanlagen aber nicht ab. Selbst ohne Boote und Gepäck haben die Loren ein stattliches Gewicht, und diese dann aus dem Wasser zu ziehen, erfordert geballte Muskelkraft. Leider haben viele Paddler, nachdem das eigene Boot auf der anderen Schleusenseite im Wasser liegt, dann nicht mehr die Energie, die Bootsschleppe wieder an Land zu ziehen. Will der nächste Paddler zufällig in die Gegenrichtung, erspart es ihm sogar etwas Aufwand. Kommt er aber aus der gleichen Richtung wie sein Vorgänger, vergrößert sich seine Mühe. Vorsicht ist auch beim zu Wasser lassen der Boote geboten. Durch das hohe Gewicht zieht es die Bootswagen auf den abschüssigen letzten Metern mit Gewalt ins Wasser. Die Zugkette sollte also bereits vor Erreichen der Hangneigung straff gehalten werden. Ansonsten sollte nicht zu spät mit dem Abbremsen begonnen werden. Ist der Wagen erst einmal in Fahrt, hat er beim Versuch, ihn zu stoppen, schon manchen von den Beinen geholt.

Von den Kindern werden Schleusen oft als willkommene Abwechslung begrüßt. Zum einen haben sie vorerst Ruhe vorm Paddeln, zum anderen ist das Auf und Ab in der Schleusenkammer, die hautnahe Begegnung mit anderen Booten und eventuell auch mit hektischen Zeitgenossen ein eigenes Abenteuer. Und nicht zuletzt haben die Erwachsenen Zeit, die Verpflegungskiste zu öffnen.

Neben den Schleusen gibt es auch noch andere Hindernisse auf dem Wasser wie Wehre oder Krautsperren, die ein Umtragen an Land erforderlich machen. Die Mitnahme eines Bootswagens ist da sicher nicht verkehrt, vor allem, wenn schwer beladene Kanus transportiert werden müssen. Viele Wehre werden in heutiger

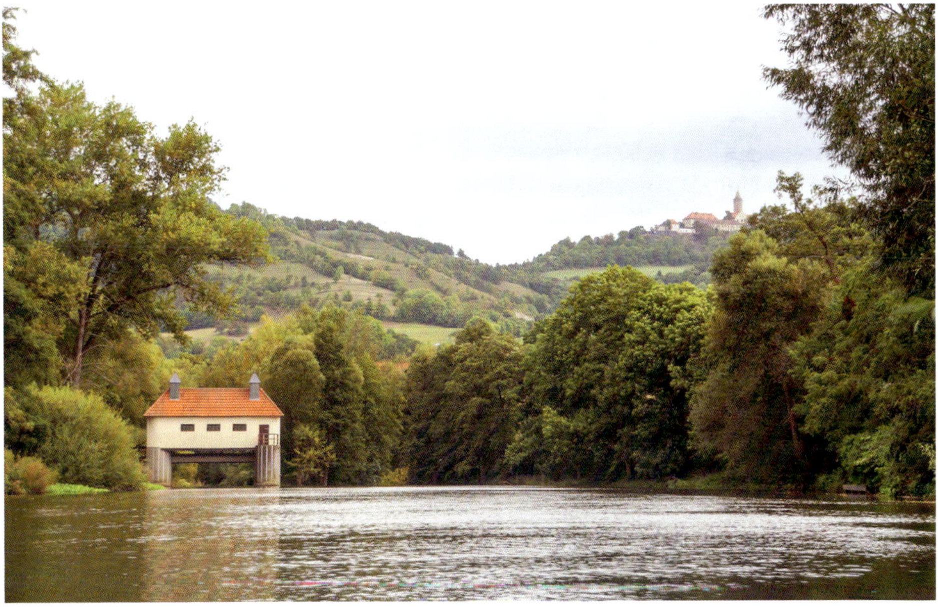

Auf vielen Flüssen, wie Saale, Unstrut oder Werra erleichtern Stege wie hier am Wehr in Kahla das Anlanden zum Umtragen der Kanus.

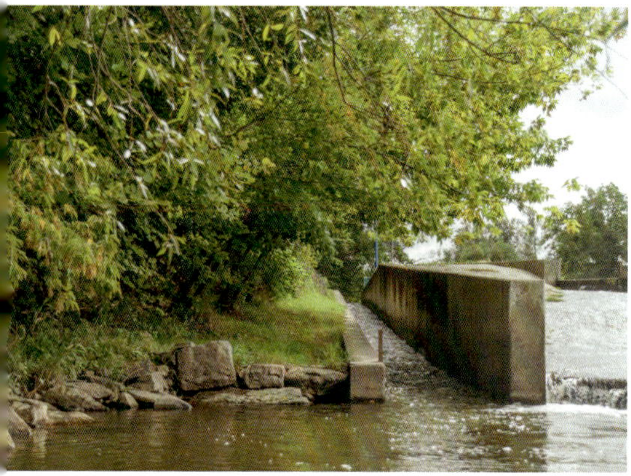

Kanu-Fisch-Pass am Wehr Döbritzschen.

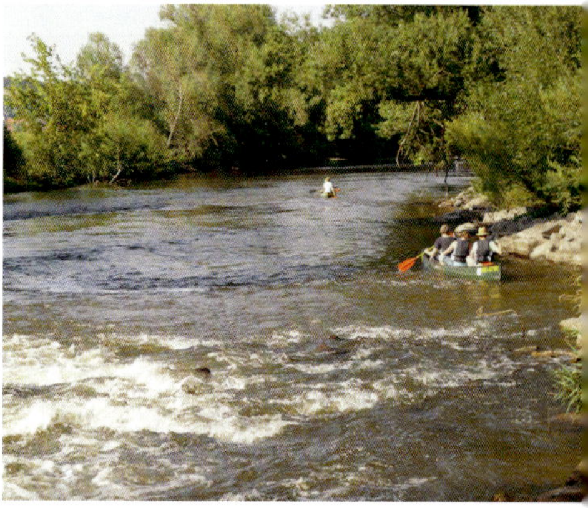

Nach dem Umtragen an der Staustufe Alten-

Zeit wieder zurückgebaut oder mit einem Kanu-Fisch-Pass versehen. Einerseits soll den Fischen wieder die durch Wehre versperrte Rückkehr zu ihren Laichplätzen ermöglicht werden; andererseits haben Kanuten die Möglichkeit, ohne Umtragen ins Unterwasser zu gelangen. Die Kanupässe sind meist nur etwa einen Meter breit und befinden sich in direkter Ufernähe. Sie sollten eigentlich so konstruiert sein, dass das Kanu von selbst mittig durch die Gasse treibt. Nicht immer klappt das so problemlos. Wenn das Kanu dem Rand der Bootsgasse doch mal zu nahe kommt, ist es meist besser, eine leichte Kollision in Kauf zu nehmen, als das Kanu hektisch zur anderen Seite zu stoßen. Meist kommt es von allein wieder auf Kurs. Unbedingt ist jedoch darauf zu achten, dass die Finger nicht zwischen Bootsgasse und Kanu geraten.

3. Gefahren, gesetzliche Regeln

Beim Paddeln kommt es Jahr für Jahr immer wieder zu Unfällen; manche davon mit tödlichem Ausgang. Ursachen sind meist nicht unvorhergesehene Naturgewalten, sondern bodenloser Leichtsinn wie Paddeln unter Einfluss von Alkohol, Befahren von unbefahrbaren Wehren, Wehrbefahrungen ohne ausreichende Paddelkenntnisse oder das Nichtbeachten des Wetters.

Natürlich gibt es Jahreszeiten oder Paddelreviere, die gefährlicher sind als andere. Eine Kenterung im Hochsommer auf einem nur mäßig strömenden Wiesenfluss kann zwar auch böse Folgen haben; ein gesunder Paddler, der schwimmen kann, wird jedoch fast immer das Ufer erreichen. Anders sieht es im zeitigen Frühjahr, im Spätherbst oder gar im Winter aus. Die Kälte lähmt bald jeden Muskel und selbst 50 m bis zum Land können auch für geübte Schwimmer zu lang sein. Auch die großen Seen erfordern besondere Vorsicht. Winde ab Stärke 4 können Bedingungen schaffen, die ungeübte Paddler nicht mehr beherrschen. Gerät das Boot quer zum Wind und kommt noch etwas Panik hinzu, ist eine Kenterung vorprogrammiert. Wer an solchen Tagen unbedingt eine Seentour durchführen möchte, sollte zumindest an der windgeschützten Uferseite paddeln.

Manche Boote sind mit Familie und Urlaubsgepäck so beladen, dass nur ein paar Zentimeter Freibord vorhanden sind. Ohne Spritzdecke schlägt das Boot bei aufkommenden Wellen schnell voll und sinkt, wenn es nicht ausreichend Auftriebskörper über Wasser halten.

Vorsicht ist auch bei Begegnungen mit der Berufsschifffahrt angebracht: Auf der Elbe ist immer mit Schubkähnen oder Ausflugsdampfern zu rechnen. Diesen sollte man möglichst weiträumig aus dem Wege gehen. Problematischer sind die Wellen, die von einigen Sportmotorbooten hervorgerufen werden, und die sich mit den Wellen, die der Wind vor sich hertreibt, zu kabbeligen Kreuzseen mischen. Da ist schnell ein Canadier vollgeschlagen oder ein Einerkajak-Paddler aus dem Gleichgewicht gebracht. In Wellen, die man rechtzeitig sieht, sollte man möglichst im rechten Winkel einfahren.

Besondere Sorgfalt ist beim Paddeln mit Kindern zu beachten. Eigentlich ist es selbstverständlich, dass ohne angelegte Schwimmweste keine Tour beginnen darf, dies gilt natürlich auch für Fahrten, an denen keine Kinder teilnehmen. Bei Gruppenfahrten sollte auch in wenigstem jedem dritten Boot ein Erwachsener sitzen, denn auf dem Wasser zieht sich die Truppe schnell auseinander. Wenn ein Tourenbegleiter den letzten Bootsbesatzungen noch erklärt, wie das Paddel zu halten ist, sind die Pfiffigeren schon hinter der nächsten Biegung verschwunden und treiben möglicherweise Unsinn. Bei Gruppenfahrten sollte stets Rücksicht auf die Schwächsten der Gruppe genommen werden.

Es gibt einige Wehre, die mit der richtigen Paddeltechnik und Ausrüstung befahren werden können. Die richtige Paddeltechnik erwirbt man sich am besten in einer fachkundigen Gruppe. Ist man allein, auf unbekannten Flüssen oder bei außergewöhnlichen Bedingungen (Wetter, Hochwasser) unterwegs, sollte man besser umtragen, denn im Unglücksfall ist niemand da, der helfen kann.

Andere Gefahren lauern auf den schnell fließenden Flüssen. Insbesondere auf der Saale, aber auch auf Unstrut, Helme oder Mulde müssen Schwallstrecken überwunden werden. Oft befinden sich die Schwallstrecken unter Brücken. Mit geschlossener Spritzdecke fährt man mittig in

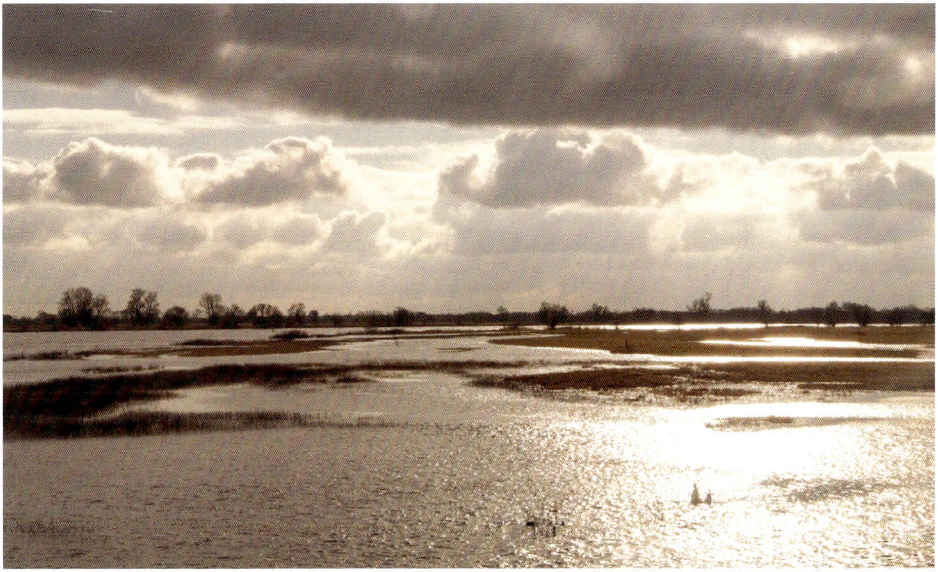

Besondere Vorsicht ist beim Paddeln bei erhöhten Wasserständen geboten.

die Stromzunge und folgt der Hauptströmung. Vor den Schwallstrecken gibt es häufig Kies- und Sandbänke. Sollte man auflaufen und das Kanu nicht wieder flott bekommen, hilft meist nur aussteigen; allerdings an der strömungszugewandten Seite. Bekommt das Kanu nach dem Aussteigen wieder genügend Wasser unter den Kiel, steht ein auf der strömungsabgewandten Seite ausgestiegener Kanute dem weitertreibenden Kanu plötzlich im Wege. Festsitzende Sandalen, besser noch Neoprenschuhe, schützen vor Verletzungen und man bekommt beim Wiedereinsteigen nicht zu viel Wasser ins Boot. Auf einigen Flüssen versperren umgestürzte Bäume oder weit ins Wasser ragende Büsche die Weiterfahrt. Gibt es gar keine Durchfahrt, muss man umtragen. Meist findet man jedoch noch eine schmale Gasse. Diese liegt jedoch fast immer außerhalb der Hauptströmung. Das Boot ist abzubremsen, damit man nicht mit voller Geschwindigkeit in die Büsche kracht und man quer vor dem Hindernis zum Stehen kommt. Die Strömung bringt die Kanus dann oft zum Kentern. Die Bootsspitze ist nun in die Durchfahrt einzufädeln; das Kanu sollte dabei parallel zur Strömung gleiten. Bei der Anfahrt ist auf eine eventuelle Querströmung zu achten. Wichtig ist, dass vor allem bei Gruppenfahrten jeder das Kanu rechtzeitig stoppen und wenn erforderlich anlegen kann. Da Berührungen mit Ästen und Zweigen nicht immer zu vermeiden sind, sollte man gut auf Brillen oder Kopfbedeckungen achten.

Vorsicht ist auch bei Hochwasser geboten, die Strömungsgeschwindigkeit der Flüsse wird schneller und von vorherigen Touren bekannte Bedingungen können sich total verändert haben. Bei extremem Hochwasser sollte man besser nicht paddeln.

Und wenn trotz aller Vorsicht mal ein Unfall passiert ist, sollte man eine Erste-Hilfe-Tasche an Bord haben und Rettungsmaßnahmen leisten können.

Für das Befahren der Bundeswasserstraßen hat der Gesetzgeber die Binnenschifffahrtsstraßen-Ordnung (BinSchStrO) erlassen. Diese gilt auf diesen Gewässern auch für Kanuten. Nur eine Regelung soll hier explizit erwähnt werden: Die 0,5 Promille-Obergrenze nach dem Genuss von Alkohol gilt auch für die Führer von Sportbooten.

4. Umweltschutz

Als Paddler sollte man Rücksicht auf die Tier- und Pflanzenwelt nehmen; auch wenn man sich nicht in einem geschützten Biotop befindet. Folgende Regeln sollte darum jeder überall einhalten:

- Informationen zu (eventuell neuen) Einschränkungen der Befahrbarkeit einholen.
- Keine Abfälle hinterlassen und Lärm vermeiden.
- Vor allem öffentliche Ein- und Aussetzstellen und Rastplätze nutzen
- Einfahren in Röhrichtbestände und andere dichtbewachsene Uferbereiche vermeiden.
- Vogelansammlungen weiträumig umfahren.
- Überfahren besonders flacher Gewässerpartien vermeiden.
- Zum Anlanden nur die dafür vorgesehenen und gekennzeichneten Stellen verwenden oder solche, an denen kein Schaden angerichtet werden kann.
- Nicht „schwarz zelten“!

Weitere Einschränkungen oder Besonderheiten, die auf Grund eines speziellen Schutzstatus wie Nationalpark, Biosphärenreservat oder Naturschutzgebiet gelten, werden in den Tourenbeschreibungen separat erwähnt.

5. Reisezeit

Paddeln hat das ganze Jahr über Saison. Da selbst im Winter die Flüsse und Seen nur an wenigen Tage mit einer Eisdecke überzogen sind und nicht befahren werden können, hängt es somit stark von der Einstellung des Paddlers ab, welche Jahreszeit für ihn die liebste ist.

Frühling: Nach den trüben Wintertagen drängt ab Ostern alles in die Natur. Eine Vielzahl von Blumen erblüht und die Vögel sind von ihren Überwinterungsplätzen zurückgekehrt. Dennoch beginnt die Tourismussaison nur verhalten. Auf den Flüssen und Seen ist vor allem an den Arbeitstagen kaum ein Boot unterwegs. Erst ab Mitte Mai wagen sich mehr Urlauber aufs Wasser. Die Ausnahme bilden die Wochenenden über Christi Himmelfahrt und Pfingsten. Dann sind alle Bootsvermieter ausgebucht, und mehr Getümmel als jetzt herrscht auf den Gewässern auch im Hochsommer nicht.

Sommer: Es ist Hauptsaison, vor allem für Familien mit schulpflichtigen Kindern. Wem beim Paddeln heiß wird, der findet beim Baden in den sauberen Seen eine willkommene Erfrischung. Ruhe und Stille auf den Seen herrschen jedoch nur noch am frühen Morgen und in den Abendstunden. Allerdings haben auch Mücken und Bremsen Hochkonjunktur. An den Wochenenden ist überall etwas los. Jedes noch so kleine Dorf feiert sein Volksfest.

Herbst: Der Trubel des Sommers ist vorbei. Auf dem Wasser wird es zunehmend einsamer. Sich begegnende Kanuten grüßen wieder. Die Blätter färben sich bunt. Nachts fällt die Temperatur schon mal in Richtung Gefrierpunkt, aber tagsüber sind die Temperaturen noch durchaus angenehm. In den Wäldern wachsen Unmengen von Pilzen, allerdings kaum noch Beeren. Die Ruhe nach einem hektischen Sommer ist Balsam für die Seele.

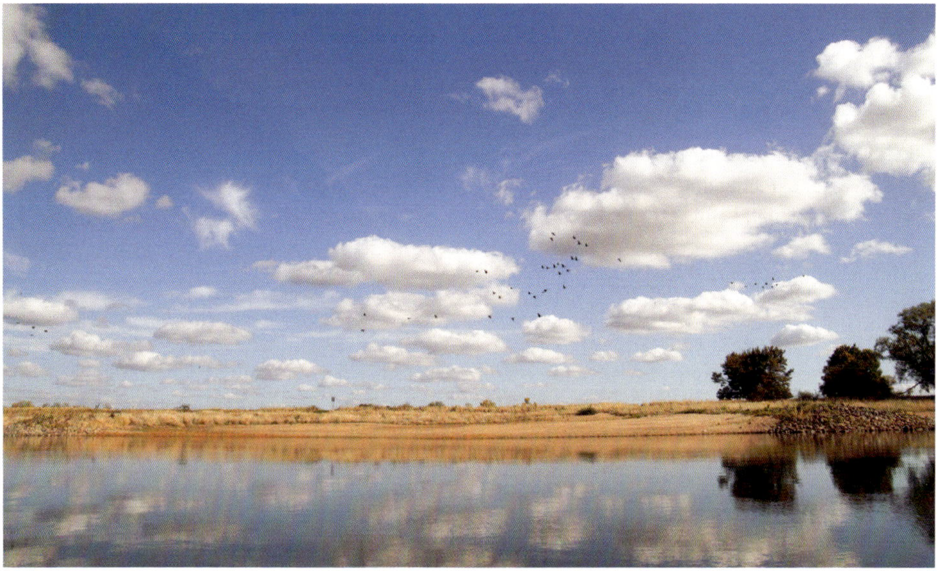

Auch wenn man auf der Elbe inmitten der Fahrrinne paddelt, fliegt manchmal am Ufer ein Schwarm Gänse auf.

Winter: Strenge, eisige Winter sind in Deutschland eher die Ausnahme. Einige Tage frieren die Seen in jedem Jahr zu, aber nach einem Wärmeeinbruch mit Regen sind sie auch bald wieder eisfrei. Auf Flüssen wie der Elbe treiben nur selten einmal Eisschollen. Man hat die Gewässer wirklich ganz für sich allein. Abends in der gemütlichen Pension beim heißen Grog ist die nasse Kälte schnell vergessen. Wer es härter mag, findet aber auch auf einigen über Winter geöffneten Campingplätzen einen Platz fürs Zelt. Dass Winterpaddeln aber auch viele Paddler vereinen kann, zeigen Fahrten wie die Winter-Elbe- und Winter-Saale-Fahrt.

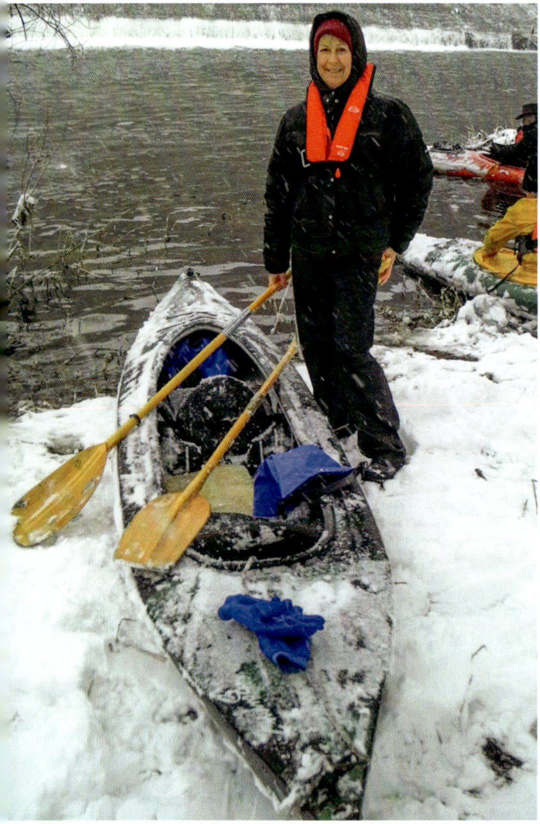

Vor dem Start in Camburg zur zweiten Etappe der Winter-Saale-Fahrt.

6. Bücher, Karten, Zeitschriften

Über Informationsmaterial zu den Etappen wird jeweils in der Rubrik Adressen und Infos informiert. Nachfolgend genannte Bücher und Karten betreffen entweder das ganze Fahrtengebiet oder einen großen Teil davon.

- DKV-Gewässerführer Ostdeutschland, DKV-Wirtschafts- und Verlags GmbH
- Wassersportwanderkarte WW 7 (Deutschland Ost), 1:125.000, Jübermann-Verlag
- Tourenatlas Wasserwandern TA 7 (Elbe vom Elbsandsteingebirge bis Magdeburg) und TA 8 (Elbe von Magdeburg bis Hamburg), 1:75.000, Jübermann-Verlag
- Wasserwandern auf der Saale, Regionalverbund Thüringer Wald e.V.
  www.thueringer-wald.com

Wer sich über das Paddeln ganz allgemein auf dem Laufenden halten möchte, kann in Deutschland aus einer ganzen Reihe von Zeitschriften wählen: Da ist die vom Deutschen Kanu-Verband herausgegebene KANU-SPORT *(www.kanu-sport.com)*. Weiterhin gibt es das Kanu-Magazin *(www.kanumagazin.de)* und das Kajak-Magazin *(www.kajak-magazin.com)*.

7. Informationen

Detaillierte Informationen über aktuelle Übernachtungsmöglichkeiten, Kanu-Verleiher usw. bekommt man in den örtlichen Info-Büros, deren Adressen zu Beginn jeden Abschnitts unter „Informationen" aufgelistet sind. Übersichtsmaterial über jeweils einen Teil des Paddelreviers liefern die folgenden Landes-Tourismusverbände:

- **Landestourismusverband Sachsen**
  Messering 8, 01067 Dresden
  Tel.: 0351-49 19 10
  E-Mail: *info@ltv-sachsen.de*
  Web: *www.ltv-sachsen.de*

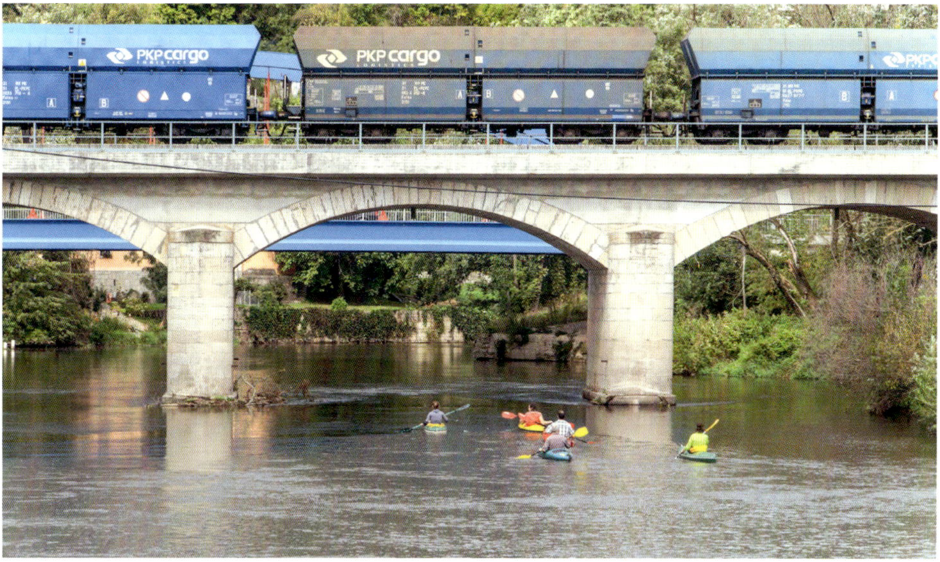

- **Tourismusverband Sachsen-Anhalt**
  Danzstraße 1, 39104 Magdeburg
  Tel.: 0391-7 38 43 00
  E-Mail: *info@ltvlsa.de*
  Web: *www.tourismusverband-sachsen-anhalt.de*
- **Tourist-Information Thüringen**
  Willy-Brandt-Platz 1, 99084 Erfurt
  Tel.: 0361-3 74 20
  E-Mail: *service@thueringen-entdecken.de*
  Web: *www.thueringen-entdecken.de*
- **Saale-Unstrut-Tourismus**
  Lindenring 34, 06618 Naumburg
  Tel.: 03445-23 37 90
  E-Mail: *info@saale-unstrut-tourismus.de*
  Web: *www.saale-unstrut-tourismus.de*
  www.blaues-band.de

8. Kanu-Verbände und -Vereine

- **Deutscher Kanu-Verband e.V.**
  Bertaallee 8, 47055 Duisburg
  www.kanu.de
- **Sächsischer-Kanu-Verband e.V.**
  Goyastraße 2d, 04105 Leipzig
  www.kanu-sachsen.de
- **Landes-Kanu-Verband Sachsen-Anhalt e.V.**
  Kleiner Werder 5, 39114 Magdeburg
  www.kanu-sachsen-anhalt.de
- **Thüringer Kanu-Verband e.V.**
  Burgauer Weg 13, 07743 Jena
  www.kanu-thueringen.de

Die Adressen der örtlichen Kanu-Vereine findet man auf *www.kanu.de* I DER DKV I Vereinssuche bzw. den Internetseiten der Landes-Kanu-Verbände.

9. Sonstige Adressen

- **Wasser- und Schifffahrtsamt Magdeburg**
  Fürstenwallstraße 19/20, 39104 Magdeburg
  Web: *www.wsa-magdeburg.de*
- **Wasser- und Schifffahrtsamt Dresden**
  Moritzburger Straße 1, 01127 Dresden
  Web: *www.wsa-dresden.wsv.de*
- **Elektronisches Wasserstraßen-Informationssystem,** Web: *www.elwis.de*

LAND UND LEUTE

Beim Paddeln in Thüringen, Sachsen und Sachsen-Anhalt trifft man immer wieder auf geschichtsträchtige Orte. Aus der Bronzezeit macht der Fund der Himmelsscheibe von Nebra in der Nähe der Unstrut von sich reden. Dass die Menschen sich aber bereits in der Jungsteinzeit mit dem Lauf der Himmelskörper beschäftigt haben, zeigt die Erforschung des Sonnenobservatoriums in Goseck an der Saale. An der Elbe bei Schönebeck wurde erst in den letzten Jahren das mit dem englischen Stonehenge vergleichbare Ringheiligtum Pömmelte entdeckt und durch den Salzlandkreis rekonstruiert. Bereits 1987 wurde in der Nähe der Unstrut die Dolmengöttin Langeneichstädt in einem neolithischen Steinkammergrab ausgegraben. Gemeinsam mit dem Landesmuseum für Vorgeschichte Halle bilden diese vier weltberühmten Fundstätten die archäologische Tourismusroute „Himmelswege in Sachsen-Anhalt". Im zentralen Mittelalter waren Thüringen und Sachsen-Anhalt eine der Keimzellen des Deutschen Reiches. Nach der Teilung des Frankenreiches Karls des Großen übernahmen sächsische Adlige schnell die ostfränkische Königswürde. Bereits der zweite Sachse auf dem Thron, Otto der Große, ließ sich vom Papst zum Kaiser krönen. Nach seinem Tod in Memleben an der Unstrut wurde er nach Magdeburg überführt und dort im Dom begraben. Zu Ottos Zeiten wohnten im ostelbischen Raum verschiedene slawische Stämme. Bereits der Vater Ottos, Heinrich I., versuchte die slawischen Stämme zu kolonisieren und ließ in den eroberten Grenzgebieten, den Marken, Burgen errichten. Eine der wichtigsten war die strategisch günstig auf einem Feldplateau an der Elbe gelegene Burg Misnia. Heute befindet sich dort die Albrechtsburg von Meißen. Mit Sachsen hatte diese Region damals allerdings gar nichts zu tun. Der mächtige germanische Volksstamm der Sachsen siedelte

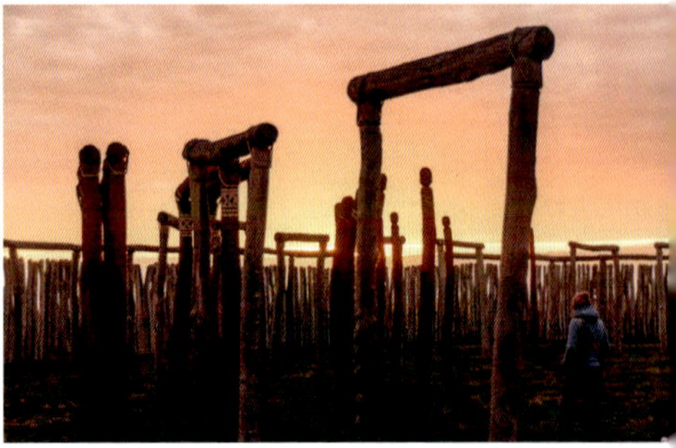

Beeindruckend ist das Ringheiligtum Pömmelte auch in den späten Abendstunden.

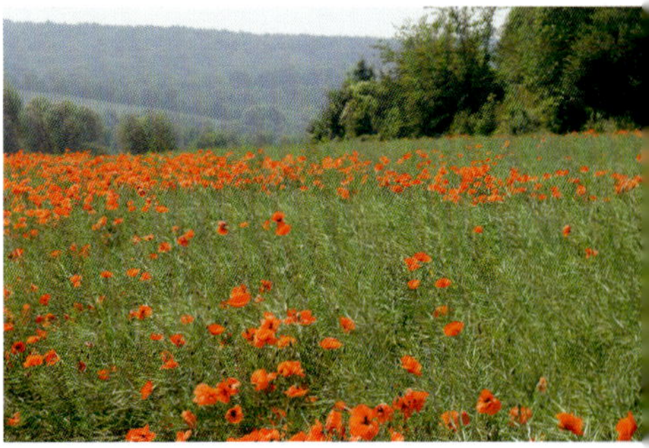

Landschaft bei Memleben.

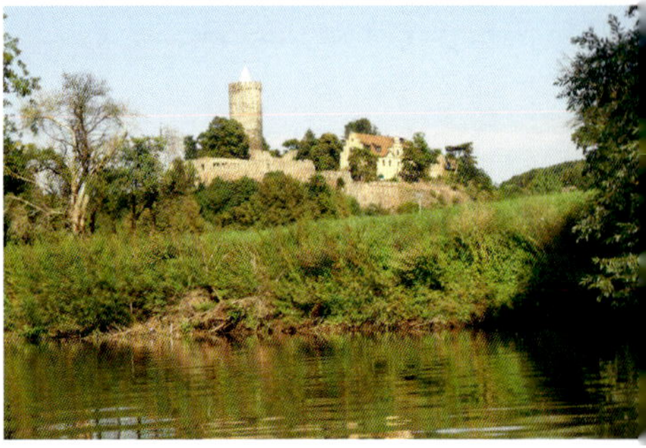

Die Schönburg.

westlich der unteren Elbe. Als deren Herzog, ebenfalls ein Heinrich, den anderen deutschen Adligen zu mächtig wurde, ließen sie ihn entmachten und sein Herrschaftsgebiet wurde geteilt. Der Name Sachsen blieb beim östlichen Landesteil. Als dessen Herzog Bernhard III.

Anfang des 13. Jahrhunderts starb, erbte sein jüngerer Sohn Albrecht den sächsischen Herzogtitel und mit ihm das Land um Wittenberg und Aken. Nach einer erneuten Landesteilung in Sachsen-Lauenburg und Sachsen-Wittenberg starb 1422 der Wittenberger Herzog ohne Erben. Auf das inzwischen mit der Kurwürde ausgestattete Kurfürstentum erhoben mehrere Adlige einen Erbanspruch. Durchsetzen konnte sich letztendlich der wettinische Markgraf von Meißen. Da der Kurfürstentitel gegenüber dem des Markgrafen der höherwertige war, setzte sich als Landesbezeichnung für die Markgrafschaft im Laufe der Jahre der Name „Kurfürstentum Sachsen" durch. Seine Bewohner wurden in Abgrenzung zu den eigentlichen Sachsen zunächst „Obersachsen", schließlich nur noch „Sachsen" genannt. Auch wenn aus den deutschen Westgebieten Siedler in die eroberten slawischen Gebiete strömten und mit der ansässigen Bevölkerung verschmolzen, hatten sie mit dem eigentlichen sächsischen Volksstamm nichts zu tun.

Das hier beschriebene Paddelrevier hat sich in den vergangenen Jahren seit der Wende deutlich vergrößert. Waren es bis dahin vorwiegend Saale und Unstrut sowie die Elbe, die den Freizeitpaddler aufs Gewässer lockten, durfte ab 1990 auch grenznah auf der Werra, aber ebenso auf dem Aland an der Grenze zu Niedersachsen gepaddelt werden. Schon zu DDR-Zeiten wurde damit begonnen, einige Braunkohletagebaue zu fluten und zu Badegewässern zu machen. Im Leipziger Umland sowie bei Senftenberg werden jetzt ganze Seengebiete wie das Leipziger Neuseenland gestaltet, die zum großen Teil schon nutzbar sind. Andere Tagebaue befinden sich noch in der Flutungsphase. Über Verbindungskanäle werden die Seen miteinander verbunden und die unterschiedlichen Höhen durch Schleusen ausgeglichen. Tagebaulöcher, die weiter entfernt von anderen liegen, werden zu großen Einzelseen, wie der Geiseltalsee oder der Große Goitzschesee.

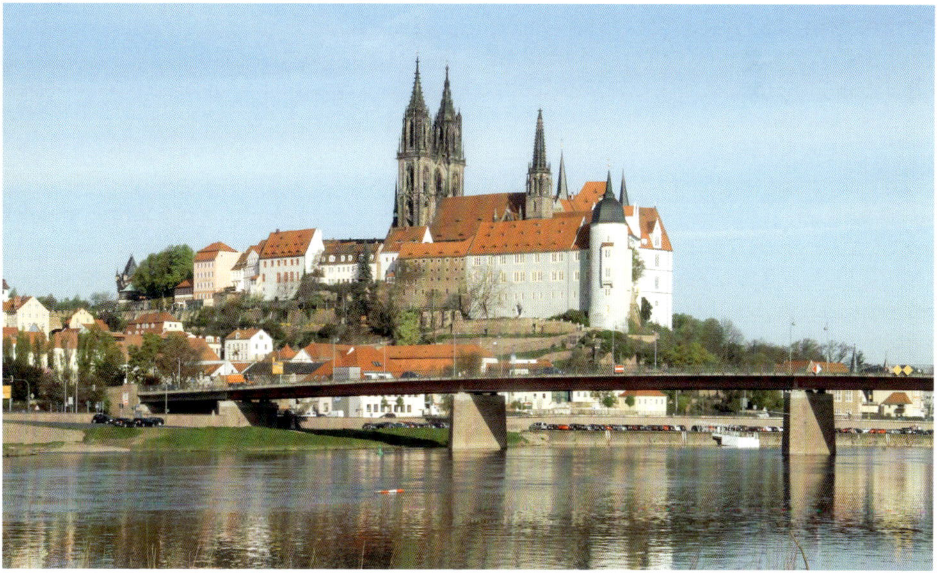

Wo heute die Albrechtsburg steht residierten einst die ersten deutschen Markgrafen.

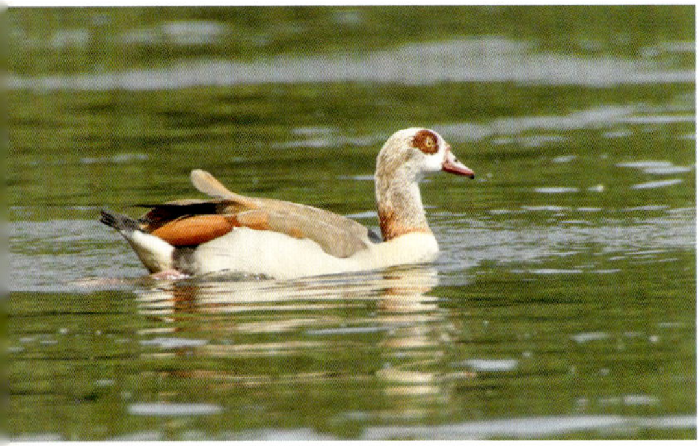

Nilgänse sind im süddeutschen Raum heimisch geworden.

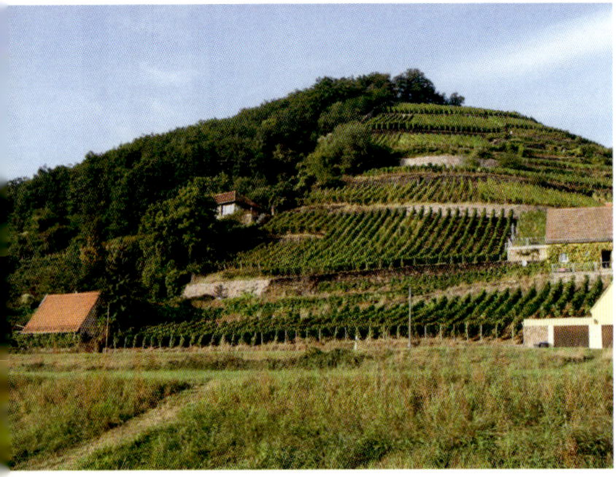

Weinberg bei Meißen.

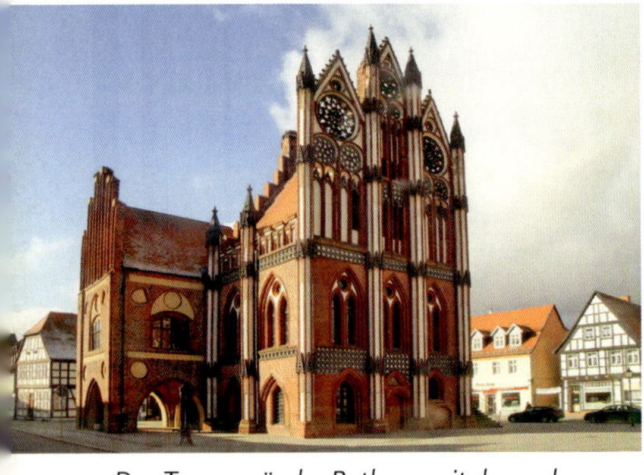

Das Tangermünder Rathaus mit dem sehenswerten Schmuckgiebel.

Auch in der Tierwelt hat sich seitdem einiges entwickelt: Auf dem Truppen-Übungsplatz in der Muskauer Heide im Nordosten Sachsens siedelte sich nach seiner zwischenzeitlichen Ausrottung Ende des 20. Jahrhunderts wieder das erste Wolfsrudel Deutschlands an. Von hier gelang innerhalb weniger Jahre eine Ausbreitung der Wolfspopulation bis hinein nach Mecklenburg-Vorpommern und Niedersachsen. Auch der Elbebiber konnte sein angestammtes Revier erfolgreich zurückerobern. Seit etwa 20 Jahren hat sich sein Bestand in Sachsen-Anhalt bei etwa 2500 Exemplaren stabilisiert. Dass sich Tier- und Pflanzenwelt positiv entwickelt haben, wird auch an den 1990 ausgewiesenen Schutzgebieten „Nationalpark Sächsische Schweiz" und „Biosphärenreservat Mittelelbe" liegen. Mehr als 300 Vogelarten sind im Biosphärenreservat zu finden; wenn auch einige als Zugvogel nur zeitweilige Gäste sind.

Um eine Thüringer Bratwurst zu essen, muss man inzwischen nicht mehr nach Thüringen reisen. Kaum ein Weihnachtsmarkt, der nicht wenigstens einen Thüringer Rostbratwurststand hat. Es gibt aber auch schon einen Gegentrend, bei dem dann mit original sächsischer oder Harzer Rostbratwurst geworben wird. Das soll aber keine Kritik am Thüringer Original sein, das ausnehmend schmackhaft ist. Hat man die Tour beendet, kann man sich ein heimisches Bier dazu gönnen. Neben den bekannten Marken wie Radeberger, Hasseröder, Wernesgrüner oder Köstritzer gibt es auch viele Brauhäuser, die ihr eigenes Bier brauen und dort ausschenken. Wer lieber Wein trinkt, kommt auch auf seine Kosten, denn das milde Klima an den Ufern von Saale, Unstrut und Elbe lässt gute Weine reifen. Die Winzer setzen dabei nicht auf Masse, sondern auf Klasse, was sich auch im Preis niederschlägt.

Wer in Sachsen einen Kaffee bestellt, wird schon verstanden, obwohl die Einheimischen diesen ihr „Scheelchen Heeßen“ nennen. Dazu sollte man an der oberen Elbe die regionale Kuchenspezialität Eierschecke bestellen. In den Großstädten hat das Preisniveau in den letzten Jahren angezogen, aber in vielen Gasthöfen in den kleineren Städten und den Dörfern kann man noch recht preiswert speisen.

Die Mittelgebirge in allen drei Bundesländern, der Harz, der Thüringer Wald und das Erzgebirge, waren zu DDR-Zeiten Garanten für Medaillen bei Olympischen Spielen, Welt- und Europameisterschaften in den Wintersportarten; egal ob Skispringen, Skilanglauf, Nordische Kombination, Biathlon, Rennrodeln oder Bobfahren. Nur für internationale Höchstleistungen in der Abfahrt reichte es wegen der relativ kleinen Hügel nicht. In den größeren Städten wurde leistungssportlich auf Kufen gelaufen.

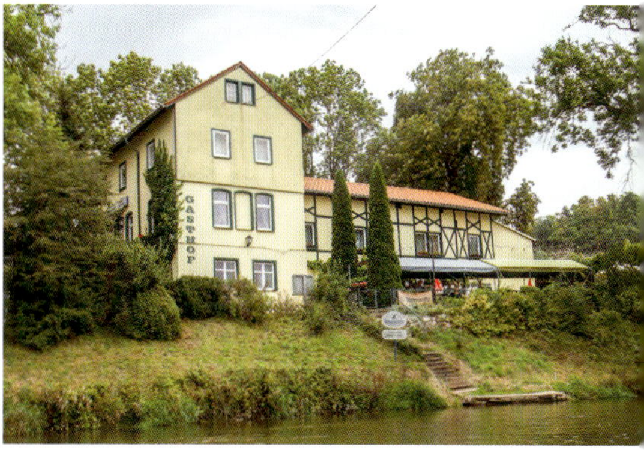

Im Landgasthof Schloss Saaleck kann man sehr gut Speisen.

Und auch in diesen Disziplinen – Eiskunstlauf und Eisschnelllauf – war man sehr erfolgreich. Auch wenn die Bedingungen jetzt schwieriger sind, finden noch immer zahlreiche Talente aus diesen Regionen den Weg in die Weltspitze.

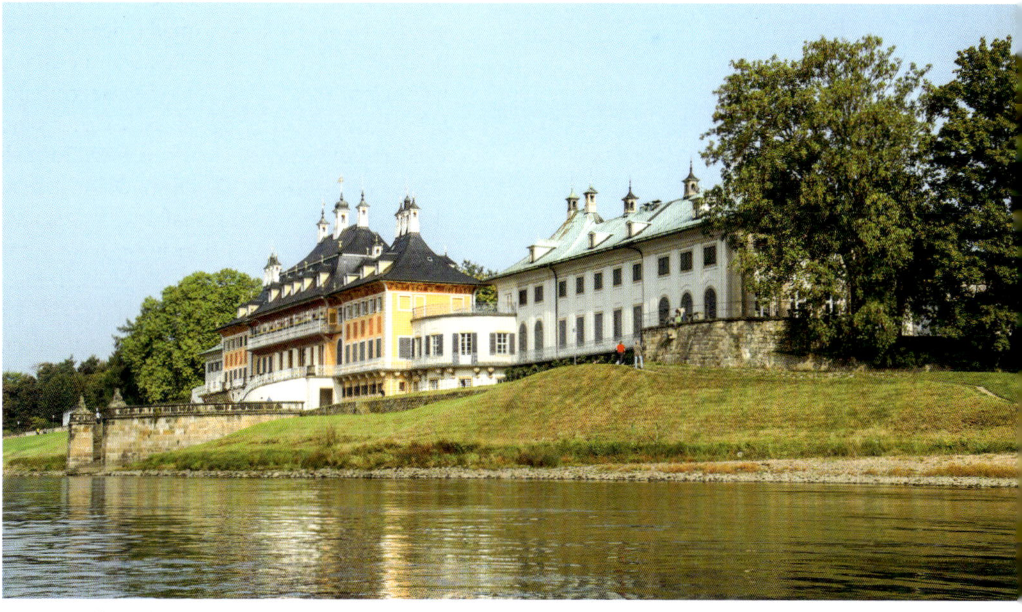

Schloss Pillnitz bei Dresden.

DIE ELBE
Geografisches und Befahrungshinweise

Wer kennt die Elbe nicht; immerhin ist sie einer der längsten Flüsse Europas. Dass sie im Riesengebirge in Tschechien entspringt, wissen auch viele; dass sie offiziell an der Kugelbake bei Cuxhafen in die Nordsee mündet, schon weniger. Wie lang die Elbe allerdings ist, scheint noch im Dunkeln der geografischen Wissenschaften zu liegen. Selbst Wikipedia ist sich da nicht schlüssig, denn mal wird dort die Länge der Elbe mit 1094 km angegeben, mal sind es drei Kilometer weniger. In der englischsprachigen Version der Elbbeschreibung finden sich sogar beide Angaben auf der gleichen Seite.

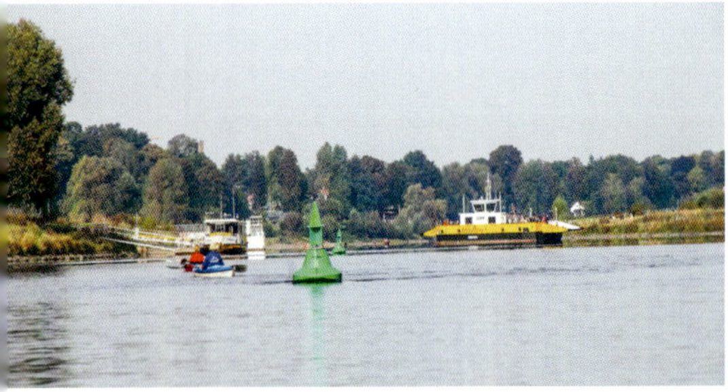

Fähren ist nicht nur auf der Elbe Vorfahrt zu gewähren.

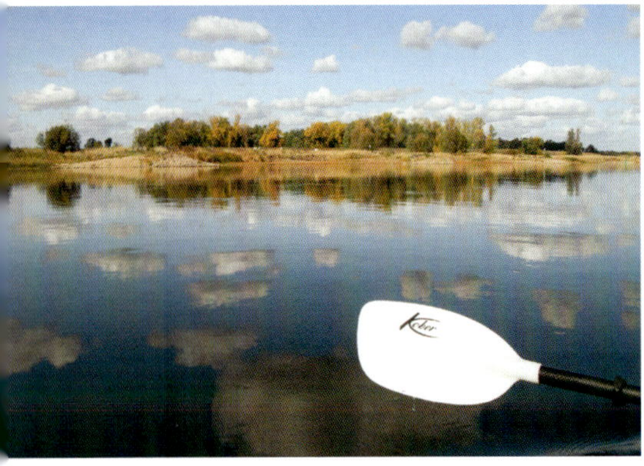

Im Biosphärenreservat Mittelelbe.

Das Verwirrspiel mag daran liegen, dass es im 19. und 20. Jahrhundert einige wenige Flussbegradigungen gegeben hat. Hinter Strehla verlief einst die sächsisch-preußische Grenze. Die Könige beider Länder schickten damals ihre Vermesser ins Land, um die Länge der Elbe festzustellen und den Flussschiffern dadurch das Leben zu erleichtern. Aber entweder hatten die Preußen das längere Metermaß als die Sachsen, oder sie legten die Schifffahrtslinie nicht ganz so windungsreich wie ihre Konkurrenten. Auf jeden Fall trennte beide Messungen an der Grenze ein ganzer Kilometer. So kommt es, dass heute auf den (sächsischen) Elbkilometer 121 der (preußische) Kilometerstein mit der Nummer 121A folgt. An der weiter oberhalb gelegenen deutsch-tschechischen Grenze verläuft diese auf einer Länge von etwa 3,4 km in der Flussmitte. In Hrensko am rechten Elbufer endet die tschechische Kilometrierung bei Elbkilometer 109,3; da hat die deutsche Zählung bereits 3,4 km erreicht.

Auch die Herkunft des Namens deuten die Linguisten recht unterschiedlich. Während einige glauben, dass die alten Germanen die Elbe einfach nur „Fluss" nannten, was im germanischen Niederdeutsch „Elv" hieß, sagen andere, dass die Römer in ihr einen weißen Fluss sahen (Albis = weiß).

Ein weiteres Kuriosum ist die Kilometrierung selbst. Dass es zwei Nullpunkte gibt – einen in Tschechien und den zweiten an der deutsch-tschechischen Grenze – mag ja noch einleuchten; dass der Nullpunkt in Tschechien aber an der Mündung der Moldau in die Elbe steht und von dort in zwei Richtungen – stromauf und stromab – gezählt wird, ist schon eigenartig.

Wenn während einer Elbefahrt den Lieben daheim mitteilt wurde, dass man sich bei Elbkilometer 68 befindet, können diese dann rätseln, ob gerade ein Schluck aus den Heilquellen des Kurortes Podebrady etwa 50 km östlich von Prag genommen wird, die Burg Strekov auf einem hohen Felsen oberhalb von Usti nad Labem auftaucht, oder aber die Karl-May-Stadt Radebeul mit ihren Weinbergen am rechten Flussufer vorbeigleitet.

Auch wenn die gesamte Elbe eine Kanufahrt wert ist, sollen in diesem Büchlein nur der sächsische und der anhaltinische Teil vorgestellt werden; also ab der deutsch-tschechischen Grenze bis nach Strehla, kurz bevor sich die Elbe dem Bundesland Brandenburg nähert, und dann die Strecke zwischen Dessau und Tangermünde. Die Höhepunkte dieser Tour sind die Fahrten durch das Elbsandsteingebirge und das Biosphärenreservat Mittelelbe sowie die Stadtfahrten durch Dresden, Meißen und Magdeburg. Wer eine darüber hinausgehende Elbetour plant, dem sei der Kanuführer „Die Elbe“ von Martin Schulze aus dem Pollner-Verlag empfohlen. Oder man nimmt an der Internationalen Elbefahrt Schmilka-Hamburg teil, einer Verbandsfahrt des Deutschen Kanu-Verbandes. So eine organisierte Fahrt bietet neben dem Vorteil, dass die Übernachtung bereits gesichert ist, auch das Paddeln im Kreis von Gleichgesinnten und gegenseitige Hilfe bei auftretenden Problemen. Es gibt natürlich noch mehr organisierte, eher regionale Kanutouren auf der Elbe, wie die Winterelbefahrt, die Meißener Maifahrt, der Elbe-Mammut-Marathon oder die Mittel-Elbe-Fahrt.

Die empfohlenen Tagestouren sind für Elbeverhältnisse eher kurz. Bis Dresden hat die Elbe eine Strömungsgeschwindigkeit von etwa 6 km/h. Diese hängt natürlich stark vom Wasserstand ab. Bei Niedrigwasser fließt es etwas langsamer, bei Hochwasser geht es auch deutlich schneller. Weht dann noch ein kräftiger

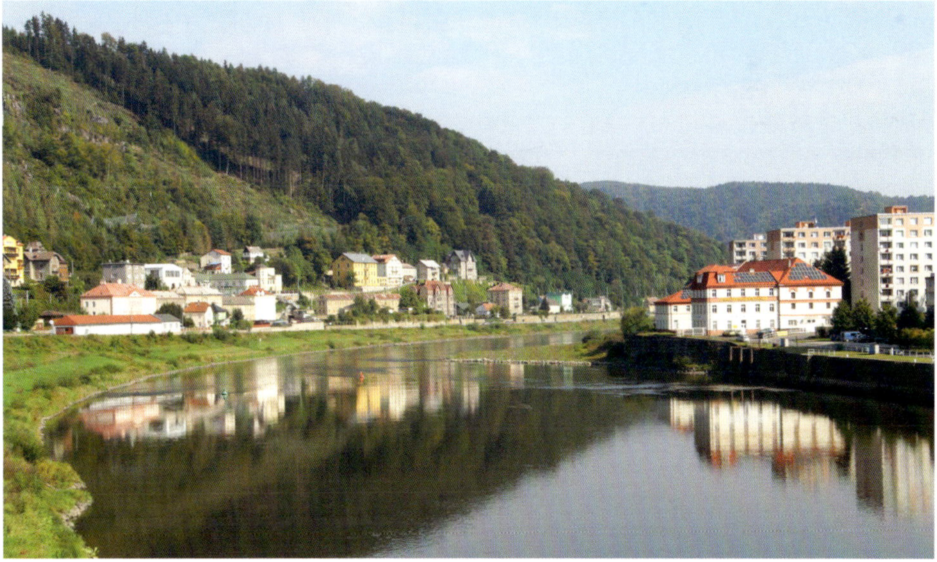

Der letzte größere Ort an der tschechischen Elbe, bevor sie Deutschland erreicht, ist Decin.

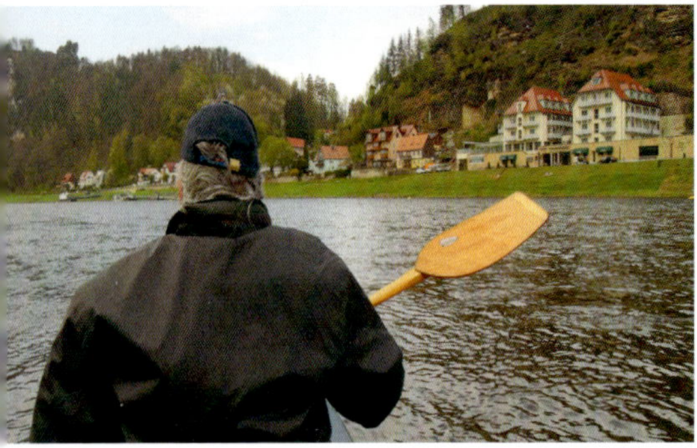

Im Nationalpark Sächsische Schweiz.

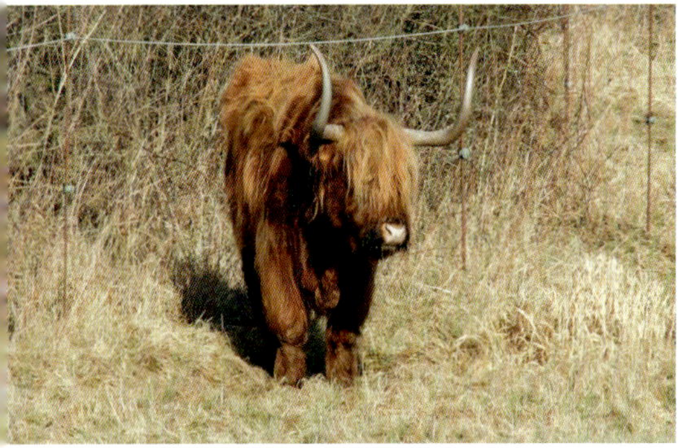

Schottische Hochlandrinder halten im Biosphärenreservat Mittelelbe die Vegetation kurz.

Südostwind, dann braucht man fast gar nicht zu paddeln, um vorwärts zu kommen. Manchmal weht einem der Wind aber auch kräftig entgegen, so dass man trotz Strömung nicht schneller als auf stehenden Gewässern vorankommt. Hinter Dresden nimmt das Gefälle ab, die Elbe geht vom Oberlauf in den Mittellauf über und die Fließgeschwindigkeit geht zurück. Trotzdem sind auch hier bei normalen Bedingungen Reisegeschwindigkeiten von um die 10 km/h zu erreichen. Wer genau wissen will, wo der Übergang von Oberlauf zu Mittellauf ist: Die internationale Kommission zum Schutz der Elbe hat 1992 festgelegt, dass dies bei Schloss Hirschstein zwischen Meißen und Riesa am (deutschen) Elbkilometer 96 passiert.

Über die Gefahren beim Paddeln wurde im allgemeinen Teil bereits eingegangen. Auf der Elbe ist jedoch noch mit weiteren gefährlichen Situationen zu rechnen. Da ist zum einen die Berufsschifffahrt mit den langen Frachtschiffeinheiten und den mit winkenden Schaulustigen besetzten Fahrgastschiffen. Diese haben nicht nur auf der Elbe immer Vorfahrt. Es ist ratsam, ab und an mal einen Blick über die Schulter zu werfen, um zu sehen, ob sich so ein Gefährt von hinten nähert. Dann heißt es, mit Blick auf den Verlauf der Fahrrinne auszuweichen. Grüne Baken begrenzen den linken Rand der Fahrrinne, rote den rechten. Wer sich in Kurvenbereichen für die Innenkurve entscheidet, liegt meist richtig. Obwohl ein ausreichender Abstand zur Berufsschifffahrt auch wegen der durch sie hervorgerufenen Wellenbildung durchaus sinnvoll ist, sollte man aber nicht zu nahe an flache Uferbereiche heranpaddeln. Denn dort kann es passieren, dass man plötzlich auf dem Trockenen sitzt; die großen Pötte saugen das Wasser förmlich weg.

Wegen der Wellen sollte man bei einer Rast die Kanus auch so hoch lagern, dass sie von den Fluten nicht erreicht werden können.
Gefährlich können auch Bauten in Ufernähe wie Dampferanlegestellen oder Schwimmstege sein. Beim Start zu einer Tour kommt man vom (stehenden) Kehrwasserbereich am Ufer in die Strömung, die einen schneller als man denkt zu diesen Hindernissen tragen kann. Es ist schon zu Todesfällen gekommen, weil meist unerfahrene Kanuten nicht mehr ausweichen konnten und unter eines der Hindernisse gezogen wurden. Beim An- oder Ablegen also wenn möglich die stromabgewandte Seite nutzen. Befinden sich mehrere Stege oder andere Bauten in geringem Abstand am Ufer, sollte auch nicht zwischen ihnen angelegt werden.

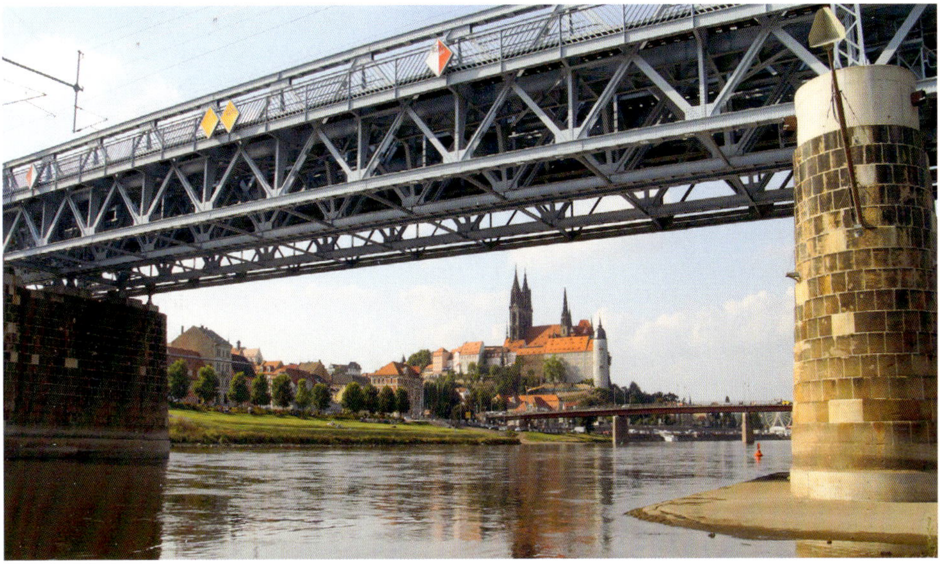

Rote Baken begrenzen den rechten Rand der Fahrrinne, grüne den linken.

Ein besonderes Wort gilt noch den Gierseilfähren: Diese werden nicht von Motoren, sondern von der Kraft der Strömung angetrieben. Über ein langes Halteseil, das sich vor der Fähre in zwei Führungsseile teilt, ist die Fähre mit einem Ufer verbunden. Wird sich durch das Verstellen der Führungsseile die Schrägstellung der Fähre zur Strömung verändert, wird diese auf die andere Uferseite gedrückt. Die Gierseilfähre darf durch Sportschiffe nur passiert werden, solange sie auf der Seite stillliegt, an der das Halteseil befestigt ist. Während der Fährfahrt und dem Halt auf der gegenüberliegenden Seite versperrt nämlich das Seil die Durchfahrt. Bojen, die in regelmäßigen Abständen am Halteseil befestigt sind, markieren gut ersichtlich auch für Wassersportler, die ohne Karte oder Reiseführer unterwegs sind, die Lage des Seils. Etwa einen Kilometer vor dem Fährstandort befindet sich an der Uferseite, an der die Fähre ihren ständigen Liegeplatz hat, das Verkehrszeichen für „nicht freifahrende Fähre". Das Verkehrszeichen ist rechteckig und zeigt auf blauem Grund eine weiße Fähre über einem weißen Querband.

Auch das Durchfahren vieler Brücken ist geregelt. Ist ein Brückenbogen mit einem rechteckigen, auf der langen Seite liegenden rot-weiß-roten Verkehrszeichen gekennzeichnet, darf er nicht durchfahren werden. Die vorgeschriebene Fahrtroute befindet sich zwischen zwei Zeichen, die jeweils durch ein auf der Spitze stehendes rot-weißes Quadrat gekennzeichnet ist. Die Durchfahrt befindet sich zwischen den beiden weißen Seiten. Auf der Spitze stehende gelbe Quadrate haben dagegen nur empfehlenden Charakter.

Lässt man sich einmal in der flotten Strömung treiben, sollte man immer ein Auge auf die schnell näherkommenden Hindernisse wie Brückenpfeiler oder Bojen haben. Dies gilt besonders für Gruppenfahrten, bei denen man sich gern mal zu einem Pulk zusammenschließt. Bis sich so ein Pulk vor einem Hindernis aufgelöst hat, ist man schnell mal einige hundert Meter weiter getrieben.

Tour 1: Von Schmilka nach Pirna

Vor der Tour

Eine Paddeltour durch die Sächsische Schweiz besticht durch die landschaftliche Schönheit der Umgebung. Mal sind es die Sandsteinfelsen, die sich bis nahe ans Ufer heranschieben, dann fällt der Blick auf die Tafelberge wie den Lilienstein oder den Königstein mit seiner gleichnamigen Festung, welche sich hoch über die Umgebung erheben. In den malerischen kleinen Orten wie Bad Schandau, Rathen, Stadt Wehlen oder Königstein ist noch viel von der alten Bausubstanz erhalten geblieben und in den letzten Jahren aufwändig saniert worden. Wer länger in der Gegend weilt, wird sie nicht nur vom Wasser aus erkunden, sondern auch auf Schusters Rappen das Elbsandsteingebirge erwandern, welches zum Nationalpark Sächsische Schweiz gehört. Auf tschechischer Seite schließt sich der Nationalpark Böhmische Schweiz an. Unter Schutz gestellt wurde vor allem die einmalige Felsenlandschaft, die von Kletterern und Wanderern aber weiterhin genutzt werden darf. Mehr über den Nationalpark kann man im Nationalparkhaus in Bad Schandau erfahren.

Die nächste Attraktion wartet ein paar Kilometer weiter: die Festung Königstein. Sie ist eine der größten europäischen Festungsanlagen. Im 12. Jahrhundert zum Königreich Böhmen gehörend, ließen die Könige auf dem Berg eine Burg errichten, die später in den Besitz des sächsischen Herrschergeschlechts der Wettiner überging. Heute ist die Festung ein beliebtes Freilichtmuseum.

In Rathen liegt tief in den Sandsteinfelsen versteckt die Felsenbühne Rathen, ein Freilichttheater, welches sich ungebrochener Beliebtheit erfreut. Wer in der Region einen Urlaub mit Kindern verbringt, sollte einen Besuch unbedingt einplanen. Für einen kurzen Abstecher während einer Paddeltour ist eine Wanderung zum Amselsee empfehlenswert.

Die Kreisstadt Pirna hat einen berühmten Marktplatz: Dieser wurde einst neben zehn weiteren Stadtansichten Pirnas von Bernardo Bellotto gemalt, der besser unter dem Namen Canaletto bekannt ist. Die Originale sind in den Staatlichen Kunstsammlungen Dresden zu besichtigen.

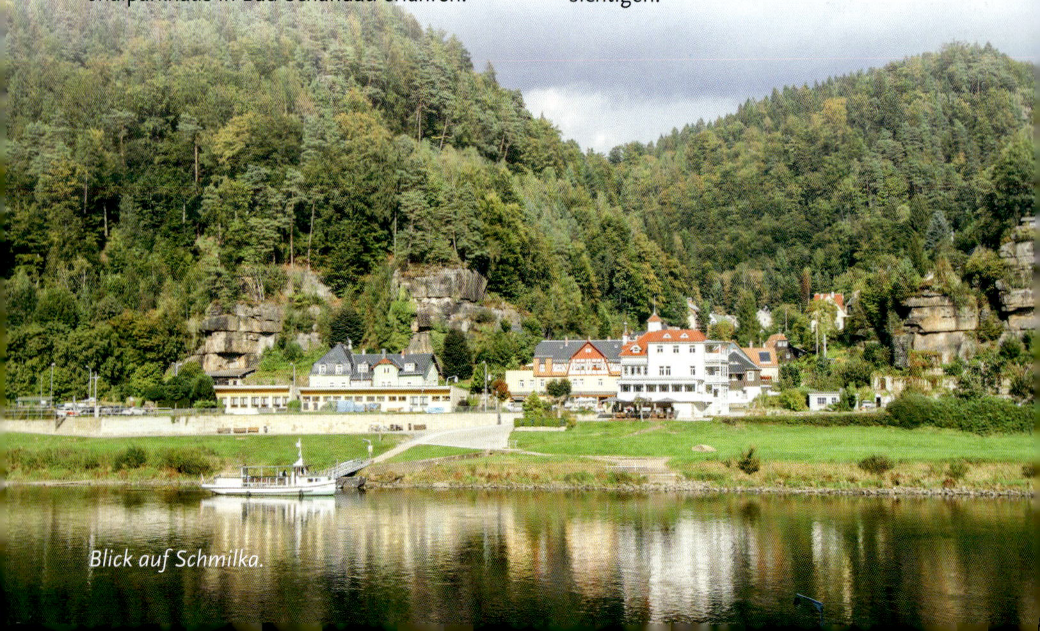

Blick auf Schmilka.

Tourensteckbrief

Paddelstrecke

Von Schmilka nach Pirna, ca. 30 km.

Charakter

International genutzte Bundeswasserstraße mit Schubschiffverkehr und Ausflugsschifffahrt und einigen Fähren sowie flotter Strömung (siehe auch Übers Paddeln, 2. Fähren...), die Paddelstrecke befindet sich zum größten Teil im NP Sächsische Schweiz, es besteht ein Zeltverbot in der freien Landschaft.

Ein- und Aussetzstellen

Schmilka: Personenfähre, Elbkilometer 4, rechts und links (50.8906; 14.2291) hinter dem Fähranleger.
Pirna: Pirnaer Ruderverein, Am Elbufer 11, links Elbkilometer 34,5 (50.9646; 13.9298)
Weitere Einsetzstellen:
Bad Schandau: rechts hinter dem Schiffsanleger, links unterhalb des Bahnhofs.
Königstein: links hinter der Fähre, rechts bei Elbkilometer 17 im toten Seitenarm.
Rathen: rechts hinter der Dampferanlegestelle.
Stadt Wehlen: links unterhalb des Bahnhofs, rechts hinter der Fähre.

Zurück zum Einstieg

1. Per S-Bahn zurück.
2. Fahrrad am Ziel abstellen und zur Einsetzstelle entlang Elberadweg ca. 30 km radeln.

Optionen, Schlechtwettertipps

Start bereits in Usti nad Labem oder Děčin, Besuch Festung Königstein, Wanderung im Elbsandsteingebirge, Radtour auf dem Elberadweg.

Tourbeschreibung

Elbkilometer 4 - Schmilka, Personenfähre, linke Uferseite Bahnhof, rechte Seite Parkplatz

Hinter der Personenfähre kann man am rechten Ufer die Kanus einsetzen; etwas weiter oberhalb befindet sich ein gebührenpflichtiger Parkplatz. Wer sein Auto zum Zielort vorfährt und mit der Bahn zurückreist (Bahnhof am linken Elbufer), muss mit der Fähre zur anderen Seite übersetzen. Die Kosten für die Fährfahrt sind im Bahnticket enthalten (Verkehrsverbund). Faltbootfahrer können natürlich auch am linken Elbufer ihre Boote aufbauen und dort einsetzen.

Hat man einen guten Wasserstand und nicht zu kräftigen Gegenwind, kommt man auf der flott strömenden Elbe schnell voran. Am rechten

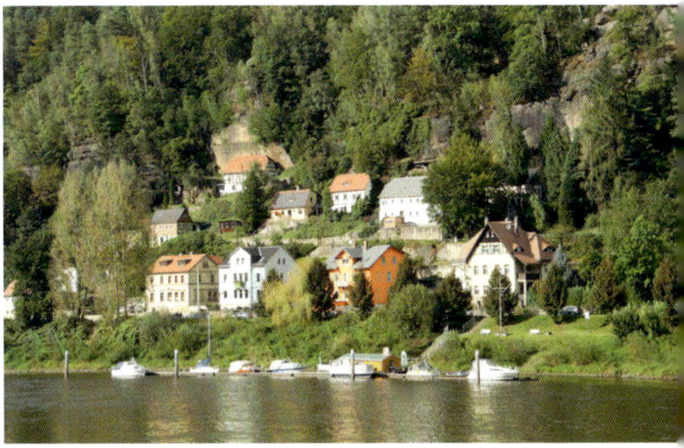

Das ehemalige Fischerdorf Postelwitz.

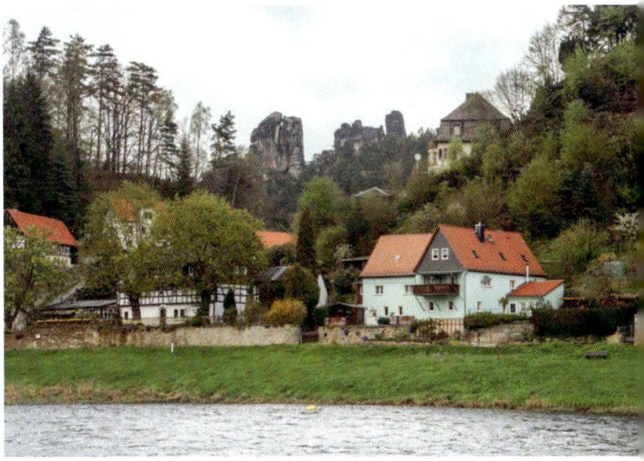

Rathen mit der berühmten Felsformation Lokomotive.

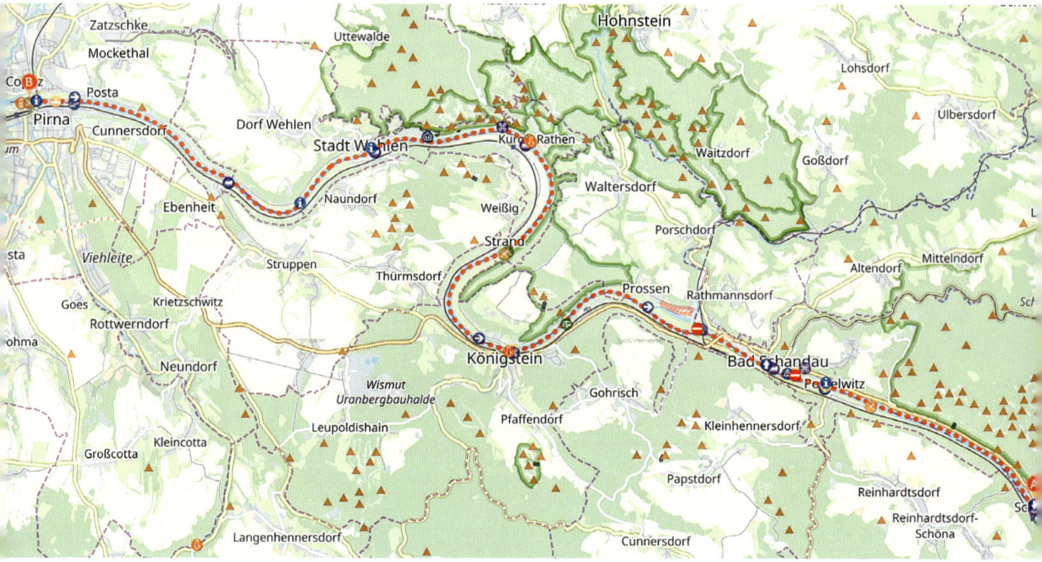

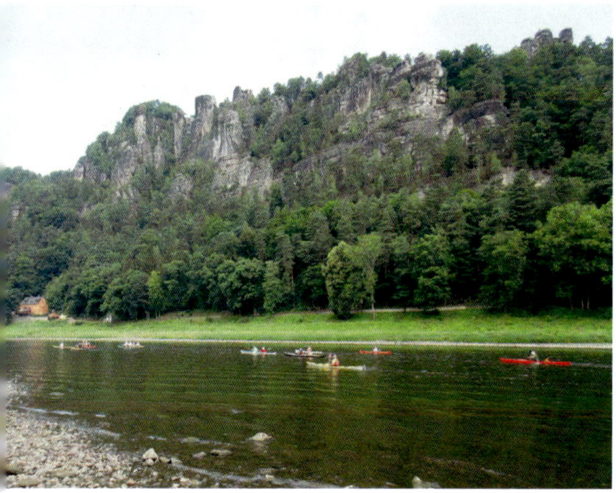

Paddler auf der Elbe bei Rathen.
Foto: Hans-Peter Wagner

Ufer begleiten bis Bad Schandau die Felsen der Schrammsteine. Der Campingplatz bei Elbkilometer 6 am rechten Ufer wurde ein Opfer des 2002er Hochwassers und existiert leider nicht mehr. Im Jahr 1979 zelteten wir auf einer Moldau-Elbe-Tour hier. Voraus kann man bereits den noch 8 Kilometer entfernten Lilienstein erblicken.

Elbkilometer 8 -Krippen, Gasthaus Ziegelscheune links

Am linken Ufer gibt es unterhalb des Gasthauses Ziegelscheune einen Anlegesteg. Die Inhaber bieten auch Fahrten mit einer historischen Schluppe, einem Elbfischerkahn, oder einer Schute – einem Elblastkahn, der ursprünglich getreidelt wurde – an. Das Gebäude beeindruckte einst auch den Maler Caspar David Friedrich. Eine Kopie seiner Zeichnung des Hauses kann man im Wintergarten des Gasthauses bewundern. Gegenüber von Krippen liegt das Fischerdorf Postelwitz. Die aufgereihten Fachwerkhäuser am Ufer sind auch als Sieben-Brüder-Häuser bekannt. Zwischen Krippen und Postelwitz verkehrt eine Motorfähre.

Bei Elbkilometer 9,8, dort, wo am rechten Ufer die Kirnitzsch in die Elbe mündet, steht ein malerischer Fahrstuhl, der Wanderern den mühevollen Aufstieg auf die Schrammsteine erspart. Wenige hundert Meter weiter ist das Zentrum von Bad Schandau erreicht.

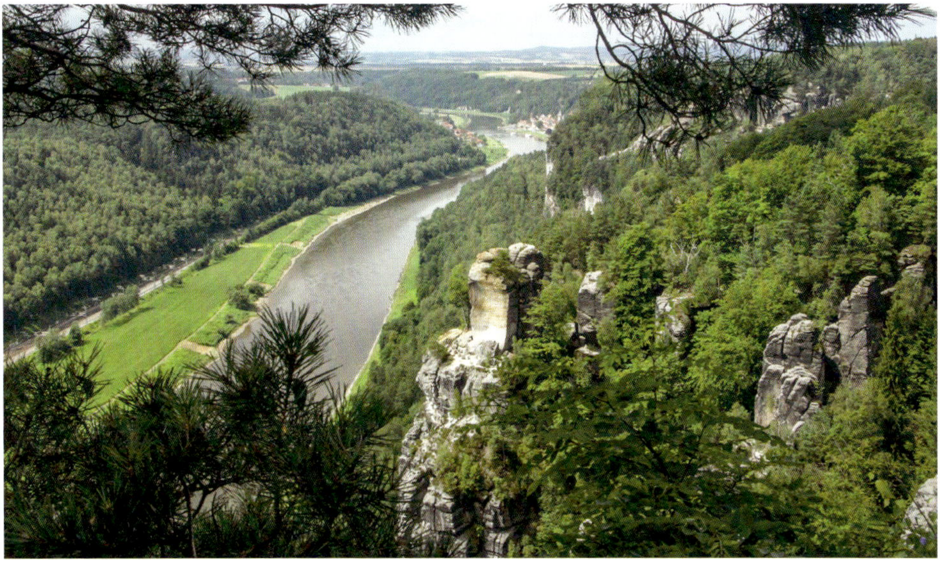

Blick von der Bastei auf die Elbe und die Stadt Wehlen.

Elbkilometer 10,2 - Bad Schandau, Fähre, rechts Parkplatz, links Bahnhof

Anders als die anderen Elbfähren bringt die Bad Schandauer ihre Gäste nicht auf dem kürzesten Weg ans andere Ufer, sondern pendelt zwischen dem Ortszentrum bei Elbkilometer 10,2 bis zum linkselbischen Bahnhof einen Kilometer stromabwärts. Wer hier übersetzt, bekommt also noch eine kleine Elbfahrt gratis dazu. Gleich hinter dem Bahnhof folgen zwei Brücken: eine wuchtige Straßenbrücke und die Eisenbahnbrücke der historischen Bahnstrecke Rumburk – Sebnitz – Bad Schandau – Děčin. Seit 2014 gibt es hier wieder eine durchgehende Bahnverbindung, die von Tschechien über Deutschland zurück nach Tschechien führt.

Am rechten Brückenufer stehen die Häuser von Rathmannsdorf; einen Kilometer weiter – hochwassergeschützt am Hang – liegt Prossen. Im toten Arm unterhalb des Dorfes gibt es einen Sportboothafen.

Nun kommt der Lilienstein näher. Das Gebäude mit dem Türmchen unterhalb des Bergkegels ist das ehemalige Naturfreundehaus, jetzt die Natur- und Familienoase Königstein. Es bietet sich vor allem bei Gruppenfahrten als Ausgangspunkt für längere Touren an. Am gegenüberliegenden Ufer liegt am Ortseingang von Königstein ein Campingplatz. Hinter der Fähre kann man – wenn auch etwas mühevoll – aussetzen, um der Stadt Königstein und der gleichnamigen Festung einen Besuch abzustatten.

Bei Elbkilometer 20 liegt am rechten Ufer der Zeltplatz und das Hostel Ferdinands Homestay.

Elbkilometer 22,7 - Rathen, Gierseilfähre, links Bahnhof, Wohnmobilstellplatz

In Rathen gibt es die erste Gierseilfähre, die rechts verankert ist (links vorbeipaddeln, siehe Kapitel Die Elbe – Geografisches und Befahrungshinweise). Wer sich die Beine vertreten möchte, kann am rechten Ufer hinter der Dampferanlegestelle an einer Treppe die Kanus aus dem Wasser bringen. Anschließend passiert man die wohl bekannteste Sandsteinformation der Sächsischen Schweiz, die Bastei. Bei Elbkilometer 24,9 liegt am rechten Ufer, einen

Kilometer vor der Stadt Wehlen, der Zeltplatz des Vereins Kanusport Dresden.

Elbkilometer 26 - Stadt Wehlen, Fähre, links Bahnhof und Parkplatz

Wer Hunger oder Durst verspürt, aber nicht groß einkehren möchte, kann vor der Fähre rechts an einem Imbiss anlegen bzw. man paddelt noch vier Kilometer weiter bis Obervogelgesang. Dort gibt es am linken Ufer einen Imbiss mit Biergarten. Hinter Obervogelgesang ist das Tagesziel Pirna bald erreicht. Am rechten Ufer liegt der Pirnaer Ortsteil Copitz mit dem Sportboothafen. An der Fähre vorbei gleitet man unter der Stadtbrücke hindurch und sieht dann schon links die Ein- und Aussetzstege des Pirnaer Rudervereins. Von hier ist es nicht weit bis zum Bahnhof.

Elbkilometer 34,5 - Pirna, Pirnaer Ruderverein

ADRESSEN UND INFOS

Übernachtungen und Gastronomie in Wassernähe

Schmilka:

- Pension Rauschenstein *www.pension-rauschenstein.de*
- Biohotel Helvetia *www.hotelhelvetia.de*

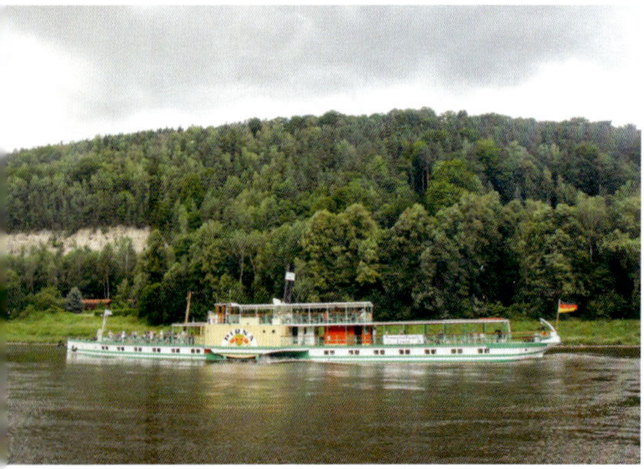

Fahrgastschifffahrt auf der Elbe.

Krippen:

- Ziegelscheune *www.ziegelscheune-krippen.de*
- Hotel Erbgericht *www.erbgericht-krippen.de*

Bad Schandau:

- Elbhotel *www.elbhotel-bad-schandau.de*
- Elbgarten Garni *www.elbgarten-garni.de*
- Goldener Anker

Königstein:

- Natur- und Familienoase Königstein *www.familienoase-koenigstein.de*
- Campingplatz Königstein (Elbkilometer 15,2) *www.camping-koenigstein.de*
- Zeltplatz und Hostel Ferdinands Homestay *www.ferdinandshomestay.de*
- Pension und Panoramagaststätte Bomätscher *www.bomaetscher-koenigsstein.de*
- Amtshof *www.amtshof-koenigstein.de*
- Sachsenstübel

Rathen:

- Wohnmobilstellplatz am linken Ufer
- Gästehaus Sonnenheim *www.haus-sonnenheim.de*
- Sonniges Eck

Stadt Wehlen:

- Verein Kanusport Dresden (Kanustation) *www.verein-kanusport-dresden.de*
- Hotel und Café Richter,
- Pasta Lucia
- Café Marktstübchen

Obervogelgesang:

- Gasthof Obervogelgesang mit Biergarten und Caravanstellplatz

Pirna:

- Pirnaer Ruderverein mit Gaststätte Bootshaus *www.pirnaer-ruderverein.de*
- Café Central
- Elbe Café

Kanu-Verleih, organisierte Touren

- Kanu Aktiv Tours *www.kanu-aktiv-tours.de*
- Kanu Dresden *www.kanu-dresden.de*

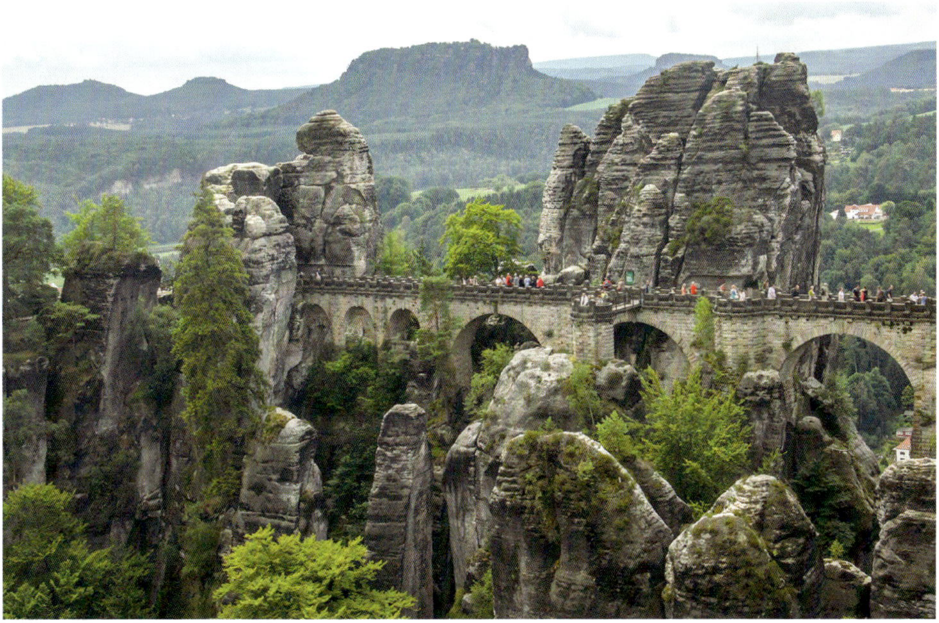

Die Bastei.

Auskunft, Internetadressen

Bad Schandau: Tourist-Information, Markt 12
01814 Bad Schandau, Tel.: 035022-9 00 30
www.bad-schandau.de
Königstein: Tourist-Information, Schreiberberg 2
01824 Königstein, Tel.: 035021-6 82 61
www.koenigstein-sachsen.de
Rathen: Tourist-Information, Füllhölzelweg 1
01824 Kurort Rathen, Tel.: 035024-7 04 22
www.kurort-rathen.de
Wehlen: Tourist-Information, Markt 7
01829 Stadt Wehlen, Tel.: 035024-7 04 14
E-Mail: *touristinfo@stadt-wehlen.de*
www.stadt-wehlen.de
Pirna: Tourist-Information, Am Markt 7
01796 Pirna, Tel.: 03501-4 65 70
www.pirna.de
www.pirnatuerlich.de
www.tourismusservice-pirna.de
www.wehlen-online.de
www.elbsandsteingebirge.de

Karten, Bücher, Literaturtipps

- Tourenatlas Wasserwandern TA 7 (Elbe vom Elbsandsteingebirge bis Magedeburg) 1:75.000, Jübermann-Verlag.
- Reiseführer „Die Elbe“ von Ernst Paul Dörfler im Trescher Verlag.

Sehenswertes

Bad Schandau: Nationalparkhaus Sächsische Schweiz, Museum, Personenaufzug
Königstein: Festung Königstein
Rathen: Freilichtbühne Rathen, Bastei, Amselsee, Felsenburg Neurathen
Stadt Wehlen: Museum, Marktplatz
Pirna: historische Altstadt mit Rathaus, Marienkirche, Canalettohaus, Stadtmuseum im ehemaligen Dominikaner-Kloster

Tour 2: Von Pirna nach Dresden

Vor der Tour

Mitglieder von Kanu-Vereinen, denen es nichts ausmacht, im Zelt zu schlafen, haben mehrere preiswerte Möglichkeiten, die sächsische Landeshauptstadt kennenzulernen. Denn in Dresden gibt es eine Reihe von Kanu-Vereinen, die als Kanustation ausgewiesen sind: der Verein für Kanusport Dresden, der Kanu-Verein Laubegast und der WSV Wiking Schweifsterne. Wer dort während einer Kanutour sein Zelt aufschlägt, sollte mindestens einen zusätzlichen Tag zur Erkundung der kulturellen Höhepunkte Dresdens einplanen. Von den einheimischen Kanuten bekommt man oft noch prima Tipps, die nicht in jedem Reiseführer zu finden sind. Die Internetadressen der Vereine findet man weiter unten in Adressen und Infos.

Bevor Dresden erreicht wird, paddelt man direkt an einem der ganz großen Highlights vorbei: dem Park und Schloss Pillnitz. Elbpaddlern ist von den drei Gebäudeteilen des Schlosses das direkt am Elbufer gelegene Wasserpalais bekannt. Weiter landeinwärts findet man das Neue Palais und das Bergpalais. Wenn die Mitglieder des sächsischen Königshofes samt ihren Gästen elbauf zum Lustschloss gefahren wurden, konnten sie an der breiten Treppe unterhalb des Wasserpalais bequem aussteigen. Die Schlossgebäude umgibt ein Schlosspark, in welchem eine Kamelie zu besichtigen ist, die vor 250 Jahren aus Japan eingeführt wurde. Im Wasser- und im Bergpalais befinden sich Ausstellungen der Staatlichen Kunstsammlungen Dresden und im Neuen Palais das Schlossmuseum.

Ein Großteil der Sehenswürdigkeiten Dresdens befindet sich direkt an der Elbe. Selbst wer keinen langen Aufenthalt hier geplant hat, kann sich innerhalb von zwei Stunden einen ersten Überblick verschaffen. Am rechten Ufer kann auf den Uferwiesen nahe der Augustusbrücke bequem angelegt werden. Über die Brücke gelangt man zur Altstadt mit Semperoper, Brühlschen Terrassen, Fürstenzug, Neumarkt, Altmarkt, Schloss, Frauenkirche und Zwinger. Wer mehr Zeit mitbringt, kann sich im Zwinger die Gemäldegalerie Alte Meister und die Porzellansammlung, im Albertinum die Gemäldesammlung Neue Meister oder im Residenzschloss das berühmte Grüne Gewölbe, das Kupferstichkabi-

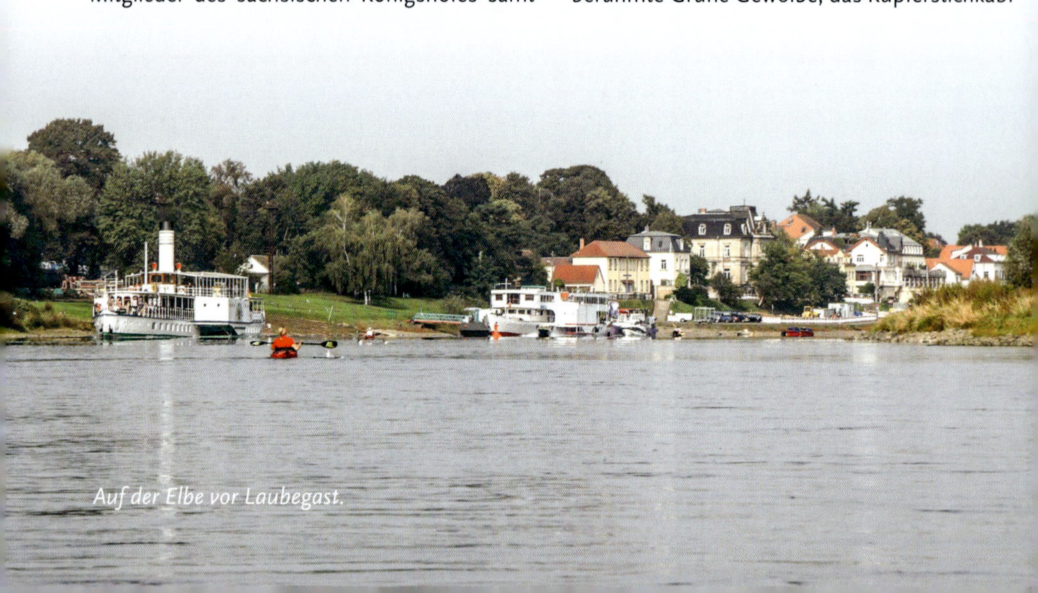

Auf der Elbe vor Laubegast.

Tourensteckbrief

Paddelstrecke
Von Pirna nach Dresden, ca. 15 km.

Charakter
International genutzte Bundeswasserstraße mit Schubschiffsverkehr und Ausflugsschifffahrt und einigen Fähren sowie flotter Strömung (siehe auch Übers Paddeln, 2. Fähren...).

Ein- und Aussetzstellen
Pirnaer Ruderverein,
Am Elbufer 11, (50.9646; 13.9298), links bei Elbkilometer 34,5
Kanuverein WSV Wiking Schweifsterne Dresden, Tolkewitzer Straße 69, links bei Elbkilometer 48,9 (51.0426; 13.8174)
Weitere Einsetzstellen:
Fähre Birkwitz bei Elbkilometer 39,6 rechts
Söbringen bei Elbkilometer 41,2 rechts

Zurück zum Einstieg
1. Per Straßen- und S-Bahn zurück.
2. Fahrrad am Ziel abstellen und zur Einsetzstelle entlang des Elberadweges ca. 15 km radeln.

Optionen, Schlechtwettertipps
Besuch des Barockgartens Groß Sedlitz, Radtour auf dem Elberadweg, Wanderung auf dem Malerweg nach Wehlen, Stadtbesichtigung Dresden.

nett oder die Türkische Kammer ansehen. Im japanischen Palais befinden sich das Museum für Völkerkunde und die Senckenberg Naturhistorische Sammlungen, im Johanneum das Verkehrsmuseum und am Lingnerplatz das Deutsche Hygiene-Museum. Wer länger in Dresden bleibt oder wiederkommen will, sollte sich einen Stadtreiseführer Dresden besorgen oder sich in der Tourist-Information beraten lassen.

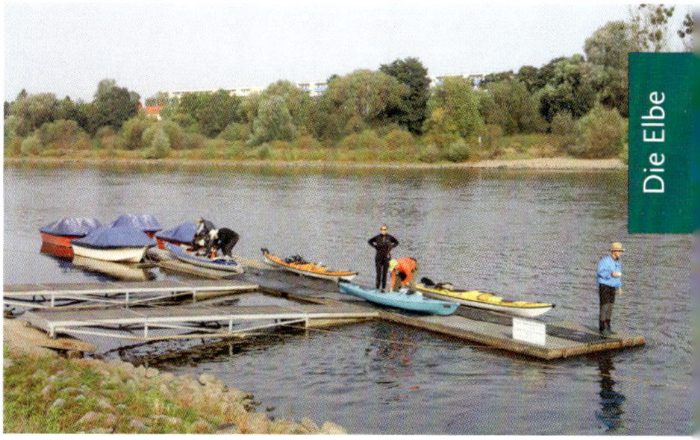

An der Einsetzstelle des Pirnaer Rudervereins.

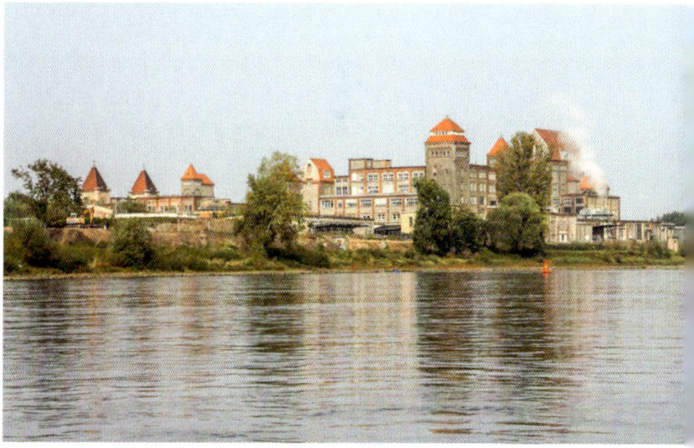

Industrieanlage bei Heidenau.

Tourbeschreibung

km 34,5 - Pirnaer Ruderverein

Gleich nach dem Start wird die vierspurige Sachsenbrücke unterquert, die nach links zur Autobahn Dresden – Prag führt. Bei km 36,2 mündet von rechts die Wesenitz in die Elbe. Wer seine Fahrt anders als hier vorgeschlagen eingeteilt hat, findet dort einen schönen Rastplatz. Im sauberen Wasser der Wesenitz kann man auch ein erfrischendes Bad nehmen. Schon weit vor Heidenau tauchen die riesigen Silos der dort ansässigen Firma Sachsen-Malz auf. Gleich hinter Heidenau fließt von links die Müglitz in die Elbe; dann folgt die Personenfähre, die Birkwitz am rechten Ufer mit Mügeln und Heidenau verbindet. Bei Elbkilometer 41 liegt am rechten Ufer Söbringen und am gegen-

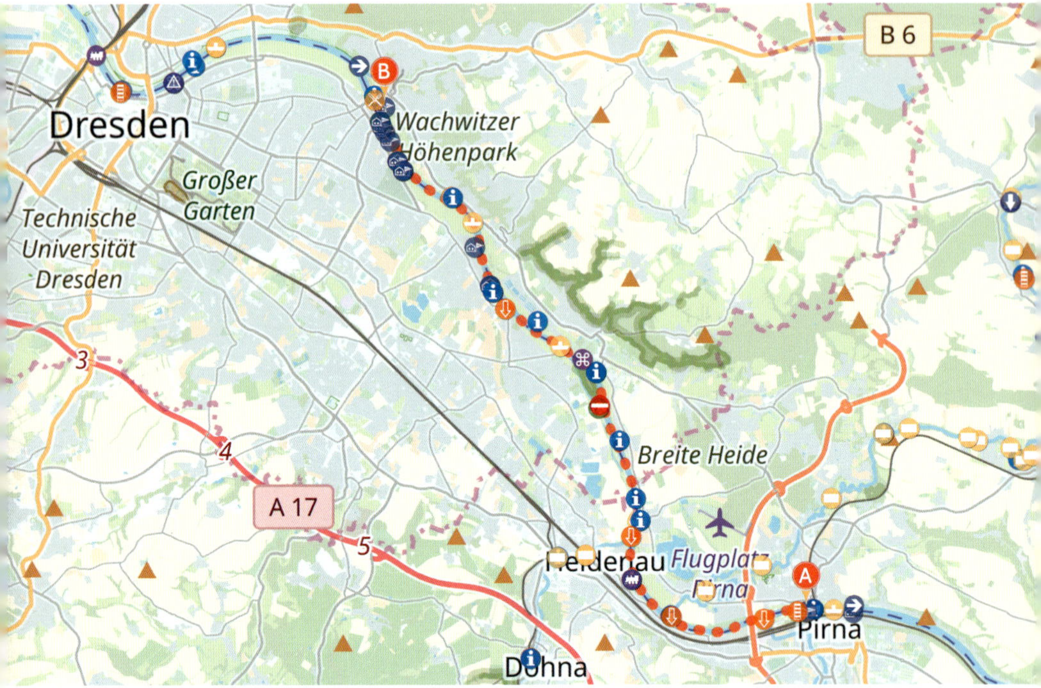

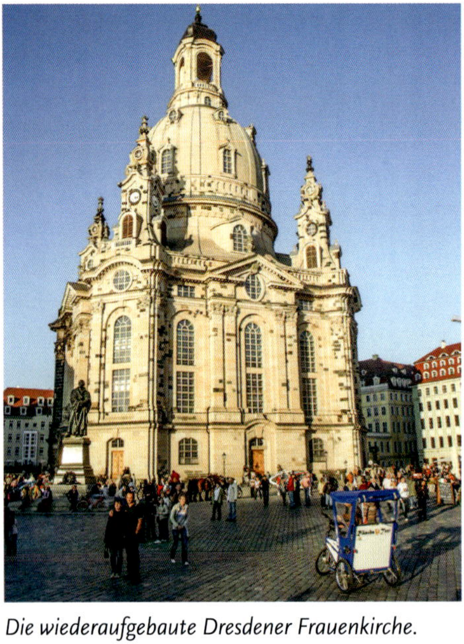
Die wiederaufgebaute Dresdener Frauenkirche.

überliegenden Ufer vor der folgenden Elbinsel etwa einhundert Meter vom Ufer entfernt der Campingplatz Wostra. Die Insel und der links vorbei fließende Elbarm sind als NSG ausgewiesen, so dass rechts an ihr vorbeigepaddelt werden muss. Das macht auch aus einem zweiten Grund Sinn: Denn könnte man links an der Insel vorbei fahren, würde man den schönen Anblick des Schlosses Pillnitz verpassen.

km 43 - rechts Schloss Pillnitz

Abhängig vom Wasserstand der Elbe hat man dort die Möglichkeit zum Anlanden und zur Besichtigung des Schlosses und der Parkanlagen. Allerdings sollte man die Kanus so sicher ablegen, dass der Wellenschlag vorbeifahrender Berufsschifffahrt diese nicht mit sich reißt. Gleich hinter dem Schloss muss man auf die Fähre Pillnitz achten.

Wer seine Paddeltour mit Fotos dokumentieren möchte, braucht nach Pillnitz den Fotoapparat gar nicht weit wegzulegen, denn gleich hinter der Fähre befindet sich am rechten Ufer die Schifferkirche „Maria am Wasser". Hier konnten einst die Elbeschiffer zur Messe gehen. Bei Elbkilometer 44,9 bietet sich am linken Ufer ein Besuch der Schankwirtschaft Zur Elbterrasse an, bevor man die letzten vier Kilometer bis zum Ziel zurücklegt. Auf dem Weg dahin kommt man noch an einer ganzen Reihe von Kanu-Vereinen entlang; angefangen beim Kanu-Verein Laubegast (km 45,3 links) über den Dresdener Kanu-Club „Elbe46" (km 49,2 links) und dem Verein für Kanusport Dresden (km 48,3). Beim Elbkilometer 46,6 ist noch auf eine Personenfähre zu achten, an deren rechtem Ufer die Erbgerichtsklause mit Biergarten zu einer Rast einlädt. Zwei Kilometer weiter liegt dann am linken Ufer das Bootshaus des WSV Wiking Schweifsterne.

km 48,5 - links Bootshaus WSV Wiking Schweifsterne Dresden

Wer nur eine Tagestour unternimmt und per Auto oder Bahn zum Ausgangspunkt zurück muss, paddelt besser noch einen Kilometer weiter bis zur als Blaues Wunder bekannten Loschwitzer Brücke und setzt dort am linken Ufer vor der Brücke aus (Parkplatz, 51.0534,13.8101). Vom nahen Schillerplatz gelangt man mit der Straßenbahn zum Hauptbahnhof. Oder man paddelt zur Marienbrücke bei Elbkilometer 56,5 und setzt dort rechts aus. Von dort ist es nicht weit zum Bahnhof Dresden-Neustadt.

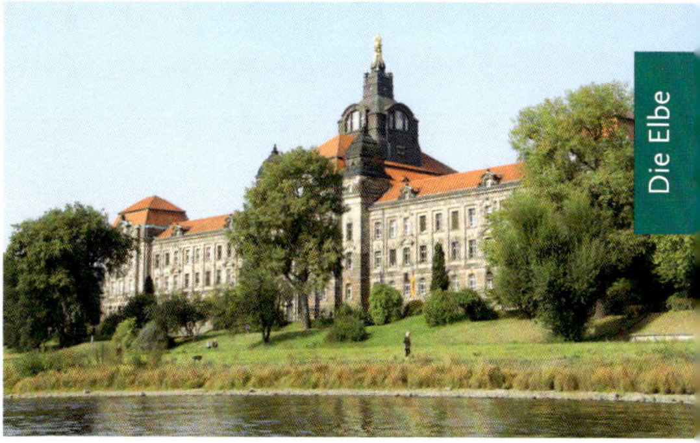

Die Staatskanzlei am Königsufer.

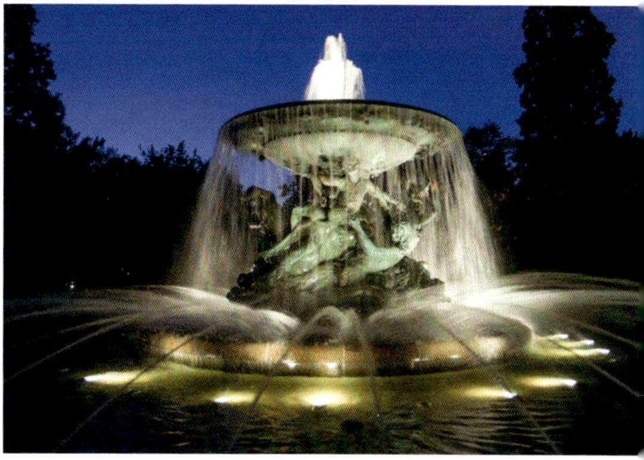

Dresden-Neustadt bei Nacht.

ADRESSEN UND INFOS

Übernachtungen und Gastronomie in Wassernähe

Pirna:

- Pirnaer Ruderverein mit Gaststätte Bootshaus *www.pirnaer-ruderverein.de*
- Café Central
- Elbe Café

Dresden:

- Campingplatz Wostra bei Elbkilometer 42
- Kanuverein Laubegast *www.kanuverein-laubegast.de*
- Verein Kanusport Dresden *www.verein-kanusport-dresden.de*
- Wassersportverein „Wiking Schweifsterne" Dresden, *www.kanu-wsd.de*
- Volkshaus Laubegast
- Fährhaus Hesse *www.pension-dresden-laubegast.de*
- Schankwirtschaft zur Elbterrasse Laubegast *www.schankwirtschaft-zur-elbterrasse.de*
- Elbterrasse Wachwitz *www.elbterrasse-wachwitz.de*
- Schillergarten Dresden, *www.schillergarten.de*

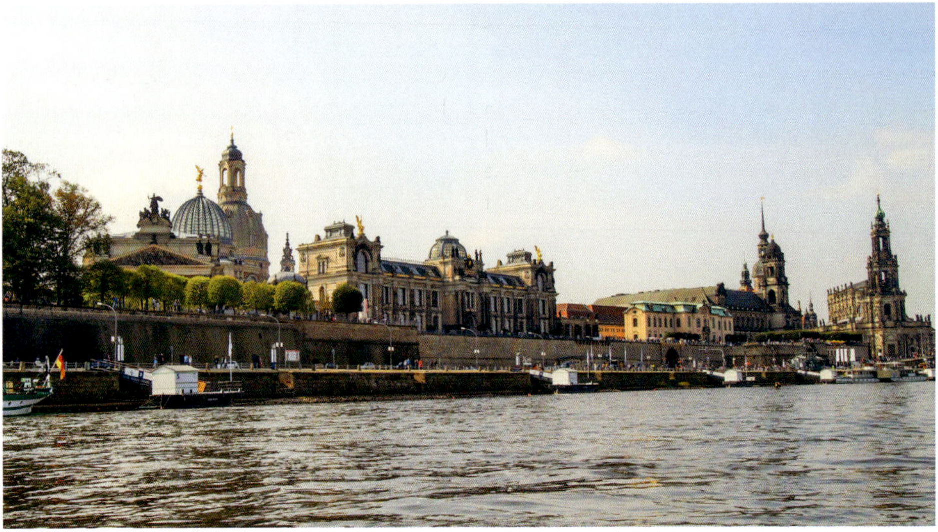

Die bekannte Stadtsilhouette von Dresden mit der Frauenkirche.

Kanu-Verleih, organisierte Touren

- Kanu Dresden, *www.kanu-dresden.de*
- Kanu Aktiv Tours, *www.kanu-aktiv-tours.de*

Auskunft, Internetadressen

Pirna: Tourist-Information, Am Markt 7
01796 Pirna, Tel.: 03501-4 65 70
www.pirna.de
www.pirnatuerlich.de
www.tourismusservice-pirna.de
Dresden: Dresden Tourismus GmbH
Am Neumarkt 2, 01067 Dresden
Tel.: 0351-50 16 01 60
www.dresden.de
www.dresden.travel.de
www.schlosspillnitz.de
Staatliche Kunstsammlungen Dresden
www.skd.museum

Karten, Bücher, Literaturtipps

- Tourenatlas Wasserwandern TA 7 (Elbe vom Elbsandsteingebirge bis Magedeburg) 1:75.000, Jübermann-Verlag
- Reiseführer „Die Elbe" von Ernst Paul Dörfler im Trescher Verlag.

Sehenswertes

Pirna: historische Altstadt mit Rathaus, Marienkirche, Canalettohaus. Stadtmuseum im ehemaligen Dominikaner-Kloster.
Pillnitz: Schloss Pillnitz mit Schlossmuseum und Kunstgewerbemuseum.
Dresden: Semperoper, Brühlsche Terrassen, Frauenkirche (*www.frauenkirche-dresden.de*), Zwinger mit Gemäldegalerie Alter Meister und Porzellansammlung, Residenzschloss mit Grünem Gewölbe, Rüstkammer und Kupferstichkabinett, Albertinum mit Galerie Neuer Meister und Skulpturensammlung, Deutsches Hygiene Museum (*www.dhmd.de*), Senckenberg Naturhistorische Sammlungen (*www.senckenberg.de*), Japanisches Palais mit Museum für Völkerkunde (*www.voelkerkunde-dresden.de*),
und Johanneum mit Verkehrsmuseum (*www.verkehrsmuseum-dresden.de*).

Tour 3: Von Dresden nach Meißen

Vor der Tour

Kurz bevor Meißen erreicht wird, befindet sich am rechten Elbeufer das Spaargebirge. Es soll das kleinste in Sachsen sein und viel kleinere wird es wohl auch in ganz Deutschland nicht geben. Es misst in der Länge gerade mal drei Kilometer und ist weniger als 200 m breit. Der höchste Punkt ist mit 192 m zwar höher als der höchste Berg in Mecklenburg-Vorpommern, aber selbst für sächsische Verhältnisse nicht mehr als ein Hügel. Dafür hat man von der 182 m hohen Aussicht „Deutsche Bosel" eine schöne Aussicht über das 80 m tiefer gelegene Elbtal in Richtung Dresden. Bei klarer Luft soll man die Sächsische Schweiz erblicken können. In einem kleinen botanischen Garten, dem Boselgarten, hat ein sächsischer Heimatverein den einst den gesamten Höhenzug bedeckenden seltenen Pflanzen (Trockenrasen- und Sandpflanzen) ein geschütztes Areal gesichert, bevor der Obst- und Weinanbau und der Granitabbau im Steinbruch diese gänzlich verdrängen konnten. Bevor die Elbe für die aufkommende Schifffahrt vertieft und reguliert wurde, war das Spaargebirge eine von der Elbe umflossene Insel.

Coswig, südöstlich des Spaargebirges gelegen, hat sich selbst den Namen „Hauptstadt der Aroniabeere" verliehen. Die Aroniabeeren, wegen ihrer Form auch Apfelbeeren genannt, wachsen an einem einem meterhohen Strauch und haben neben anderen Wirkstoffen einen sehr hohen Vitamingehalt. Der Saft soll, in kleinen Mengen genossen, gegen einige Krankheiten helfen. Mit einer Anbaufläche von 40 ha in der Umgebung Coswigs ist sie eine der größten in Deutschland.

Radebeul ist neben Meißen das Zentrum des Weinanbaugebietes „Sächsisches Elbtal". Bereits im Mittelalter wurden die ersten Elbhänge mit Weinreben bepflanzt. Heute werden im etwa 450 ha „kleinen" Weingebiet vor allem Riesling, Müller-Thurgau, Weißburgunder und Ruländer angebaut. Der bekannte Schriftsteller

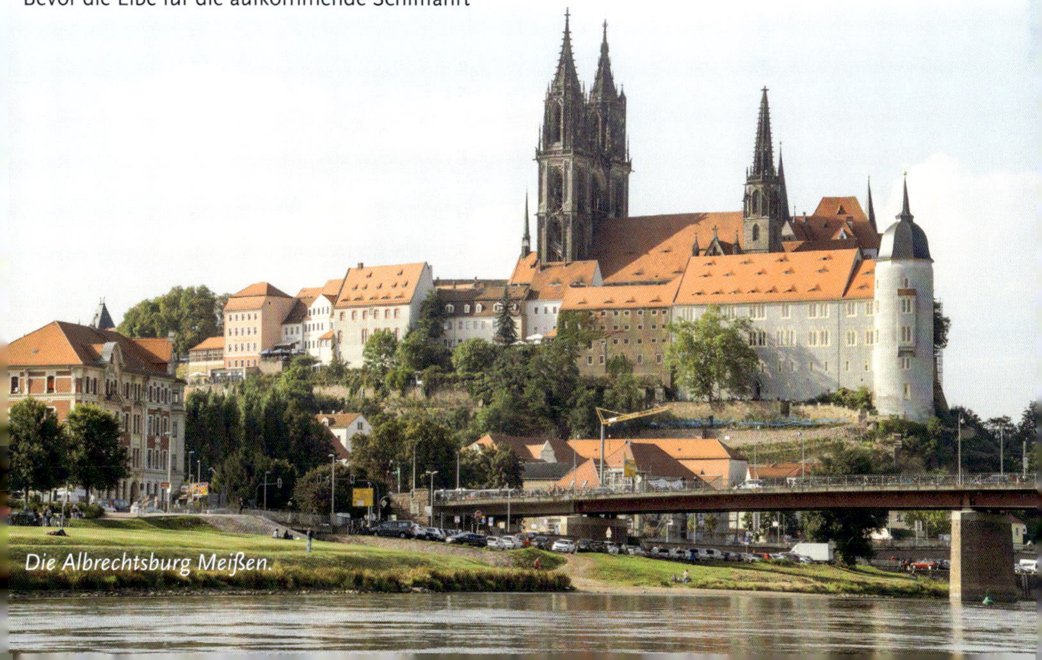

Die Albrechtsburg Meißen.

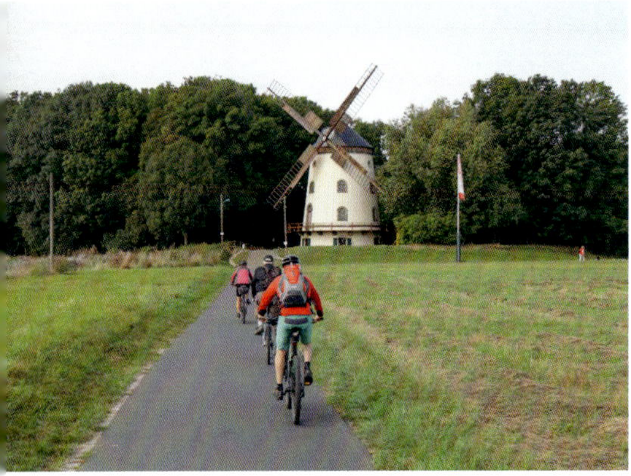

In der ehemaligen Windmühle Gohlis kann man heute gepflegt essen.

von Abenteuerromanen Karl May wird sicher nicht wegen des Weins nach Radebeul gezogen sein. In seinem Wohnhaus, in dem er die letzten Jahre seines Lebens verbrachte, der Villa Shatterhand, befindet sich heute das Karl-May-Museum. Ein besonderes Spektakel bietet sich dem Besucher Radebeuls jedes Jahr zum Herbst- und Weinfest. Dann findet an den Elbwiesen; in Radebeuls Straßen und Höfen das Wandertheaterfestival statt. Theater aus der ganzen Welt wetteifern bei diesem Festival um die Gunst des Publikums. Und zum krönenden Abschluss geht das vom Künstler Reinhard Zabka alias Richard von Gigantikow initiierte Kunstprojekt Labymania, ein aus Euro-Paletten, Obstkisten und Holzlatten zusammengenageltes Labyrinth, in Flammen auf. In den Tagen davor hat man natürlich die Gelegenheit, dieses zu erkunden.

Tourensteckbrief

Paddelstrecke

Von Dresden nach Meißen, ca. 33 km.

Charakter

International genutzte Bundeswasserstraße mit Schubschiffverkehr, Ausflugsschifffahrt, flotter Strömung und zwei Fähren bei Elbkilometer 53,5 und 73,0 (siehe auch Übers Paddeln, 2. Fähren...)

Ein- und Aussetzstellen

Kanu-Verein WSV Wiking Schweifsterne Dresden, Tolkewitzer Straße 69, links bei Elbkilometer 48,5 (51.0426; 13.8174)
Kanu-Verein SG Kanu Meißen, Plangasse 7, rechts bei Elbkilometer 81,8 (51.1611; 13.4795)
Weitere Einsetzstellen:
Marienbrücke Dresden am rechten Ufer, **Gaststätte Windmühle Gohlis** am linken Ufer, **Schiffsanleger Radebeul** am rechten Ufer, **Fähre Coswig** am rechten Ufer.

Zurück zum Einstieg

1. Per S-Bahn und Straßenbahn zurück.
2. Fahrrad am Ziel abstellen und zur Einsetzstelle entlang Elberadweg ca. 35 km radeln.

Optionen, Schlechtwettertipps

Besuch Albrechtsburg Meißen, Radtour auf dem Elberadweg, Fahrt mit Lößnitzgrundbahn zur Moritzburg, Stadtbesichtigung Dresden, Wanderung auf den Weinwanderwegen bei Radebeul.

Tourbeschreibung

Wer nur eine Tagestour unternimmt und per Auto oder Bahn zum Ausgangspunkt zurück muss, setzt besser einen Kilometer weiter am Blauen Wunder (Loschwitzer Brücke), am linken Ufer vor der Brücke, ein. Dort gibt es auch einen Parkplatz (51.0534,13.8101). Vom Hauptbahnhof gelangt man mit der Straßenbahn zurück zum nahen Schillerplatz. Oder man setzt rechts an der Marienbrücke bei Elbkilometer 56,5 ein. Von dort ist es nicht weit zum Bahnhof Dresden-Neustadt.

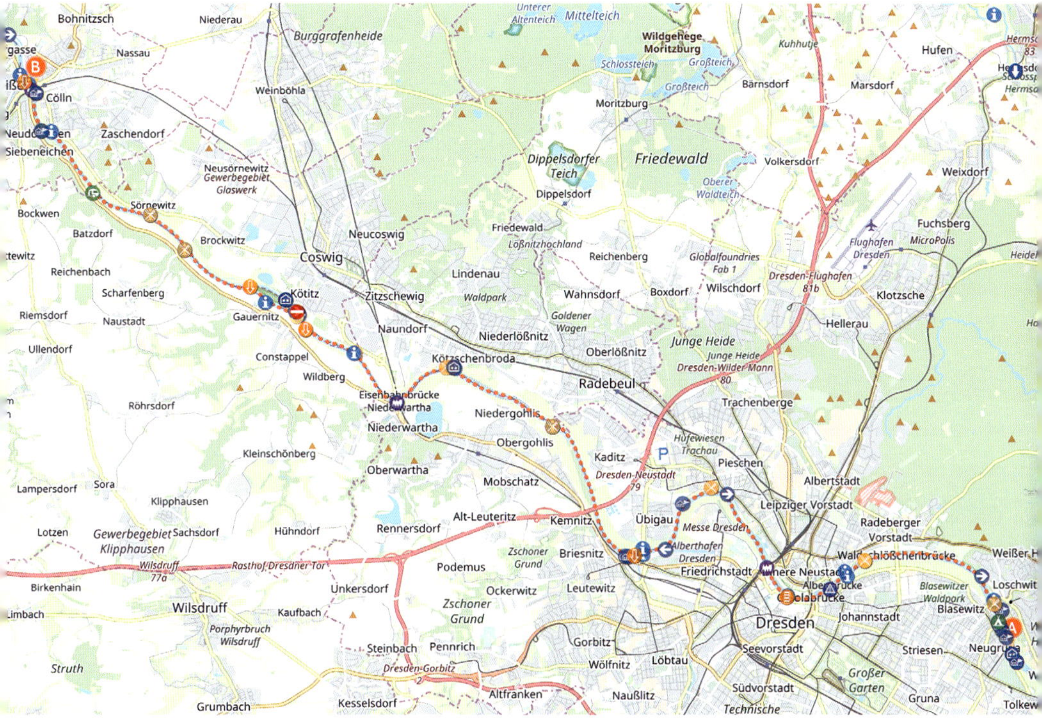

km 48,5 - links Bootshaus WSV Wiking Schweifsterne Dresden

Diese Tour beginnt mit einer Fahrt durchs Zentrum der sächsischen Landeshauptstadt Dresden; unter neun Brücken hindurch. Bevor mit dem Blauen Wunder die erste Brücke der Tour erreicht wird, werden einige Bootshäuser der Dresdener Ruderer und Kanuten passiert, die sich fast alle am linken Ufer befinden. Das Blaue Wunder selbst ist dann ein bei Kanuten beliebtes Fotomotiv. Vor allem, weil sie in nördlicher Richtung passiert wird und vom Vormittag bis in die frühen Nachmittagsstunden die Sonne darauf scheint; soweit sie nicht durch Wolken verdeckt wird. Die drei Kilometer weiter erbaute Waldschlösschenbrücke hat Dresden den Weltkulturerbestatus gekostet. Aus verkehrstechnischer Sicht war dieser Neubau in den Jahren 2008 bis 2013 sicher notwendig – ein Bürgerentscheid hat den Bau befürwortet – allerdings wurde in einem landschaftlich besonders schönen Talabschnitt die Sichtachse auf die Innenstadt bleibend verstellt. Hinter der Waldschlösschenbrücke wendet sich der Lauf der Elbe für wenige Kilometer nach Südwest, ehe sie in Höhe der Altstadt wieder nach Nordwesten fließt. Auf der linken Flusseite bei Elbkilometer 53,5; auf Höhe des Fähranlegers, gibt es das berühmte Ausflugslokal Fährgarten Johannstadt mit eigenem Anleger für Wassersportler. Dass es von der Altstadtansicht über die Brühlschen Terrassen hinweg so wenig Fotos gibt, auf denen die historischen Gebäude von der Sonne beschienen sind, liegt an der Lage am nördlichen Ufer. Beim Fotografieren haben die Paddler somit meist mit Gegenlicht zu kämpfen. Trotzdem bleibt die Fahrt durch die Albertbrücke, Carolabrücke und Augstusbrücke zur

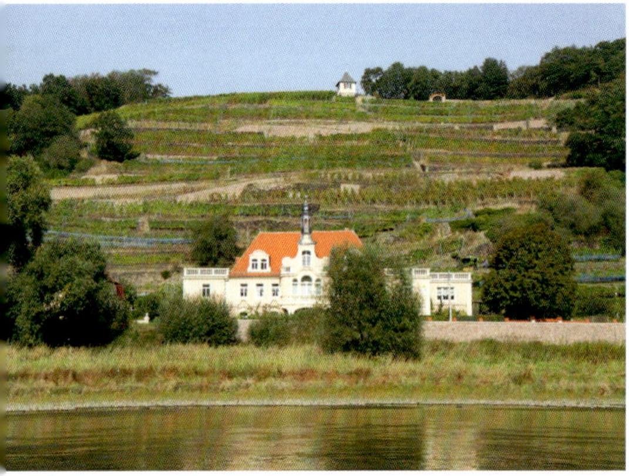

Weinberge bei Radebeul.

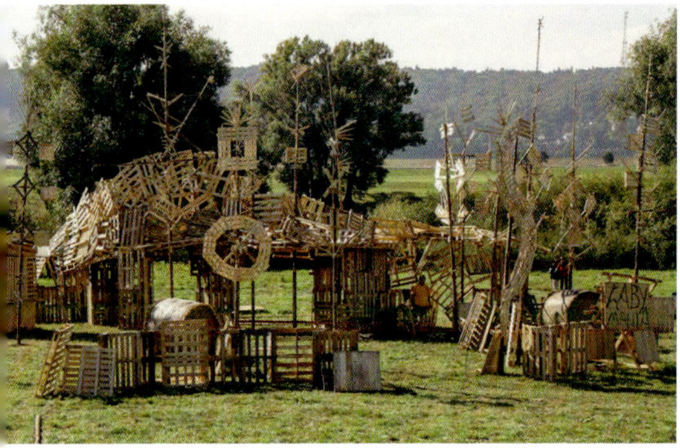

Das aus Holzpaletten in jedem Jahr neu erbaute Labymania wird zum Abschluss des Kunstfestivals ein Opfer der Flammen.

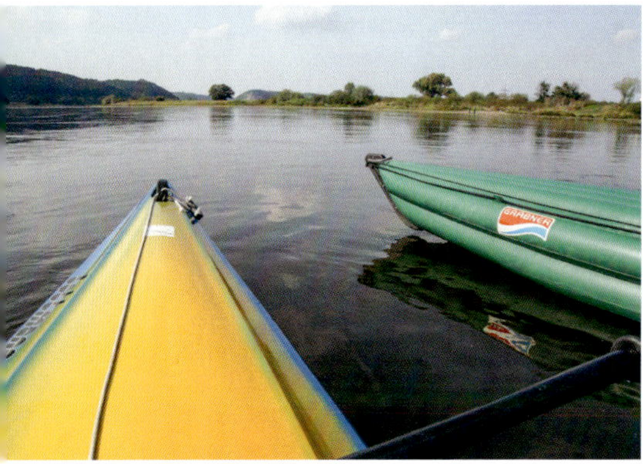

Begegnung auf der Elbe.

Marienbrücke einer der schönsten Abschnitte einer Elbepaddeltour.

km 55,6 - Dresden, Augustusbrücke

Wer Dresden einen Besuch abstatten möchte, findet hier am rechten Ufer eine gute Anlegestelle. An der Marienbrücke wird die Dresdener Innenstadt verlassen. Brücke Nr. 7, gleich hinter der Marienbrücke, ist eine Eisenbahnbrücke. Nun folgt eine etwa fünf Kilometer lange brückenfreie Strecke, die durch einige Industrieanlagen gekennzeichnet ist. Bei Elbkilometer 59,6 hat etwas entfernt vom rechten Ufer der Kanu-Verein TuR Dresden sein Bootshaus. Die Flügelwegbrücke bei km 61,2 verbindet die Dresdener Ortsteile Cotta (links) und Übigau. Wenige Meter weiter mündet von links die Weißeritz in die Elbe. Zwei Kilometer hinter der neunten Brücke, der Autobahnbrücke bei km 63,1, taucht am linken Ufer die ehemalige Windmühle Gohlis auf. Dort gibt es heute eine Gaststätte mit Biergarten. Davor lässt es sich gut anlanden. Rechts zieht sich der ehemalige Wohnort Karl Mays, die Stadt Radebeul mit ihren vielen Ortsteilen, etwa sechs Kilometer am Ufer entlang.

km 68,1 - Radebeul, Sportboothafen Altkötzschenbroda

Wer Altkötzschenbroda einen Besuch abstatten möchte, sollte hier anlanden. Am Sportboothafen findet man auch das Bootshaus des SSV Planeta Radebeul. Einen guten Kilometer weiter überspannen eine Eisenbahnbrücke und eine Straßenbrücke die Elbe. Dahinter gibt es zwischen Elbkilometer 71,3 bis 72,6 eine Wasserskistrecke; wenige hundert Meter weiter verbindet eine Fähre die Orte Coswig-Kötitz und Gauernitz. Die hinter der Fähre beginnende Gauernitzer Insel am rechten Ufer ist nur noch bei sehr hohem Wasserstand komplett vom Wasser umschlossen und als Naturschutzgebiet ausgewiesen. Da bei solchem Wasserstand kein vernünftiger Mensch mehr paddelt, soll die Regel, nur den linken Flussarm zu paddeln, nur der Vollständigkeit halber erwähnt werden. Wer

zum Coswiger KV möchte, muss hinter der Insel in den jetzigen Altarm der Elbe hinein und etwa einen Kilometer zurückpaddeln.
Nun folgen ein paar Kilometer mit weniger dichter Bebauung, bevor auf der linken Seite die Ranch Western Inn auftaucht, die sich rühmt, das beste Steakhaus in Sachsen zu sein. Hier kann man auch im Tipi übernachten. Rechts kommt nun das Spaargebirge in Sicht. Dort kann man unterhalb des Aussichtsfelsens in der Gartenwirtschaft Bosel einkehren. Einen Kilometer weiter erblickt man am linken Ufer ein schönes Fachwerkhaus: die Rehbockschänke mit Biergarten und einem kleinen Zeltplatz. Zwei Kilometer weiter ist das Ziel der Tour erreicht. Vor der Eisenbahnbrücke kann man am rechten Ufer auf Höhe des Bootshauses der SG Kanu Meißen anlegen (gekennzeichnet durch ein grünes Metalltor in der Feldsteinmauer). Hier kann man nach Voranmeldung auch im eigenen Zelt übernachten. Ansonsten befindet sich hinter der Eisenbahnbrücke (ebenfalls rechts) ein Parkplatz und nahebei auch der Bahnhof von Meißen.

km 81,8 - Meißen, Bootshaus SG Kanu Meißen

ADRESSEN UND INFOS

Übernachtungen und Gastronomie in Wassernähe

Dresden:

- Kanu-Verein Laubegast *www.kanuverein-laubegast.de*
- Verein Kanusport Dresden *www.verein-kanusport-dresden.de*
- Wassersportverein „Wiking Schweifsterne“ Dresden, *www.kanu-wsd.de*
- Fährhaus Hesse *www.pension-dresden-laubegast.de*
- Schillergarten Dresden, *www.schillergarten.de*
- Fährgarten Johannstadt, *www.faehrgarten.de*
- Windmühle Gohlis

Radebeul:

- SSV Planeta Radebeul, *www.kanu-radebeul.de*
- Restaurant Dampfschiff

Coswig:

- Coswiger Kanu-Verein *www.coswigerkanuverein.de*
- Campingplatz Am Badesee Cosig-Kötitz *www.campingplatz-coswig.de*
- Skopis Elbgarten
- Fischrestaurant Elbschlösschen
- Pension und Café Lindengut *www.lindengut.de*

Scharfenberg:

- Pension und Steakhaus Western Inn *www.western-inn.de*
- Camping Rehbocktal *www.camping-rehbocktal.de*

Sörnewitz:

- Pension und Gartenwirtschaft Boselblick *www.gasthaus-boselblick.de*

Meißen:

- SG Kanu Meißen, *www.kanu-meissen.de*
- Pension am Triebischbrunnen *www.triebischbrunnen.de*
- Meißner Groschen (Rechenberger Bier)
- Zum Loch
- Anker
- Zur Seemannsruhe

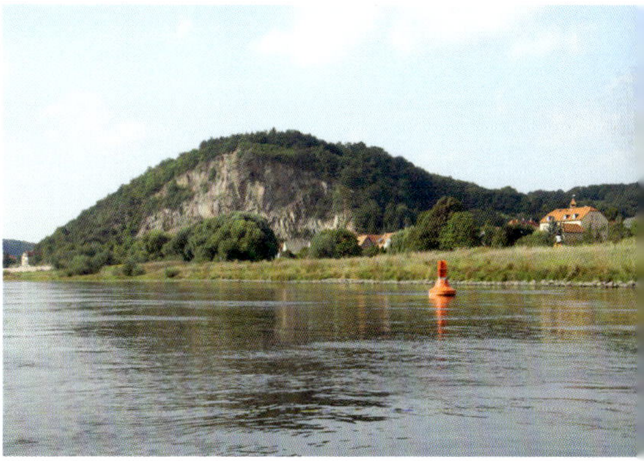

Das Spaargebirge bei Sörnewitz.

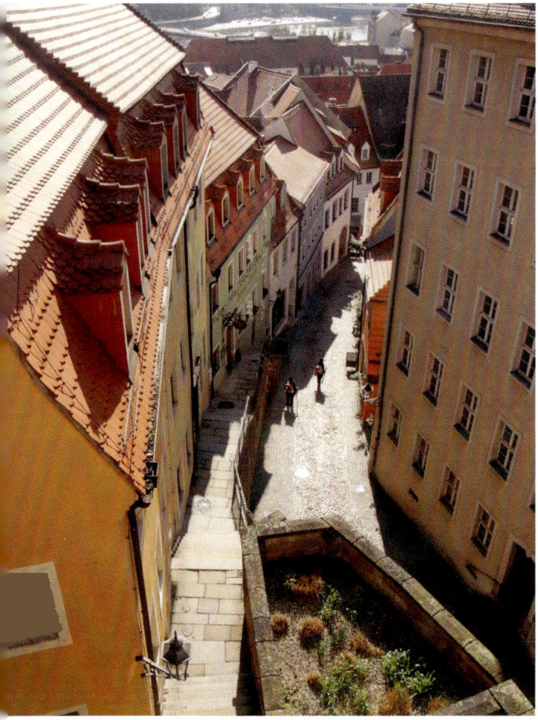

Von oben hat man einen schönen Blick auf die engen Gassen der Stadt Meißen.

Kanu-Verleih, organisierte Touren

- Kanu Dresden, *www.kanu-dresden.de*
- Kanu Aktiv Tours, *www.kanu-aktiv-tours.de*
- Aktiv Tours Meißen, *www.reisen-meissen.de*

Auskunft, Internetadressen

Dresden: Dresden Tourismus GmbH
Am Neumarkt 2, 01067 Dresden
Tel.: 0351-50 16 01 60
www.dresden.de | *www.dresden.travel.de*
Radebeul: Tourist-Information, Hauptstraße 12
01445 Radebeul, Tel.: 0351-8 31 18 30
tourismus@radebeul.de | *www.radebeul.de*
Meißen: Tourist-Information Meissen, Markt 3
01662 Meißen, Tel.: 03521-4 19 40
Touristinfo@meissen.de
www.touristinfo-meissen.de | *www.stadt-meissen.de*
www.weinfest-radebeul.de | *www.meissen.com*
www.albrechtsburg-meissen.de | *www.meissen.de*
Staatliche Kunstsammlungen Dresden
www.skd.museum

Karten, Bücher, Literaturtipps

- Tourenatlas Wasserwandern TA 7 (Elbe vom Elbsandsteingebirge bis Magedeburg) 1:75.000, Jübermann-Verlag
- Reiseführer „Die Elbe“ von Ernst Paul Dörfler im Trescher-Verlag.

Sehenswertes

Dresden: Semperoper, Frauenkirche (*www.frauenkirche-dresden.de*), Brühlsche Terrassen, Zwinger mit Gemäldegalerie Alter Meister und Porzellansammlung, Residenzschloss mit Grünem Gewölbe, Rüstkammer und Kupferstichkabinet, Albertinum mit Galerie Neuer Meister und Skulpturensammlung, Deutsches Hygiene Museum (*www.dhmd.de*), Japanisches Palais mit Museum für Völkerkunde (*www.voelkerkunde-dresden.de*), und Senckenberg Naturhistorische Sammlungen (*www.senckenberg.de*), Johanneum mit Verkehrsmuseum (*www.verkehrsmuseum-dresden.de*),
Radebeul: Karl-May-Museum (*www.karl-may-museum.de*), Weinbaumuseum Hoflößnitz (*www.hofloessnitz.de*), DDR-Museum Zeitreise (*www.ddr-museum-dresden.de*), Heimatstube Kötzschenbroda, Schmalspurbahnmuseum (*www.ssb-museum.de*)
Coswig: Karrasburgmuseum, Alte Kirche, Blaudruckerei Folprecht.
Meißen: Albrechtsburg mit Museum (*www.albrechtsburg-meissen.de*), Dom zu Meißen (*www.dom-zu-meissen.de*), Erlebniswelt Meißen mit Porzellanmuseum und Schauwerkstatt (*www.meissen.com*), St. Afra Kirche, Frauenkirche Meißen, Stadtmuseum in der ehemaligen Franziskanerkirche, historischer Marktplatz.

Tour 4: Von Meißen nach Strehla

Vor der Tour

Meißen wird gern als Wiege des heutigen Landes Sachsen bezeichnet. Als der deutsche König Heinrich I. im Jahr 928 mit seinen Rittern in das ostelbische Gebiet einfiel, war die Gegend von verschiedenen elbslawischen Stämmen besiedelt. Diese konnte Heinrich zunächst besiegen und ließ auf dem Felsen, auf dem heute die Albrechtsburg steht, eine Befestigung erbauen. Nach seiner Rückkehr fiel diese wieder in slawische Hände, konnte aber von seinen Nachfolgern zurückerobert und zum Sitz der Markgrafschaft Meißen ausgebaut werden. In das dünnbesiedelte Land ließen die Markgrafen Siedler aus den westdeutschen Landesteilen ansiedeln, die sich im Laufe der Jahre mit den einheimischen Slawen mischten; ein Vorgang, der als Ostkolonisation bekannt ist. Der Anteil der aus dem damaligen Herzogtum Sachsen stammenden Neusiedler dürfe jedoch verschwindend gering gewesen sein. Die Herrscher jenes Herzogtums konnten in den folgenden Jahren ihren Einflussbereich in Richtung Südosten ausdehnen. Als 1423 der Herzog von Sachsen-Wittenberg ohne Erben starb, fiel die mit diesem Herzogtitel verbundene sächsische Kurwürde nach einer Erbauseinandersetzung an den Markgrafen von Meißen. Im Laufe der Jahre wurde dann aus der Markgrafschaft Meißen das Kurfürstentum Sachsen. Um die neuen Sachsen von den alten zu unterscheiden, nannte man die einen Obersachsen und die in dem alten Stammesgebiet Wohnenden Niedersachsen. Während bei den eigentlichen Sachsen der Name Niedersachsen haften blieb, wurden aus den Obersachsen die Sachsen; obwohl in ihren Adern kaum sächsisches Blut floss. Als der ehemalige Herzog des germanischen Stammes der Sachsen als Heinrich I. 928 über die Elbe setzte, konnte er nicht ahnen, dass dieses Land einmal den Namen seines Stammes tragen würde.

Spätere Herrscher Kursachsens verlegten ihre Residenz einige Kilometer elbaufwärts, nach Dresden. Wahrscheinlich gab es dort mehr Platz für die vielen repräsentativen Bauwerke. Als August der Starke Anfang des 18. Jahrhunderts ein geräumiges, gut zu bewachendes Gebäude suchte, in welches er den aus Preußen geflohenen Alchimisten Böttger einsperren und Gold herstellen lassen konnte, verfiel er auf das Schloss Albrechtsburg in Meißen. Aus Stroh Gold zu spinnen, vermochte Böttger zwar nicht, aber es gelang ihm als Erstem außerhalb Chinas

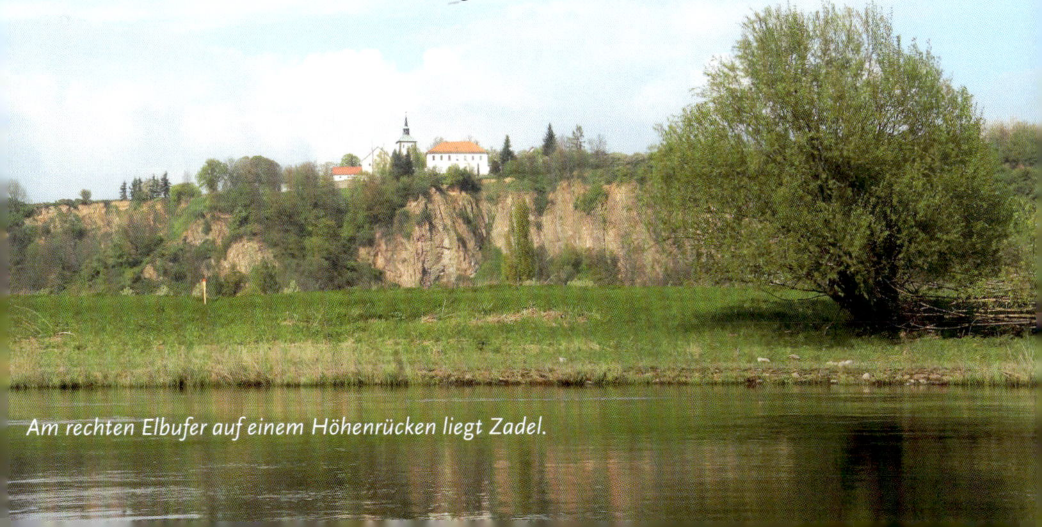

Am rechten Elbufer auf einem Höhenrücken liegt Zadel.

Tourensteckbrief

Paddelstrecke
Von Meißen nach Strehla, ca. 34 km.

Charakter
International genutzte Bundeswasserstraße mit Schubschiffverkehr, Ausflugsschifffahrt, flotter Strömung und zwei Fähren bei Elbkilometer 53,5 und 72,8 (siehe auch Übers Paddeln, 2. Fähren...).

Ein- und Aussetzstellen
Kanu-Verein SG Kanu Meißen, Plangasse 7, rechts bei Elbkilometer 81,8 (51.1611; 13.4795)
Fähre Strehla, links bei Elbkilometer 115,2 (51.3497,13.2454)
Weitere Einsetzstellen:
Kleinzadel hinter der Fährstation
Diesbar hinter Schiffsanleger
Nünchritz am Schiffsanleger
Riesa, zwischen den Brücken

Zurück zum Einstieg
1. Per Bahn.
2. Fahrrad am Ziel abstellen und zur Einsetzstelle entlang Elberadweg ca. 35 km radeln.

Optionen, Schlechtwettertipps
Besuch Albrechtsburg Meißen, Radtour auf dem Elberadweg, Fahrt mit Lößnitzgrundbahn zur Moritzburg, Stadtbesichtigung Dresden.

weißes Porzellan herzustellen. Die ab 1710 in der Pozellanmanufaktur auf der Albrechtsburg hergestellten Kostbarkeiten waren für August dennoch Goldes wert. Die Meißener Pozellanmanufaktur gibt es, wenn auch an anderer Stelle, heute noch. In den Schauwerkstätten kann man sich die Herstellung des Meißener Weißen Goldes ansehen.

Hinter Meißen liegen am Elbufer einige Gemeinden, die als Elbweindörfer bekannt sind: Diera-Zehren, Diesbar-Seußlitz und Hirschstein. Wer sich noch mit einem edlen Tropfen eindecken möchte, wird hier fündig. Im Ortsteil Seußlitz gibt es noch ein sehenswertes Barockschloss mit einem im französischen und englischen Stil angelegten Schlossgarten.
Riesa galt zu DDR-Zeiten zwar nicht als Stadtschönheit, aber man bekam schnell eine Wohnung und konnte im Stahlwerk gutes Geld verdienen. Auch eine Fußballmannschaft in der höchsten DDR-Liga leistete man sich. Das Stahlwerk produziert als Elbe-Stahlwerke Feralpi auch heute noch, die Mitarbeiterzahl hat sich jedoch drastisch reduziert. Nach dem Verlust ihrer Arbeitsplätze verließen viele Stahlwerker ihre Stadt, so dass sich die Zahl der Einwohner fast halbierte. Relativ gut über die Wende ist die Riesaer Nudelfabrik gekommen: Im Nudelcenter kann man die Teigwarenproduktion ansehen und ins Nudelmuseum gehen.
Am 25. April 1945 kam es an der Elbe zu zwei Begegnungen sowjetischer und amerikanischer Truppen. In vielen Geschichtsbüchern wird als Ort der ersten Begegnung Torgau angeführt. Das Zusammentreffen von Truppenteilen beider Seiten bei Lorenzkirch gegenüber von Strehla fand aber schon wenige Stunden vorher statt. Ein Denkmal an der Fähre Strehla erinnert an dieses historische Ereignis.

Tourbeschreibung

km 81,8 - Meißen, Bootshaus SG Kanu Meißen
Auf Höhe des Bootshauses der Meißener Kanuten kann man die Tour vor der Eisenbahnbrücke rechts beginnen. Einhundert Meter weiter, hinter der Eisenbahnbrücke, befindet sich gleich ein Parkplatz. Am linken Ufer erhebt sich über der Meißener Altstadt die Albrechtsburg. Sie war der Sitz der ersten Markgrafen, die von dieser befestigten Stellung aus die slawische Bevölkerung christianisieren und das Land für den

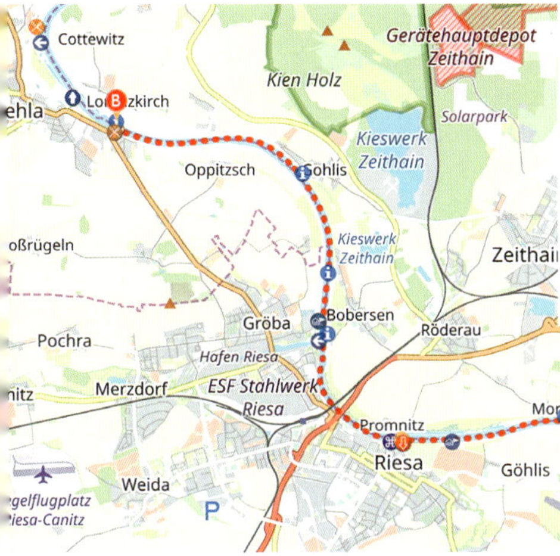

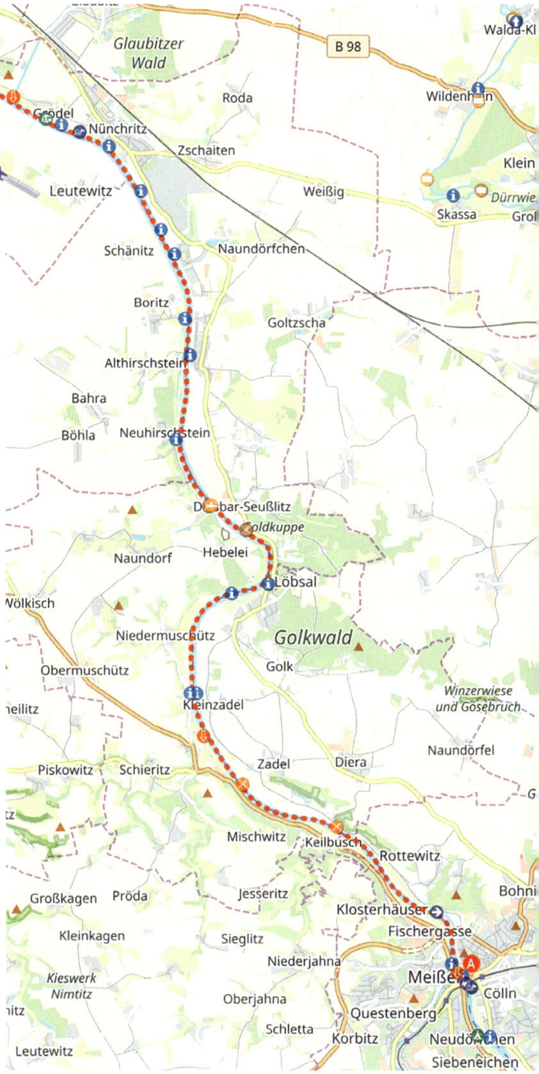

deutschen König erobern sollten. Hinter der zweiten Straßenbrücke wird Meißen verlassen. Nach wenigen Kilometern liegt rechts auf einem Felsen, gut vor Hochwasser geschützt, der Ort Zadel. Unterhalb des Felsens gibt es nah am Ufer die Gaststätte Zum Zuessenhaus mit Biergarten. Bei Elbkilometer 89,8 verband einst eine Gierseilfähre die Orte Kleinzadel und Zehren. Derzeit wird sie nicht betrieben. Es empfiehlt sich jedoch beim Passieren der Stelle die Augen offen zu halten, sollte der Fährverkehr wieder aufgenommen werden. Knapp drei Kilometer weiter beginnt das langgezogene Weindorf Diesbar-Seußlitz. Der Göhrischfelsen am linken Ufer erinnert ein wenig an einen Löwenkopf. Hinter dem Ort wird das sächsische Weinanbaugebiet verlassen. Eine Reihe von Weinlokalen laden zu einer letzten Weinverkostung ein. Wer mit dem Auto umsetzt, sollte beachten, dass am Ortseingang Seußlitz aus Nünchritz kommend ein Blitzer die Einhaltung der Geschwindigkeitsbegrenzung (km 30) kontrolliert.

km 93,9 - Diesbar-Seußlitz

Obwohl noch tief in Sachsen liegend, beginnt hinter Diesbar-Seußlitz geografisch die Norddeutsche Tiefebene. In kurzen Abständen folgen nun rechts und links kleine Elborte wie Nieder-Lommatsch, Neuhirschstein, Boritz (alle links), Merschwitz und Leckwitz. Gleich hinter letztgenanntem Ort befindet sich auf der rechten Uferseite eine große Chemieanlage. Den seit 1900 bestehenden Chemiebetrieb Nünchritz hat 1998 der Konzern Wacker übernommen und produziert hier chemische Stoffe auf Siliziumbasis.

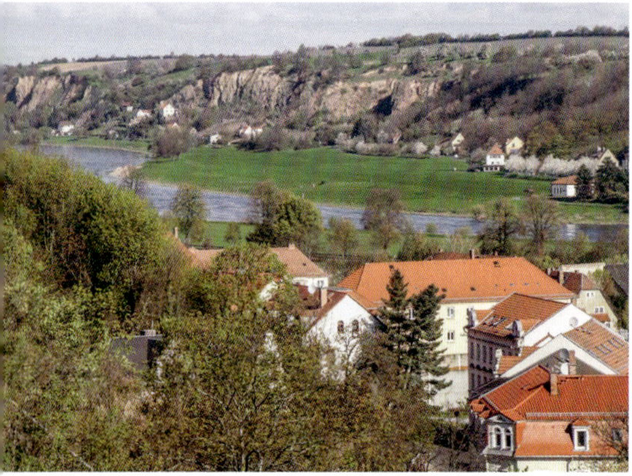

Die Elbe hinter Meißen.

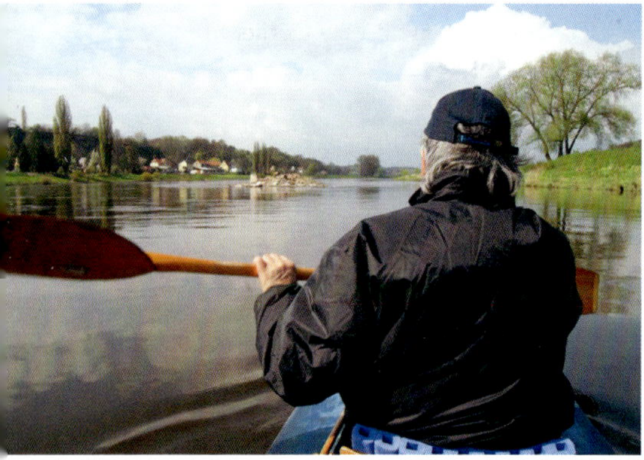

Steinschüttung bei Zehsen.

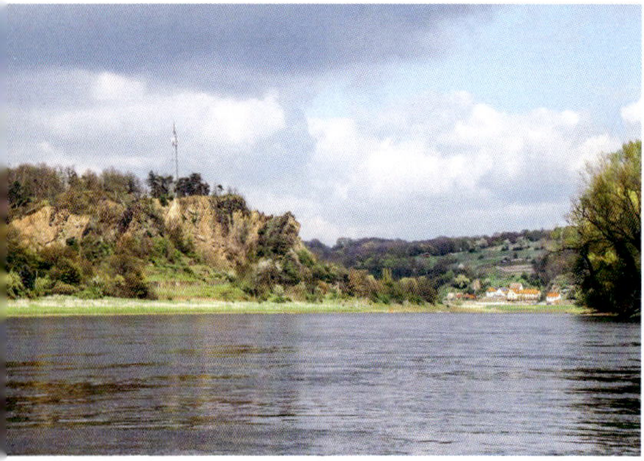

Der Görischfelsen liegt am linken Elbufer gegenüber dem Weindorf Diesbar-Seußlitz.

km 102 - Nünchritz

Am Schiffsanleger in Nünchritz kann man anlegen, um dort einzukehren oder Proviant einzukaufen. Einen halben Kilometer weiter kann man auf dem Bootshausgelände der Nünchritzer Kanuten auch übernachten. Weiter geht es an Grödel mit seinem markanten Windmühlenstumpf und Moritz vorbei nach Riesa.

km 108,3 - Riesa

Auch in Riesa gibt es einen Kanu-Verein, der sein Sportgelände am linken Ufer bei km 107 hat, dort, wo die Fähre nach Promnitz übersetzt. Wer der Stahl- und Nudelstadt Riesa einen Besuch abstatten möchte, kann zwischen der Straßenbrücke und der Eisenbahnbrücke am rechten Ufer anlegen. Einen weiteren Kanu-Verein, den ESV Lok Riesa, findet man hinter dem Hafen auf der Riesaer Stadtseite. Zwischen km 110,5 und 111,5 ist eine Wasserskistrecke ausgewiesen. Nun ist es nicht mehr weit bis zum Etappenziel Strehla. Am rechten Ufer verschwinden die letzten Häuser von Gohlis, bevor links Strehla auftaucht. Die Tour beenden kann man entweder am Fähranleger oder besser noch 600 m weiter an der Anlegestelle für Wasserwanderer. An der Anlegestelle für Wasserwanderer gibt es auch einen Parkplatz.

km 116 - Strehla, Anlegestelle Wasserwanderer

ADRESSEN UND INFOS

Übernachtungen und Gastronomie in Wassernähe

Meißen:

- Kanustation SG Kanu Meißen
  www.kanu-meissen.de
- Pension am Triebischbrunnen
  www.triebischbrunnen.de
- Meißner Groschen (Rechenberger Bier)
- Zum Loch
- Anker
- Zur Seemannsruhe

Zadel:
- Karpfenschenke
- Zum Zuessenhaus

Zehren:
- Pension Elbblick
  www.pension-elbblick-meissen.de

Kleinzadel:
- Gasthaus und Pension Zum Korbmacher,

Diesbar-Seußlitz:
- Merkers Weinstuben
  www.merkersweinstuben.de
- Langgasthof Zum Roß
  www.zum-ross-diesbar.de
- Lehmanns Seußlitzer Weinstuben

Hirschstein:
- Zum Alten Brauhaus

Merschwitz:
- Elbcafé Richter, *www.elbcafe-richter.de*

Nünchritz:
- Kanustation WSV Chemie Nünchritz
  www.svchemienuenchritz.de

Moritz:
- Hotel Moritz, *www.hotel-moritz.de*

Riesa:
- Kanustation Riesaer Wassersportverein
  www.riesaer-Wassersportverein.de
- ESV Lok Riesa, *www.kanu-riesa.de*
- Hotel Saxonia, *www.hotelsaxonia.de*
- Restaurant Goldener Herold
- Hammer Bräu

Strehla:
- Campingplatz am Nixenbad
- Fahrradpension Burkhardt
  www.fahradpension-burkhardt.jimdo.com
- Jugendherberge Strehla
  www.strehla.jugendherberge
- Gaststätte Am Nixstein

Kanu-Verleih, organisierte Touren
- Aktiv Tours Meißen, *www.reisen-meissen.de*
- Kanu Aktiv Tours, *www.kanu-aktiv-tours.de*
- Kanu Dresden, *www.kanudresden.de*

Auskunft, Internetadressen
Meißen: Tourist-Information Meissen, Markt 3
01662 Meißen, Tel.: 03521-4 19 40
Touristinfo@meissen.de | *www.touristinfo-meissen.de*
www.stadt-meissen.de
Strehla: Strehla-Information, Am Schlosspark 1
01616 Strehla, Tel.; 035264-9 07 39
strehlainfo@gmx.de | *www.strehla.de*
www.meissen.com | *www.albrechtsburg-meissen.de*
www.meissen.de

Karten, Bücher, Literaturtipps
- Tourenatlas Wasserwandern TA 7 (Elbe vom Elbsandsteingebirge bis Magdeburg) 1:75.000, Jübermann-Verlag, Reiseführer
- „Die Elbe" von Ernst Paul Dörfler im Trescher-Verlag

Sehenswertes
Meißen: Albrechtsburg mit Museum (*www.albrechtsburg-meissen.de*), Erlebniswelt Meißen mit Porzellanmuseum und Schauwerkstatt (*www.meissen.com*), St. Afra Kirche, Frauenkirche Meißen, Stadtmuseum in der ehemaligen Franziskanerkirche, historischer Marktplatz.
Riesa: Nudelmuseum (*www.teigwaren-riesa.de*)
Strehla: Schloss mit Museum, historische Altstadt mit Rathaus, Stadtkirche und Postmeilensäule.

Tour 5: Rundfahrt Geierswalder See

Vor der Tour

Die Region um Hoyerswerda und Senftenberg war einst eine der größten Braukohlelieferanten Deutschlands. Aber in den vergangenen Jahren wurden und werden wie im Leipziger Neuseenland auch hier immer noch die ehemaligen Tagebaue mit Wasser gefüllt und ein neues riesiges Seengebiet ist im Entstehen. Einige Seen wie der Bernsteinsee, der Senftenberger See, der Partwitzer See und eben auch der Geierswalder See können bereits wassersportlich genutzt werden. Wie die drei letztgenannten Seen sollen auch die übrigen im Entstehen begriffenen Seen durch Kanäle miteinander verbunden werden, so dass man eines Tages dort auch Mehrtagestouren unternehmen kann. Die Region liegt im brandenburgisch-sächsischen Grenzgebiet, wobei der Geierswalder See zwar zu Sachsen, die nahe gelegene Stadt Senftenberg aber schon zu Brandenburg gehört. Dem Städtchen merkt man nicht mehr an, dass es einst ein Zentrum der Braunkohleindustrie gewesen ist. Nach der Sanierung erstrahlen die historischen Bauten in der Innenstadt in neuem Glanz und verlocken zu einem Stadtbummel.

Tourbeschreibung

km 0 - Geierswalde, Bootseinsetzstelle am Sportboothafen

Nach dem Einsetzen an der Bootsrampe zwischen dem Wassersportzentrum und dem Ferienobjekt am Leuchtturm geht es nach rechts gegen die Uhrzeigerrichtung zur Seenumrundung. Bald sind die futuristisch anmutenden, schwimmenden Ferienhäuser des Ferien- und Freizeitparks erreicht. Die Übernachtung in diesen luxuriösen, aus Glas und Metall bestehenden Unterkünften ist nicht ganz billig. Wenige Meter weiter kommt der Kanu-Verleih mit Caféteria der Wassersportschule Renner in Sicht. Nun wendet man sich gen Norden. Den Ufern merkt man noch an, dass die Flutung des Sees

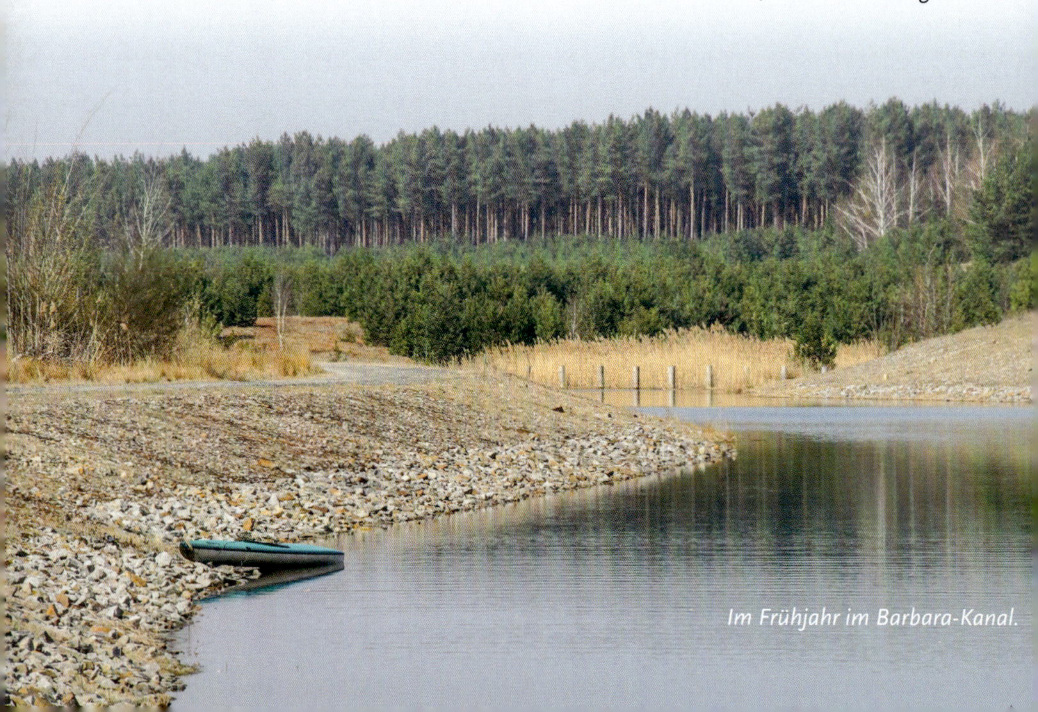

Im Frühjahr im Barbara-Kanal.

Tourensteckbrief

Paddelstrecke
Von Geierswalde nach Geierswalde, ca. 15 km.

Charakter
windanfälliger, großer See, bei stärkeren Winden entweder nicht oder an der windgeschützten Seite paddeln, im Jahr 2018 durften etwa zwei Drittel des Ufers (der mit Tonnen markierte Bereich) nicht betreten werden, da der Boden nach der Flutung als noch nicht sicher eingestuft wurde. Das wird sich irgendwann ändern.

Ein- und Aussetzstellen
Geierswalde, rechts neben dem Sportboothafen, Am Wassersportzentrum 1, (51.2931, 14.0655), Parkmöglichkeit.
Wer bei **Surf-Renner** sein Kanu mietet, wird natürlich dort ein- und aussetzen.

Optionen, Schlechtwettertipps
Radtour um den Senftenberger See, Paddeltour auf dem Partwitzer See oder Senftenberger See.
Wenn der Sedlitzer See freigegeben wird, ist eine Drei-Seen-Runde möglich.

noch nicht lange zurückliegt. Leichter Schilfbewuchs und niedrige Kiefern und Birken dominieren das Ufer. An seinem ziemlich nördlichsten Punkt zweigt nach rechts der Barbara-Kanal ab, der zum Partwitzer See führt. Etwa in der Mitte des Kanals gibt es eine Wehranlage, die bei der letzten Befahrung zwar geschlossen war und ein Umtragen erforderlich gemacht hätte. Der Wasserspiegel war jedoch auf beiden Seiten des Wehres gleich hoch, so dass in der Hauptsaison das Wehr dann sicher geöffnet ist.

km 5 - Wehranlage Barbara-Kanal

Auf gleichem Weg geht es den Barbara-Kanal zurück und dann am Sornoer Kanal vorbei in eine kleine Bucht hinein. Immer am Ufer entlang kommt man nach zwei Kilometern in den Hauptsee zurück. Nun paddelt man südwestwärts in Richtung des Koschener Kanals und auf diesem weiter bis zur Schleuse.

km 11 - Schleuse Koschener Kanal

Wer hier weiter zum Senftenberger See will, muss nach dem Schleusen unter das Flussbett der Schwarzen Elster und nach wenigen Metern unter freiem Himmel noch die B 96 unterqueren. Nun geht es den Koschener Kanal wieder zurück und entlang des flachen Südufers nach Geierswalde zur Einsetzstelle.

km 15 - Geierswalde, Bootseinsetzstelle am Sportboothafen

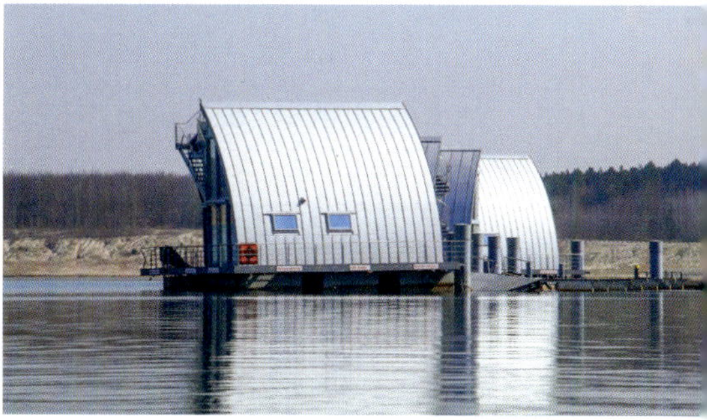

Die schwimmenden Ferienhäuser rufen den Eindruck von Segelbooten hervor.

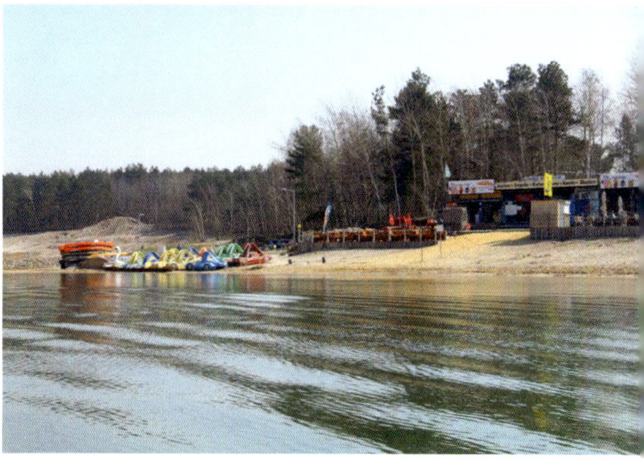

Imbiss und Kanuverleih Renner.

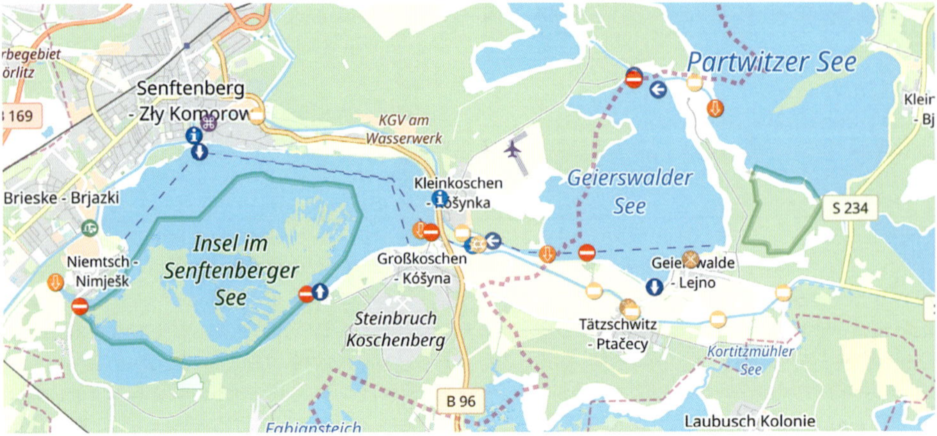

ADRESSEN UND INFOS

Übernachtungen und Gastronomie in Wassernähe

:

- Wasserwanderrastplatz WSV Lausitzer Seenland, *www.wsvls.de*
- DerLeuchtTurm, *www.leuchtturm-lausitz.de*
- Ferien- und Freizeitpark Geierswalde *www.geierswaldersee.de*
- Freizeitzentrum Geierswalde, *www.evju.de*
- Gasthof Grubenlampe
- Caféteria und Strandbar Surf-Renner

Kanu-Verleih, organisierte Touren:

Geierswalde:

- Wassersportschule Renner *www.wassersport-renner.de*
- Expeditours, *www.expeditours.de*

Auskunft, Internetadressen

Senftenberg: Tourist-Information Senftenberg
Markt 1, 01968 Senftenberg
Tel.: 03573-1 49 90 10
senftenberg@lausitzerseenland.de
www.senftenberg.de
Hoyerswerda: Tourist-Information Hoyerswerda, Braugasse 1, 02977 Hoyerswerda
Tel.: 03571-2 09 61 70
hoyerswerda@lausitzerseenland.de
www.lausitzerseenland.de I *www.geierswalde.de*

Karten, Bücher, Literaturtipps

- Wander- und Radwanderkarte Lausitzer Seenland
- In SachsenKartographie, Kompass-Verlag oder Publicpress

Sehenswertes

Geierswalde: Kirche, historisches Steinkreuz
Senftenberg: Schloss und Festung Senftenberg mit Museum (*www.museums-entdecker.de*), Schlosspark, Peter- und Paul-Kirche, Tierpark.

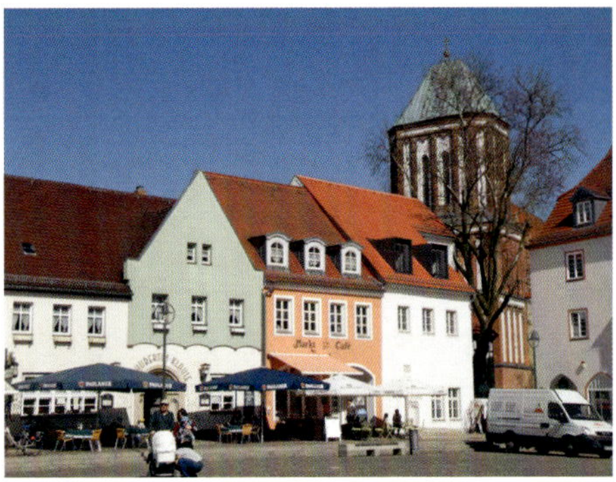

Markt mit Peter- und Paul-Kirche Senftenberg.

EIN NEUES PADDELREVIER ENTSTEHT
das Leipziger Neuseenland

Wenn von der sächsischen Metropole Leipzig die Rede ist, denkt man an Begriffe wie Leipziger Messe oder die Völkerschlacht gegen die napoleonische Armee; in Auerbachs Keller tranken Mephisto und Faust Wein, der von Mephisto aus der Tischplatte gezapft wurde, die Leipziger Fußballer vom VfB wurden 1903 erster Deutscher Fußballmeister und nach Jahren der Viert- und Fünftklassigkeit spielt mit RB Leipzig wieder eine Leipziger Mannschaft in der ersten Bundesliga. Mit Braunkohletagebauen bringen aber nur die wenigsten die Stadt in Verbindung. Dabei fraßen sich riesige Schaufelradbagger von allen Seiten auf die Stadtgrenzen zu. Kleinere Orte auf dem Wege dorthin wurden einfach verschlungen. Insgesamt 20 Tagebaue, 27 Brikettfabriken und 8 Großkraftwerke waren im Laufe der Jahre im Großraum Leipzig zu finden. Im Bergbau-Technik-Park zwischen dem Markkleeberger und dem Störmthaler See erinnern u.a. ein Schaufelradbagger und ein Bandabwurfgerät (Absetzer) an diese Zeit. Übrig blieb eine geschundene Landschaft. Die sächsischen Planer machten aus der Not eine Tugend, begannen die Tagebaue nach und nach zu fluten und schufen ein Naherholungsgebiet, welches inzwischen auch Wassersportler aus ferneren Regionen anzieht: das Leipziger Neuseenland. Aber nicht nur für Kanuten, Ruderer, Segler und Badenixen ist das Neuseenland erlebenswert. Ein Netz von Rad- und Wanderwegen verbindet die Seen, Badestellen wurden geschaffen und die Möglichkeiten für Freizeitaktivitäten erweitert. Noch sind die Renaturierungsmaßnahmen nicht abgeschlossen. In den nächsten Jahren werden also noch weitere Paddelmöglichkeiten hinzukommen.

Wer für mehr als ein, zwei Tage zum Paddeln nach Leipzig kommt, wird dann auch Zeit für eine Stadtbesichtigung finden oder sich auf die Spuren der Völkerschlacht begeben. Neben dem Völkerschlachtdenkmal erinnern 50 sogenannte

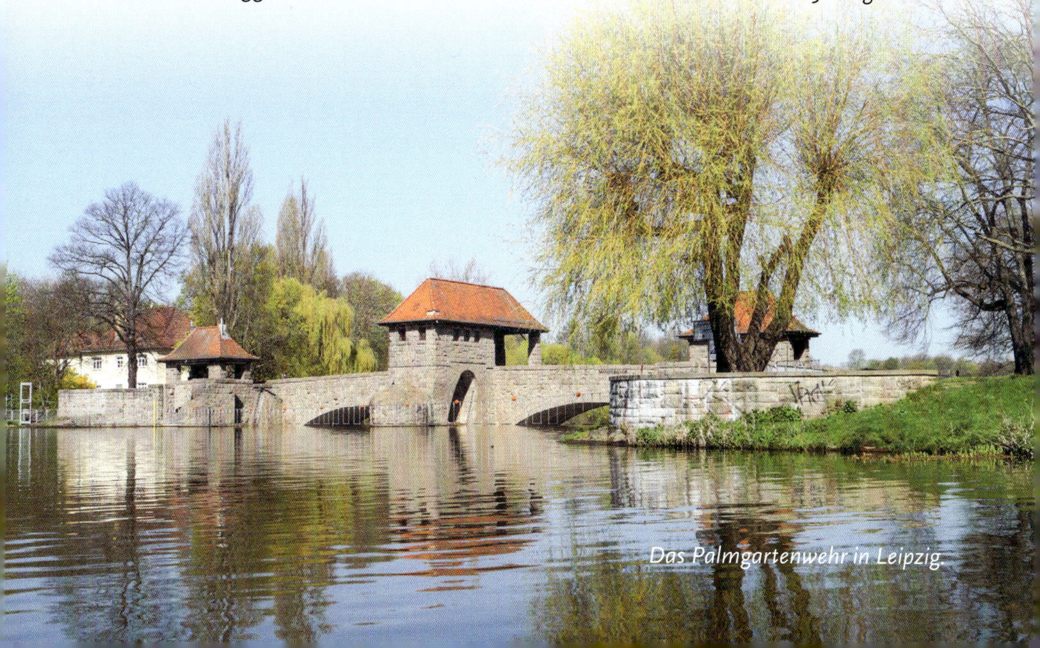

Das Palmgartenwehr in Leipzig.

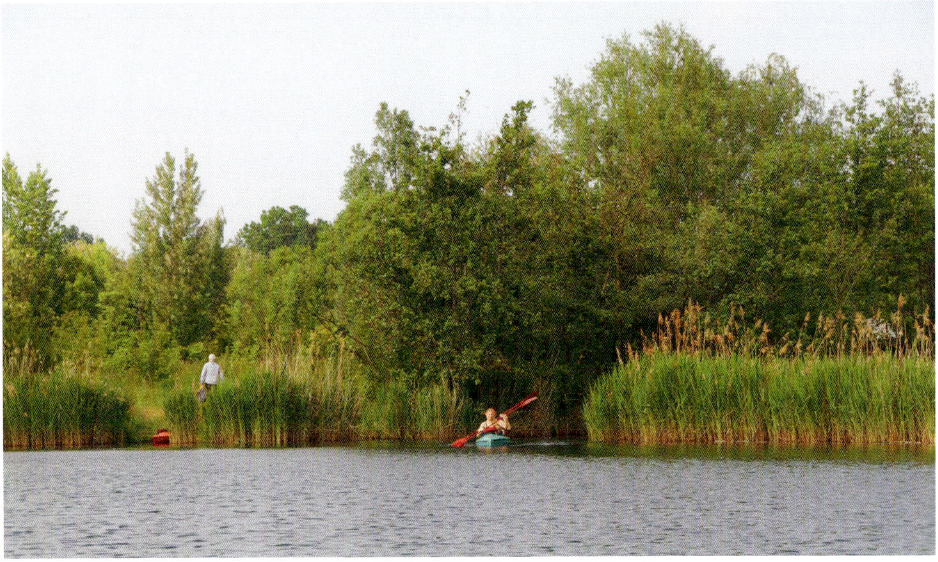

Das Schutzgebiet für den Eisvogel endet an der Mündung des Floßgrabens in den Waldsee Lauter.

Apelsteine an ausgewählten Schlachtstandorten an die am Kampf beteiligten Truppen und ihre Befehlshaber. In den Torhäusern in Dömitz und Markkleeberg sind mit Zinnfiguren Schlachtszenen nachgestellt. Bei einem Stadtbummel wandelt man auf Goethes Spuren, der Leipzig als Klein-Paris titulierte. Vom Markt mit dem Alten Rathaus ist es nicht weit zur Mädlerpassage mit dem schon erwähnten Auerbachs Keller; an der Nikolaikirche vorbei erreicht man das Opernhaus und das Neue Gewandhaus. Die Nikolaikirche selbst wurde Ende der 1980er Jahre durch die Montagsgebete bekannt, die das Ende der DDR einläuteten. An die bekanntesten Leipziger Komponisten erinnern das Bachmuseum und das Mendelssohn-Haus. Noch weiter östlich gibt es das neue Grassi-Museum, welches das Völkerkundemuseum, das Musikinstrumente-Museum und das Museum für Angewandte Kunst beherbergt. Im Leipziger Umland findet man eine Vielzahl an kleinen Schlössern, die zu Besichtigungen einladen. Wer mehr über diese kulturgeschichtlich bedeutende Region erfahren möchte, kann sich in der Tourist-Info in der Katharinenstraße am Markt oder auf den Internetseiten informieren.

Mit den drei vorgeschlagen Touren im Leipziger Neuseenland sind natürlich nicht alle Paddelmöglichkeiten erschöpft. So bieten sich u.a. Fahrten vom Stadthafen über den Karl-Heine-Kanal zum Lindenauer Hafen an. Von dort erreicht man über eine 150 m lange Umtragestrecke den Elster-Saale-Kanal. Ein 9 km langer Rundkurs lässt sich ab dem Stadthafen über das Elsterflutbett zum Teilungswehr Großzschocher und zurück über die Stadtelster unternehmen. Dabei muss die Wehranlage etwa 200 m weit umtragen werden. Oder man paddelt die Weiße Elster weiter flussabwärts.

In Leipzig gibt es eine Reihe von Kanu-Vereinen, auf deren Bootshausgelände auch übernachtet werden kann. Einige, wie die SG Motor Leipzig West (*www.paddelsachsen.de*) und das Kanu- und Freizeitzentrum Leipzig Südwest (*www.kanunonne-leipzig.de*) sind auch DKV-Kanustation.

Tour 6: Rundfahrt Markkleeberger und Störmthaler See

Vor der Tour

Am Kanupark mit seiner deutschlandweit bekannten Wildwasserstrecke gibt es mehrere (gebührenpflichtige) Parkplätze. Wer sich ein Kanu beim Kanu-Vermieter All-on-Sea mietet, wird natürlich auch dort einsetzen. Die netten Betreiber hatten aber auch uns erlaubt, unser Faltboot auf ihrem Gelände aufzubauen und die Rundfahrt dort zu beginnen. Eine Alternative ist, das Auto auf dem Parkplatz hinter dem Wendehammer der Straße namens Bootssteig zu parken und hinter dem Parkplatz in der Nähe des Störmthaler Kanals einzusetzen.

Gleich ein Wort zum Kanupark: Um das neue Wassersportrevier auch kanusportlich aufzuwerten, wurde eine der modernsten, künstlichen Wildwasserstrecken der Welt erbaut, die nicht nur von Wildwasserkanuten zu Wettkämpfen und zum Training genutzt werden, sondern auch von sportlichen Tagesgästen bei Raftingtouren. Die Wildwasserkanuten müssen, nachdem sie die Trainingsstrecke absolviert haben, nicht aus den Booten aussteigen und diese für die nächste Runde zum Start tragen, sondern werden bequem per Förderband nach oben gebracht. Wer nach dem Paddeln etwas Ruhe braucht, kann im benachbarten Modellbaupark mit der Gartenbahn ein paar Runden drehen.

Markkleeberger und Störmthaler See gehörten einst zum Braunkohlerevier Espenhain. Bis 1996 wurde hier Braunkohle abgebaut. Zehn Jahre später war der heutige Markkleeberger See geflutet und konnte der Öffentlichkeit zur Nutzung als Naherholungszentrum übergeben werden. An die Zeit des Braunkohleabbaus erinnert der Bergbau-Technik-Park. Kernstück des Parks sind zwei Tagebaugroßgeräte: der Schaufelradbagger 1547 (ca. 1.300 t, Bj. 1986) und der Bandabsetzer 1115 (ca. 2.400 t, Bj. 1985); daneben gibt es weitere Tagebautechnik zu sehen wie einen Kohle-Abraum-Zug, Teile einer Bandanlage sowie Arbeitswerkzeuge und Bekleidung der Bergleute. Die in Ufernähe stehenden Großgeräte sind auch beim Paddeln zu erblicken. An die untergegangenen Orte des Tagebaus erinnert die schwimmende Kulturinsel Vineta, die in Form einer Kirche er-

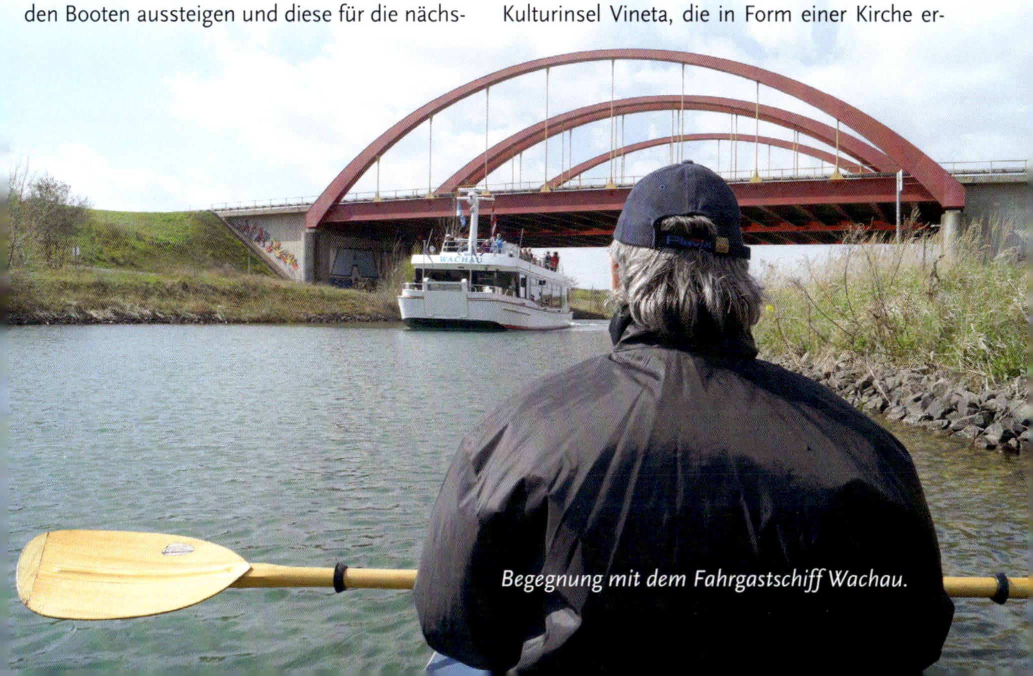

Begegnung mit dem Fahrgastschiff Wachau.

baut wurde und für Lesungen und Konzerte genutzt wird. Aber auch heiraten kann man hier.
Am Westufer des Markkleeberger Sees werden auf einer Wiese Bisons gezüchtet. Wer diese mächtigen Tiere genauer beobachten möchte, sollte ein Fernglas mit auf die Tour nehmen. Nach dem Paddeln lohnt ein Abstecher in den Ortsteil Wachau zur sehenswerten Kirchenruine. Wer in Markkleeberg einen Besichtigungstag einlegen möchte, kann im Deutschen Fotomuseum Fotografien und Fototechnik von den Anfängen bis zur Gegenwart ansehen. Im Torhaus des Schlosses gibt ein Museum Auskunft über die Kämpfe der Völkerschlacht in der Umgebung Markkleebergs.

Tourbeschreibung

km 0 - Auenhainer Bucht im Markkleeberger See
Nach dem Start paddelt man in Uhrzeigerrichtung und biegt nach wenigen Metern in den Störmthaler Kanal ein. Hinter einer Brücke wird die Kanupark-Schleuse erreicht. Zum Zeitpunkt unserer Befahrung Mitte April waren die Schleusenzeiten nur auf das Wochenende beschränkt, so dass wir die Umtragestelle am linken Ufer nutzten. Mit unserem leeren Faltboot war das Umsetzen auch ohne Bootswagen kein Problem; es schadet aber nicht, einen mitzunehmen. Hinter der Schleuse überquert die Autobahn A 38 den Kanal. Auf dem Störmthaler See angekommen, paddelt man weiter in Uhrzeigerrichtung. Rund um den See verläuft ein Radweg mit vielen Rastplätzen, die natürlich auch von den Paddlern genutzt werden können. Gleich hinter dem ersten Rastplatz beginnt eine etwa 700 m lange ufernahe Schutzzone, die nicht befahren werden darf. Obwohl überall frisches Grün sprießt, merkt man der Umgebung an, dass sie erst seit kurzer Zeit neu gestaltet wurde. Das mag in zehn Jahren anders aussehen.

km 5 - Badestelle Störmthal
Nun geht es an der Badestelle Störmthal vorbei und man erblickt rechts, mitten im See gelegen,

Tourensteckbrief

Paddelstrecke
Rundfahrt Markkleeberger und Störmthaler See, 28 km.

Charakter
Seen mit viel Bootsverkehr an den Sommerwochenenden, auf dem Störmthaler See hohe Wellen bei stärkeren Winden.

Befahrungssregelungen
Befahrungsverbote Markkleeberger See: etwa 1,5 km langer Uferstreifen am Südwest-Ufer, der ca. 200 m hinter dem Störmthaler Kanal beginnt, die Getzelauer Insel umfasst und 200 m dahinter endet.
Befahrungsverbote Störmthaler See: etwa 700 m langer Uferstreifen am Nordufer, beginnend an der nördlichsten Seespitze in Richtung Osten gegenüber der Ortschaft Güldengossa, der südöstlichste Teil der Grunaer Bucht, der Uferstreifen rund um die Göhrener Insel.

Ein- und Aussetzstellen
Auenhainer Bucht im Markkleeberger See, Parkplatz Straße Bootssteig
Weitere Einsetzstellen:
Markkleeberger See: Seepromenade Markkleeberg-Ost (Bornaische Straße/ Ecke Auenhainer Straße)
Störmthaler See: Magdeborner Halbinsel (Vineta-Bistro, ehemaliger Dispatcherturm)

Optionen, Schlechtwettertipps
Radtour um die Seen, Stadtbesichtigung Leipzig, Freizeitpark Belantis.

Betriebszeiten Kanuparkschleuse
Nebensaison: (April und Oktober)
Sa, So und feiertags von 10 - 17 Uhr
Hauptsaison: (Mai - September)
Mo bis Do 11 - 18 Uhr, Fr bis So 10 - 18 Uhr

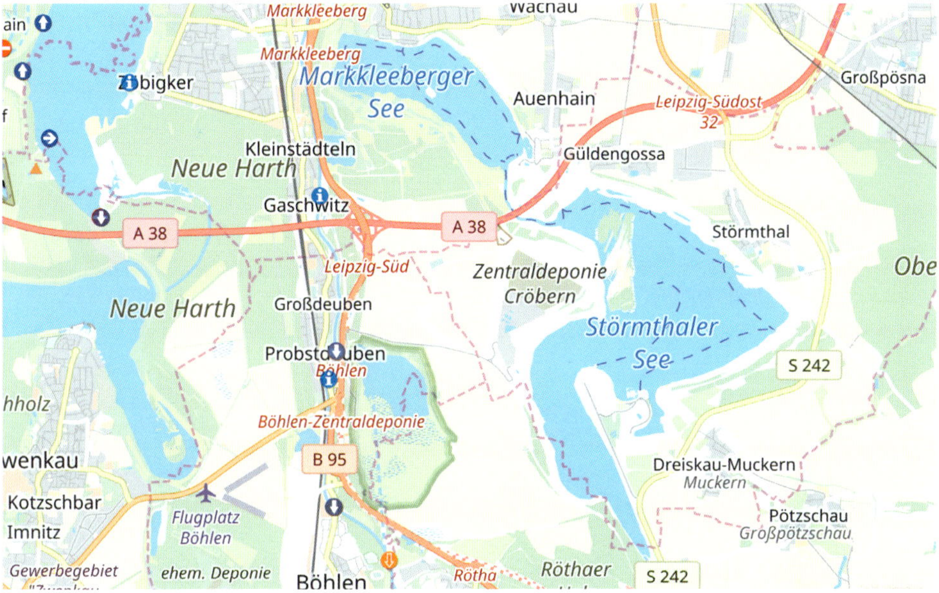

das wiederauferstandene Vineta. Immer in Ufernähe paddelnd kommt man am Oberholz und der Badestelle Dreiskau-Muckern vorbei. Wer möchte, kann auch die Grunaer Bucht erkunden. Dabei bitte das Befahrungsverbot beachten.

km 9 - Ferienresort Lagovida

Nun wird das Ferienresort Lagovida erreicht oder man paddelt weiter zum Badestrand auf der Magdeborner Halbinsel. Dort lockt das Vineta-Bistro zur Einkehr. Weiter im Landesinneren schickt ein Schornstein weißen Rauch in den Himmel. Hinter der Halbinsel wendet man sich nach Süden und paddelt am Erlebnisparcours vorbei in eine langgestreckte Bucht hinein. Am westlichen Ufer geht es nun zurück. Wer abkürzen möchte, kann direkt von der Magedeborner Halbinsel zur gegenüberliegenden Uferseite paddeln.

km 17 - Naturschutzgebiet Göhrener Insel

Dort, wo das Ufer scharf nach Norden abknickt, erreicht man das Naturschutzgebiet Göhrener Insel. Auf der Insel sollen einige geschützte Orchideen wachsen. Die Wasserfläche zwischen der Insel und dem westlichen Ufer gehört zum Naturschutzgebiet und darf nicht befahren werden. Also muss die Insel auf der Ostseite passiert werden; man kommt aber dadurch an der Kulturinsel Vineta vorbei und kann ein paar schöne Fotos schießen. Hinter der Insel steuert man wieder westwärts und erreicht bald den Verbindungskanal zwischen den beiden Seen und die Kanupark-Schleuse.

km 21 - Kanupark-Schleuse

Wer für diesen Tag genug gepaddelt ist, muss noch einen Kilometer bis zur Einsetzstelle zurücklegen; oder man unternimmt noch eine sieben Kilometer lange Rundfahrt auf dem Markkleeberger See. Wegen des Befahrungsverbotes muss man etwas Abstand zum Westufer halten. Hinter der Getzelauer Insel – diese ist Naturvorranggebiet und darf nicht betreten werden – endet das Befahrungsverbot. Am Ufer hinter der Insel befindet sich die Bisonweide, und mit etwas Glück kann man die mächtigen Tiere erblicken. Kurz vor Markkleeberg geht es ostwärts zur Markkleeberger Seepromenade.

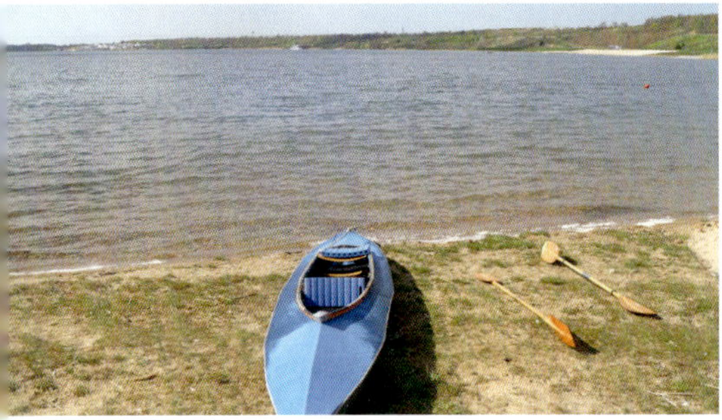

Blick vom Startpunkt in der Auenhainer Bucht über den Markkleeberger See.

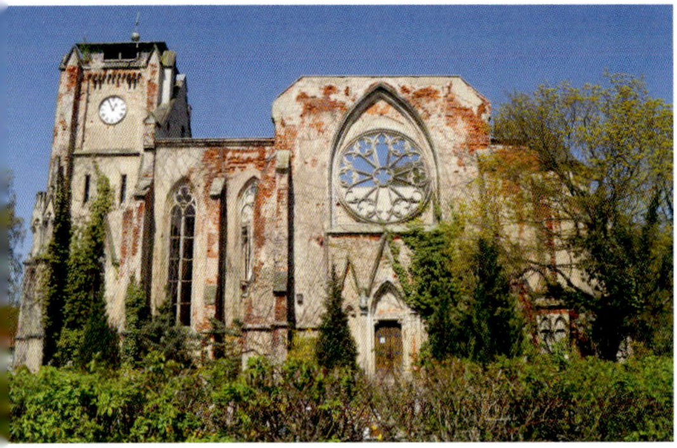

Kirchenruine Wachau.

km 25 - Markkleeberger Seepromenade
Wer möchte, kann hier anlegen und Markkleeberg von Land aus erkunden. Anschließend geht es am Wachauer und Auenhainer Strand zurück zur Einsetzstelle.
km 28 - Auenhainer Bucht im Markkleeberger See

ADRESSEN UND INFOS

Übernachtungen und Gastronomie in Wassernähe

- Campingplatz Markkleeberger See *www.neuseenland-camping.com*
- All-on-Sea Camp & Sport Resort *www.all-on-sea.de*
- Ferienresort Lagovida, *www.lagovida.de* (auch Wohnmobilstellplatz)
- Ökologisches Landwirtschaftsschulheim Dreiskau-Muckern, *www.oekolo7.de*
- Vineta-Bistro
- Gasthof am See Störmthal
- Restaurant Seeperle
- Neuseenland Stüb'l

Kanu-Verleih, organisierte Touren

- All-on-Sea, *www.all-on-sea.de*
- Bootsverleih Markkleeberg *www.bootsverleih-markkleeberg.de*
- Vineta-Bistro, *www.vineta-stoermthal.de*
- Surfschule Leipzig, *www.surfschule-leipzig.de*
- Bootsverleih Herold, *www.bootsverleih-herold.de*

Auskunft, Internetadressen

Tourist-Information Leipziger Neuseenland & Stadt Markkleeberg, Rathausstraße 22
04416 Markkleeberg, Tel.: 0341-33 79 67 18
info@leipzigerneuseenland.de
www.leipzigerneuseenland.de | *www.markkleeberg.de*
www.markkleeberger-see.de | *www.stoermthaler-see.info*

Karten, Bücher, Literaturtipps

- Wasserwanderkarte Leipzig und Umgebung von Pro Leipzig, *www.proleipzig.eu*
- Wasserwanderkarte Leipziger Neuseenland von tri polis, *www.tri-polis.de*

Sehenswertes

Markkleeberg: agra-Landschaftspark mit Weißem Haus, Kees'scher Park, Deutsches Fotomuseum (*www.fotomuseum.eu*), Schloss Markkleeberg mit Rhododendronpark und Torhaus mit Völkerschlachtmuseum (*www.torhaus-markkleeberg.de*), Modellbaupark Auenhain (Fahrt mit der Gartenbahn, *www.modellbaupark.de*), Geopfad, Bergbau-Technik-Park (*www.bergbau-technik-park.de*), Kulturinsel Vineta (*www.vineta-stoermthal.de*), Schloss Güldengossa, Schloss Störmthal, Kirchenruine Wachau, Freizeitpark Belantis.

Tour 7: Vom Cospudener See zum Stadthafen Leipzig

Vor der Tour

Zwischen Leipzig und Markkleeberg gibt es entlang von Pleiße und Weißer Elster einen weitgehend naturbelassenen Auwald, den man so nahe am Stadtzentrum Leipzigs gar nicht vermutet. Ende des 16. Jahrhunderts wurde von der Elster in Richtung Leipzig ein Floßgraben erbaut, um die Möglichkeiten zum Transport von Holz zu verbessern. Der Überrest des Floßgrabens ist Teil dieses Tourenvorschlags. Aufmerksame Paddler werden hier immer wieder Eisvögel erblicken. Per Allgemeinverfügung hat die Stadt Leipzig Maßnahmen zum Schutz dieser Vögel erlassen (siehe unten).

Östlich des Floßgrabens befindet sich im Connewitzer Holz der Wildpark Leipzig, in dem Wildtiere gehalten werden, die zum Teil heute noch in den sächsischen Wäldern zu finden sind, oder wie etwa Wisente, Luchse, Elche oder Wildkatzen in dieser Region ausgestorben sind. In der Nähe des Eingangs gibt es einen privat bewirtschafteten Haustierpark, der den Wildpark gut ergänzt. Wer genügend Zeit im Neuseenland verbringt und mit Kindern unterwegs ist, kann eine Wanderung durch das Connewitzer Holz mit einem Besuch dieser Anlagen verbinden. Auch um einen Besuch des Freizeitparks Belantis am Südwest-Ufer des Cospudener Sees wird man kaum herumkommen. Groß und Klein können hier in die Welt der Pharaonen, der Ritter und der Indianer eintauchen und mit der Familienachterbahn „Cobra des Amun Ra“ oder der Schiffsschaukel „Santa Maria“ die Festigkeit ihres Magens testen.

Fahrverbotszeiten und andere Regeln zum Eisvogelschutz auf dem Floßgraben zwischen dem Waldsee Lauter und der Mündung in die Pleiße: Die Fahrverbote für muskelkraftbetriebene Was-

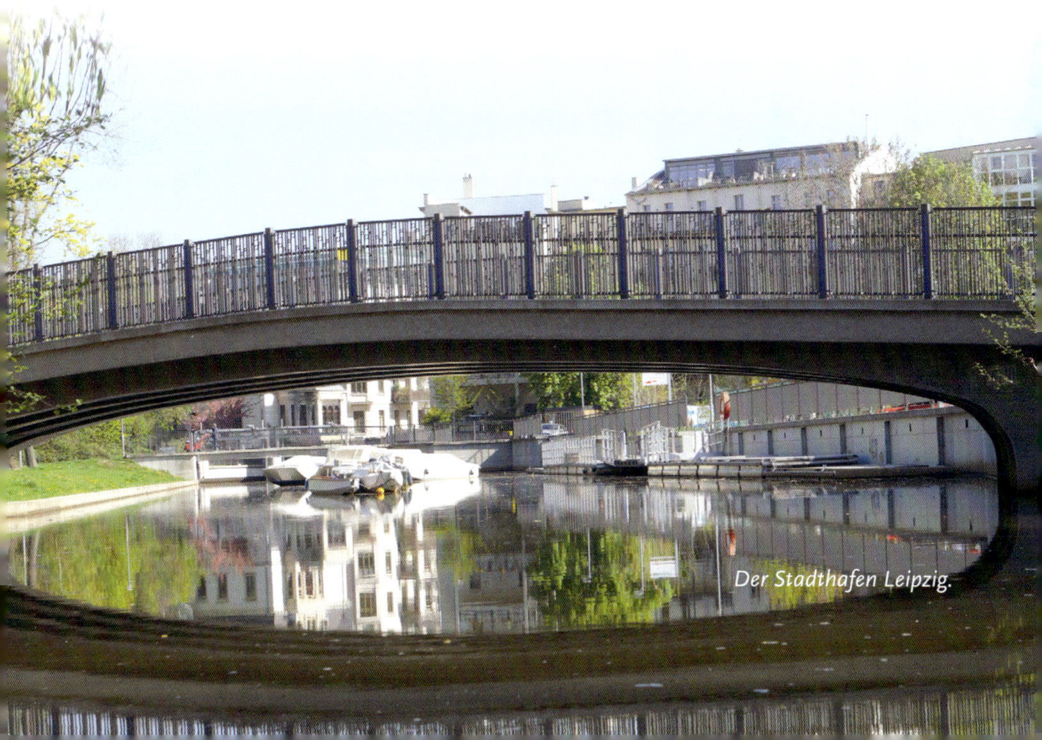

Der Stadthafen Leipzig.

serfahrzeuge gelten zwischen 22 Uhr und 11 Uhr, 13 Uhr und 15 Uhr sowie 18 Uhr und 20 Uhr, das Anlanden und Betreten des Ufers sowie das Entfernen von Ästen, die als Sitzwarte für den Eisvogel dienen, ist verboten. Diese Regelungen des Umweltamtes der Stadt Leipzig sind jeweils zeitlich befristet und können geändert werden. Es ist deshalb zu empfehlen, sich vor Antritt der Fahrt zu erkundigen, ob sie in dieser Form noch gelten.

Tourensteckbrief

Paddelstrecke
Vom Cospudener See zum Stadthafen Leipzig und zurück, 25 km.

Charakter
Seenstrecke, naturbelassener, einfach zu fahrender Kleinfluss, kanalisierter Flussabschnitt, zwei Selbstbedienungsschleusen, die umtragen werden können.

Befahrungsregelungen
Fahrverbote für muskelkraftbetriebene Wasserfahrzeuge zwischen 22 - 11 Uhr, 13 - 15 Uhr sowie 18 - 20 Uhr, das Anlanden und Betreten des Ufers sowie das Entfernen von Ästen, die als Sitzwarte für den Eisvogel dienen, ist verboten.

Ein- und Aussetzstellen
Oststrand Zöbigker am Cospudener See, gebührenpflichtiger Parkplatz am Ende der Straße Mühlweg.
Weitere Einsetzstellen:
an der **Schleuse Cospuden**, **Ziegeleiwegbrücke** hinter Waldsee Lauter.

Optionen, Schlechtwettertipps
Wanderungen in der Umgebung des Cospudener Sees, Besuch Freizeitpark Belantis, Stadtbesichtigung Leipzig, Radtour im Neuseenland.

Tourbeschreibung

km 0 - Oststrand Zöbigker

Vom Parkplatz in Zöbigker sind es nur wenige Meter bis zum Cospudener See. Nach links, in Uhrzeigerrichtung paddelnd, kommt man am Sportboothafen vorbei und steuert das Westufer an. Die Pyramide und der Turm des Vergnügungsparks Belantis weisen den Weg. Dort angekommen, paddelt man in Ufernähe nordwärts. Die Ufervegetation wird von lichten Birkenwäldchen beherrscht. Dazwischen liegen verstreut einige Uferwiesen, die von Schafherden kurz gehalten werden. Unweit des Ufers gibt es stark frequentierte Rad- und Wanderwege. Am Ende des Sees paddelt man ostwärts am Nordstrand entlang bis zur Einfahrt in den Floßgraben.

km 4 - Floßgraben

Dort wird eine Fußgängerbrücke unterquert und man erreicht nach knapp 200 m die Selbstbedienungsschleuse Cospuden. Bevor man schleust oder die Kanus umträgt, sollte man sich mit den Fahrverbotszeiten für die nächste Strecke vertraut machen. Nicht so geübte Paddler werden für die folgenden vier Kilometer bis zur Mündung in die Pleiße etwa eine Stunde benötigen. Man sollte also nicht später als 12 Uhr, 17 Uhr oder 19 Uhr von hier aus starten. Gleiches gilt bei der Rückfahrt ab der Einfahrt aus der Pleiße in den Floßgraben.

Nach etwa 500 m ist der Waldsee Lauer erreicht. Eine Stahlbrücke ermöglicht am südlichen Ufer Wanderern und Radfahrern das Passieren des sumpfigen Streckenabschnitts. Hinter dem Waldsee beginnt der gesperrte Teil des Floßgrabens. Auf wenigen Metern überspannen vier Brücken den Bach. Neben dem Eisvogel haben im folgenden Auwald viele weitere Vogelarten ihr Revier. Von der Weißen Brücke ist es noch ein knapper Kilometer bis zur Mündung des Floßgrabens in die Pleiße.

km 8 - Mündung Floßgraben in die Pleiße

Landschaftlich ändert sich auf der Pleiße zunächst nur wenig; man befindet sich weiter

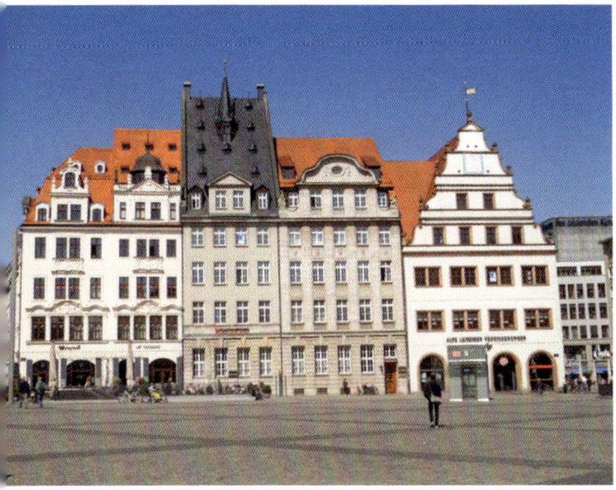

Marktplatz Leipzig.

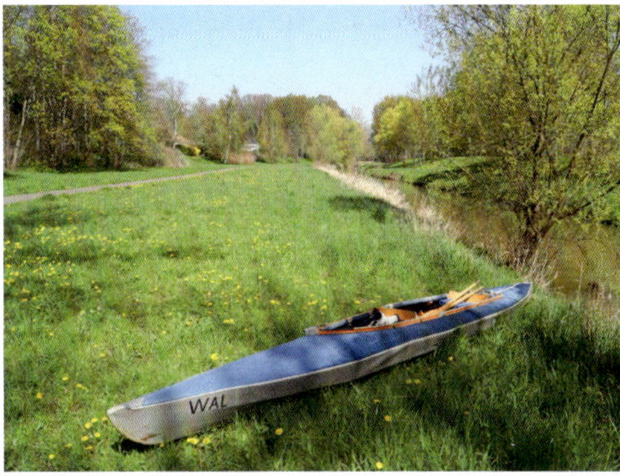

Die Pleiße an der Dölitzer Straße in Markkleeberg.

im Leipziger Auwald. Nach 1,5 km wird die Schleuse Connewitz erreicht. Die Schleuse und die Umtragemöglichkeit liegen am linken Ufer. Die Nutzung der Selbstbedienungsschleuse lohnt eigentlich nur für Paddler in einer Gruppe oder mit beladenem Kanu. 800 m hinter der Schleuse wird die Pleiße vom von links kommenden Elsterflutbett aufgenommen. Zuvor paddelt man unter der Beipertbrücke hindurch. Rechts liegt das Bootshaus des Kanu-Vereins SG Motor Leipzig West.

km 10 - Mündung in Elsterflutbett

Das Elsterflutbett führt nun auf gerader Strecke zum Palmgartenwehr. Rechts befindet sich auf Höhe des Rennbahnstegs die Pferderennbahn Scheibenholz. Vor dem Wehr wird nach rechts in den Elstermühlgraben eingebogen. Nach links geht es in die Stadtelster; hinter dem Palmgartenwehr liegt das Elsterbecken.

Am linken Ufer des Elstermühlgrabens zwischen dem Peterssteg, der Heiligen Brücke und der Marschnerbrücke liegen die Bootshäuser der Rudergemeinschaft Wiking und des Akademischen Rudervereins. Hinter der Schreberbrücke ist dann das Ziel der Tour, der Leipziger Stadthafen, erreicht.

km 12,5 - Stadthafen Leipzig

Wer möchte, kann auf der Hafenterrasse die Imbissmöglichkeiten nutzen, um die verbrauchten

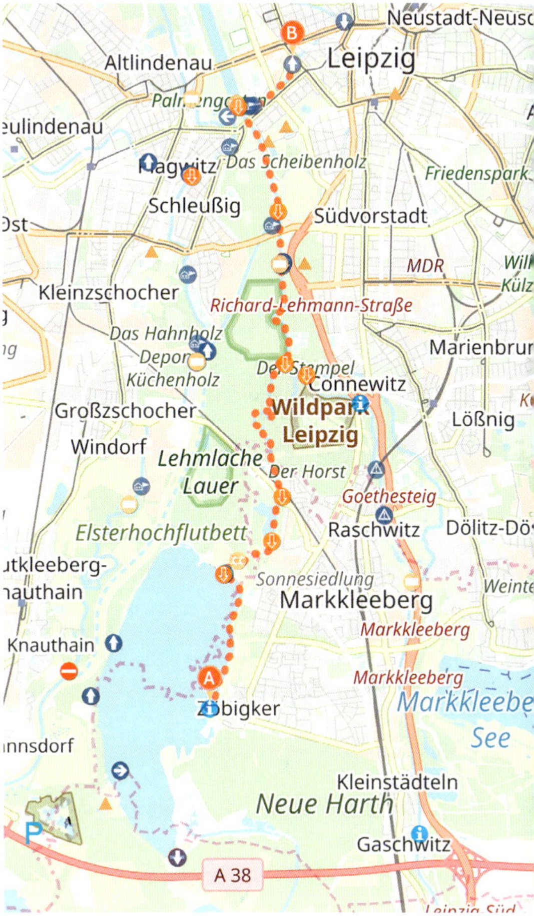

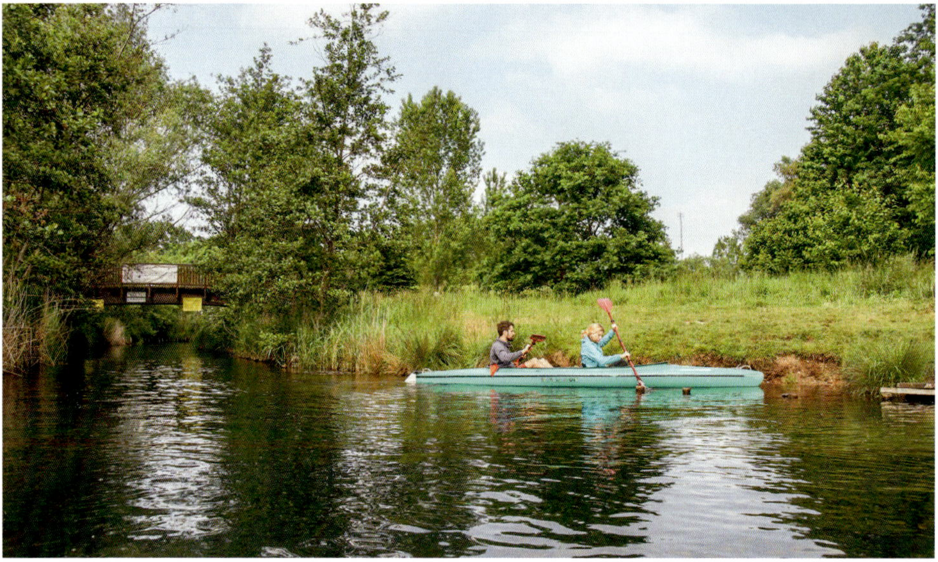

Im Waldsee Lauter.

Kalorien wieder aufzufüllen. Der Stadthafen bietet sich auch als Ausgangspunkt für eine diese Tour an, denn hier gibt es einen Kanu-Verleih und einen Parkplatz.

Der Zeitpunkt der Rückfahrt hängt wieder von den Fahrverbotszeiten des Floßgrabens ab.

km 25 - Oststrand Zöbigker

Alternative

In Markkleeberg an der Pleiße-Brücke an der Dölitzer Straße in die Pleiße einsetzen. Die Pleiße stromabwärts paddeln. Nach drei Kilometern erreicht man den Zufluss des Floßgrabens. Dann weiter zum Stadthafen und zurück zum Cospudener See wie oben beschrieben. Die Tour verkürzt sich dadurch um fünf Kilometer; allerdings muss man dann den Rückweg zur Einsetzstelle organisieren. Mit mehreren Autos ist dies schnell erledigt. Ansonsten ist der Weg zu Fuß oder mit dem Fahrrad etwa vier Kilometer lang. Einige wenige Parkmöglichkeiten gibt es nahe der Brücke in der Pleißestraße oder im Zentrum Markkleebergs. In umgekehrte Richtung ist diese Tour nur bedingt zu empfehlen, da die Strömung unterhalb der Eisenbahnbrücke etwa 600 m hinter der Einsetzstelle doch recht stark ist. Wir haben es bei unserer letzten Tour erst im zweiten Anlauf geschafft, diese Passage zu überwinden.

Zukunftsmusik

In ein paar Jahren soll der knapp 800 m lange Harthkanal den Zwenkauer See mit dem Cospudener See verbinden. Eine Schleuse nördlich der Autobahn A 38 wird die 3,5 m Höhedifferenz zwischen den beiden Seen ausgleichen. Dann kann man eine Rundfahrt auf dem Cospudener See mit einem Abstecher zum deutlich größeren Zwenkauer See verbinden.

ADRESSEN UND INFOS

Übernachtungen und Gastronomie in Wassernähe

- SG Motor Leipzig West, *www.paddelsachsen.de*
- Campingplatz Markkleeberger See *www.neuseenland-camping.com*
- SC DHfK Leipzig, *www.kanu-leipzig.de*
- Kanu- und Freizeitzentrum Leipzig Südwest *www.kanu-nonne-leipzig.de*
- Galerie-Hotel Leipziger Hof *www.leipziger-hof.de*
- Bootshaus Zöbigker
- Sole Mio Seeterrasse Zöbigker
- Auerbachs Keller
- Apels Garten
- Stadthafen
- Ratskeller

Kanu-Verleih, organisierte Touren

- Stadthafen Leipzig, *www.stadthafen-leipzig.com*
- Bootsverleih Klingerweg *www.bootstour-leipzig.de*
- Bootsverleih Leipziger Eck *www.kanuverleih-leipzig.de*
- Bootsverleih Am Wildpark *www.bootsverleih-am-wildpark.de*
- Bootsverleih Herold *www.bootsverleih-herold.de*

Auskunft, Internetadressen

Leipzig: Leipzig Tourismus und Marketing GmbH, Katharinenstraße 8, 04109 Leipzig
Tel.: 0341-71 04 260 oder -265
info@ltm-leipzig.de | *www.leipzig.de*
www.leipzig.travel.de
Markkleeberg: Tourist-Information Leipziger Neuseenland & Stadt Markkleeberg
Rathausstraße 22, 04416 Markkleeberg
Tel.: 0341-33 79 67 18
info@leipzigerneuseenland.de
www.leipzigerneuseenland.de
www.markkleeberg.de | *www.wasser-stadt-leipzig.de*

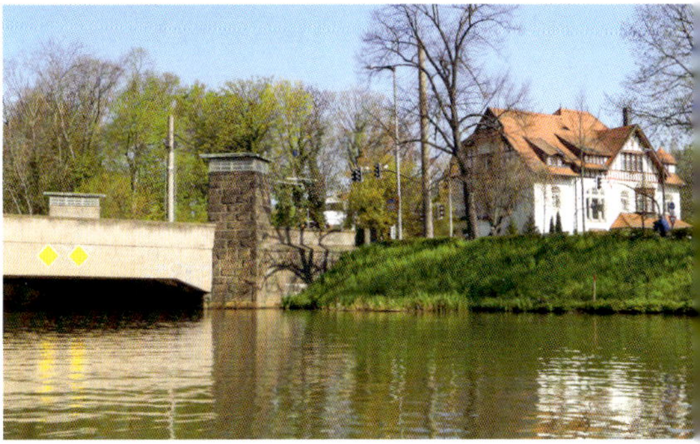

Auf der Pleiße.

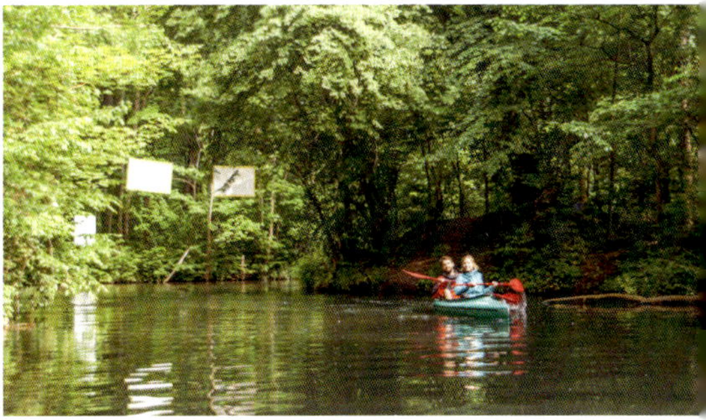

Hier mündet der Floßgraben in die Pleiße.

Karten, Bücher, Literaturtipps

- Wasserwanderkarte Leipzig und Umgebung von Pro Leipzig, *www.proleipzig.eu*
- Wasserwanderkarte Leipziger Neuseenland von tri polis, *www.tri-polis.de*

Sehenswertes

Panometer (*www.asisi.de*), Altstadt Leipzig mit Nikolaikirche, Mädlerpassage, Naschmarkt, Zoo (*www.zoo-leipzig.de*), Markt und Rathaus, Bachmuseum (*www.bach-leipzig.de*), Mendelssohn-Haus (*www.mendelssohn-stiftung.de*), Grassi-Museum mit Völkerkundemuseum, Musikinstrumente-Museum und Museum für Angewandte Kunst (*www.grassimuseum.de*), Museum der Bildenden Künste (*www.mdbk.de*), Völkerschlachtdenkmal, Freizeitpark Belantis, Wildpark Leipzig.

Tour 8: Auf der Weißen Elster von Pegau nach Leipzig

Vor der Tour

Das kanalisierte Flussbett, in welchem die Weiße Elster auf einer Länge von etwa acht Kilometern um den Zwenkauer See herumfließt, entstand in den 1970er Jahren, als der damalige Tagebau Zwenkau der Weißen Elster immer näher kam. Der Fluss musste ausweichen und wurde nach Westen verlegt. Auf dem Weg von Pegau zum Beginn der Umleitungsstrecke und ab Hartmannsdorf bis zum Wehr Großzschocher fließt die Weiße Elster durch eine dichtbewachsene Naturlandschaft. Hinter Großzschocher beginnt dann schon das Stadtgebiet von Leipzig. Zunächst sind es Schrebergärten, die den Kanuten begleiten, und ab der Schleußiger Brücke beginnt die Fahrt durch die Großstadt. Beeindruckend sind die restaurierten alten Buntgarnwerke.

In Pegau lohnt ein Bummel durch die sehenswerte, liebevoll sanierte Altstadt.

Tourbeschreibung

km 0 - Straßenbrücke am Schützenplatz

Die offizielle Einsetzstelle befindet sich am rechten Ufer etwa 100 m vor der Brücke. Da sich aber unter der Brücke eine Wehrschwelle befindet, die bei Normal- und Niedrigwasser nur Könnern vorbehalten ist, empfehle ich, die Kanus vor der Brücke am rechten Ufer die Böschung herunterzutragen und hinter der Schwelle einzusetzen. Parkmöglichkeiten sind an der Einsetzstelle vorhanden. Die Weiße Elster fließt mit flotter Strömung in einem eingedeichten, natürlichen Flussbett. Immer wieder lockern sanfte, leicht zu befahrene Schwälle die Fahrt auf. Ein Baum, der im Frühjahr 2018 zu einer Umtragung führte, lag offensichtlich schon einige Jahre hier im Wasser. Kurz vor dem Absetzbecken Kleindalzig überquert eine Rohrbrücke die Elster.

km 6,5 - Absetzbecken Kleindalzig

Ab dem Einlaufbauwerk Dalzig verläuft die Weiße Elster in einem künstlichen, teils schnurgerade verlaufenden Flussbett. Vor dem Einlaufbau-

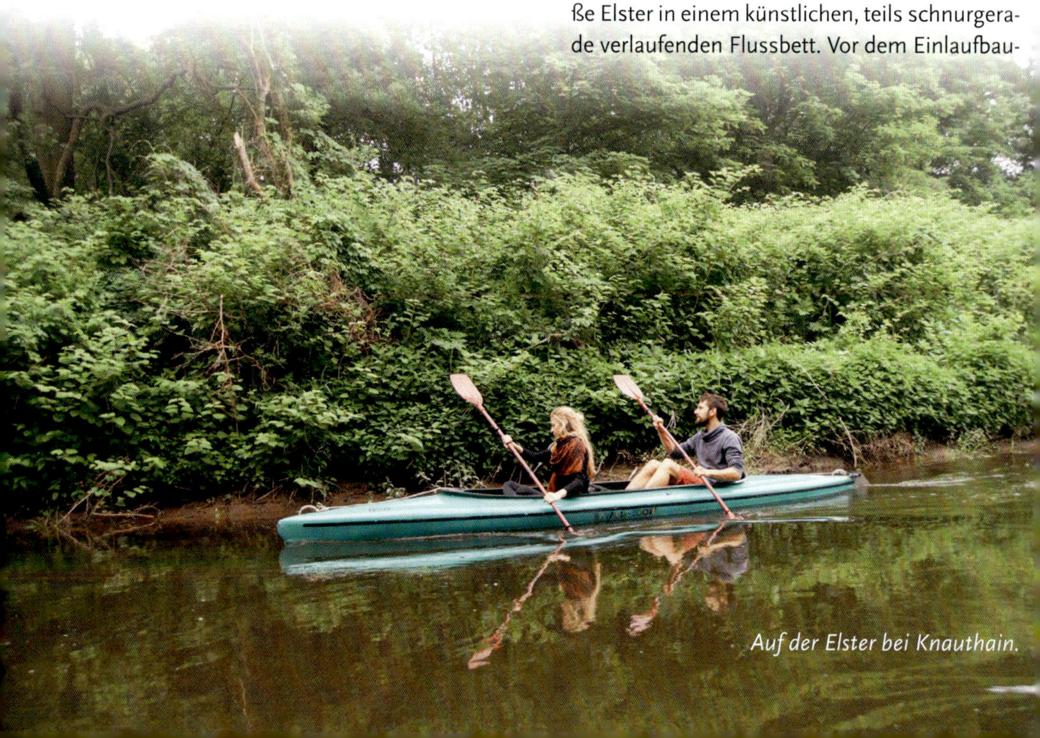

Auf der Elster bei Knauthain.

Tourensteckbrief

Paddelstrecke
Von Pegau nach Leipzig, 27,5 km.

Charakter
flott fließender, kleiner Fluss, der zu Beginn in einem tiefen, natürlichen Bachbett strömt, dann auf Grund von Braunkohleabbau in ein künstliches, betoniertes Bett verlegt wurde und hinter Hartmannsdorf wieder in sein altes Flussbett zurückkehrt. Im Stadtgebiet von Leipzig viel Motorbootverkehr.

Befahrungsregelungen
Naturvorranggebiet Zschocherscher Winkel zwischen Verteilerwehr Knauthain und Wehr Großzschocher in der Zeit vom 15. Februar bis 15. Mai nicht befahren.

Ein- und Aussetzstellen
Pegau: Straßenbrücke am Schützenplatz (51.1642,12.2601)
Leipzig: Stadthafen, Schreberstraße 20, (51.3397,12.3600)
Weitere Einsetzstellen:
Brücke Rüssen, Brücke Kleindalzig, Brücke Zitschen, Ritter-Pflugk-Brücke Knauthain.

Zurück zum Einstieg
Fahrrad am Stadthafen abstellen und nach der Tour entlang des Elster-Radweges nach Pegau, ca. 30 km.

Optionen, Schlechtwettertipps
Radtour um die Tagebau-Seen, Stadtbesichtigung Leipzig, Freizeitpark Belantis.

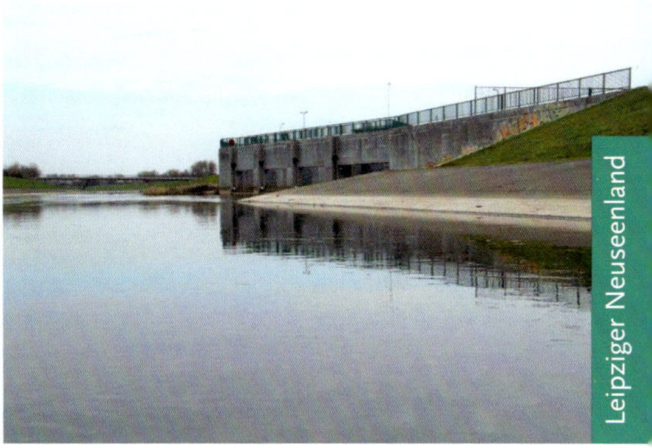

Einlaufbauwerk zum Zwenkauer See.

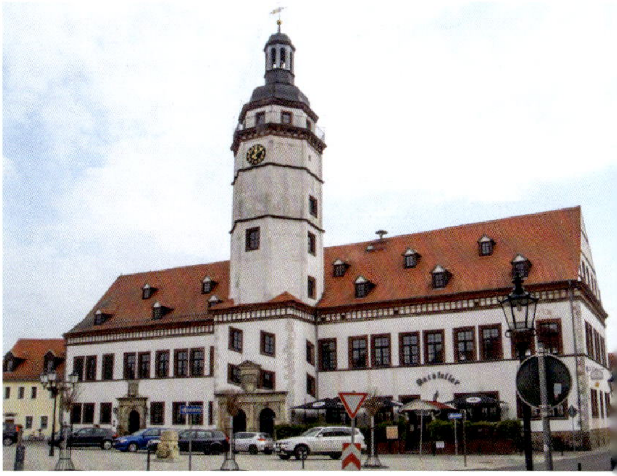

Rathaus Pegau.

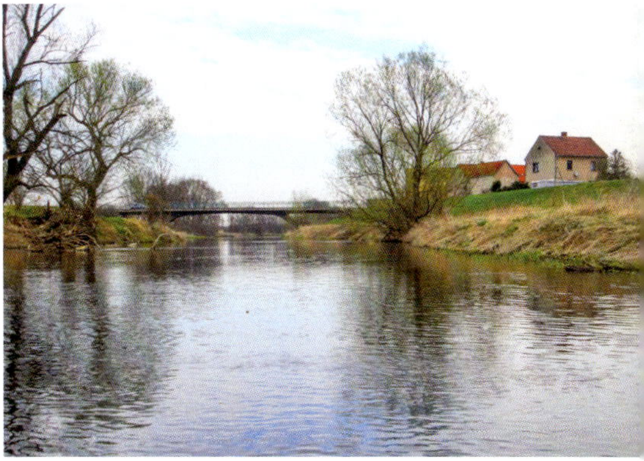

Zum Schutz vor Hochwasser verläuft die Elster in einem eingedeichten Flussbett.

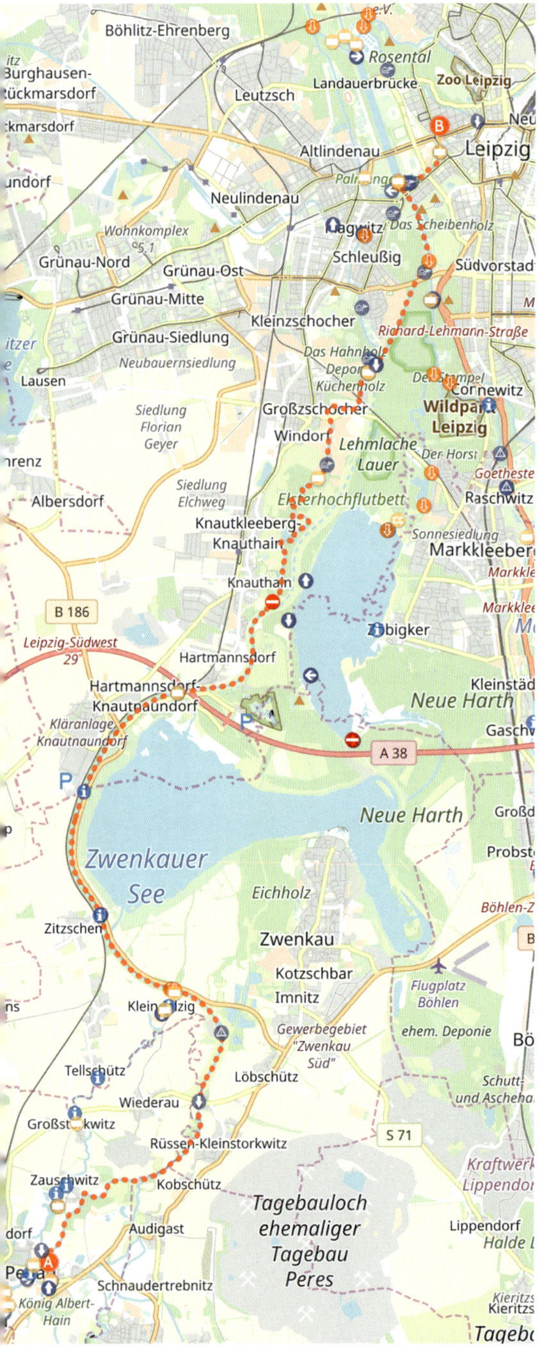

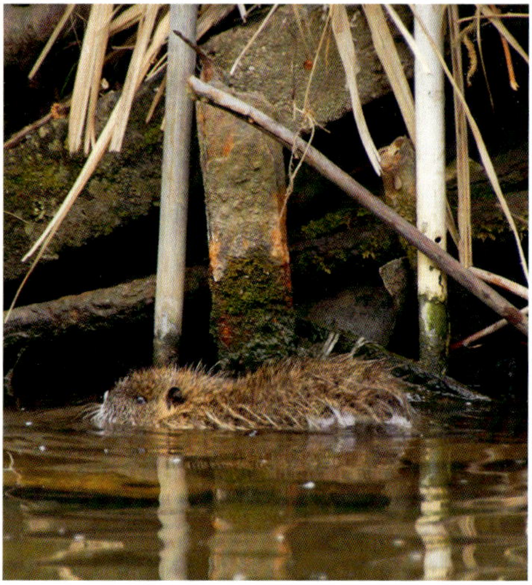

Der Bisam scheint sich in der Großstadt Leipzig wohlzufühlen.

werk verbreitert sich die Elster seenartig. Hier haben sich einige Strudel gebildet. Um einer eventuellen Strömung am Einlassbauwerk nicht zu nahe zu kommen, sollte dort ganz links gepaddelt werden. Die betonierten Deiche auf der nun folgenden Strecke wirken riesig groß und sind erst kurz vor der Deichkrone mit Gras bewachsen.

km 9,5 - Zitschen

In Zitschen kommt von links mit Schwung der Pegauer Mühlgraben in die Weiße Elster. Hier in der Nähe des rechten Ufers paddeln. Hinter der Brücke gibt es eine ungefährliche Schwallstrecke. Hinter der Brücke bei Knautnaundorf kündigt sich mit lautem Rauschen bereits das Wehr Hartmannsdorf an. Hier rechtzeitig am rechten Ufer anlegen. Die Strömung ist mit drei bis fünf Kilometern pro Stunde auch im künstlichen Bett recht hoch, und wer zu spät anlegt, riskiert, in den Sog des gefährlichen Wehres gezogen zu werden.

km 14,5 - Wehr Hartmannsdorf

Das Wehr kann am rechten Ufer bequem umtragen werden. Auch das Einsetzen dahinter berei-

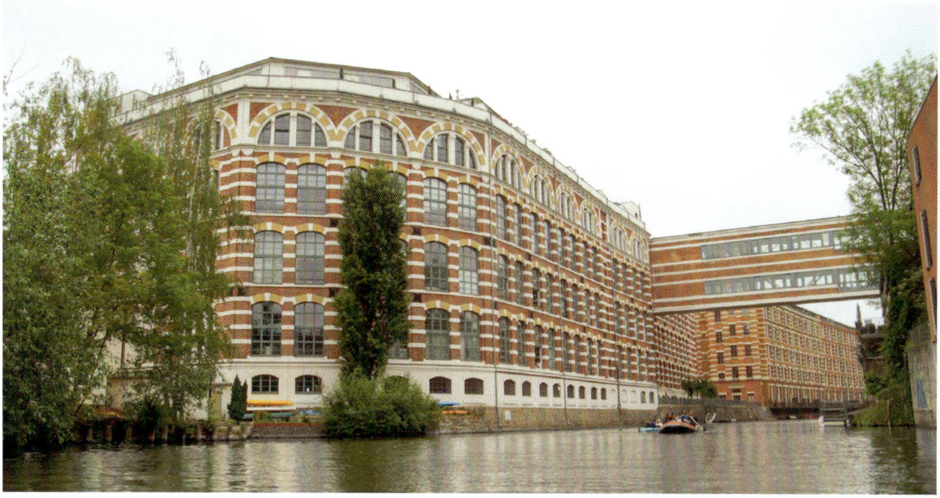

Am Abzweig des Karl-Heine-Kanals hat der Kanuverein Leipzig Süd-West sein Gelände.

tet keine Probleme. Hinter dem Wehr überquert die Autobahnbrücke der A 38 die Weiße Elster. Ab hier darf der Fluss wieder ein natürliches Bett nutzen. Die Brücke Knauthain, der Ort liegt am linken Ufer, kündigt das Verteilerbauwehr Knauthain an.

km 17 - Verteilerwehr Knauthain

Das Wehr ist im Allgemeinen nur bei Hochwasser geschlossen und muss dann auf der rechten Seite umtragen werden. Ansonsten kann man die Wehranlage befahren. Hinter dem Wehr beginnt das Naturvorranggebiet Zschocherscher Winkel, welches in der Zeit vom 15. Februar bis zum 15. Mai nicht befahren werden darf. Einen halben Kilometer weiter bietet die Ritter-Pflugk-Brücke eine weitere Einsetzmöglichkeit. Einen Parkplatz gibt es einhundert Meter weiter am linken Ufer. Hat man das Naturvorranggebiet hinter sich, paddelt man bis zum Wehr weiter durch ein Waldgebiet.

km 20,5 - Wehr Großzschocher

Das Wehr selbst muss am rechten Ufer etwa 200 m weit umtragen werden, so dass das Mitführen eines Bootswagens zu empfehlen ist. Die Gasse in der Wehrmitte sollte auf gar keinen Fall befahren werden. Nun folgen an beiden Ufern gepflegte Kleingartenparzellen. Hinter der Straßenbrücke der Brückenstraße und einer Eisenbahnbrücke wird das Teilungswehr Großzschocher erreicht. Wer im Elsterflutbett weiterpaddeln will, muss am rechten Ufer das Wehr umtragen.

km 23 - Teilungswehr Großzschocher

Ansonsten hält man sich bei der Weiterfahrt auf der Stadtelster am linken Ufer, um einem eventuellen Sog des Wehres auszuweichen. Nun folgt eine brückenreiche, interessante Fahrt durch die Leipziger Innenstadt. Man kommt an mehreren Wassersportvereinen und Kanu-Vermietern vorbei. Der Bootsverleih Herold, aber auch andere bieten neben Kanutouren Fahrten mit kleinen Fahrgastschiffen an. An sonnigen Wochenenden ist hier immer viel los. Reiher und eine Bisamfamilie haben sich an den Trubel gewöhnt und man kommt selten so nahe an die Tiere heran wie hier. Hinter der Karlbrücke zweigt links der Karl-Heine-Kanal ab. Die Gebäude der alten Buntgarnwerke reichen

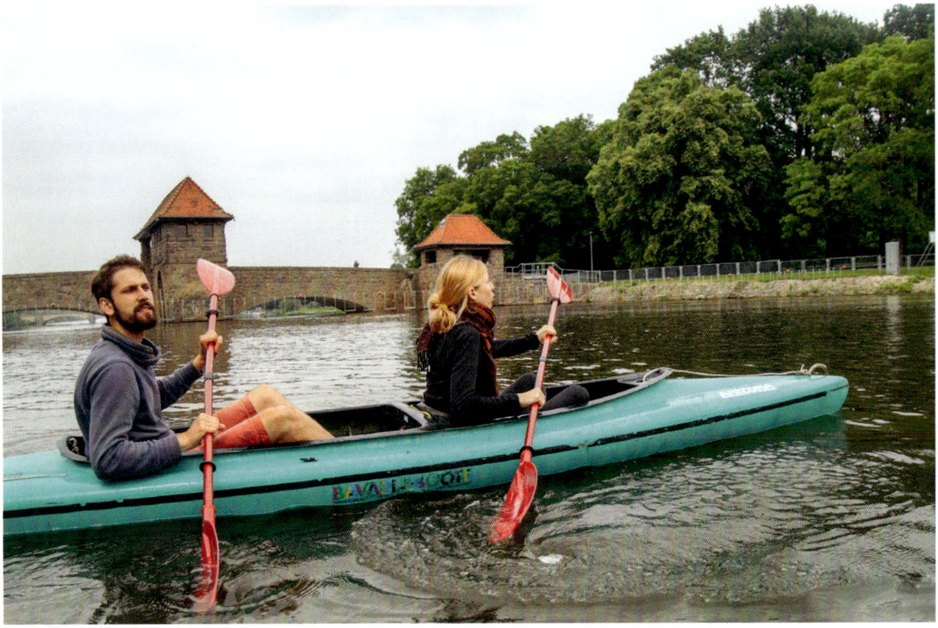

Vor dem Palmgartenwehr.

bis ans Ufer heran und wurden zu Wohnungen ausgebaut. Am Palmgartenwehr erreicht man eine Wasserkreuzung: Nach rechts geht es ins Elsterflutbett, in das 1,5 km stromauf die Pleiße mündet. Links hinter dem Palmgartenwehr liegt das Elsterbecken und geradeaus geht es in den Elstermühlgraben zum Stadthafen. Auf dem Weg dahin müssen einige niedrige Brücken unterquert werden. Am Stadthafen selbst kann man anlegen und sich am Imbisskiosk stärken. Wer von hier zum Startpunkt auf dem Landweg zurückkehrt, legt am besten am linken Ufer an, um den Stadthafenbetrieb nicht zu stören.

km 27,5 - Stadthafen Leipzig

ADRESSEN UND INFOS

Übernachtungen und Gastronomie in Wassernähe

Pegau:

- Pension Am Kirchplatz
  www.pension-frank-heinold.de
- Restaurant Syrtaki

Leipzig:

- Leipziger SV Südwest
  www.lsvsw-kanu.de
- Kanu- und Freizeitzentrum Leipzig Süd West
  www.kanu-nonne-leipzig.de
- Thiseas
- Da Vito
- Stadthafen

Kanu-Verleih, organisierte Touren

- Kanu-Verleih Am Rennbahnsteg
  www.kanuverleih-leipzig.de
- Bootsverleih Herold
  www.bootsverleih-herold.de
- Stadthafen Leipzig GmbH
  www.stadthafen-leipzig.com
- Bootsverleih Klingerweg
  www.bootstour-leipzig.de

Auskunft, Internetadressen

Leipzig: Leipzig Tourismus und Marketing GmbH, Katharinenstraße 8, 04109 Leipzig
Tel.: 0341-71 04 260 oder -265
info@ltm-leipzig.de I *www.leipzig.de*
www.leipzig.travel.de
Markkleeberg: Tourist-Information Leipziger Neuseenland & Stadt Markkleeberg
Rathausstraße 22, 04416 Markkleeberg
Tel.: 0341-33 79 67 18
info@leipzigerneuseenland.de
www.leipzigerneuseenland.de
www.markkleeberg.de I *www.wasser-stadt-leipzig.de*

Karten, Bücher, Literaturtipps

- Wasserwanderkarte Leipzig und Umgebung von Pro Leipzig, *www.proleipzig.eu*
- Wasserwanderkarte Leipziger Neuseenland von tri polis, *www.tri-polis.de*

Sehenswertes

Laurentius-Kirche, Klostergarten, Renaissance-Rathaus mit Rathausturm und Stadtmuseum, **Leipzig:** Panometer (*www.asisi.de*), Zoo (*www.zoo-leipzig.de*) Altstadt Leipzig mit Nikolaikirche, Mädlerpassage, Naschmarkt, Markt und Rathaus, Bachmuseum (*www.bach-leipzig.de*), Mendelssohn-Haus (*www.mendelssohn-stiftung.de*), Grassi-Museum mit Völkerkundemuseum, Musikinstrumente-Museum und Museum für Angewandte Kunst (*www.grassimuseum.de*), Museum der Bildenden Künste (*www.mdbk.de*), Völkerschlachtdenkmal, Freizeitpark Belantis.

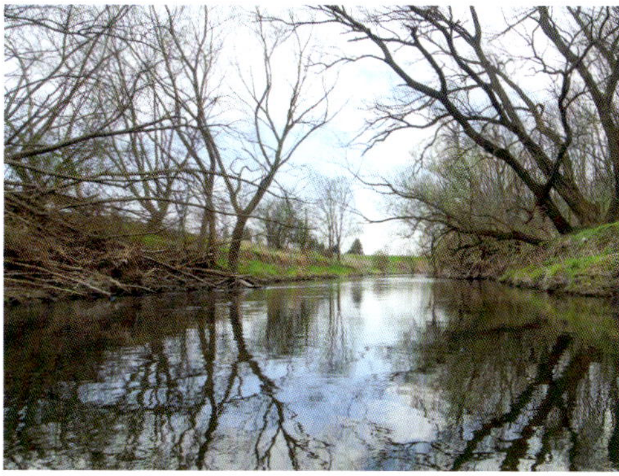

Auf der Weißen Elster hinter Pegau.

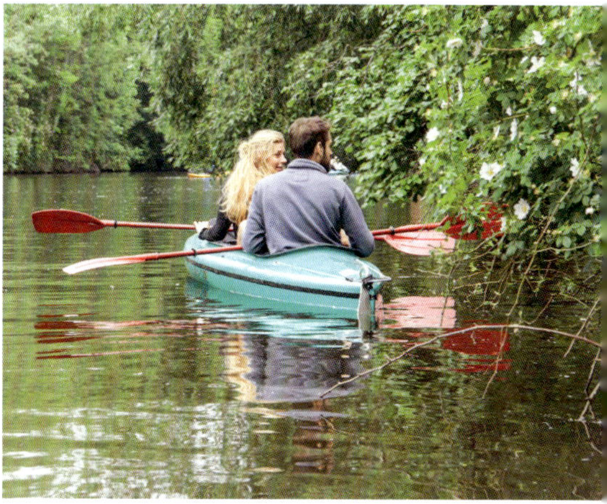

Im Mai blühen die Rosenbüsche am Elsterufer.

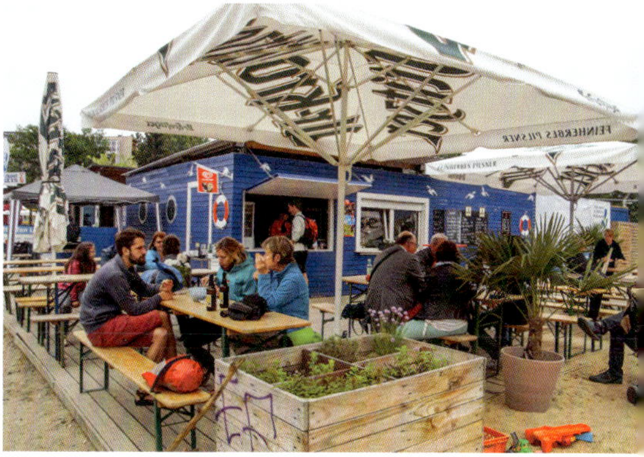

Rast im Leipziger Stadthafen.

Tour 9: Von Leisnig nach Grimma

Vor der Tour

Mit einer besonderen Attraktion steht Leisnig seit 1997 im Guinness-Buch der Rekorde: Im dortigen Stiefelmuseum steht der weltgrößte Stiefel. Er wurde im Jahr 1996 von den Leisniger Schuhmachermeistern Neidhardt und Berthold geschaffen, hat eine Höhe von 4,90 m, wiegt 439 kg und könnte einem Riesen mit Schuhgröße 330 passen. Das Stiefelmuseum erinnert nicht nur an die Traditionen der Schuhmacherinnung in Leisnig, sondern stellt auch die Bilder des regional bekannten Malers Karl Wagler aus. Hoch über Leisnig erhebt sich auf einem Porphyrfelsen die tausendjährige Burg Mildenstein. Der Bergfried im Burghof ist einer der ältesten Backsteinbauten Sachsens. Heute ist er Aussichtsturm und bietet einen weiten Blick über das Muldetal. Sehenswert ist auch die noch funktionsfähige mittelalterliche Schwarzküche. Das Burgmuseum präsentiert Ausstellungen zur Geschichte der Burg, zur Geschichte der Region und unter dem Titel „gefangen – gefoltert – gerichtet" eine zum mittelalterlichen Rechtswesen.

Kössern, an der vereinigten Mulde gelegen, ist auch als Dorf der Baumeister bekannt. Einer der Besitzer des Kösserner Rittergutes war der Mitbegründer des deutschen Klassizismus Friedrich Wilhelm von Erdmannsdorff, der u.a. die Schloss- und Parkanlagen in Wörlitz und Dessau konzipierte. In Kössern ließ er 45 fast identische Handwerkerhäuser erbauen. Von Matthäus Daniel Pöppelmann, dem Schöpfer des Dresdener Zwingers, stammt das Jagdhaus, welches der Onkel von Erdmannsdorff Anfang des 18. Jahrhunderts in Auftrag gab. Einem weiteren Bauwerk dieses Baumeisters begegnen wir später in Grimma, der Pöppelmannschen Steinbrücke, die dieser im Auftrag August des Starken errichtete.

Wer in Höfgen anlegt, hat die Möglichkeit, drei ganz unterschiedliche Mühlen zu besichtigen. Die wohl außergewöhnlichste ist die in den Fluten der Mulde liegende Schiffsmühle. Einst

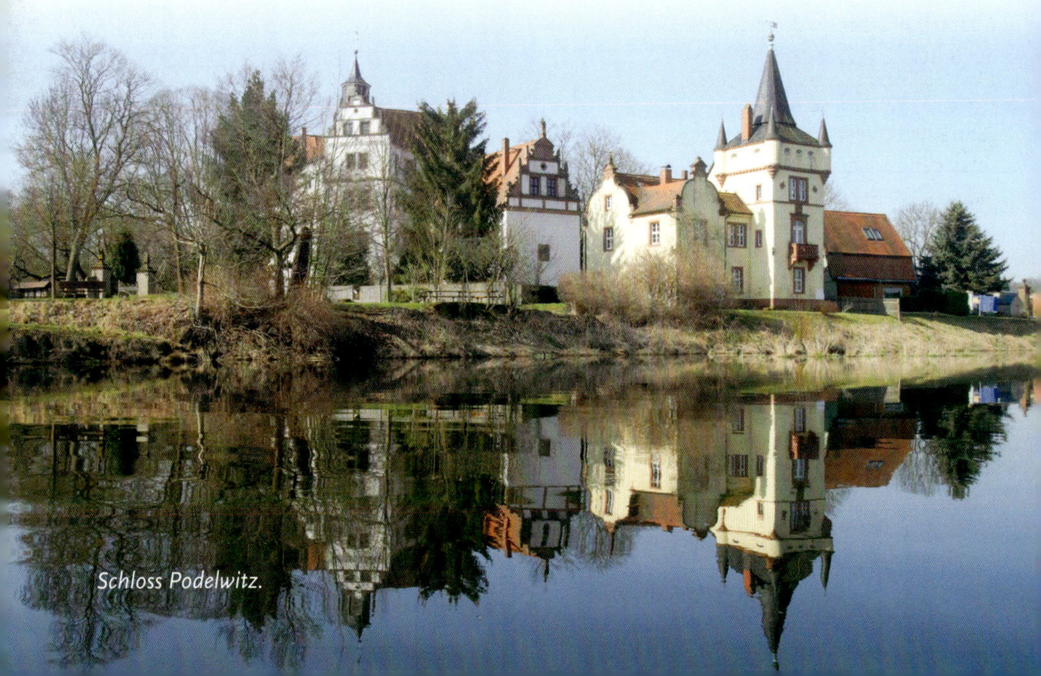

Schloss Podelwitz.

Tourensteckbrief

Paddelstrecke
Von Leisnig nach Grimma, ca. 22 km.

Charakter
flott fließender Kleinfluss mit einigen Schwallstrecken, insbesondere unter den Brücken, abhängig vom Wasserstand ist bei Niedrigwasser auf flachen Kiesbänken eventuell Treideln erforderlich, im Frühsommer große Felder des weißblühenden Wasserhahnenfußes.

Ein- und Aussetzstellen
Einstieg Bootseinsetzstelle Leisnig vor der Straßenbrücke rechts im Ortsteil Fischendorf (Ortsumgehung Leisnig), (51.1749,12.9132).
Ausstieg am Steg des Grimmaer Rudervereins, An der Großmühle, 04668 Grimma, (51.2284,12.7255).
Weitere Einsetzstellen:
in **Alt Leisnig** hinter der Fußgängerbrücke links, **in Podelwitz** am Rastplatz des Wasserschlosses, **in Sermuth** rechts vor der Brücke am Parkplatz.

Zurück zum Einstieg
Fahrrad am Ziel abstellen und zur Einsetzstelle entlang Werraradweg ca. 26 km radeln.

Optionen, Schlechtwettertipps
Paddeltour nach Leisnig ab Waldheim bzw. ab Grimma nach Wurzen. Radtour auf dem Mulderadweg, Rundgang im Dorf der Sinne Höfgen, Wanderung oder Radtour entlang des Weges der Steine von Grimma nach Kössern.

waren diese Mühlen auf fast allen deutschen Flüssen zu finden. Da sie bei Eisgängen oder Hochwässern aber immer wieder beschädigt oder zerstört wurden, konnten sie nicht mehr rentabel arbeiten und verschwanden aus dem Landschaftsbild. Ein an gleicher Stelle schwimmender Vorgänger brannte 1871 ab. Der originalgetreue Nachbau wurde 1992 eingeweiht. Der Neubau erfolgte nicht nur aus nostalgischen Gründen, man möchte auch Erfahrungen zum Aufbau von Bewässerungssystemen in der dritten Welt sammeln. Die Wassermühle in Höfgen steht nicht an der Mulde, sondern mitten im Dorf am Tannickenbach. Nach ihrer Sanierung im Jahr 1976 dreht sich zu musealen Zwecken

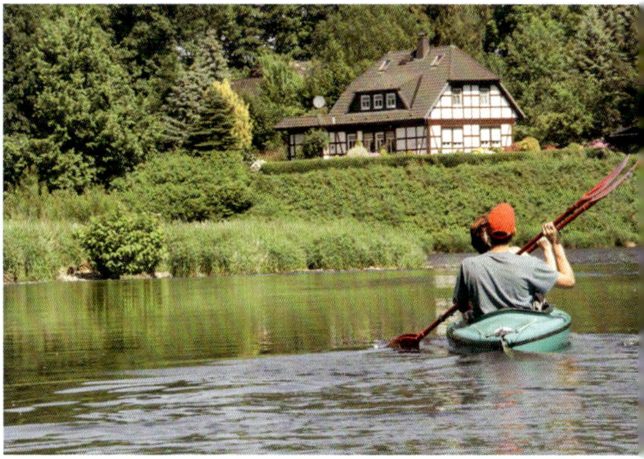

Auf der Mulde vor Kössern.

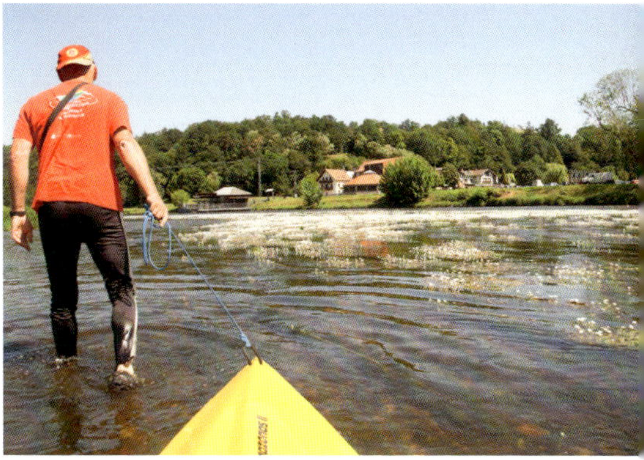

Beim Treideln.

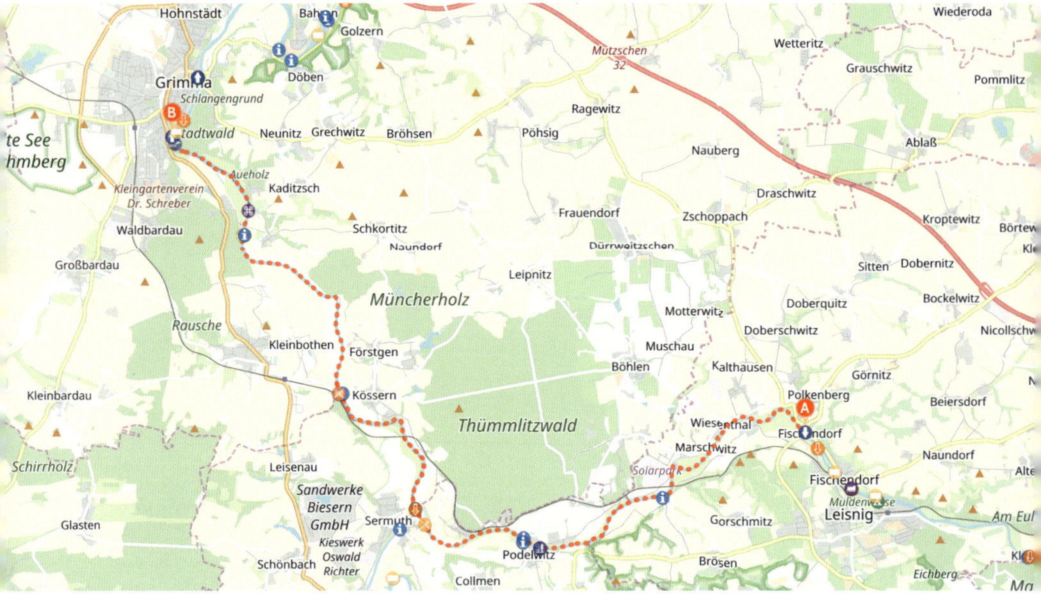

wieder ein 3,80 m großes Wasserrad. Wer die dritte Mühle besichtigen möchte, muss sich auf den zwei Kilometer langen Weg nach Schkortitz machen. Die Paltrockwindmühle steht seit 2013 an der Stelle einer alten Bockwindmühle. Ursprünglich in Roitsch bei Wurzen beheimatet, überführte sie der jetzige Betreiber im maroden Zustand nach Schkortitz, sanierte sie aufwändig und mahlt seitdem wieder selbst Getreide und verbackt es zu Vollkornbrot. Höfgen mit seinen Ortsteilen Schkortitz und Kaditzsch sowie dem Jutta-Park ist aber auch als Dorf der Sinne bekannt. Zahlreiche Skulpturen und Klanginstallationen bieten Augen und Ohren viel Abwechslungsreiches. Den Geschmackssinn kann man in einem der vielen Gasthäuser und Hofläden schärfen und die Nase erschnuppert in den vier Jahreszeiten ganz unterschiedliche Aromen.

Grimma war einst als die grüne Lunge Leipzigs bekannt. Jetzt hat die Stadt an Pleiße und Weißer Elster mit dem Leipziger Neuseenland ihr eigenes Erholungsrevier, aber trotzdem wird es noch viele Leipziger weiterhin in das nahe Grimma ziehen. Die Stadt ist im 2. Weltkrieg von Zerstörungen weitgehend verschont geblieben. Bei einem Stadtbummel kann man somit das Rathaus mit dem berühmten Renaissance-Giebel, die Stadtmauer mit den Mauerhäuschen, die doppeltürmige Frauenkirche, das Schloss mit der davor liegenden Pöppelmannschen Steinbrücke, die Klosterkirche, die ehemalige Fürsten- und Landesschule und das Seume-Haus besichtigen. Im Seume-Haus war einst der bekannte Schriftsteller Johann Gottfried Seume in der Druckerei Göschen tätig. Das Kreismuseum ist in der alten Mädchenschule zu finden, und das ehemalige Wohnhaus des Verlegers Georg Joachim Göschen beherbergt das Verlegermuseum und eine Seume-Gedenkstätte. Ein auch mit Fahrrädern gut zu befahrender Weg der Steine führt über den Aussichtspunkt Rabenstein weiter an zahlreichen Skulpturen entlang bis nach Kössern.

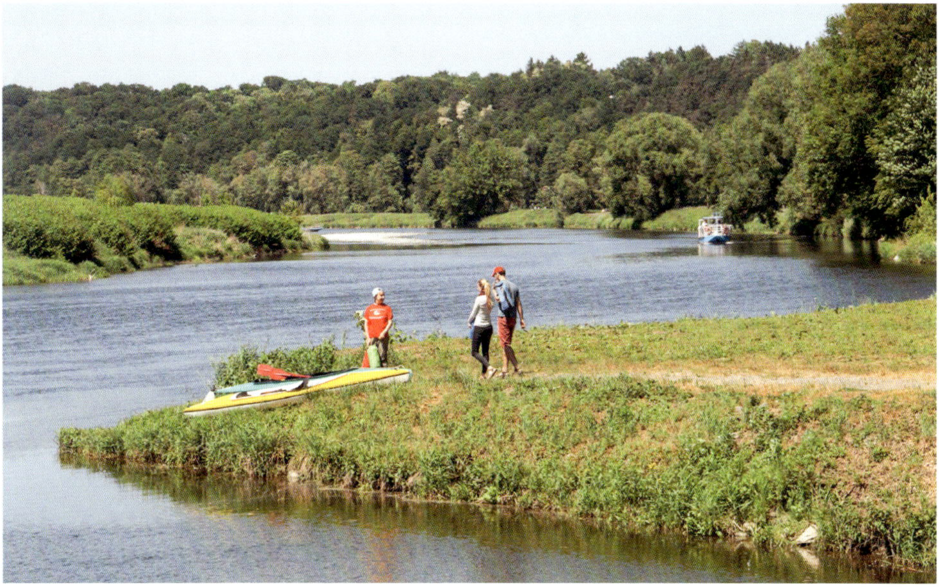

Hinter der Schiffsmühle Höfgen kann man gut aussetzen.

Tourbeschreibung

km 0 - Bootseinsetzstelle Leisnig

Die Bootseinsetzstelle Leisnig befindet sich im Ortsteil Fischendorf vor der Brücke der Umgehungsstraße am rechten Ufer. Platz zum Abstellen einiger Fahrzeuge ist vorhanden. Wer weiter oberhalb direkt in Leisnig einsetzen will, muss sehr umständlich das dortige Wehr umtragen. Nach knapp zwei Kilometern rückt am rechten Ufer eine niedrige Felswand ans Ufer heran. Dort gibt es einen kleinen Rastplatz, den der örtliche Anglerverein erbaut hat. An der Felswand hängt ein Nistkasten; eventuell für die vielen Wildtauben. Nach vier Kilometern überquert eine Eisenbahnbrücke die Mulde. Der Schwall unter der Brücke ist relativ harmlos, so dass unter beiden Brückenbögen hindurchgepaddelt werden kann. Noch vorher, an einem scharfen Linksknick der Mulde, erblickt man ein riesiges Solaranlagenfeld, das zum Ort Marschwitz gehört.

km 7 - Podelwitz / Tanndorf

Nun nähert man sich den drei Dörfern Tanndorf und Maaschwitz am rechten und Podelwitz am linken Ufer. Zu Podelwitz gehört ein sehenswertes Schloss. Eine Anlegestelle lädt zum Besuch der Heimatstuben und zur Nutzung des Rastplatzes ein. Wenn das Bistro geöffnet ist, muss man nicht auf seine mitgebrachte Reiseverpflegung zurückgreifen. Mit einem Rastplatz, wenn auch ohne Bistro, kann Tanndorf am anderen Ufer auch aufwarten. Zwar ist dieser Bestandteil des Mulderadweges, aber Kanuten können unterhalb anlegen und diesen auch nutzen. Fünfhundert Meter weiter wird eine Straßenbrücke unterquert. Kurz vor der Vereinigung der Freiberger mit der Zwickauer Mulde liegt hinter der Muldenbrücke das Sportobjekt Sermuth mit Gaststätte Zur Eintracht.

km 10 - Vereinigung Freiberger und Zwickauer Mulde

Nun kommt von links die Zwickauer Mulde hinzu und der Wasserstand nimmt etwas zu. Kurz vor Kössern überquert wieder eine Eisenbahnbrücke den Fluss, und ein Schwall unter

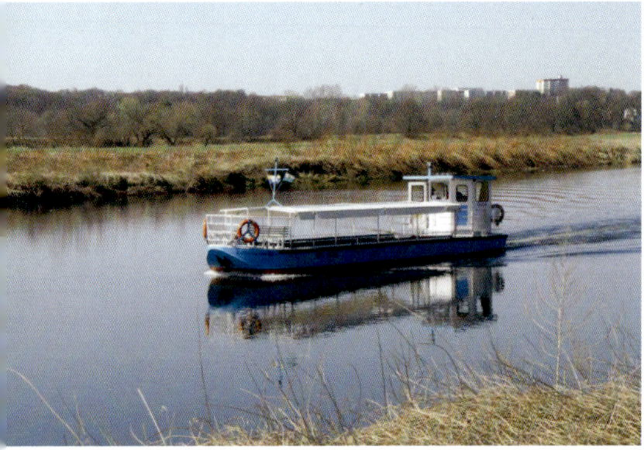

Zwischen Grimma und Höfgen fährt auch ein kleines Fahrgastschiff.

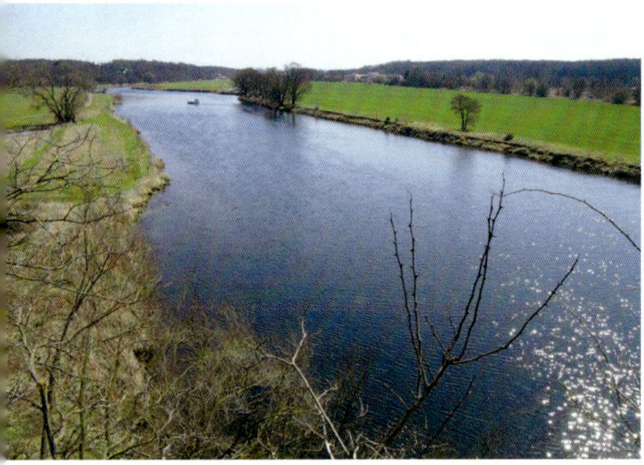

Blick vom Rabenstein auf die Mulde.

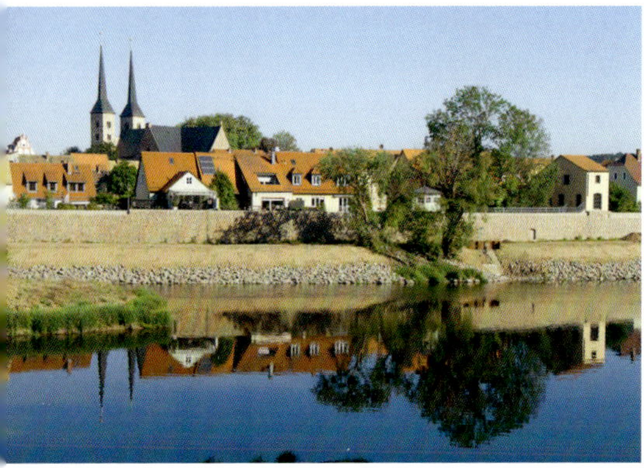

Blick auf die Stadtmauer Grimma und die Frauenkirche.

den Brückenbögen kann etwas Wasser ins Kanu spritzen.

km 14 - Brücke Kössern

Das Dorf Kössern lohnt wegen seiner sehenswerten Bauwerke einen Besuch (siehe Vor der Tour). Nach zwei Kilometern nähern wir uns dem Waldgebiet Müncherholz am rechten Ufer, einem Naherholungszentrum der Grimmaer. Auch Höfgen am rechten Ufer sollte man sich anschauen. Entweder legt man links hinter der Personenseilfähre an oder man paddelt 500 m weiter zur Schiffsmühle. Die Seilfähre verbindet Höfgen mit der Klosterruine Nimbschen am linken Ufer.

km 19 - Schiffsmühle Höfgen

Die Schiffsmühle Höfgen ist absolut sehenswert; auch wenn sie nur ein Nachbau ist. Hinter der Schiffsmühle befindet sich eine Anlegestelle der Grimmaer Muldeschifffahrt, die von Grimma bis nach Höfgen Fahrten anbietet. Eine weitere Anlegestelle gibt es 500 m stromabwärts am linken Ufer. Mit dem Aussichtspunkt Rabenstein, einem Felsen direkt am Muldeufer, erreicht man den Grimmaer Stadtwald. Der Liegeplatz der Muldeschiffe befindet sich hinter der nächsten Rechtskurve am linken Ufer. Nun ist das Ziel fast erreicht. Hinter der Hängebrücke gibt es links einen Anlegesteg der Grimmaer Ruderer. Sofern kein Trainingsbetrieb herrscht, kann man hier oder auch direkt am Ufer aussetzen. Auch ein Parkplatz befindet sich dort. Wer beim Seesportverein übernachtet, legt bereits vor der Brücke rechts an; wer weiterfahren möchte, legt etwas weiter ebenfalls am rechten Ufer an und kann dort auf kurzem Weg das Wehr umtragen.

km 22 - Grimma, Wehr Obermühle

ADRESSEN UND INFOS

Übernachtungen und Gastronomie in Wassernähe

Leisnig:
- Pension Mulden-Aue
  www.pension-mulden-aue.de

Marschwitz:
- Pension und Gaststätte Muldental
  www.pension-gastst-muldental.de

Podelwitz:
- Pension Wasserschloss Podelwitz
  www.wasserschloss-podelwitz.de

Sermuth:
- Gaststätte Zur Eintracht
- Kössern Eiscafé Zschoche

Höfgen:
- Hotel Zur Schiffsmühle, *www.schiffsmuehle.de*
- Gasthaus Zur Wassermühle

Grimma:
- Seesportverein Albin Köbis Grimma (keine Zufahrt mit PKW möglich, kurzer Weg von einem Parkplatz über die Hängebrücke)
  www.seesportverein-grimma.de
- Restaurant Zur Großmühle
- Restaurant Athos

Kanu-Verleih, organisierte Touren

Wassersport Sachsen in Grimma
www.wassersport-sachsen.de

Auskunft, Internetadressen

Leisnig: Gästeamt, Kirchstraße 15
04703 Leisnig, Tel.: 034321/63 70 90
gaesteamt@leisnig.de | *www.leisnig.de*
Grimma: Stadtinformation, Markt 23
04668 Grimma, Tel.: 03437-9 85 82 85
stadtinformation@grimma.de | *www.grimma.de*
www.dorfdersinne.de | *www.dorfderbaumeister.de*

Karten, Bücher, Literaturtipps

Radwanderkarten Mulderadweg von verschiedenen Verlagen.

Sehenswertes

Leisnig: Burg Mildenstein mit Burgmuseum, Stiefelmuseum, historische Altstadt mit Matthäi-Kirche, Rathaus, Postdistanzsäule, Heimatbrunnen, Malerwinkel und Saumarkt.
Podelwitz: Schloss mit Heimatstuben.
Kössern: Dorf der Baumeister.
Höfgen: 3 Mühlen im Dorf der Sinne, mit Museum Schiffsmühle und Museum Wassermühle.
Grimma: historische Altstadt (sieh Vor der Tour), Museum Göschenhaus.

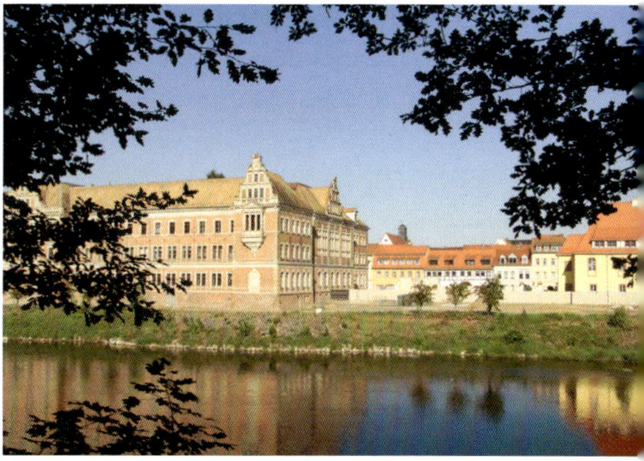

Blick über die Mulde auf Grimma.

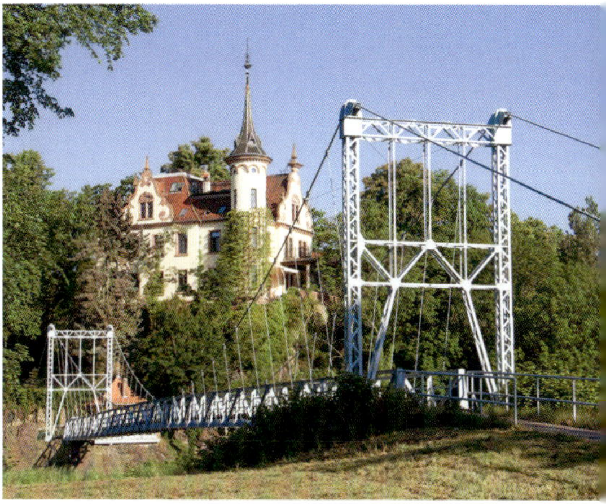

Die Gattersburg Grimma vor Sachsens längster Hängebrücke.

Mulde

Tour 10: Bleilochtalsperre, von Harra bis Saalburg / Kloster

Vor der Tour

Wo sich heute die Bleilochtalsperre befindet, wurde einst im Tagebau Blei abgebaut. Übrig blieben die Gruben, die im Volksmund Bleilöcher genannt wurden und der Talsperre ihren Namen gaben. Mit einem Fassungsvolumen von 215 Millionen m^3 ist sie der größte Stausee Deutschlands. Die Staumauer selbst ist 205 m lang. Größter Ort an der Talsperre ist Saalburg; einst hoch über der Saale gelegen. Eine Burg, von der nur noch der Stumpf des Bergfrieds erhalten ist, schützte im Mittelalter den Übergang über die Saale. Bei einem Bummel durch die Stadt sind neben dem Überrest des Bergfrieds die Marienkirche, das Rathaus, das ehemalige Zoll- und Amtshaus (heute Hotel Kranich) und das Stadttor mit Resten der Stadtbefestigung zu besichtigen. Eine Sommerrodelbahn, ein Kletterwald und ein Märchenwald bieten Kindern und Jugendlichen Abwechslung. Seit einigen Jahren findet im August das SonneMondSterne-Festival, ein Technomusik-Event statt. Wer Ruhe sucht, sollte an diesem Wochenende die Region meiden. Wer Trubel mag, ist dann hier allerdings richtig.

Auch wenn die reizvolle Umgebung des Stausees zum Wandern einlädt, ist die überwiegende Anzahl der Urlauber wegen des Wassers hier. Es gibt mehrere Campingplätze, die sich alle nahe bei Saalburg befinden. Kanuten müssen sich den See mit Motorbootfahrern, Seglern, Anglern und den Ausflugsschiffen teilen. Die Ufer der nur mäßig hohen Uferhügel sind meist bewaldet; nur in Ortsnähe schieben sich Wiesen ans Wasser heran. Überall findet man Rastplätze, an denen man gut anlegen kann.

Tourbeschreibung

km 0 - Harra

Vor der Brücke links kann in Harra eingesetzt werden. Eine alternative Einsetzstelle gibt es etwa 2 km nördlich am Parkplatz Lemnitzhammer, die in einer Rechtskurve am linken Ufer zu sehen ist. Nun folgt ein langer, gerader Saaleabschnitt. An seinem Ende liegt rechts in einer kleinen Bucht der Gasthof Saaletal. Hinter der folgenden Linkskurve ist bereits Saaldorf zu erblicken. Links vor der Brücke hat die Kanuabteilung des WSV Rosenthal ihr Domizil.

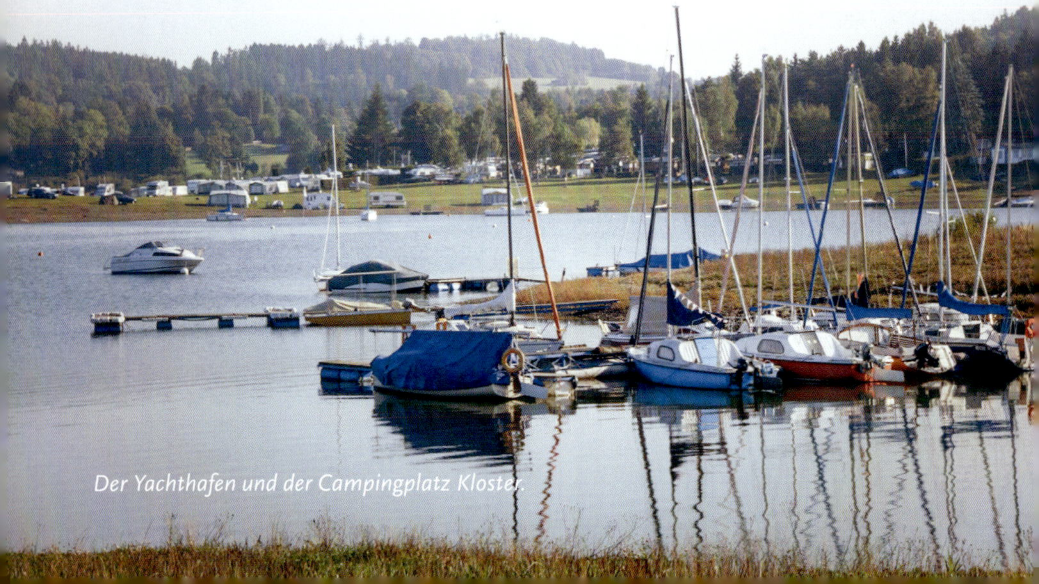

Der Yachthafen und der Campingplatz Kloster.

Tourensteckbrief

Paddelstrecke

Von Harra bis Saalburg, OT Kloster, ca. 17 km.

Charakter

Stausee mit viel Bootsverkehr an den Sommerwochenenden, Abstand von der Staumauer halten.

Ein- und Aussetzstellen

Harra: Baumschulenweg (50.4209,11.6851)
Saalburg: OT Kloster, Wetteraweg (50.5245,11.7143), Zufahrt ist ab Saalburg mit dem Schild „Kanueinsetzstelle“ ausgeschildert.
Weitere Einsetzstellen:
Parkplatz Lemnitzhammer bei Harra, **Saaldorf** (hinter Brücke rechts)

Zurück zum Einstieg

Fahrrad vor der Tour in Saalburg abstellen und auf Saaleradweg zurück nach Harra (ca. 15 km).

Optionen, Schlechtwettertipps

Rundfahrten auf der Talsperre ab Saalburg oder Saaldorf. Erweiterung der Fahrt durch Abstecher im nördlichen Teil der Talsperre in die Buchten nach Gräfenwarth oder Richtung Remptendorf.
Besuch Bad Lobenstein mit Ardesia-Therme, Besuch Schloss Burgk, Sommerrodelbahn, Kletterwald Saalburg (*www.kletterwald-saalburg.de*).

km 5,5 - Saaldorf

Gleich hinter der Brücke rechts kann man aus- und einsetzen, um Saaldorf einen Besuch abzustatten. Wer hier startet, kann einige Meter weiter gleich sein Auto parken. Hinter Saaldorf führt der Paddelkurs direkt auf den Aussichtspunkt Marienstein zu. Hinter der nächsten Linkskurve liegt auch links das riesige Grundstück des Rudervereins Bad Lobenstein. Nun folgt ein einsamer Saaleabschnitt, bis am linken Ufer das Feriengebiet Zoppoten auftaucht. Es befindet sich auf einer einen Kilometer langen Halbinsel, die durch eine Saalewindung gebildet wird. Vor Saalburg führen rechts zwei lange Buchten von der Hauptroute weg. Wer möchte, kann diese landschaftlich schönen Teilstücke paddelnd erkunden. In Höhe der zweiten Bucht liegt am linken Ufer der Campingplatz „Am Strandbad“.

km 15 - Saalburg

In Saalburg überquert eine lange Brücke die Bleilochtalsperre. Rechts an der Brücke in der Nähe des Bootsverleihs kann man anlanden. Da es etwas umständlich ist, die Kanus bis zum Parkplatz zu transportieren, empfiehlt es sich nicht, die Tour hier zu starten oder zu beenden. Besser, man paddelt noch zwei Kilometer weiter bis zur Badewiese im Ortsteil Kloster. Hinter der Badewiese kann man gut ein- und aussetzen. Ein kostenpflichtiger Parkplatz ist auch in der Nähe; etwas weiter die Straße hoch lässt sich das Auto abstellen, ohne zu bezahlen. Wer noch genügend Zeit und Kraft hat, kann vor dem Aussetzen noch einen Abstecher zur Staumauer machen.

km 17 - Saalburg, OT Kloster

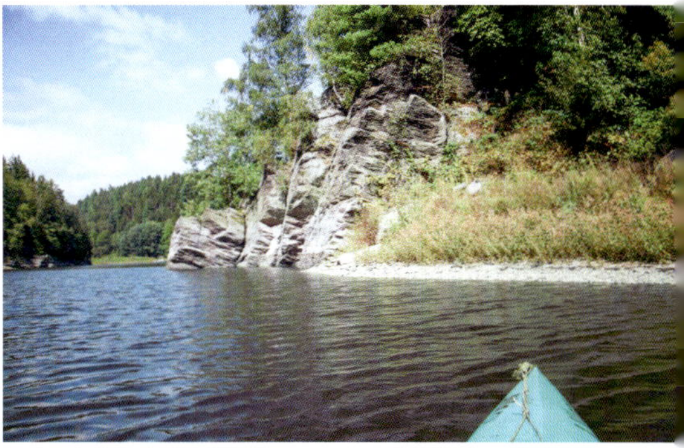

An einigen Stellen erheben sich steile Felsen am Ufer der Bleilochtalsperre.

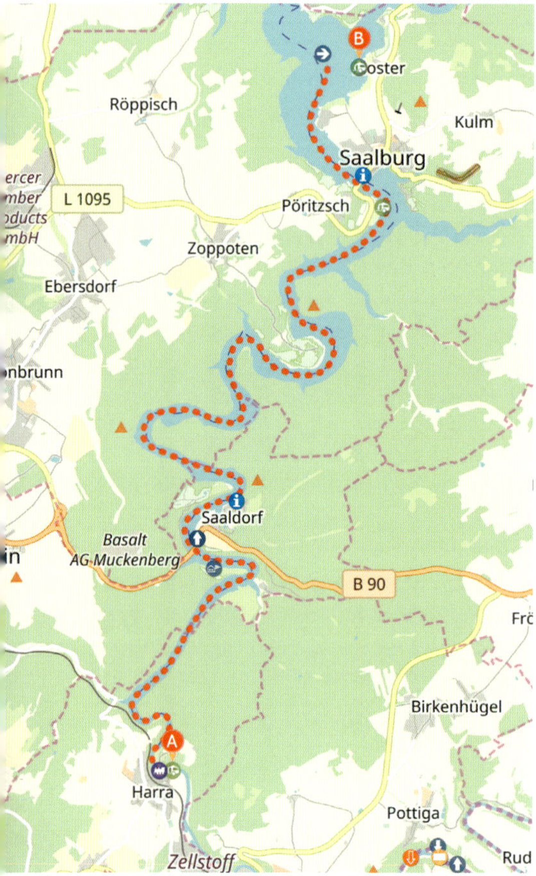

ADRESSEN UND INFOS

Übernachtungen und Gastronomie in Wassernähe

Harra:

- Gasthaus Saaleeck (G)

Mühlberg:

- Gasthaus und Pension Zum Saaletal

Saaldorf:

- WSV Rosenthal, Abt. Kanu-Rennsport *www.wsv-rosenthal.de*
- Ruderverein Bad Lobenstein *www.lobenstein-rudern.de*
- Club Gottliebsthal (G)

Saalburg:

- Campingplätze Am Strandbad und Kloster *www.saalburg-ebersdorf.de*
- Campingplatz Kloster SEZ *www.sez-kloster.de*
- Hotel Kranich, *www.gasthaus-kranich.de*
- Hotel Seeblick, *www.saalburg-hotel-seeblick.de*
- Saaleland-Appartements *www.saaleland-urlaub.de*
- Fischimbiss am Bootsverleih
- Strandcafé
- Eiscafé Sonja
- Imbiss am Badestrand (Ausstiegsstelle)

Kanu-Verleih, organisierte Touren

- Bootsverleih Saalburg *www.bootsverleih-saalburg.de*
- Rank-Saale-Touristik, *www.saale-touristik.de*
- Saalesport GmbH, *www.vogtland-saale-sport.de*

Auskunft, Internetadressen

Saalburg: Tourist-Information, Markt 1
07929 Saalburg-Ebersdorf (im OT Saalburg)
Tel.: 036647-2 90 80
www.saalburg-ebersdorf.de | *bb@saalburg-ebersdorf.de*
Bad Lobenstein: Stadtinformation, Graben 18
07356 Bad Lobenstein, Tel.: 036651-25 43
www.bad-lobenstein.de | *stadtinfo@bad-lobenstein.de*
www.saalburg.de

Karten, Bücher, Literaturtipps

- Wanderkarte Saalestauseen
- Wanderkarte Bleilochstausee, Flyer Wasserwandern auf der Saale in Thüringen
- Regionalverbund Thüringer Wald e.V. *www.thueringer-wald.com*

Sehenswertes

Historische Innenstadt Saalburg, Märchenwald Saalburg (*www.maerchenwald-maerchenpark.de*).

Tour 11: Rundfahrt Hohenwartetalsperre

Vor der Tour

Ist der Bleilochstausee auch größer als der weiter flussabwärts liegende Hohenwartestausee, sagt man von letzterem, dass er der landschaftlich schönere sei. Die zahlreichen Buchten, Fjorden gleich, und die bis zu 100 m hoch am Ufer aufragenden Berge haben dem Stausee den Beinamen „Klein-Norwegen" gegeben. Aber auch vom Thüringer Meer wird gesprochen.

Die beiden Kraftwerke Hohenwarte I und II sind als Pumpspeicherwerke konzipiert. Bei Pumpspeicherwerken wird in Zeiten, in denen wenig Strom verbraucht wird, Wasser vom Unterbecken ins Oberbecken gepumpt und in Spitzenlastzeiten über die Turbinen abgelassen. Oberbecken für Hohenwarte I ist der Hohenwartestausee selbst, Unterbecken die Talsperre Eichicht. Da die Saale vom Oberlauf des Flusses Wasser mit sich führt, muss eher selten Wasser ins Oberbecken gepumpt werden.

Nach dem Bau der Talsperre wurde die Talbrücke zwischen Linkenmühle und Altenroth überflutet und 1943 durch eine neue, den Stausee 30 m überragende Konstruktion ersetzt. Aber bereits zwei Jahre später sprengte man die Brücke wieder, um den Vormarsch der Alliierten aufzuhalten. Aufgehalten hat man aber nur den ungehinderten Verkehr von einer Stauseeseite zur anderen. Dafür schippert nun Thüringens einzige Autofähre über den an dieser Stelle recht schmalen Stausee.

Wer einen Paddelabstecher zur Staumauer unternehmen möchte, sollte dort genügend Abstand halten. Die 75 m hohe und 412 m lange Staumauer ist auch aus der Entfernung schön anzusehen.

Tourbeschreibung

km 0 - Lothramühle

Von Hohenwarte kommend, liegt die Einstiegsstelle links in einer Straßenkehre. Der Ort Lothra befindet sich auf der anderen Straßenseite; dort gibt es eine Parkmöglichkeit für die Autos. Nun geht es nordwärts, immer am rechten Ufer entlang. Nach etwa 2 km öffnet sich voraus eine

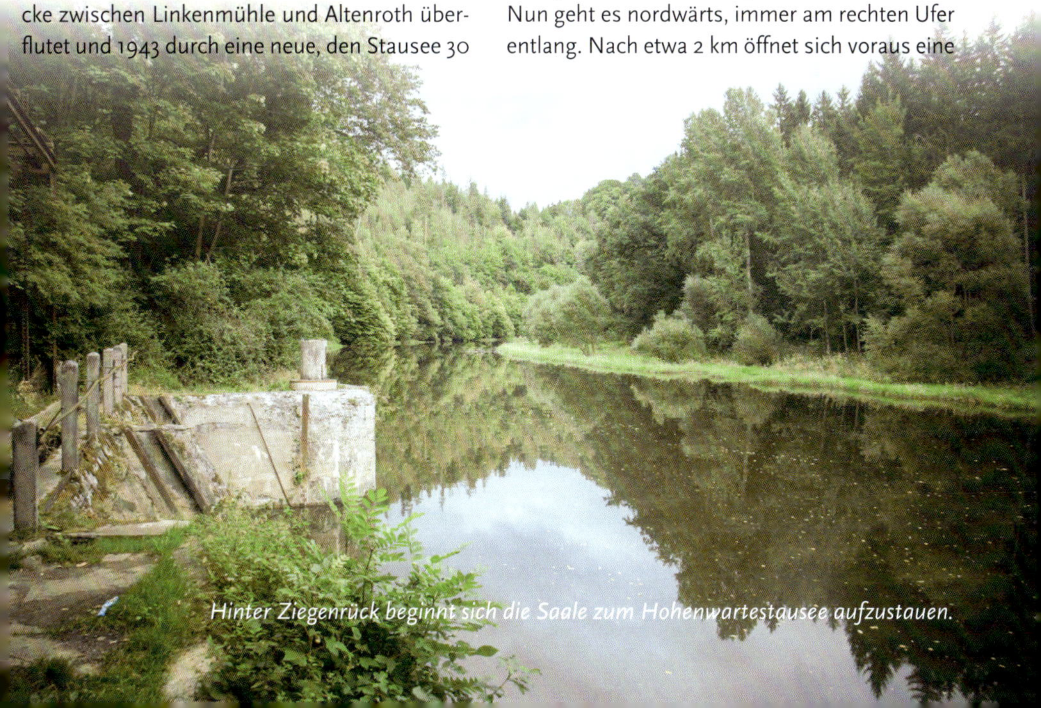

Hinter Ziegenrück beginnt sich die Saale zum Hohenwartestausee aufzustauen.

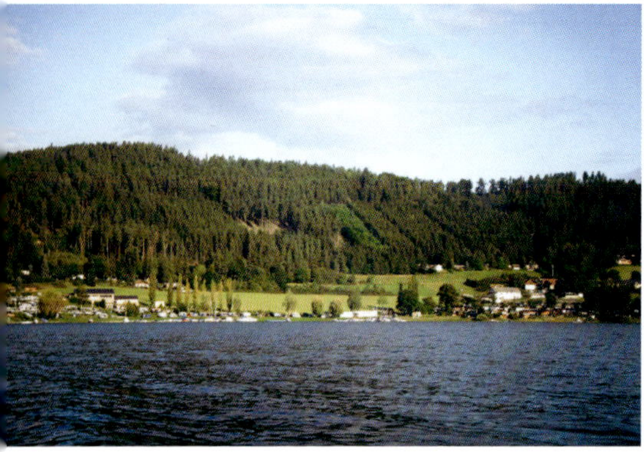

Blick auf Saalthal Alter.

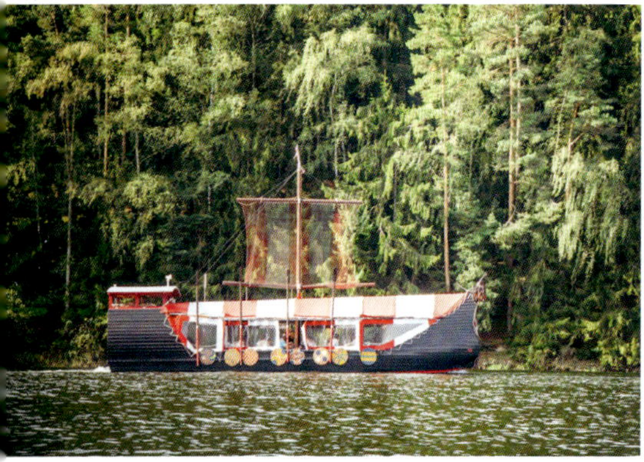

Wikinger-Fahrgastschiff.

Bucht, an deren Ende der Ort Saalthal-Alter liegt. Die Tour führt aber weiter am rechten Ufer entlang. Vor einer Rechtskehre gibt es an einem Hang eine kleine Laubensiedlung. Der Strandbereich ist hier abgesperrt. Gleich hinter der Rechtskurve beginnt die Wasserskistrecke, die etwa 2,5 km lang ist. Es empfiehlt sich somit, ans linke Ufer zu wechseln. Am Ende der Wasserskistrecke zeigt sich links die Doppelbucht von Portenschmiede. Hier gibt es einen Zeltplatz und Einkehrmöglichkeiten. Am Herrenfelsen wird wieder ans rechte Ufer gewechselt, wo sich zwischen zwei kleinen Buchten der Zeltplatz Hopfenmühle befindet.

km 9 - Hopfenmühle, Zeltplatz

Tourensteckbrief

Paddelstrecke

Von Lothramühle nach Linkenmühle und zurück, ca. 30 km; wem die Strecke zu lang ist, der kann natürlich auch vor Linkenmühle umkehren oder sich von dort zum Ausgangspunkt zurückbringen lassen.

Charakter

Stausee mit viel Bootsverkehr an den Sommerwochenenden, Abstand von der Staumauer halten.

Ein- und Aussetzstellen

Reitzengeschwenda: Lothramühle 38 (50.6043,11.5076)
Weitere Einsetzstellen:
Altenroth: an der Anlegestelle der Mühlenfähre.
Saalthal-Alter: An der Badestelle nahe des großen Parkplatzes.

Optionen, Schlechtwettertipps

Von Saaleeinstiegsstelle Ziegenrück zur Zoptenbucht (zwei Kilometer vor Staumauer links). Rundfahrten bei Übernachtung auf einem der Campingplätze, Wanderung ab Ziegenrück um das Hochplateau Weiße Scheibe entlang der Talsperre (ca. 11 km), Besichtigung Schloss Burgk (*www.schloss-burgk.de*), Besichtigung der Feengrotten in Saalfeld (*www.saalfeld.de*).

Hinter Hopfenmühle gibt es am linken Ufer einige schöne Rastplätze. Wegen seiner gewundenen Form wird der folgende Stauseeabschnitt Drachenschwanz genannt. Auf einer schmalen Halbinsel liegt malerisch die Camping- und Freizeitanlage Droschkau; dahinter

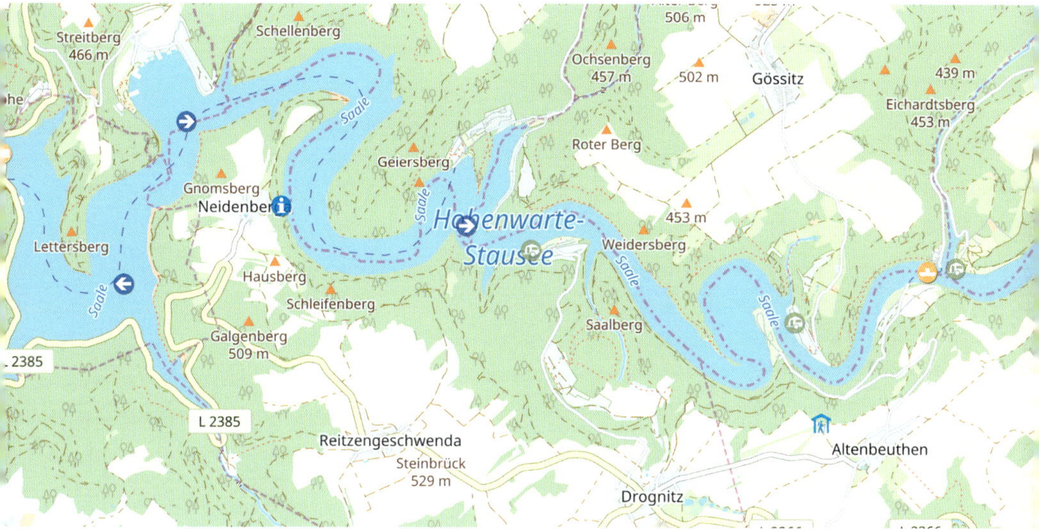

am gegenüberliegenden Ufer der Campingplatz Neumannshof. Zwei Kilometer weiter ist Linkenmühle erreicht. Hier überquert eine Fähre zwischen Altenroth und Linkenmühle den Stausee. Auf der rechten Seite in der Nähe der Fähranlegestelle findet man eine Ausstiegsstelle. Etwas weiter auf der Linkenmühler Seite gibt es einen Campingplatz mit Gaststätte. Zurück zum Einstieg geht es auf demselben Wege.

km 15 - Linkenmühle, Fähre

Weiterfahrt von Linkenmühle zur Kanueinsetzstelle Ziegenrück

Von Linkenmühle geht es ostwärts zu dem in einem Saaleknick liegenden ehemaligen Kraftwerk Conrad. Von oben grüßt die Teufelskanzel, eine Schutzhütte an einem Aussichtspunkt. Von dort nach Ziegenbrück ist es nur einen Kilometer Luftlinie. Aber die Saale formt hier ein überdimensionales „U" in die Bergwelt. Sie wird jetzt deutlich schmaler, und es ist bereits eine leichte Gegenströmung zu spüren. Kurz vor der Einstiegsstelle Ziegenbrück verbreitert sich die Saale wieder etwas und hat hier den Charakter eines sumpfigen Sees. Eine gepflasterte Rampe führt an einer Schutzhütte vorbei zur schmalen Straße. In einer Haltebucht ist gerade mal Platz für ein Auto zum Ent- oder Beladen. Die Einsetzstelle liegt etwa einen Kilometer außerhalb von Ziegenbrück.

ADRESSEN UND INFOS

Übernachtungen und Gastronomie in Wassernähe

Lothramühle:

- SVgg Hohenwarte, Abt. Kanu
  www.sv-turbine-hohenwarte.de

Saalthal Alter:

- Campingplatz Saalthal mit Restaurant
  www.camping-saalthal-alter.de
- Hotel und Restaurant Saalestrand
  www.hotel-saalestrand.de

Portenschmiede:

- Campingplatz Portenschmiede
  www.thueringen.info/campingplatz-portenschmiede

Hopfenmühle:

- Zeltplatz Hopfenmühle, *www.kaulsdorf-saale.de*

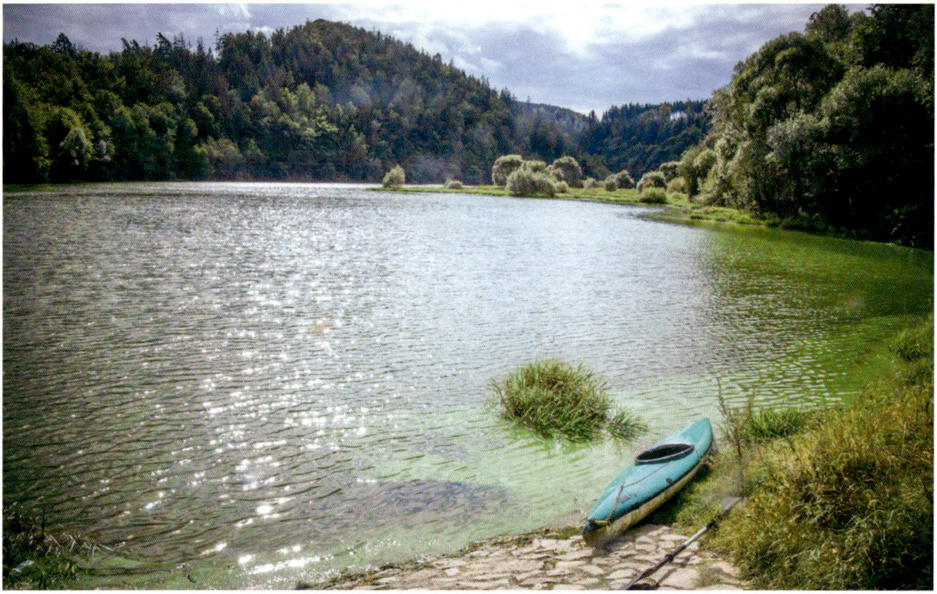

Der Stausee vor Ziegenrück.

Neumannshof:

- Camping- und Freizeitanlage Droschkau
- Campingplatz Neumannshof
  www.camping-neumannshof.de

Altenroth:

- Gaststätte zur Mühlenfähre
- Linkenmühle
- Campingplatz mit Restaurant Saaleschenke
  www.campingplatz-linkenmuehle.de

Kanu-Verleih, organisierte Touren

- Wassersportzentrum Hohenwartestausee, auch Shuttleservice
  www.hohenwartestausee.de
- Naturcamping Plothental
  www.naturcamping-plothental.de
- Bootsverleih Linkenmühle
  www.campingplatz-linkenmuehle.de
- Campingplatz Saalthal
  www.camping-saalthal-alter.de

Auskunft, Internetadressen

Stadt Ziegenrück: Tourist-Information, Markt 6
07924 Ziegenrück, Tel.: 036483-2 26 49
fremdenverkehrsamt@ziegenrueck.de
www.ziegenrueck.de
Saalfeld: Tourist-Information, Markt 6
07318 Saalfeld, Tel.: 03671-52 21 81
info@saalfeld-tourismus.de
www.saalfeld-tourismus.de
www.gemeinde-hohenwarte.de

Karten, Bücher, Literaturtipps

- Wanderkarte Saalestauseen
- Flyer Wasserwandern auf der Saale in Thüringen
- Regionalverbund Thüringer Wald e.V.
  www.thueringer-wald.com

Sehenswertes

Saalepromenade und Wasserkraftmuseum, **Reitzengeschwenda:** Volkskunde- und Heimatmuseum (*www.kaulsdorf-saale.de*).

Tour 12: Von Rudolstadt nach Orlamünde

Vor der Tour

Als im Mittelalter immer mehr Menschen in die Städte zogen, waren die Wälder in der Nähe der Siedlungen bald gefällt. Holz aus entfernteren Gebieten in die Städte zu schaffen, war auf dem Landwege mit den damals gängigen Ochsengespannen nur auf kurzen Strecken möglich. Aber es gab ja die noch unverbauten Flüsse. Eine Urkunde aus dem Jahr 1258 belegt bereits die Flößerei auf der Saale. Die im Winter geschlagenen Bäume konnten im Schnee mit Hilfe der Ochsen einfacher als in den schneelosen Zeiten zu den Flüssen transportiert werden. Nach der Schneeschmelze, als der Wasserspiegel der Flüsse rapide anstieg, wurden die Stämme dann zu Wasser gelassen, zu Flößen gebunden und flussabwärts gestakt. Was sich heute so romantisch anhört, war ein gefährlicher Knochenjob. Wer auf den glatten Stämmen ausglitt, lag im günstigsten Fall im eiskalten Wasser. Geriet er zwischen die Baumstämme, waren schwere bis tödliche Verletzungen die Folge. Nur kräftige junge Männer waren der Tortur gewachsen. Das ständige Stehen im kalten Wasser setzte der Gesundheit auch ohne Unfälle zu. Solange es nicht regnete, konnte man die durchnässte, einfache Kleidung abends am Lagerfeuer trocknen, ansonsten hieß es, in den nassen Sachen bis zum Ende des schlechten Wetters durchhalten. Mit dem Bau der Eisenbahnlinien konnte das Holz ab dem Ende des 19. Jahrhunderts einfacher und gefahrloser ans Ziel gebracht werden. Der Bau von Wehren und später Staudämmen erschwerte die Arbeit der Flößer zusätzlich. Im Jahr 1938 wurde die Flößerei auf der Saale offiziell eingestellt. Die Erinnerung an diese Zeit hält das Flößereimuseum in Uhlstädt wach. Heute bietet der dortige Flößerverein touristische Floßtouren an.

Einer der ersten Orte an der Saale, die mit Holz aus den Thüringer Wäldern beliefert wurde, war Rudolstadt. Die Grafen von Orlamünde errichteten hier einst eine Burg und gaben dem Ort Anfang des 14. Jahrhunderts das Stadtrecht.

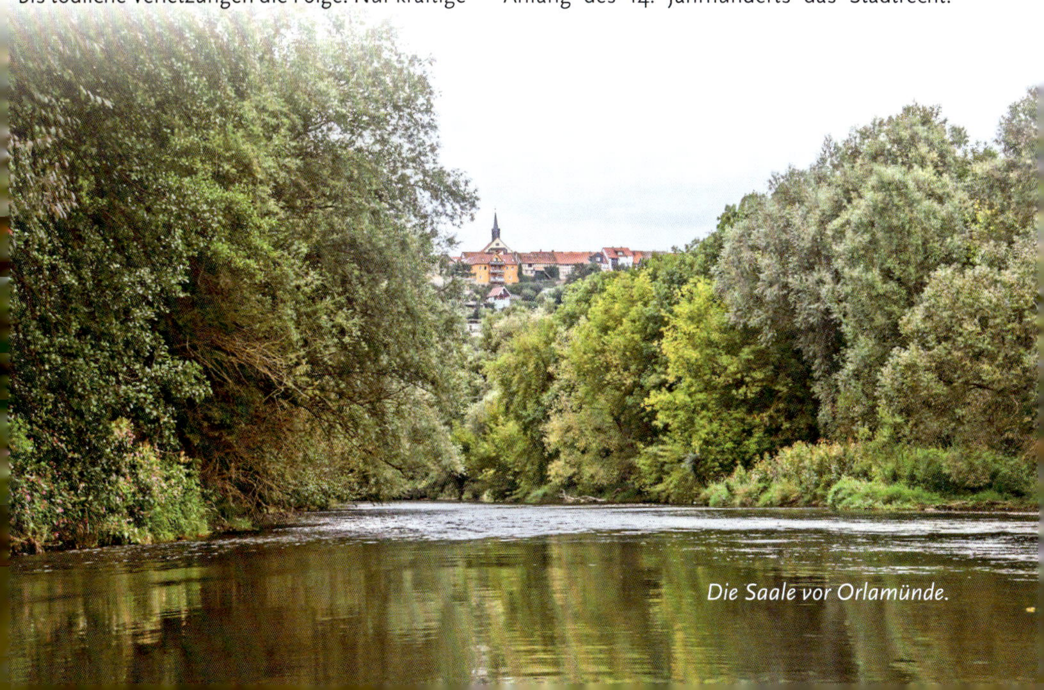

Die Saale vor Orlamünde.

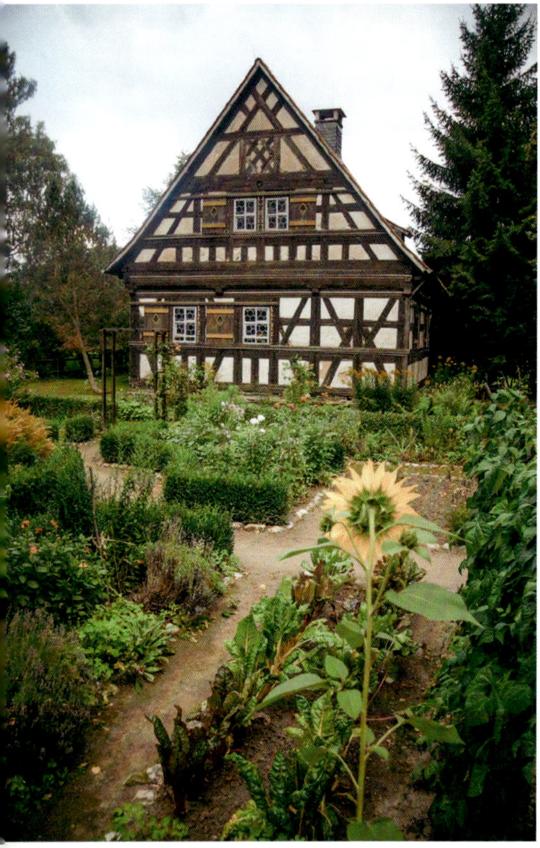

Ein Fachwerkhaus im Freilichtmuseum Thüringer Bauernhäuser.

Tourensteckbrief

Paddelstrecke
Von Rudolstadt nach Orlamünde, ca. 21 km.

Charakter
Viele flotte Strömungsabschnitte mit Schwallstrecken, schnelle Kehren und Baumhindernisse setzen etwas Bootsbeherschung voraus.

Ein- und Aussetzstellen
Rudolstadt: Stadtbrücke am Park- und Festplatz Bleichwiese, Röntgenstraße, (50.7185,11.3451)
Orlamünde, Sportplatz (an der L 1108 Richtung Freienorla) (50.7739,11.5330)
Weitere Einsetzstellen:
Rastplatz Unterhasel an der Straßenbrücke links, **Rastplatz Weißen** vor der Brücke rechts, **Rastplatz Uhlstedt** hinter dem Wehr rechts, **Rastplatz Zeutsch** hinter der Brücke links.

Zurück zum Einstieg
1. Mit Regionalbahn von Orlamünde nach Rudolstadt, stündlich.
2. Fahrrad vor der Tour in Orlamünde abstellen und auf Saaleradweg zurück nach Rudolstadt (ca. 20 km).

Optionen, Schlechtwettertipps
Wanderung im Schwarzatal, Radtour nach Saalfeld, Besichtigung Schloss Kochberg, Besichtigung Rudolstadt, Freizeitbad Saalemaxx Rudolstadt, Floßtour auf der Saale.

Kurze Zeit später gingen Burg und Stadt in den Besitz des Grafen von Schwarzburg über. Im Thüringer Grafenkrieg wurde die Burg zerstört. Mehrere Folgebauten wurden immer wieder Opfer der Flammen. Ende des 16. Jahrhunderts teilte man die Grafschaft; die Grafschaft Schwarzburg-Rudolstadt entstand. Rudolstadt wurde zum Hauptsitz der Grafen. Als dieser 1710 in den Fürstenstand erhoben wurden, musste ein neues, repräsentatives Schloss her; die Heidecksburg. Das Barockschloss ist heute Sitz des Thüringer Landesmuseums.
Der Salon der Witwe von Lengefeld zog in Rudolstadt Ende des 18. Jahrhunderts ein illustres Publikum an: neben Goethe, den Brüdern Humboldt, Herder, Fichte, Frau von Stein und Knebel auch Friedrich Schiller, der sich gleich in beide Töchter der Hausherrin verliebte. Wie die Geschichte ausging, kann man im heute

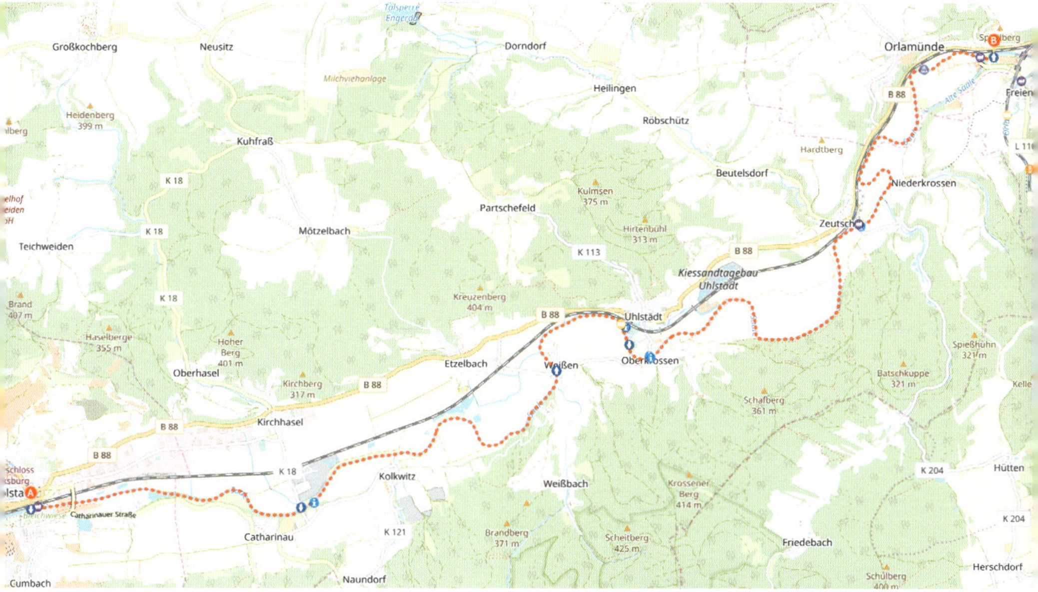

Schillerhaus genannten Gebäude erfahren. Ein Spaziergang durch die historische Altstadt sowie die Besichtigung des Freilichtmuseums Thüringer Bauernhäuser runden den Besuch Rudolstadts ab.

Tourbeschreibung

km 0 - Rudolstadt, Parkplatz Bleichwiese

Soweit man nicht am Rudolstädter Kanu-Verein übernachtet hat bzw. dort einsetzen kann, ist ein idealer Einsetzort der Steg hinter der Stadtbrücke am rechten Ufer. Die Stadtbrücke ist eine Fußgänger- und Radfahrerbrücke. Der Parkplatz Bleichwiese, der auch als Festplatz genutzt wird, ist riesengroß. Man kann direkt bis zur Einsetzstelle fahren und dort parken. Über die Stadtbrücke erreicht man der Rudolstädter Bahnhof in 10 min (siehe zurück zum Einstieg).

Bis zur Cumbacher Brücke in Rudolstadt lässt es sich noch entspannt paddeln, dann erfordern viele Schwallstrecken, Bäume und Sträucher in der Hauptströmung und zahlreiche Flachstellen ungeteilte Aufmerksamkeit. Von der Landschaft ist wegen der hohen, dicht bewachsenen Böschung ohnehin nicht viel zu sehen. Eine erste Rast bietet sich nach vier Kilometern am Rastplatz Unterhasel links hinter der Brücke. Wer feststellt, dass er sich paddeltechnisch

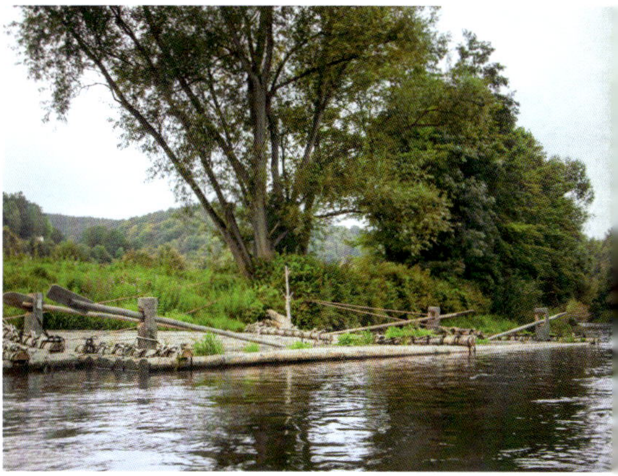

Mit diesen Flößen werden Touristen die Saale abwärts geschippert.

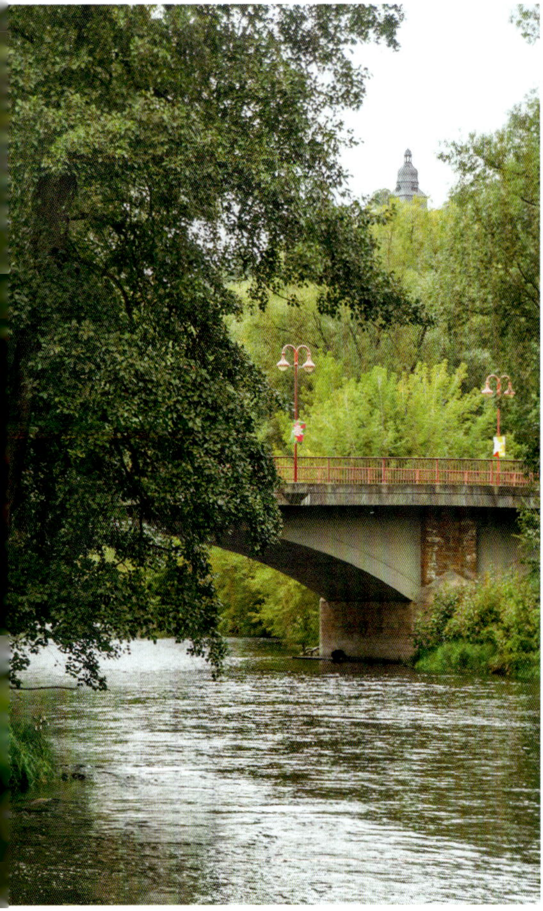

Am Ziel in Orlamünde.

übernommen hat, kann hier auch aussetzen. Fünf Kilometer weiter gibt es in Weißen (vor der Brücke rechts) die nächste Rastmöglichkeit. Das Anlanden außer an den hier angegebenen und gut ausgebauten Ein- und Aussetzstellen ist auf dieser Saaleetappe kaum möglich. Die Uferböschung ist zu dicht bewachsen. Hinter Weißen folgt bald das Wehr in Uhlstädt.

km 11 - Uhlstädt, Wehr

Das Wehr lässt sich rechts gut umtragen. Wer nur kurz rasten möchte, kann dies hier nach dem Umtragen der Kanus tun. Der offizielle Rastplatz von Uhlstädt befindet sich wenige hundert Meter weiter auf der linken Seite. Von hier ist es nicht weit zum Flößereimuseum. Wer möchte, kann hier auch zelten. Hinter der Straßenbrücke folgen dann fünf Kilometer frei fließende Saale. Dann kann man hinter der Brücke in Zeutsch am dortigen Rastplatz noch einmal Kräfte sammeln, ehe es zum Ziel nach Orlamünde geht. Die Ausstiegsstelle liegt hinter der Brücke rechts, unmittelbar vor dem Campingplatz. Wer dort übernachten will, nutzt ebenfalls diese Ausstiegsstelle. Die Zufahrt mit dem Auto erfolgt entlang des Sportplatzes.

km 21 - Orlamünde

ADRESSEN UND INFOS

Übernachtungen und Gastronomie in Wassernähe

Rudolstadt:

- Rudolstädter Kanu-Verein
  www.rkv-rudolstadt.de
- ansonsten großes Angebot an Übernachtungsmöglichkeiten und Gastronomie in Rudolstadt

Weißen:

- Landhotel Kains Hof, *www.hotelkainshof.com*
- Hotel Weißenburg, *www.burgweissen.com*

Uhlstädt:

- Zeltplatz hinter dem Wehr links

Orlamünde:

- Biwakplatz Bootshaus Orlamünde
- Goldener Stern (G)
- Eisdiele Nitz
- Metzgerei Dölitsch

Kanu-Verleih, organisierte Touren

- Kanu-Verleih Rudolstadt
  www.kanuverleih-rudolstadt.de
- Saaletal-Aktiv-Tours
  www.saaletal-aktiv-tours.de
- Saalestrand Kanu
  www.saalestrand-kanu.de

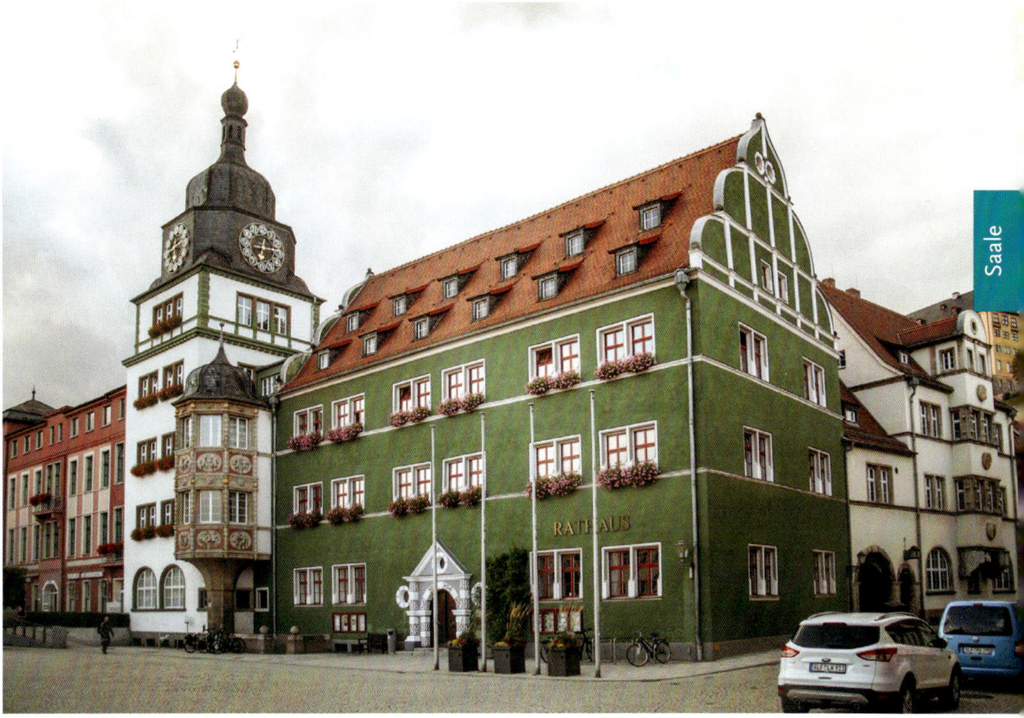

Rathaus Rudolstadt.

Auskunft, Internetadressen

Rudolstadt: Tourist-Information, Markt 5
07407 Rudolstadt, Tel.: 03672-48 64 40
www.rudolstadt.de | *info@rudolstadt.de*
Uhlstädt: Tourist-Information, Am Saalewehr 2
07407 Uhlstädt-Kirchhasel, Tel.: 036742-6 35 34
www.uhlstaedt-kirchhasel.de
touristinfo@uhlstaedt-kirchhasel.de
Tourist-Information Saaleland
www.saaleland.de | *info@saaleland.de*
www.thueringer-staedte.de | *www.orlamuende-saale.de*

Karten, Bücher, Literaturtipps

- Wasserwandern auf der Saale, Regionalverbund Thüringer Wald e.V. *www.thueringer-wald.com*
- Saale-Radweg Karten von mehreren Verlagen

Sehenswertes

Rudolstadt: Museum Schloss Heidecksburg (*www.heidecksburg.de*), Freilichtmuseum Thüringer Bauernhäuser, Schillerhaus (*www.schillerhaus-rudolstadt.de*), historische Altstadt mit altem und neuem Rathaus, Handwerkerhof, Renaissance-Bürgerhäusern, St. Andreas Kirche, Thüringer Landestheater.
Uhlstädt: Flößereimuseum
Orlamünde: Wohnturm der Burganlage (Kemenate).

Tour 13: Von Orlamünde nach Jena

Vor der Tour

Hoch über Orlamünde thronte einst eine Burg, Sitz des Grafen von Orlamünde. Die Burganlage wurde später aufgegeben und verfiel. Nur die Kemenate blieb erhalten und wurde von der Stadt Orlamünde saniert. Heute finden in ihr Kulturveranstaltungen statt.

Kahla lockt mit preisgünstigen Angeboten des bekannten Kahlaer Porzellans. Zu Beginn einer Werksführung durch die Porzellanmanufaktur wird der Interessierte in die Geschichte der Porzellanherstellung eingeführt, die auf mehr als einhundert Wandtellern dargestellt ist. Nach einem Rundgang durch die Produktionsanlagen kann man im Werksverkaufsladen verbilligtes, mit kleinen Fehlern behaftetes Porzellan erwerben. Aber Vorsicht, bei der Weiterfahrt auf der wilden Saale sollte man die zerbrechlichen Stücke gut verpacken.

Noch mehr Porzellan gibt es auf der hoch über Kahla gelegenen Leuchtenburg zu besichtigen, u.a. die größte Porzellanvase der Welt. Von oben hat man auch einen schönen Ausblick auf die Saaleregion.

Vom Kahlaer Porzellan geht es weiter zum Glas in Jena. Dort begannen Mitte des 19. Jahrhunderts Carl Zeiß und Ernst Abbé mit der Produktion optischer Geräte. Die bis heute berühmte Qualität der Produkte konnte allerdings erst erreicht werden, als der von beiden nach Jena geholte Chemiker Otto Schott hochwertiges Glas produzierte. Später entwickelte er das sogenannte Borosilikatglas, das unter dem Namen Jenaer Glas weltberühmt wurde. Mehr über das Wirken dieser drei Persönlichkeiten kann man heute im Schott Glas-Museum und im Optischen Museum erfahren. Bei solch einer Stadtgeschichte ist es nicht verwunderlich, dass in Jena 1926 das weltweit erste Planetarium seine Pforten öffnete. Die Betreiber behaupten von sich, dass man hier den zweitbesten Sternenhimmel erleben kann – nach dem in der freien Natur.

Wenn er auch „nur“ der zweitälteste in Deutsch-

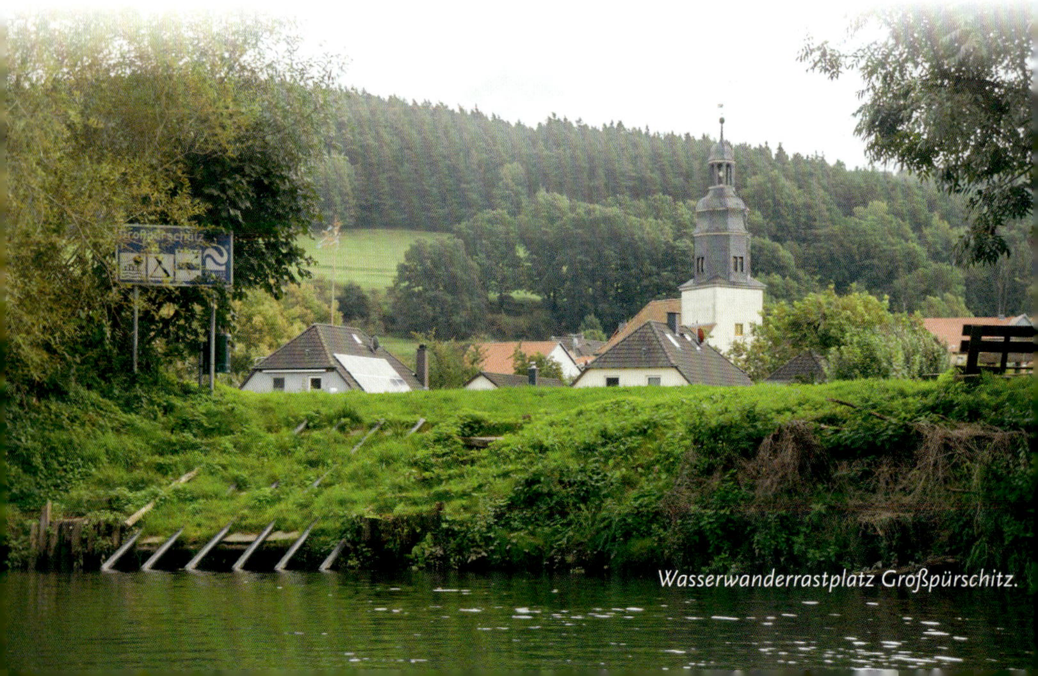

Wasserwanderrastplatz Großpürschitz.

land ist, hat der Botanische Garten über die Thüringer Landesgrenzen hinweg Bekanntheit erlangt. Er wurde 1586 als Apothekergarten gegründet, um die medizinische Fakultät der Universität Jena mit Kräutern beliefern zu können. Die Erweiterung fand später auf Initiative Goethes statt.
Weitere Museen, Galerien und Theater machen Jena zu einem idealen Basisplatz für einen längeren Kanuurlaub an der Saale.

Tourbeschreibung

km 0 - Harra

km 0 - Orlamünde

Hinter der Straßenbrücke befindet sich die Einsetzstelle in Zeltplatznähe am rechten Ufer. Die Zufahrt erfolgt über einen Weg entlang des Sportplatzes. Hinter dem Zeltplatz wird eine Eisenbahnbrücke unterquert; dann fließt von rechts ein schmaler steiniger Bach, die Orla, in die Saale, die bei Hochwasser von Wildwasserkanuten befahren werden kann. Ebenfalls rechts am Ufer liegen einige Flöße, auf denen zur Erinnerung an die heroische Flößerzeit Touristen saaleabwärts geschippert werden. Statt der Böschung reichen nun ab und zu steile Felsen bis ans Ufer heran. In Großeutersdorf liegt vier Kilometer nach dem Start links hinter der Hängebrücke der erste Rastplatz. Wer hier nicht aussteigen möchte, muss dies allerdings drei Kilometer weiter am Wehr Kahla tun. Die Umtragestelle liegt am rechten Ufer.

km 7 - Kahla

Für eine ausführliche Pause bietet sich allerdings der Rastplatz Kahla vor der Brücke am linken Ufer an. Hier kann man die Stadt besichtigen und/oder einkehren. Bei der Weiterfahrt wird die Straßenbrücke von Kahla und einen Kilometer dahinter eine Fußgängerbrücke unterquert. Vorab überragt ein hoher Schornstein die Uferböschung. Vor der Brücke Großpürschitz rechts gibt es den nächsten Rastplatz. Im Gegensatz zur ersten Saaleetappe findet man rechts und links am Ufer bis Jena auch einige nicht ausgebaute Pausenplätze. Wenig später ist das Wehr Schöps erreicht.

km 12,5 - Schöps, Wehr

Die Umtragestelle befindet sich am linken Ufer. Gut beraten ist, wer einen Bootswagen mit-

Tourensteckbrief

Paddelstrecke
Von Orlamünde nach Jena, ca. 27 km.

Charakter
Flotte Strömungsabschnitte mit Schwallstrecken, Kehren und Baumhindernissen, einfacher als von Rudolstadt nach Orlamünde, etwas Bootsbeherrschung ist dennoch vorteilhaft, wegen einiger längerer Umtragestrecken sollte ein Bootswagen mitgeführt werden.

Ein- und Aussetzstellen
Orlamünde: Sportplatz (an der L 1108 Richtung Freienorla), (50.7739,11.5330)
Jena: Griesbrücke (50.9343,11.5946)
Weitere Einsetzstellen:
Rastplatz Großeutersdorf links hinter der Brücke, **Rastplatz Kahla** links vor der Brücke, **Rastplatz Großpürschitz** rechts vor der Brücke, **Rastplatz Maua** links hinter der Brücke.

Zurück zum Einstieg
1. Mit Regionalbahn von Jena nach Orlamünde, stündlich.
2. Fahrrad vor der Tour in Jena abstellen und auf Saaleradweg zurück nach Orlamünde (ca. 25 km).

Optionen, Schlechtwettertipps
Ausflug zur Leuchtenburg (*www.leuchtenburg.de*), Besichtigung Jena, Wanderung zur Lobdeburg oder durchs Leutratal (beide ca. 12 km).

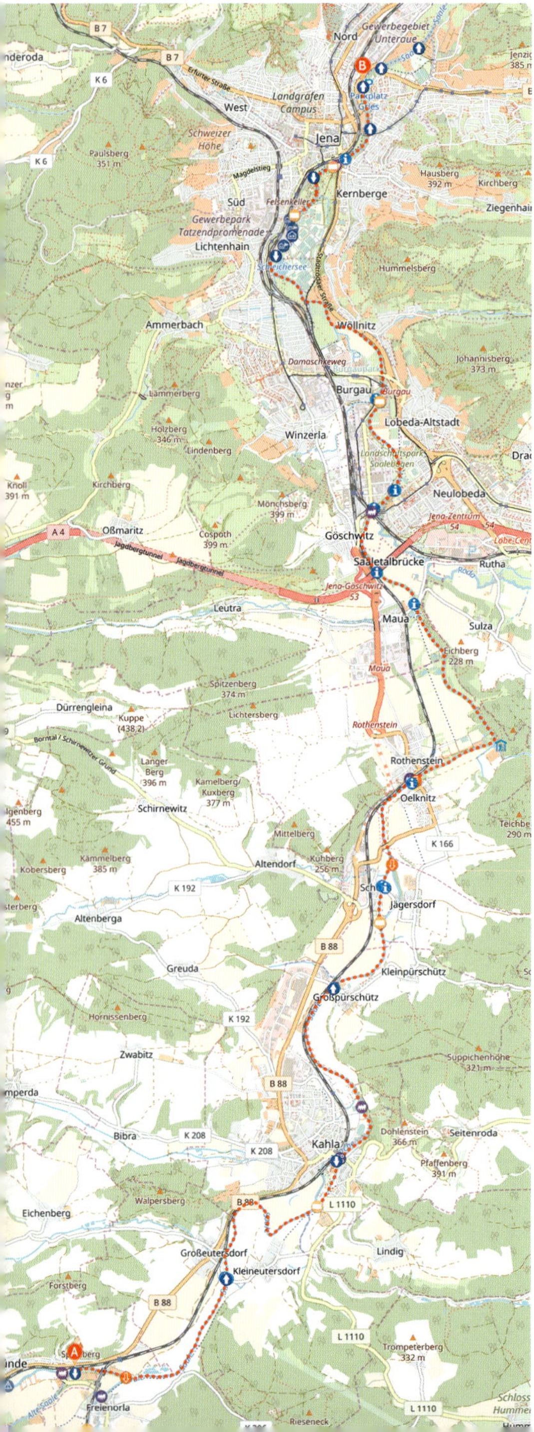

führt, denn sie ist über einhundert Meter lang. Die Einsetzstelle hinter dem Wehr wird auch gern von Kanutourenanbietern genutzt, um mit Kanus und Schlauchbooten von hier nach Jena zu fahren. In Schöps, Ölknitz und Rothenstein müssen Brücken unterquert werden. Rechts hinter der letzten Brücke gibt es am rechten Ufer ein Pegelhäuschen, einen Kilometer weiter am linken Ufer einen Rastplatz. Nach drei Kilometern erreichen wir die ersten Vororte von Jena. Links hinter der Brücke Maua gibt es einen Rastplatz. Weitere folgen links vor der Eisenbahnbrücke in Jena Göschwitz, am rechten Ufer in Jena Lobeda, rechts am Wehr Burgau, rechts am Schleichersee, am Rasenmühlenwehr, links vor dem Wehr Jena Paradies (kurzer Weg zum Bahnhof Jena-Paradies) und rechts hinter der Camsdorfer Brücke. Von Maua bis zum Ziel sind noch fast 10 km zu paddeln. Der Geräuschpegel nimmt wegen des starken Autoverkehrs nun enorm zu. Es folgen Brücken unterschiedlichster Nutzungsart: eine alte, ungenutzte sowie gleich daneben eine neue Autobahnbrücke, Straßenbrücken, Fußgängerbrücken und Brücken für den Straßenbahnverkehr. Das Wehr in Jena-Burgau ist am rechten Ufer zu umtragen. Eine Zugangsstelle direkt hinter dem ersten Wehr verleitet dazu, dort das Boot zu Wasser zu lassen; dann steht man allerdings vor Wehr Nummer zwei. Also erst hinter der Brücke einsetzen. Nach einem Kilometer ist am rechten Ufer die Kirche von Jena-Wöllnitz zu erblicken. Hinter dem Rastplatz am Schleichersee beginnen am linken Ufer die Bootshäuser der Jenaer Wassersportvereine. Bei ihnen kann man nach vorheriger Anmeldung im Zelt übernachten und beendet dann hier die Fahrt. Wer weiterfährt, muss noch das Rasenmühlenwehr und das Paradieswehr überwinden. Die Umtragestellen sind beide am rechten Ufer. Vom Paradieswehr und vom Rastplatz Paradies ist es nicht weit bis zum Bahnhof (siehe zurück zum Einstieg). Anderthalb Kilometer hinter dem Paradies-

wehr befindet sich das Ziel am rechten Ufer. Die Ausstiegsstelle führt direkt zum Parkplatz.
km 27 - Jena, Griesbrücke

ADRESSEN UND INFOS

Übernachtungen und Gastronomie in Wassernähe

Orlamünde:

- Biwakplatz Bootshaus Orlamünde
- Goldener Stern (G)
- Eisdiele Nitz
- Metzgerei Dölitsch

Großeutersdorf:

- Biwakplatz Großeutersdorf
  www.grosseutersdorf.de

Jena:

- Campingplatz Unter dem Jenzig
  www.jenacamping.de
- Jenaer Kanu- und Ruderverein
  www.kanu-rudern-jena.de
- SV Schott, Abt. Kanu
  www.kanu-jena.de
- SV Jenapharm, Abt. Kanu
  www.kanuclub-jena.de
- Gasthof Roter Hirsch (G)

Kanu-Verleih, organisierte Touren

- Saaletal-Aktiv-Tours, *www.saaletal-aktiv-tours.de*
- Berrotours, *www.schlauchboottouren.de*
- Saalestrand Kanu, *www.saalestrand-kanu.de*
- Saale Unstrut Tours, *www.saale-unstrut-tours.de*
- RS Kanu Naumburg, *www.rs-kanu.de*

Auskunft, Internetadressen

Jena: Tourist-Information, Markt 16
07743 Jena, Tel.: 03641-49 80 50
www.jena.de | *www.jenatourismus.de*
tourist-info@jena.de
Tourist-Information Saaleland
www.saaleland.de | *nfo@saaleland.de* | *www.kahla.de*
www.thueringer-staedte.de | *www.orlamuende.de*

Karten, Bücher, Literaturtipps

- Wasserwandern auf der Saale, Regionalverbund Thüringer Wald e.V.
  www.thueringer-wald.com
- Saale-Radweg Karten von mehreren Verlagen

Sehenswertes

Orlamünde: Wohnturm der Burganlage (Kemenate).
Kahla: historische Altstadt mit Stadtmauer, Museum, Leuchtenburg.
Jena: Botanischer Garten und Griesbach-Garten (*www.spezbot.uni-jena.de/botanischer-garten*), Optisches Museum (*www.optischesmuseum.de*), Zeiss-Planetarium (*www.planetarium-jena.de*), Schillers Gartenhaus, Michaeliskirche, Marktplatz mit Hanfried und Göre, Mineralogische Sammlung.

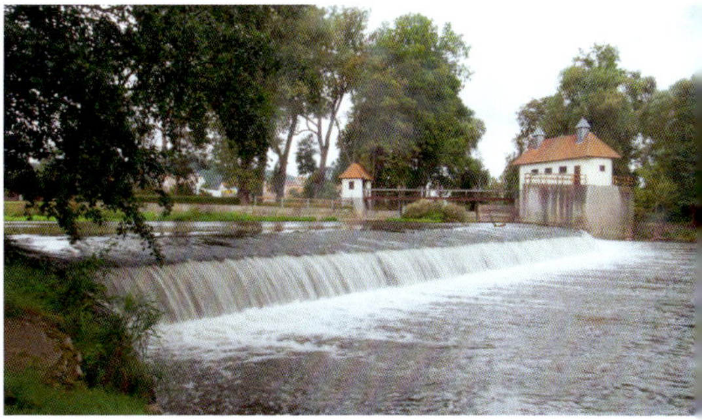

Das Wehr in Kahla kann auf der rechten Flussseite umtragen werden.

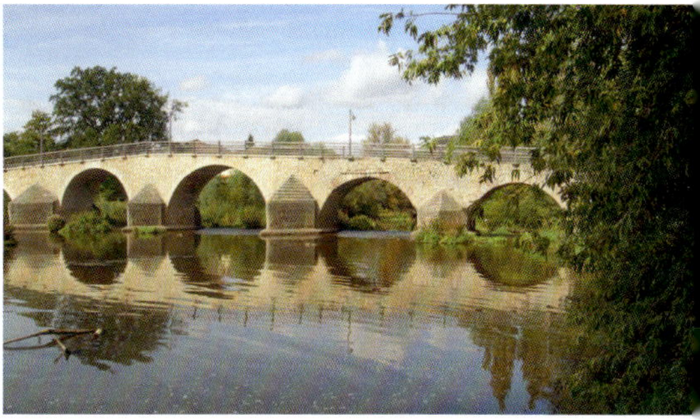

Am Wehr Burgau kann erst hinter dieser Kalksteinbrücke eingesetzt werden.

Tour 14: Von Jena nach Camburg

Vor der Tour

Die hier empfohlene Strecke wird auch am ersten Tag der Wintersaale-Fahrt gepaddelt. Diese wird vom Sportclub Berlin-Grünau organisiert und findet immer Ende Februar statt. Manchmal ist es dann schon recht frühlingshaft, aber man hatte auch schon mit Minustemperaturen, Gegenwind und Schneefall zu kämpfen. Der Vorteil bei verschneiten Ufern ist, dass die Kanus beim Umtragen wie Schlitten über die Wiesen gezogen werden können.

Nichtsdestotrotz macht das Paddeln auch hier bei sommerlichen Bedingungen mehr Spaß.

Während im Winter die Dorndorfer Schlösser oft im Dunst nur als Schemen wahrnehmbar sind, begleiten sie den Wasserwanderer bei Sonnenschein auf einem langen Streckenabschnitt. Ein Besuch dieser Schlösser ist absolut lohnend, allerdings sollte man dafür mehrere Stunden, besser sogar einen ganzen Tag einplanen. Allein der Aufstieg zu den Schlössern nimmt etwas Zeit in Anspruch. Das Alte Schloss liegt am weitesten nördlich auf der Bergkette und wird von der Friedrich-Schiller-Universität Jena als Begegnungsstätte genutzt. Es kann nur im Rahmen von Sonderführungen besichtigt werden.

Im Renaissance-Schloss ganz im Süden verbrachte Johann Wolfgang von Goethe den Sommer 1828. Durch den das Schloss umgebenden englischen Landschaftsgarten wandelnd, verfasste er dort die Dornburger Gedichte. Knapp einhundert Jahre später wurde das Schloss zur Goethe-Gedenkstätte umgenutzt und ist als solche auch heute noch zu besichtigen.

Zwischen diesen beiden Schlössern befindet sich der jüngste der drei Bauten; das Rokoko-Schloss. Wenn Goethe als herzoglicher Minister dienstlich in der Gegend zu tun hatte, kam er hier unter. Auch dieses Schloss wird schon seit mehr als einhundert Jahren museal genutzt und kann nach einer umfangreichen Sanierung Anfang der 2000er Jahre wieder besichtigt werden. Der vor dem Schloss liegende Rokoko-Garten und der englische Garten können kostenlos zwischen 9 Uhr und Sonnenuntergang besichtigt werden.

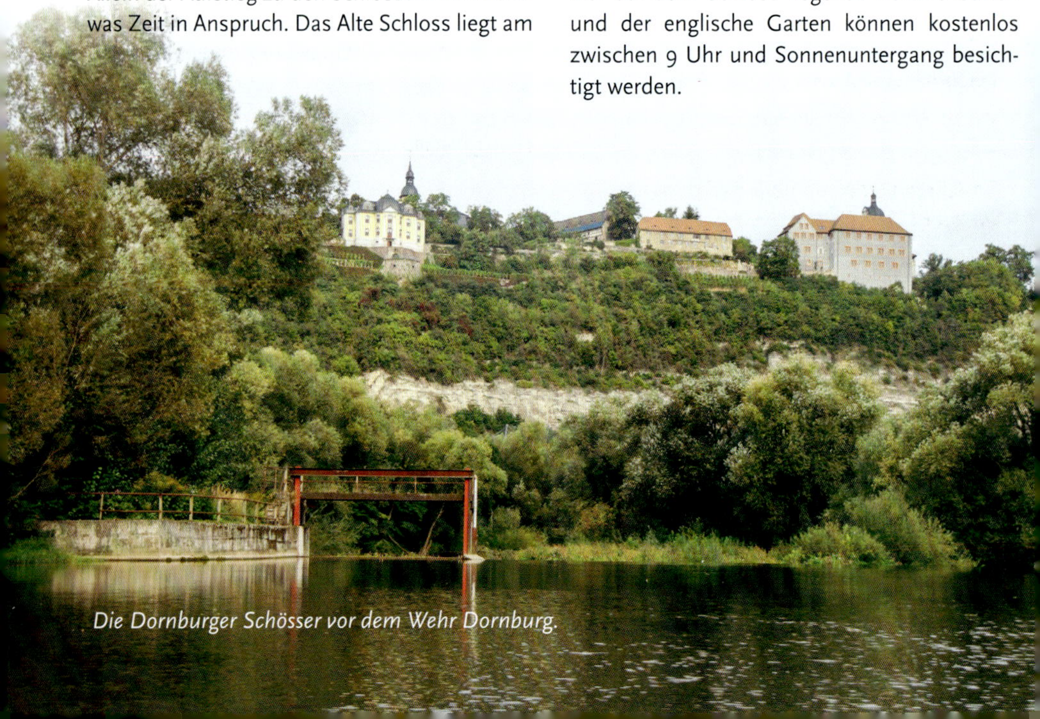

Die Dornburger Schösser vor dem Wehr Dornburg.

Tourensteckbrief

Paddelstrecke

Von Jena nach Camburg, ca. 22 km.

Charakter

Flotte Strömungsabschnitte mit Schwallstrecken, Kehren und Baumhindernissen, etwas Bootsbeherrschung ist vorteilhaft, wer am Wehr Porstendorf auf der Lache weiterfährt, sollte einen Bootswagen mitführen.

Ein- und Aussetzstellen

Jena: Griesbrücke (50.9343,11.5946)
Camburg: Verlängerung der Bahnhofstraße (51.0495,11.7072)
Weitere Einsetzstellen:
Rastplatz Kunitz hinter der Straßenbrücke links, Campingplatz Porstendorf, Camp Döbritzschen.

Zurück zum Einstieg

1. Mit Regionalbahn von Camburg nach Jena, stündlich.
2. Fahrrad vor der Tour in Camburg abstellen und auf Saaleradweg zurück nach Jena (ca. 25 km).

Optionen, Schlechtwettertipps

Besichtigung der Dornburger Schlösser und der Parkanlagen (*www.thueringer-schloesser.de*), Radtour entlang des Saale-Radweges, Besichtigung Jena, Wanderung zur Lobdeburg oder durchs Leutratal (beide ca. 12 km).

Auch Camburg besaß einst eine Burg. Von ihr ist allerdings nur noch der Bergfried erhalten. Er kann wieder bestiegen werden und bietet von oben eine schöne Aussicht über das Saaletal. Im Innern des Turmes erwarten den Besucher Filmsequenzen aus der Camburger Sagenwelt. Das neben dem Turm stehende große Gebäude wurde erst in den 1930er Jahren erbaut und kann heute für Feiern angemietet werden. Etwa 1,5 km außerhalb Camburgs kann man die Ruine der Cyriakskirche besichtigen, eines der ältesten Gebäude Thüringens.

Tourbeschreibung

km 0 - Jena, Griesbrücke

Auf der rechten Saaleseite gibt es an der Griesbrücke eine Einsetzstelle und gleich daneben einen Parkplatz. Wer bei einer Mehretappenfahrt die Nacht bei einem Jenaer Kanu-Verein verbracht hat, wird die Strecke bis hierher natürlich paddeln (siehe vorherige Etappe). Die Tour führt unter der B7-Brücke hindurch und am Campingplatz Jena vorbei Richtung Kunitz. In Kunitz gibt es zwei Brücken: Eine überdachte Fußgängerbrücke, eine sogenannte Hausbrücke und eine Straßenbrücke. Zwischen beiden befindet sich am linken Ufer ein Rastplatz mit Ein- und Aussetzstelle. Bei der Weiterfahrt fällt der Blick auf die Berge am rechten Ufer; den Gleisberg und den Schlossberg. Dazwischen liegt die Ruine der Kunitzburg. Nun ist es nicht mehr weit bis zum Wehr Porstendorf.

km 5,5 - Wehr Porstendorf

Der offizielle Wasserwanderweg Saale führt

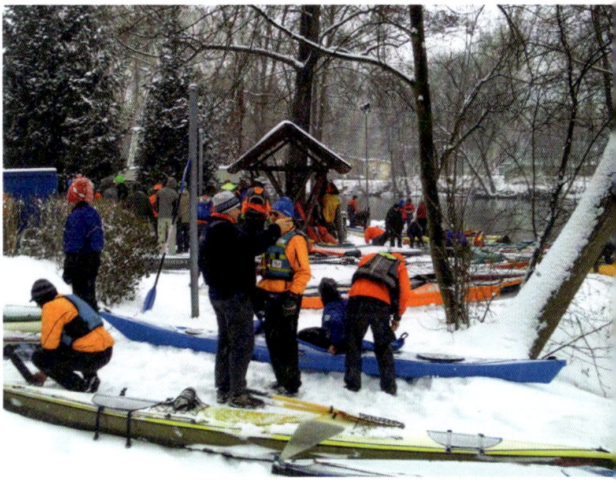

Startvorbereitung zur Wintersaalefahrt.

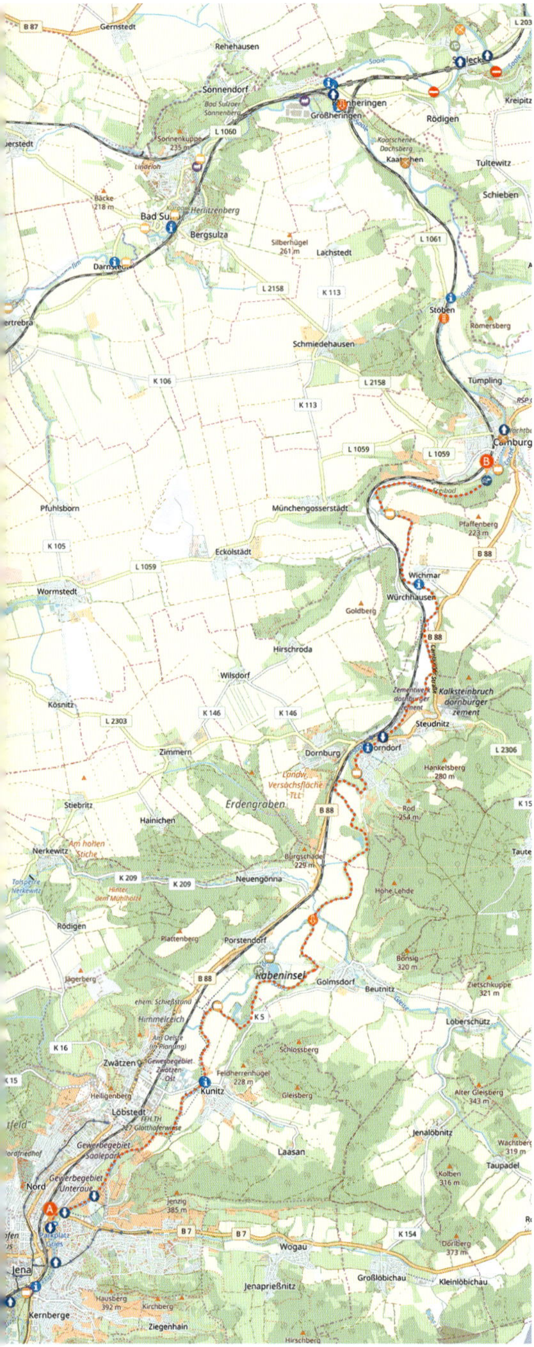

nach links über den Lache genannten Mühlgraben. An ihm befindet sich das Wasserkraftwerk Porstendorf, das auf einer Länge von 250 m rechts umtragen werden muss. Ohne Bootswagen ist dies eine ganz schöne Schinderei. Dafür ist die Lache etwa einen Kilometer kürzer als der eigentliche Saaleabschnitt. Dieser ist landschaftlich eindeutig reizvoller; allerdings wird das meiste Wasser über die Lache abgeleitet, so dass es vorkommen kann, dass man ab und an kurze Strecken treideln muss. Im Sommer ist das sicher kein Problem. Bei der letzten Tour hatte ich vorsorglich die Socken ausgezogen und die Hosenbeine hochgekrempelt, um im Fall der Fälle schnell aus dem Kanu zu kommen. Aber ich hatte nicht einmal eine leichte Bodenberührung.

Einen Ausstiegssteg gibt es am Wehr Porstendorf am rechten Ufer nicht. Es ist aber kein Problem, an Land zu kommen. Dann geht es etwa 100 m über eine Wiese zur Einsetzstelle. Der alte Saalelauf ist dicht mit Bäumen bewachsen. Aber der schönen Landschaft gehört nur jeder dritte Blick: Das Hauptaugenmerk muss auf den Flusslauf gerichtet werden. Rechts steht direkt am Ufer der Überrest eines alten Turmes oder ein ehemaliger Brückenpfeiler. Wenn die Brücke nach Golmsdorf erreicht ist, ist es nicht mehr weit bis zur Wiedervereinigung mit der Lache. Dort nimmt die Strömungsgeschwindigkeit wieder merklich zu, so dass es nicht lange dauert, bis auf dem Höhenrücken am linken Ufer die Dornburger Schlösser zu erblicken sind. Bei Sonnenschein ist hier die beste Gelegenheit für ein schönes Urlaubsfoto. Vor dem Wehr Dorndorf hält man sich am rechten Ufer und folgt etwa 500 m dem Kraftwerkskanal.

km 13,5 - Dorndorf , Wehr

Links vor dem Kraftwerk ist dann die Ausstiegsstelle. Auch hier ist wieder ein Bootswagen vorteilhaft, denn die Umtragestrecke ist etwa 100 m lang. Die alte Eisenbahnbrücke hinter der Einsetzstelle wird für den Bahnverkehr nicht mehr benötigt; jetzt nutzen sie Radfahrer und Fußgänger. Etwa 200 m hinter der B88-Brücke gibt es am rechten Ufer einen Rastplatz mit Ausstiegssteg. Am linken Ufer sieht man die Gebäude der alten Zementfabrik Dornburg. Drei Kilometer sind es nun bis nach Wichmar (Straßenbrücke) und weitere zwei bis zum Wehr Döbritzschen.

km 19 - Döbritzschen, Wehr

Auf der rechten Wehrseite gibt es einen schmalen Kanu-Fisch-Pass, der angenehm zu durchfahren ist. Bei Hochwasser ist auf die Querströmung unterhalb des Auslaufs zu achten. Wer umtragen möchte, tut dies am linken Ufer. Hier gibt es Ein- und Ausstiegsstege. Man kann im Camp Döbritzschen auch übernachten und einen Imbiss bekommen. Kurz hinter dem Wehr tauchen am linken Ufer bereits die ersten Häuser von Camburg auf, aber bis zum Ziel sind noch drei Kilometer zu paddeln. Vor dem Wehr befindet sich am linken Ufer das Bootshaus der Camburger Kanuten und dahinter heißt es (ebenfalls am linken Ufer), vor dem Wehr auszusteigen.

km 22 - Camburg, Wehr

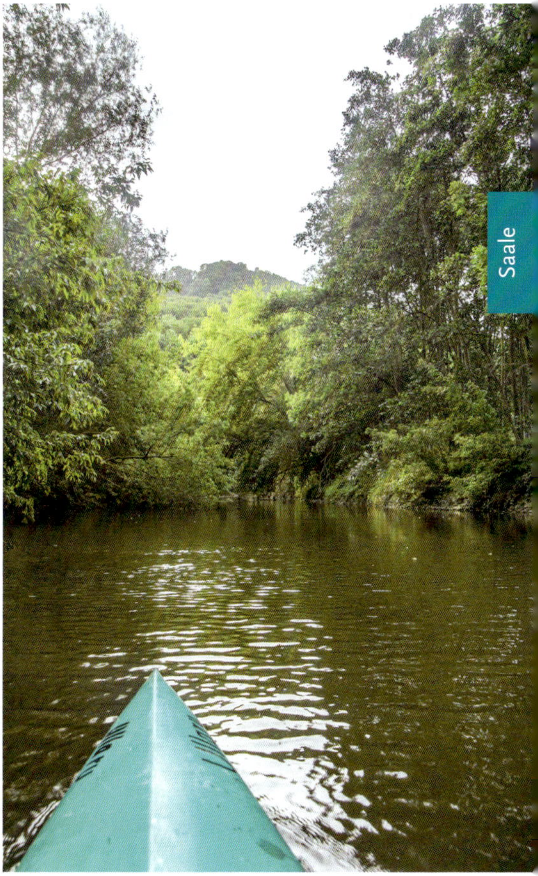

Die alte Saale bei Golmsdorf.

ADRESSEN UND INFOS

Übernachtungen und Gastronomie in Wassernähe

Jena:

- Campingplatz Unter dem Jenzig *www.jenacamping.de*
- Jenaer Kanu- und Ruderverein *www.kanu-rudern-jena.de*
- SV Schott, Abt. Kanu, *www.kanu-jena.de*
- SV Jenapharm, Abt. Kanu, *www.kanuclub-jena.de*
- Gasthof Roter Hirsch (G)

Kunitz:

- Pension Zur Kunitzer Hausbrücke
- Gasthaus Zur Kunitzburg *www.zur-kunitzburg.de*

Porstendorf:

- Campingplatz Porstendorf (auch Hütten und Bungalows), *www.camping-jena.de*
- Bulgarische Stube

Dorndorf-Steudnitz:

- Hotel Garni Ausspanne Zum Graf *www.hotel-dornburger-schloesser.de*
- Gaststätte Rotes Schild

Döbritzschen:

- Camp Döbritzschen, *www.saalecamp.de*

Camburg:

- Pension Am Markt

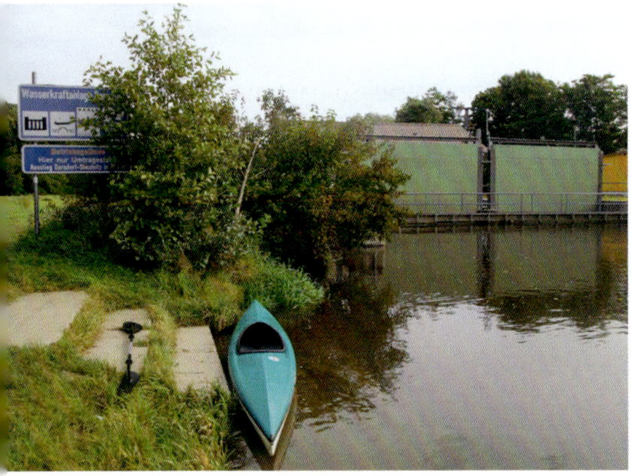

An der Wasserkraftanlage in Dorndorf gibt es eine gute Aussetzstelle zum Umtragen.

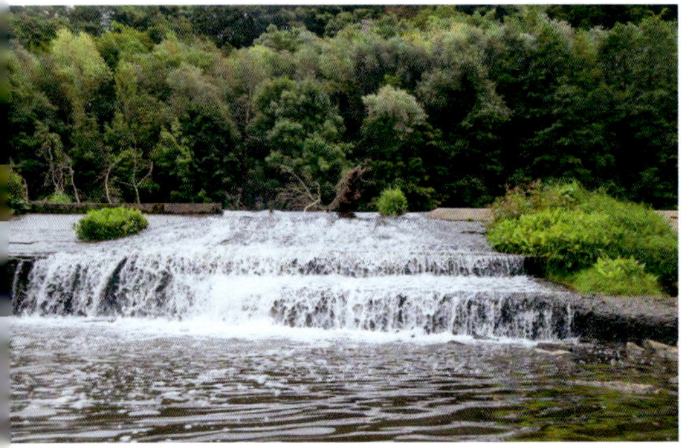

Das Wehr Döbritzschen.

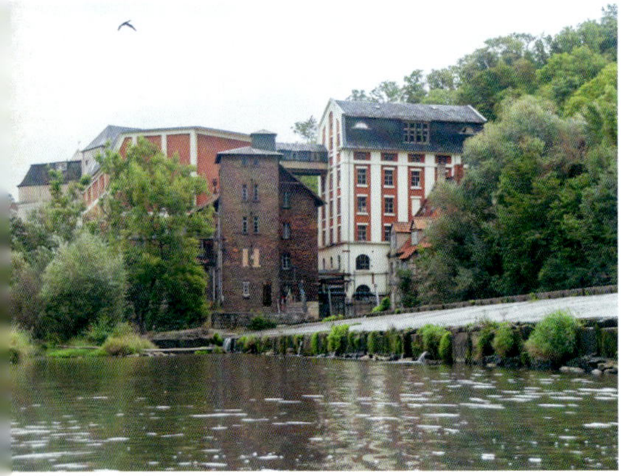

Am Wehr Camburg.

- Gaststätte Zur Weintraube
- Restaurant Altdeutsche Bierstube

Kanu-Verleih, organisierte Touren

- Saaletal-Aktiv-Tours, *www.saaletal-aktiv-tours.de*
- Berrotours, *www.schlauchboottouren.de*
- Saalestrand Kanu, *www.saalestrand-kanu.de*
- Saale Unstrut Tours *www.saale-unstrut-tours.de*
- RS Kanu Naumburg, *www.rs-kanu.de*
- Kanutours Camburg *www.kanutours-camburg.de*
- Camp Döbritzschen, *www.saalecamp.de*
- Treibholzreisen, *www.treibholzreisen.de*

Auskunft, Internetadressen

Jena: Tourist-Information, Markt 16
07743 Jena, Tel.: 03641-49 80 50
www.jena.de | *www.jenatourismus.de*
tourist-info@jena.de
Tourist-Information Saaleland
www.saaleland.de | *info@saaleland.de*
www.thueringer-staedte.de | *www.dornburg-saale.de*

Karten, Bücher, Literaturtipps

- Wasserwandern auf der Saale Regionalverbund Thüringer Wald e.V. *www.thueringer-wald.com*
- Saale-Radweg Karten von mehreren Verlagen

Sehenswertes

Jena: Botanischer Garten und Griesbach-Garten (*www.spezbot.uni-jena.de/botanischer-garten*), Optisches Museum (*www.optischesmuseum.de*), Zeiss-Planetarium (*www.planetarium-jena.de*), Schillers Gartenhaus, Michaeliskirche, Marktplatz mit Hanfried und Göre, Mineralogische Sammlung.

Dornburg: Dornburger Schlösser, Camburg: Bergfried, Ruine der Cyriakskirche, historische Altstadt mit Rathaus, Stadtkirche und Stadtmuseum.

Tour 15: Von Camburg nach Naumburg

Vor der Tour

Wer auf der Saale von Thüringen nach Sachsen-Anhalt reist, muss durch die Bad Kösener Pforte. So wird der kurze Talabschnitt genannt, dessen angrenzende Hügelketten hier steil zur Saale abfallen. Dass so eine Lage im Mittelalter strategische Bedeutung besaß, ist klar. So wurden auf der rechten Uferseite gleich zwei Burgen erbaut: die Rudelsburg und die Burg Saaleck. Erstere ließen die Naumburger Bischöfe errichten; die Burg Saaleck der Markgrafen von Meißen. 1585 wurde die Nutzung der Burg Saaleck aufgegeben und sie verfiel in den kommenden Jahren. Die Ruinen können besichtigt werden und in den Bergfrieden werden verschiedene Ausstellungen gezeigt.

Die Rudelsburg ist deutlich besser erhalten. Mit dem Aufkommen der Wanderbewegung nach den napoleonischen Befreiungskriegen pilgerten Studenten aus Jena immer wieder zur Rudelsburg, so dass schon Anfang des 19. Jahrhunderts die erste Gastwirtschaft gegründet wurde. Es war ein Student aus Pommern, der hier das berühmte Lied von der „Saale hellem Strande“ schrieb. Eine Ausflugsgaststätte gibt es auch heute noch auf der Burg; ebenso eine Außenstelle des Standesamtes Bad Kösen. Trauwillige können auch mit dem Fahrgastschiff von Bad Kösen aus anreisen, denn der Rückstau des Kösener Wehres reicht bis Saaleck.

Bad Kösen selbst verdankt seinen Aufstieg der Salzgewinnung. Aus jener Zeit stammt das noch heute zu besichtigende monumentale, 320 m lange Gradierwerk. Die Salzgewinnung wurde aber bald unwirtschaftlich, so dass die salzhaltige Sole zu Kurzwecken eingesetzt wurde. Über die Geschichte der Salzgewinnung als auch über die Geschichte des Klosters Schulpforta und der Stadtgeschichte kann man sich im Museum im Romanischen Haus informieren.

Ob Uta von Ballenstedt die schönste Frau des Mittelalters war, wie behauptet wird, mag dahingestellt sein. Auf jeden Fall ist dem Naum-

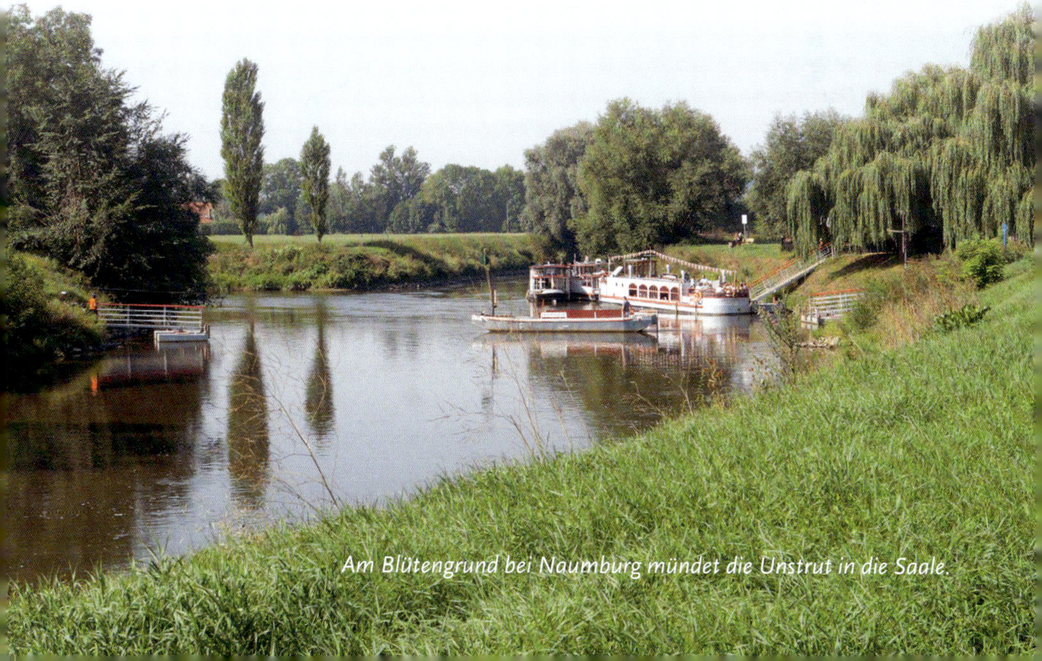

Am Blütengrund bei Naumburg mündet die Unstrut in die Saale.

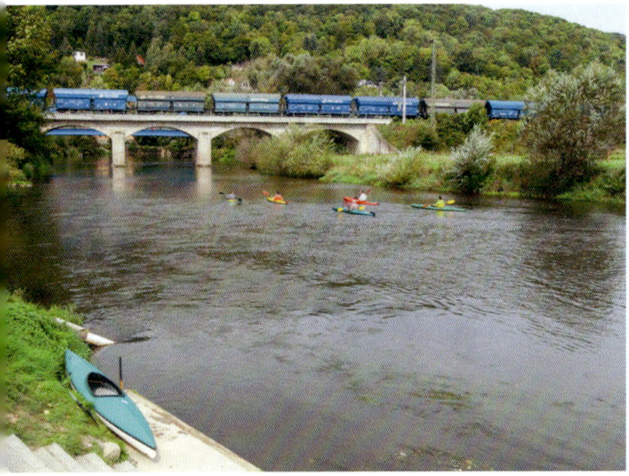

Vom Rastplatz in Großheringen hat man einen schönen Blick auf die beiden Brücken.

burger Meister genannten Bildhauer eine ausdrucksstarke Plastik gelungen, die heute wie vor 750 Jahren den Betrachter im Naumburger Dom verzaubert.

Eine Fahrt mit der Naumburger Straßenbahn ist auch eine Reise in die Geschichte des Bahnverkehrs. In anderen Städten mussten die historischen Straßenbahnwagen längst moderneren und bequemeren Wagen Platz machen und haben, wenn sie Glück hatten, Platz in einem Museum gefunden. In Naumburg aber dürfen sie auch heute noch Personen im Linienverkehr befördern.

Tourbeschreibung

km 0 - Camburg, Wehr

Auf der linken Saaleseite gibt es hinter dem Wehr eine Bootseinsetzstelle. Von der Ein- und Aussetzstelle hinter der Brücke rechts gelangt man zur Ruine der Cyriaksburg und zum Camburger Kanu-Verleih. Mit flotter Strömung geht es saaleabwärts. Vor der Straßenbrücke in Stöben gibt es links ein Pegelhäuschen; der Anleger etwas weiter gehört zum zur Pension Rittergut Stöbern. Der nächste Rastplatz befindet sich rechts hinter der Straßenbrücke Kaatschen.

Tourensteckbrief

Paddelstrecke

Von Camburg nach Naumburg, ca. 27 km.

Charakter

Flotte Strömungsabschnitte mit Schwallstrecken, etwas Bootsbeherrschung ist vorteilhaft, das Befahren der Staustufe Altenburg ist nur Könnern mit wildwassertauglichen Booten vorbehalten, wegen einiger Umtragestrecken sollte ein Bootswagen mitgeführt werden.

Befahrungsregelungen

Uferbetretungsverbot beidseitig ab Saalekilometer 177,3 (Straßenbrücke) bis zur Eisenbahnbrücke Saaleck (Saalekilometer 176,6), rechtsseitiges Uferbetretungsverbot ab Schiffsanleger Rudelsburg (Saalekilometer 175) bis Saalekilometer 174.

Ein- und Aussetzstellen

Wehr Camburg, über Bahnhofstraße (51.0495,11.7072)

Naumburg, Im Blütengrund (51.1763,11.8049)

Weitere Einsetzstellen:

Rastplatz Großheringen vor der Eisenbahnbrücke links, **Saaleck** hinter der ersten Straßenbrücke rechts, **Bad Kösen** hinter dem Wehr rechts, **Gaststätte Fischhaus.**

Zurück zum Einstieg

1. Mit Regionalbahn von Naumburg nach Camburg, stündlich. 0,5 h zu Fuß zum Bahnhof Naumburg.
2. Fahrrad vor der Tour in Naumburg abstellen und auf Saaleradweg zurück nach Camburg (ca. 25 km).

Optionen, Schlechtwettertipps

Radtour auf dem Saaleradweg, Besichtigung Freyburg, Besichtigung Zisterzienserkloster Sankt Marien zur Pforte (*www.stiftung-schulpforta.de*).

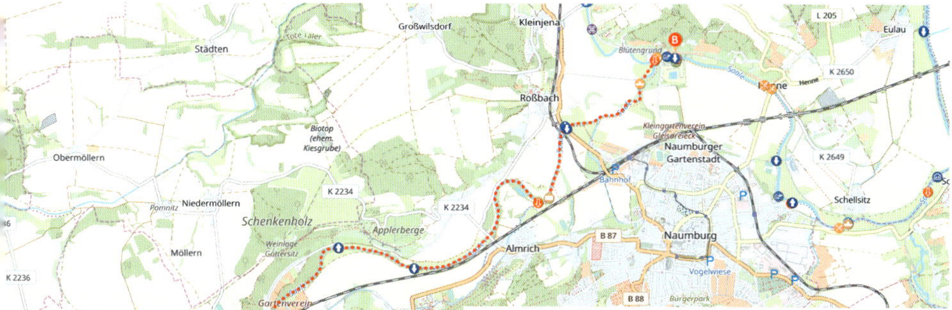

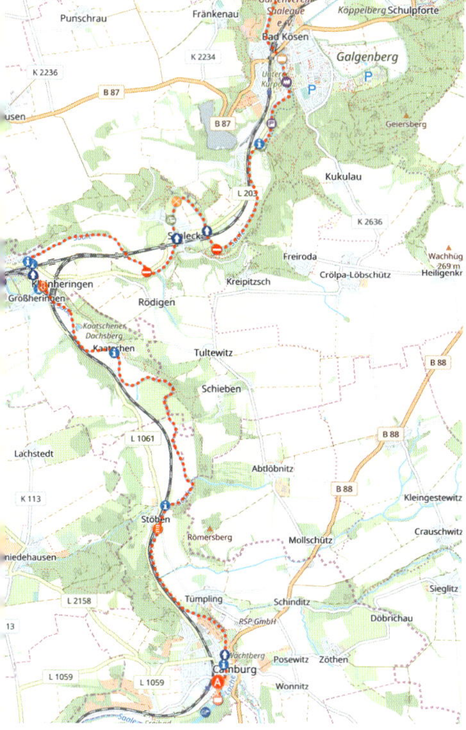

Über eine steile, gepflasterte Böschung gelangt man zum Weingut mit Gasthaus Zahn. Ab hier beginnt ein sehr windungsreicher Abschnitt der Saale, was zur Folge hat, dass die Bahnlinie und die Straße immer wieder den Fluss überqueren.

km 9 - Großheringen, Rastplatz

In Großheringen gibt es zwei Eisenbahnbrücken und eine Straßenbrücke. Hinter der ersten Eisenbahnbrücke beginnt mit Kilometer 180 die amtliche Kilometrierung der Saale. Das Schild steht rechts hinter der ersten Eisenbahnbrücke. Etwas weiter mündet von links die Ilm in die Saale. Nach 300 m gibt es am linken Ufer eine Ein- und Aussetzstelle mit Rastplatz. Dahinter folgen dicht aufeinander eine Eisenbahn- und eine Straßenbrücke. Zwei Kilometer weiter unterquert man die nächste Eisenbahn- und etwas später eine Straßenbrücke. Auf den folgenden 700 m bis zur nächsten Eisenbahnbrücke in Saaleck darf das Ufer nicht betreten werden.

km 12 - Saaleck

Nach der Eisenbahnbrücke folgt gleich eine Straßenbrücke und rechts dahinter eine Ein- und Aussetzstelle. Wer möchte, kann von hier einen Abstecher zu den Burgen Saaleck und Rudelsburg (rechtes Ufer) oder zur Gaststätte Himmelreich unternehmen, die links oben hoch auf einem Felsen thront. Das tiefe Tal zwischen den beiden Hügelketten wird Kösener Pforte genannt. Gleich hinter der Saaleschleife folgen die nächsten beiden Brücken mit einer Aussetzstelle am linken Ufer zum Gasthaus Schloss Saaleck. Die Brücken und die beiden dahinter aufragenden Burgen sind eines der beliebtesten Fotomotive für Saalepaddler. Zweihundert Meter weiter, beim Schiffsanleger für die Bad Kösener Fahrgastschifffahrt, gibt es rechts einen Rastplatz mit Imbisskiosk. Von hier ist es ein kurzer Weg hinauf zur Rudelsburg. Auf dem folgenden Kilometer darf das Ufer auf der rechten Seite nicht betreten werden. Links erblickt man

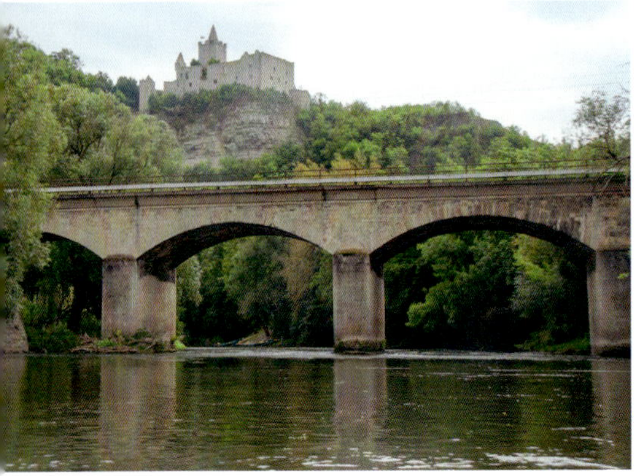

Die Rudelsburg.

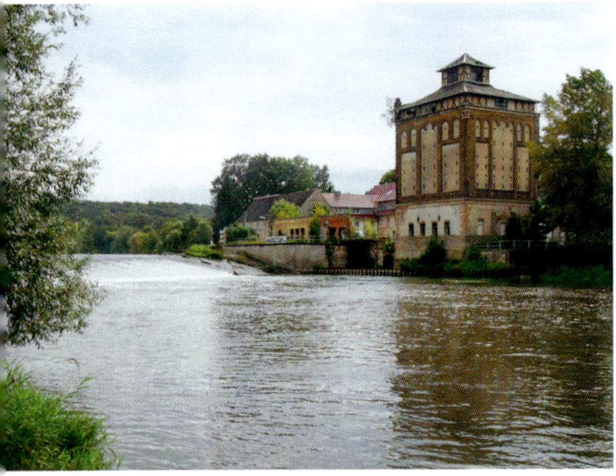

Wehr Bad Kösen.

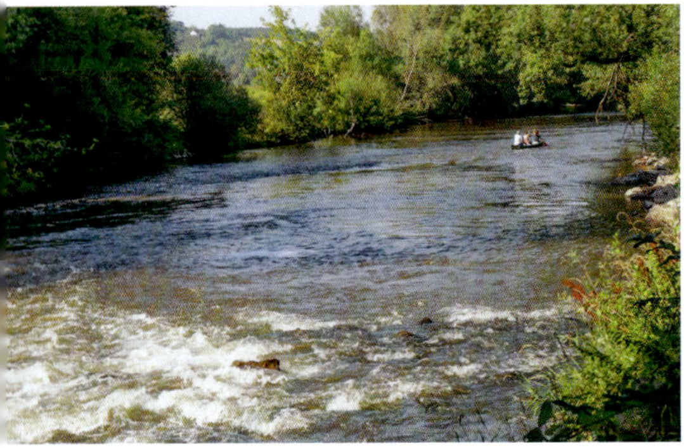

Die Steinschüttung der Staustufe Altenburg muss umtragen werden.

bereits die ersten Häuser von Bad Kösen. Bei Saalekilometer 173 gibt es rechts landeinwärts einen Campingplatz. Kurz vor dem Bad Kösener Wehr muss man auf die Personenseilfähre achten, die natürlich Vorfahrt hat (siehe Abschnitt Übers Paddeln). Ab hier paddelt man immer am rechten Ufer. Auch wenn der Ausstieg erst auf den letzten Metern zu sehen ist (hinterm Biergarten des Hotels zum Wehrdamm); er ist vorhanden und man muss nicht, wie man befürchten könnte, über die Wehrkrone paddeln.

km 17 - Bad Kösen, Wehr

Die Umtragestrecke ist nicht lang, aber es bietet sich an, eine kleine Pause einzulegen. Nach dem Einstieg sind wieder die Brückenzwillinge zu unterqueren. Zwei Kilometer weiter ist die nächste Rast möglich, am Anleger des Weinguts Kloster-Pforta. Hinter der nächsten Rechtskurve erblickt man am rechten Ufer an der Fußgängerbrücke die Gaststätte Fischhaus (Anlegestelle). Auf dem weiteren Weg nach Naumburg wird die Brücke nach Weinberge passiert und nach der Einmündung der Kleinen Saale hört man es rauschen: Es ist die aus Steinen aufgeschüttete Staustufe Altenburg. Mit dem richtigen Boot, dem notwendigen Können und dem entsprechenden Wasserstand lässt sich die Stufe befahren. Ich habe bisher immer am rechten Ufer umgetragen und bin, glaube ich, gut dabei gefahren. Einen Kilometer weiter gibt es wieder zwei Brücken, und bevor wir das Ziel erreichen, ist noch auf zwei Personenseilfähren achtzugeben, die von der Naumburger Seite zum Wasserschlösschen (Restaurant) und zum Blütengrund übersetzen. Vor letzterer Fähre befindet sich am linken Ufer der Anleger für zwei Fahrgastschiffe, unmittelbar hinter der Unstrut-Mündung. Rechts taucht nun der Anleger des Naumburger Kanu Clubs auf; 100 m weiter ist ebenfalls am rechten Ufer der öffentliche Anlegesteg.

km 27 - Naumburg, Blütengrund

ADRESSEN UND INFOS

Übernachtungen und Gastronomie in Wassernähe

Camburg:

- Pension Am Markt
- Gaststätte Zur Weintraube
- Restaurant Altdeutsche Bierstube

Kaatschen:

- Thüringer Weinstube Zahn *www.weingut-zahn.de*

Saaleck: Gasthaus Schloss Saaleck *www.gasthaus-schloss-saaleck.de*

- Landhaus Saaleck, *www.landhaussaaleck.de*
- Gaststätte Burgblick
- Berggaststätte Himmelreich

Bad Kösen:

- Camping Bad Kösen *www.campingbadkoesen.de*
- Hotel Zum Wehrdamm, *www.wehrdamm.de*
- Hotel Loreley, *www.hotel-ami.de*
- Pension Kreisel, *www.pension-kreisel.de*
- Hotel Schoppe, *www.cafe-schoppe.de*

Schulpforte:

- Gaststätte Fischhaus

Naumburg: Naumburger KC *www.naumburger-kanu-club.de*

- Campingplatz Blütengrund *www.campingplatz-naumburg.de*
- Hotel und Gasthaus Zur Henne *www.gasthaus-zur-henne.de*
- Gastwirtschaft und Hotel Hallescher Anger *www.hallescher-anger.de*
- Ruderverein Naumburg *www.ruderverein-naumburg.de*
- Lokal Zum Pegel
- Pension und Gasthof Alter Felsenkeller *www.alterfelsenkeller.de*

Kanu-Verleih, organisierte Touren

- Saaletal-Aktiv-Tours, *www.saaletal-aktiv-tours.de*
- Berrotours, *www.schlauchboottouren.de*
- Saalestrand Kanu, *www.saalestrand-kanu.de*
- Saale Unstrut Tours *www.saale-unstrut-tours.de*
- RS Kanu Naumburg, *www.rs-kanu.de*
- Kanutours Camburg *www.kanutours-camburg.de*
- Camp Döbritzschen, *www.saalecamp.de*
- Treibholzreisen, *www.treibholzreisen.de*

Saale

Auskunft, Internetadressen

Saale-Unstrut Tourismus, Lindenring 34
06618 Naumburg, Tel.: 03445-23 37 90
info@saale-unstrut-tourismus.de
www.saale-unstrut-tourismus.de

Naumburg: Tourist-Information, Markt 6
06618 Naumburg, Tel.: 03445-27 31 25
touristik@naumburg.de
www.naumburg-touristik.de

Bad Kösen: Tourist-Information
Naumburger Straße 13b, 06628 Bad Kösen
Tel.: 03445-27 31 24
tourismus-bad-koesen@naumburg-stadt.de
www.badkoesen-heilbad.de
www.museumnaumburg.de
www.naumburger-strassenbahn.de

Karten, Bücher, Literaturtipps

- Wasserwandern auf der Saale, Regionalverbund Thüringer Wald e.V. *www.thueringer-wald.com*
- Saale-Radweg Karten von mehreren Verlagen

Sehenswertes

Camburg: Bergfried, Ruine der Cyriakskirche, historische Altstadt mit Rathaus, Stadtkirche und Stadtmuseum.

Saaleck: Rudelsburg mit Bismark-Denkmal, Burg Saaleck.

Bad Kösen: Gradierwerk, Museum im Romanischen Haus, Tierpark (*www.tierpark-badkoesen.de*).

Naumburg: Altstadt mit Dom (*www.naumburger-dom.de*), Wenzelskirche, Stadttor und Bürgerhäusern, Stadtmuseum Hohe Lilie.

Tour 16: Von Naumburg nach Weißenfels

Vor der Tour

Die Saale-Unstrut-Region ist zwar das Land der Burgen und Schlösser, aber seit einigen Jahren macht es auch mit Entdeckungen aus der Bronze- (Himmelsscheibe von Nebra an der Unstrut) und Jungsteinzeit von sich reden. Im Jahr 1991 wurde bei einem Erkundungsflug das jungsteinzeitliche Sonnenobservatorium bei Goseck entdeckt. Wenige Jahre später wurde die Anlage rekonstruiert und im Schloss Goseck ein Informationszentrum über das Leben in jener Zeit errichtet. Das Schloss selbst war einst ein Benediktiner-Kloster und wurde nach der Reformation säkularisiert, sprich, vom sächsischen Kurfürsten, dem damaligen Landesherrn, in ein Rittergut umgewandelt. Von der Saale aus scheint das Schloss zum Greifen nah, doch wer dem Ort einen Besuch abstatten möchte, sollte vom Rastplatz Eulau dorthin wandern. Denn Goseck vorgelagert ist die kleine, sumpfige Rabeninsel, die von der Saale und dem Mühlengraben umflossen wird. Diese ist als Naturschutzgebiet ausgewiesen und darf nicht betreten werden. Aber Sonnenobservatorium und Schloss Goseck sind nicht die einzigen Sehenswürdigkeiten dieser Paddeltour.

Nähert man sich Schönburg, erblickt man die auf einem 40 m hohen Felsen thronende, gleichnamige Burg. Der Bergfried überragt den Felsen um weitere 32 m, so dass man von ihm einen weiten Blick über die Saaleregion genießt. Bevor es zum Kanu zurückgeht, kann man im Biergarten der Burgschänke eine Erfrischung ordern. In Schönburg selbst gibt es eine ruhig gelegene Kanustation beim dortigen Kanuclub.

Weißenfels war 90 Jahre lang Residenz einer Nebenlinie des sächsischen Kurfürstentums. Das Protzen war ihnen wohl in die Wiege gelegt, und so begannen die ersten Herrscher von Sachsen-Weißenfels mit dem Bau der neuen Residenz Neu-Augustusburg. Verbunden mit einer ausufernden Hofhaltung führte dies fast zu einem Bankrott des neuen Herzogtums. Als der fünfte Herzog 1746 kinderlos starb, fiel

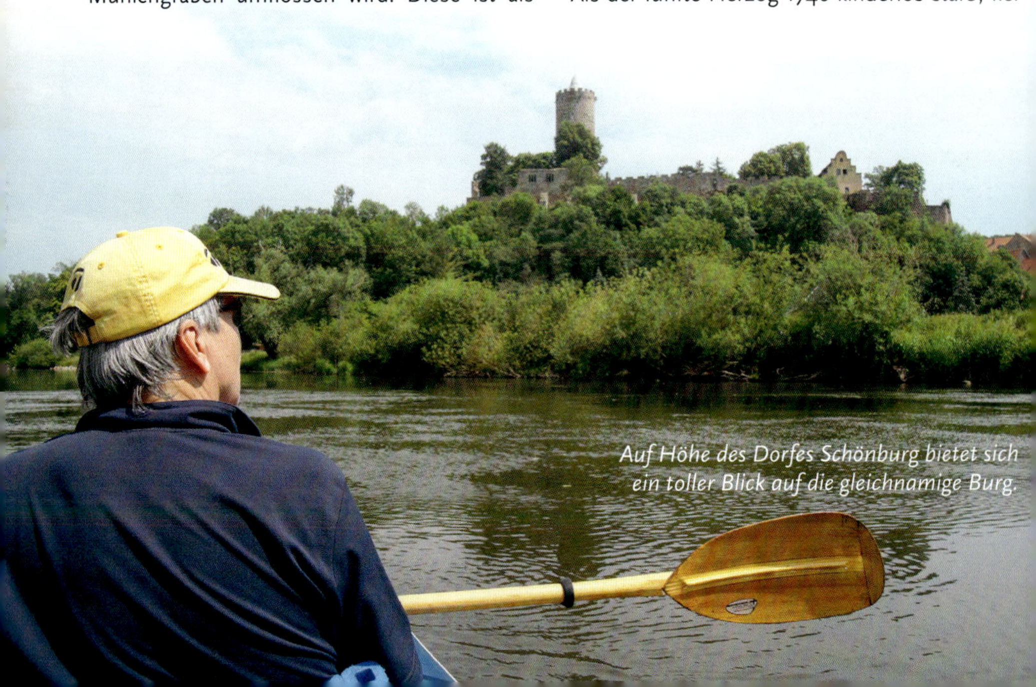

Auf Höhe des Dorfes Schönburg bietet sich ein toller Blick auf die gleichnamige Burg.

Tourensteckbrief

Paddelstrecke
Von Naumburg nach Weißenfels, ca. 18 km.

Charakter
Einfach zu fahrender Flussabschnitt, auf das Seil der Seilfähre Schellsitz achten, Abstand von den Brückenpfeilern halten.

Befahrungsregelungen
Uferbetretungsverbote zwischen Kilometer 151,5 und 148,8 (linkes Ufer) und 149,6 bis 148,8 und 148,0 bis 147,3 (rechtes Ufer).

Ein- und Aussetzstellen
Naumburg, Im Blütengrund (51.1763,11.8049)
Beuditzschleuse Weißenfels, Beuditz-Vorstadt (51.2061,11.9490)
weitere Einsetzstellen:
am **Saale-Pegelhäuschen,** rechts km 158,
Rastplatz Schönburg rechts km 154,9,
Rastplatz Eulau links km 152,9,
Rastplatz Leißling rechts km 148,8

Zurück zum Einstieg
1. Mit Regionalbahn von Weißenfels nach Naumburg, stündlich. Jeweils 0,5 h zu Fuß zum Bahnhof.
2. Fahrrad vor der Tour in Weißenfels abstellen und auf Saaleradweg zurück nach Naumburg (ca. 20 km).

Optionen, Schlechtwettertipps
Weiterfahrt auf der Saale in Richtung Halle, Radtour auf dem Saaleradweg, Besichtigung Naumburg, Weißenfels, Ausflug nach Goseck zum Schloss (*www.schlossgoseck.org*) und zum Sonnenobservatorium (*www.sonnenobservatorium-goseck.info*), Wanderung Geopfad Schönburg.

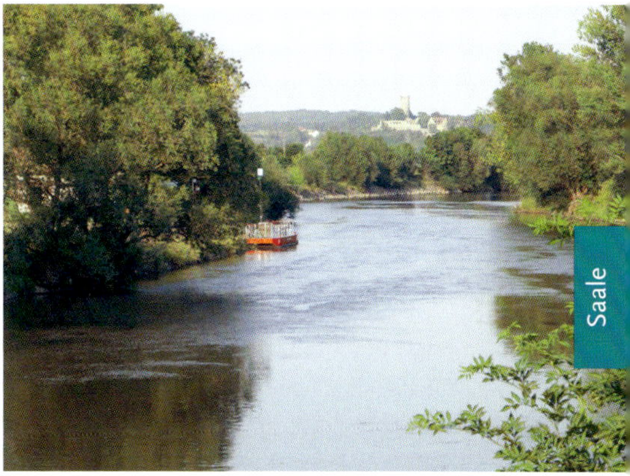

Seilfähre Schellsitz.

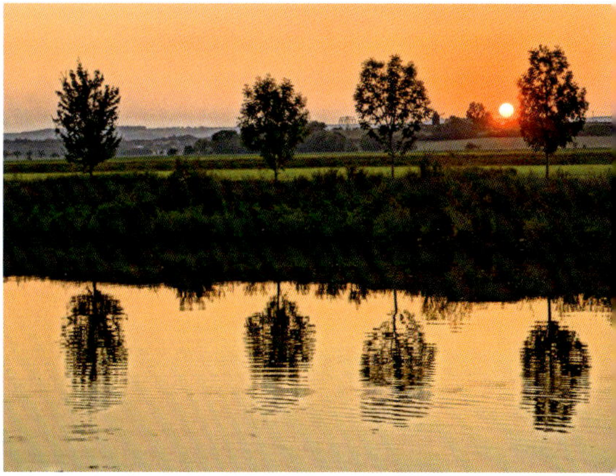

Blick über die Saale bei Schönburg.

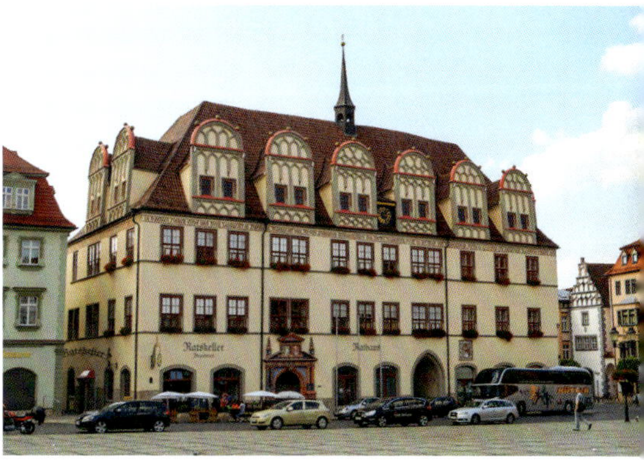

Rathaus Weißenfels.

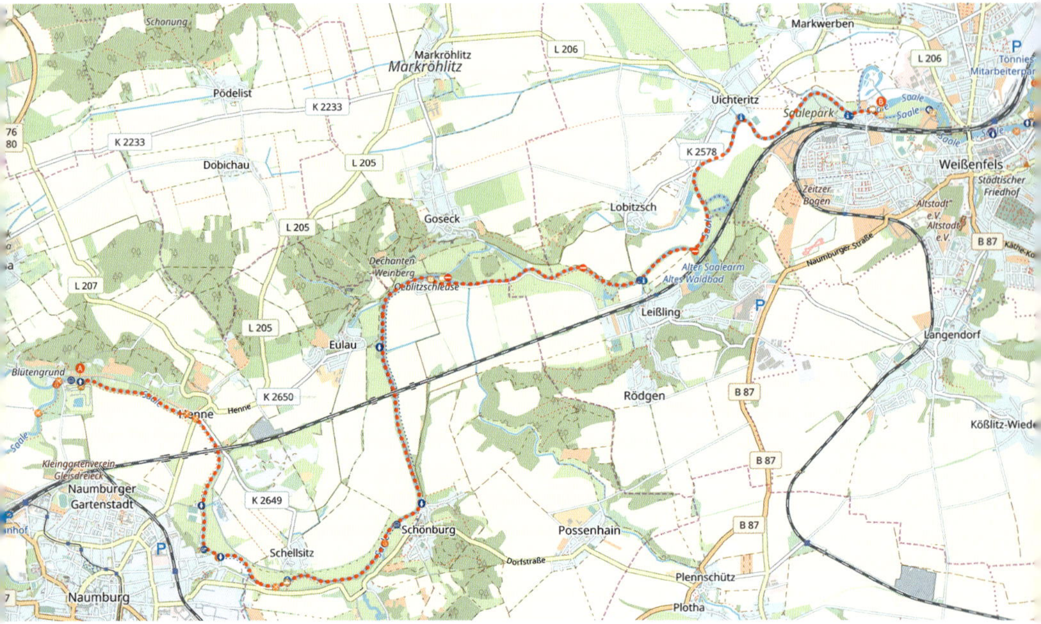

das Herzogtum zurück an Sachsen. Im Schloss ist heute das Schuh-Museum zu finden. Weißenfels war einst ein Zentrum der deutschen Schuhherstellung – 1895 gab es hier 45 Schuh- und Schaftfabriken. Das in der DDR gegründete Kombinat Schuhe war nicht nur der größte Schuhproduzent, sondern produzierte auch Schuhmaschinen und unterhielt Forschungseinrichtungen. Im Dreißigjährigen Krieg wurde in der Schlacht bei Lützen der schwedische König Gustav II. Adolf tödlich verwundet und ins Weißenfelser Geleitshaus gebracht, wo er aufgebahrt und für die Rückführung nach Schweden einbalsamiert wurde. Ein Blutsfleck des Königs soll dort noch heute zu sehen sein. Heute befindet sich im Geleitshaus ein kleines Gustav-Adolf-Museum und der Irish Pub Battlefield.

Tourbeschreibung

km 0 - Naumburg, Blütengrund

Im Blütengrund in Naumburg gibt es zwei Anleger; der erste gehört zum Naumburger KC, 100 m weiter befindet sich ein öffentlicher Steg mit Zugang zum Campingplatz. Nach anderthalb Kilometern taucht die erste Brücke auf. Davor gibt es links einen Anlegesteg, von dem man aus zur Naumburger Wein- und Sektmanufaktur gelangt. Hier kann man sich mit einem guten Tropfen eindecken. Auch der Weg zum Gasthaus „Zur Henne" ist nicht weit. Hinter dem Gasthaus ebenfalls auf der linken Uferseite befindet sich die Kanustation von Saalestrandkanu. Nach der Eisenbahnbrücke nähert sich die Saale am Anleger der Gastwirtschaft „Halleschen Anger" dem Naumburger Stadtgebiet; fließt sie doch ansonsten in einem weiten Bogen mit einem Kilometer Abstand um die Stadt herum. 500 m weiter hat der Ruderclub Rot-Weiß 08 Naumburg sein Bootshaus. Nun

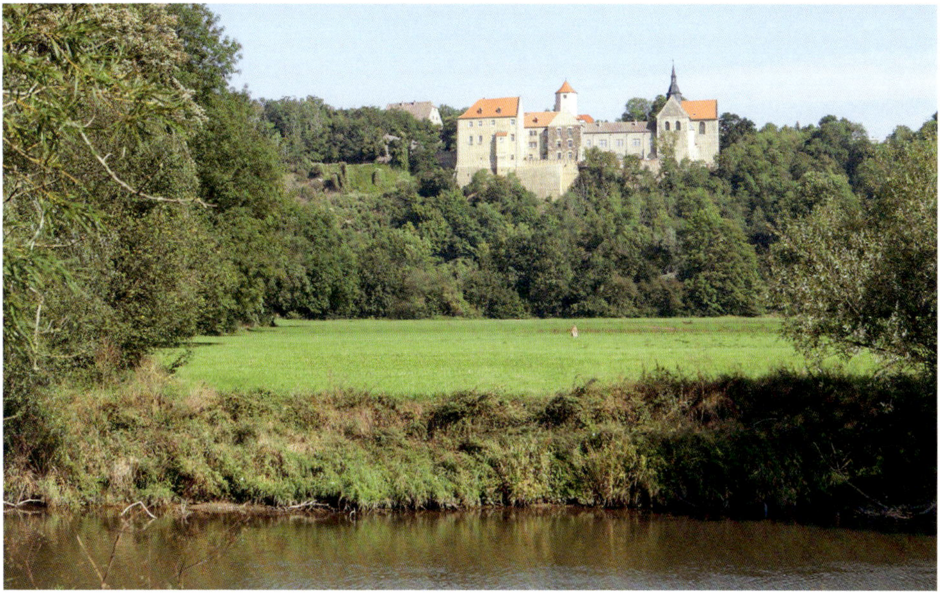

Der Uferbereich vor dem Schloss Goseck darf aus Naturschutzgründen nicht betreten werden.

folgen am rechten Ufer das Ausflugslokal „Zum Pegel" und das Gasthaus „Alter Felsenkeller". Dahinter überquert die Seilfähre Schellsitz die Saale. Die folgenden zwei Kilometer sind entspanntes Paddeln ohne Hindernisse bis zum Kanu-Club Schönburg. Immer wieder taucht die auf einem Felsen gelegene Burg Schönburg auf.

km 6,5 - Schönburg, Kanu-Club

Die Anlegestelle am Kanu-Club ist nur den Mitgliedern und Gästen des Vereins zugänglich. 300 m flussabwärts gibt es am rechten Ufer eine öffentliche Ein- und Aussetzstelle mit Rastplatz. Drei Kilometer hinter Schönburg befindet sich am linken Ufer in Eulau ein Rastplatz mit Steganlage. Vorher wird eine Eisenbahnbrücke unterquert. Hinter der nächsten Rechtskurve taucht nun die Oeblitzschleuse auf.

km 10 - Oeblitzschleuse

Wer einen Bootswagen zur Hand hat, kann diese Schleuse bequem umfahren. Der Vorteil dabei ist, dass man den Bootswagen direkt vor dem Biergarten der Gaststätte „Oeblitzschleuse" parken und dort deftig speisen kann. In den Sommerferien wird aber auch täglich geschleust, ansonsten ist Dienstag und Mittwoch Ruhetag. Auf den folgenden Kilometern bis zur ehemaligen Seilfähre Leißling darf das linke Ufer nicht betreten werden; die letzten 800 m davor auch das rechte Ufer nicht. Im Jahr 2016 wurde anstelle der Fähre eine neue Fußgängerbrücke erbaut. Hinter der Brücke gibt es am rechten Ufer einen schönen Rastplatz. Zwischen Saalekilometer 148,0 und 147,3 darf das rechte Ufer aus Naturschutzgründen ebenfalls nicht betreten werden. Das Anlegen lohnt sich dafür am Steg in Uichteritz. Die Gaststätte „Saaleperle" hat zwischen April und Oktober auf der angrenzenden Wiese ein Festzelt aufgebaut und schenkt dort aus. Nun ist die Fahrt an der Beuditzschleuse in Weißenfels bald beendet. An der Einfahrt zum Schleusenkanal gibt es rechts eine Ausstiegsstelle. Wer sich angemel-

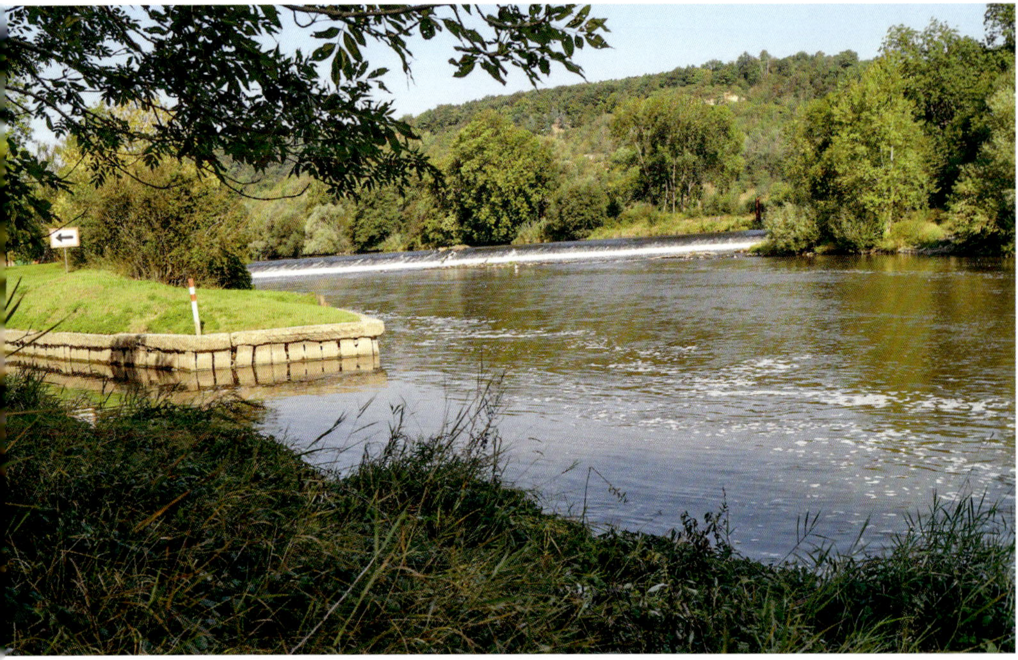

Das Wehr an der Oeblitzschleuse.

det hat, kann bereits 400 m vorher beim Ruderverein am rechten Ufer aussetzen.

km 18 - Weißenfels, Beuditzschleuse

ADRESSEN UND INFOS

Übernachtungen und Gastronomie in Wassernähe

Naumburg:

- Naumburger KC
  www.naumburger-kanu-club.de
- Campingplatz Blütengrund
  www.campingplatz-naumburg.de
- Hotel und Gasthaus Zur Henne
  www.gasthaus-zur-henne.de
- Gastwirtschaft und Hotel Hallescher Anger
  www.hallescher-anger.de
- Ruderverein Naumburg
  www.ruderverein-naumburg.de
- Lokal Zum Pegel
- Pension und Gasthof Alter Felsenkeller
  www.alterfelsenkeller.de

Schönburg:

- Kanuclub Schönburg
  www.kanuclub.schoenburg.de

Uichteritz:

- Gaststätte Saaleperle

Weißenfels:

- Pension und Restaurant Bootshaus
  www.bootshaus-weissenfels.de
- Weißenfelser Ruderverein
  www.weissenfelser-ruderverein.de
- Pension Zur Saale, *www.pension-zur-saale.de*

Kanu-Verleih, organisierte Touren

- Saalestrand Kanu, *www.saalestrand-kanu.de*
- Saale Unstrut Tours, *www.saale-unstrut-tours.de*
- RS Kanu Naumburg, *www.rs-kanu.de*
- Kanutours Camburg, *www.kanutours-camburg.de*

- Camp Döbritzschen, *www.saalecamp.de*
- Treibholzreisen, *www.treibholzreisen.de*

Auskunft, Internetadressen

Saale-Unstrut Tourismus, Lindenring 34
06618 Naumburg, Tel.: 03445-23 37 90
info@saale-unstrut-tourismus.de
www.saale-unstrut-tourismus.de
Naumburg: Tourist-Information, Markt 6
06618 Naumburg, Tel.: 03445-27 31 25
touristik@naumburg.de
www.naumburg-touristik.de
Weißenfels: Tourist-Information Weißenfelser Land, Markt 3, 06667 Weißenfels
Tel.: 03443-30 30 70
info@weissenfelstourist.de
www.weissenfelstourist.de
www.museumnaumburg.de
www.naumburger-strassenbahn.de
www.burg-schoenburg.de
www.weissenfels.de
www.geleitshaus.com

Karten, Bücher, Literaturtipps

- Wasserwandern auf der Saale, Regionalverbund Thüringer Wald e.V. www.thueringer-wald.com,
- Saale-Radweg, Karten von mehreren Verlagen

Sehenswertes

Naumburg: Naumburger Dom mit Stifterfiguren Ekkehard und Uta (*www.naumburger-dom.de*), historische Altstadt mit Marktplatz, Marientor und Wenzelskirche, Stadtmuseum Hohe Lilie.
Schönburg: Burg
Weißenfels: Schloss Neu-Augustusburg mit Schuhmuseum (*www.museum-weissenfels.de*), historische Innenstadt mit Heinrich-Schütz-Haus, Novalishaus, Marienkirche, Gustav-Adolf-Museum.

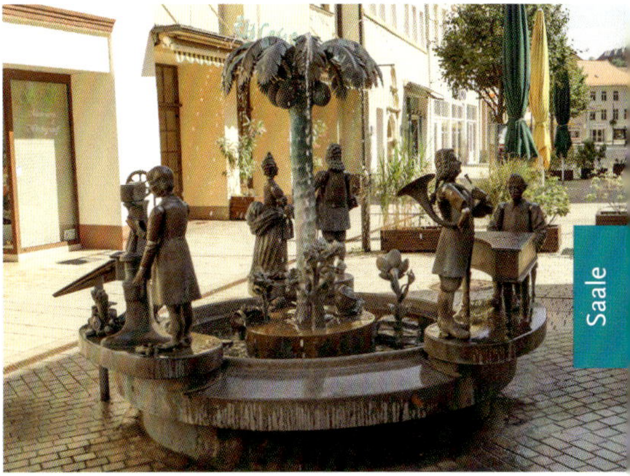

Brunnen in der Weißenfelser Fußgängerzone.

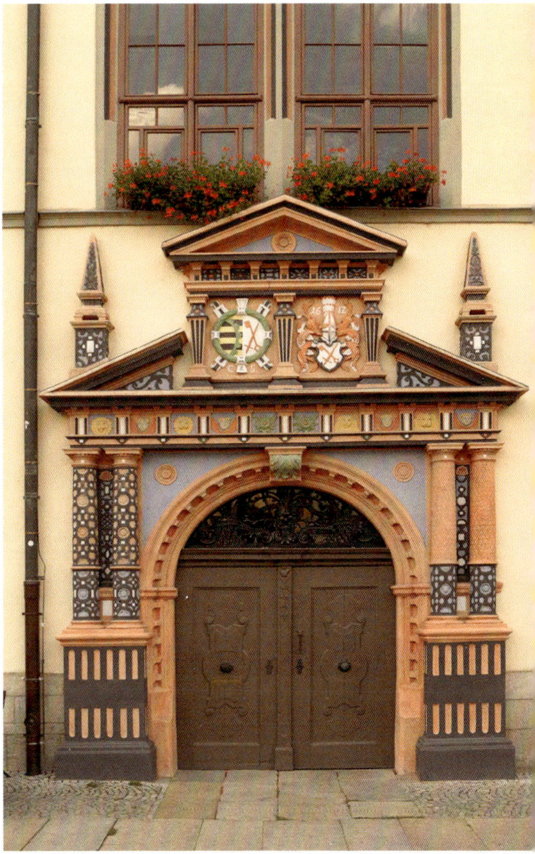

Schön gestaltetes Rathausportal in Weißenfels.

Tour 17: Wochenendtour von Meiningen nach Bad Salzungen

Vor der Tour

Eine Paddeltour auf der Werra zwischen Meiningen und Bad Salzungen bietet sich für erfahrene Paddler als gemütliche Wochenendfahrt an. Dank der schnellen Strömung kommt man gut voran, so dass das Etappenziel schnell erreicht ist und noch genügend Zeit für Besichtigungen bleibt. Im Wasser liegende Bäume und andere Hindernisse tauchen aber mitunter urplötzlich auf, so dass besonders bei Fahrten in der Gruppe schnell reagiert werden muss, um das Hindernis gefahrlos zu passieren oder ein Kehrwasser anzusteuern.

Die Werra ist ein fast 300 km langer Nebenfluss der Weser. Sie entspringt im Thüringer Schiefergebirge. Über den genauen Ort konnte man sich dort aber nicht einigen. Die erste eingefasste Werraquelle befindet sich bei Fehrenbach. Knapp sieben Kilometer südöstlich davon wurde bei Siegmundsburg eine zweite Quelle zum Werraursprung bestimmt. Die offizielle Kilometrierung des Flusses bezieht sich auf die erste Quellfassung. Trotz einiger Wehre ist die Werra auch für mehrtägige Gepäckfahrten bis zu ihrer Mündung in die Weser zu empfehlen. Starten könnte man in Meinigen oder weiter flussabwärts. Der erste Tagesabschnitt wäre dann mit diesem Tourenvorschlag identisch.

Die tausendjährige Stadt Meiningen war einst Residenzstadt der Herzöge von Sachsen-Meiningen. Ihren Wohnsitz hatten die Herzöge im Schloss Elisabethenburg. Heute sind die Räume und Sammlungen als Museum zugänglich. Vor dem Schloss liegt zur Werra hin der Schlosspark und weiter östlich der Englische Garten. Unter Herzog Georg II. erlangte das Meininger Theater Weltruhm. In etwa 20 Eisenbahn-Waggons reiste die aus bis zu 80 Personen bestehende Theatergruppe mitsamt ihren Requisiten und Kostümen durch die Städte Europas. Einige der Bühnendekorationen kann man heute im Meininger Theatermuseum bewundern. Das The-

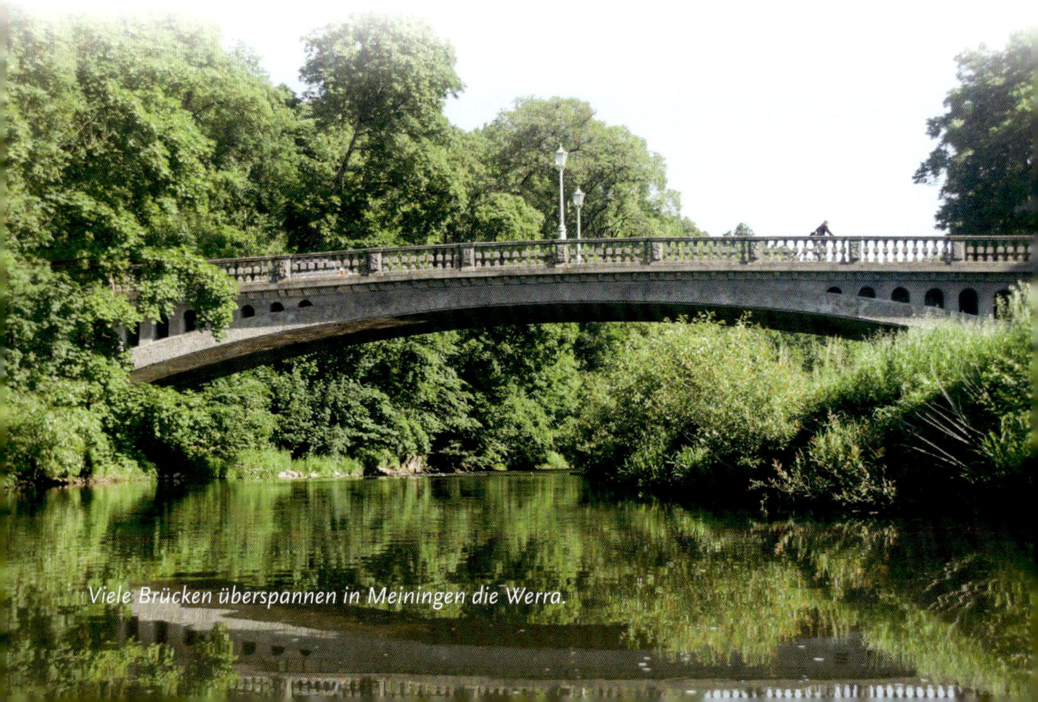

Viele Brücken überspannen in Meiningen die Werra.

Tourensteckbrief

Paddelstrecke

Von Meinigen nach Bad Salzungen, ca. 41 km.

Charakter

Sehr flott fließender Kleinfluss mit einigen Schwallstrecken, insbesondere unter den Brücken und Baumhindernissen, Bootsbeherrschung ist unbedingt erforderlich.

Ein- und Aussetzstellen

Meiningen vor der Brücke Henneberger Straße, am Wehr hinter dem Mühlgraben rechts in die Werra einsetzen (50.5624,10.4122), erreichbar über die Straße Am Wehr.
Schwallungen, Bahnhofstraße (50.6917,10.3550)
Bad Salzungen, Erlebnisinsel Flößrasen, Am Flößrasen 5, (50.8166,10.2383)
Weitere Einsetzstellen:
Meinigen Rastplatz am Bielstein mit Parkplatz (über Landsberger Straße), **Walldorf** vor der Brücke rechts, **Wasungen** hinter der Brücke links oder beim ESV Lok **Meinigen. Wernshausen**, Straßenbrücke **Am Gries, Breitungen,** Straßenbrücke Rathausstraße.

Zurück zum Einstieg

Fahrrad am Ziel abstellen und zur Einsetzstelle entlang Werraradweg ca. 20 km radeln.

Optionen, Schlechtwettertipps

Besuch des Erlebnisbergwerks Merker, Besuch Schmalkaldens, Wanderung auf dem Schillerweg nach Bauerbach zum Schiller-Museum (*www.klassik-stiftung.de*), Wanderung zur Burgruine Frankenstein, Besuch der Bad Salzunger Solewelt.

ater selbst existiert natürlich auch noch, und nach seiner Sanierung 2010 / 2011 fühlt man sich bei einer Aufführung wieder wie zu Zeiten des theaterverrückten Herzogs. Unweit des Schlosses findet man auch das Literaturmuseum Baumbachhaus, dessen Namensgeber u.a. den Text zum Volkslied „Hoch auf dem gelben Wagen" lieferte. Wer durch die fachwerkdominierte Altstadt spaziert, sollte das sogenannte Schlundhaus in der Schlundgasse genauer betrachten, denn hier wurden angeblich die ersten Thüringer Klöße hergestellt.

Werra

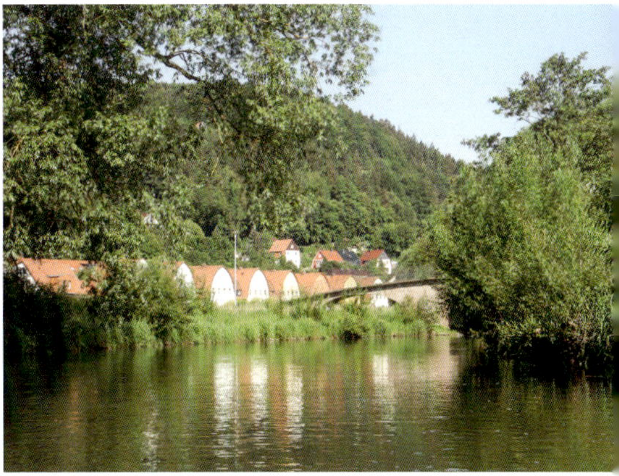

Hinter diesen Häusern wird Meiningen verlassen.

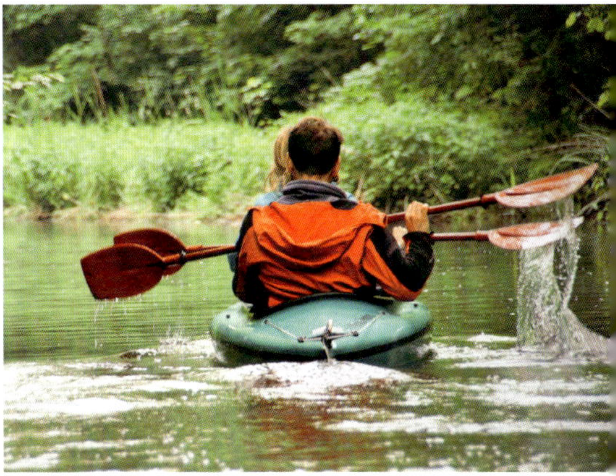

Paddeln auf der Werra.

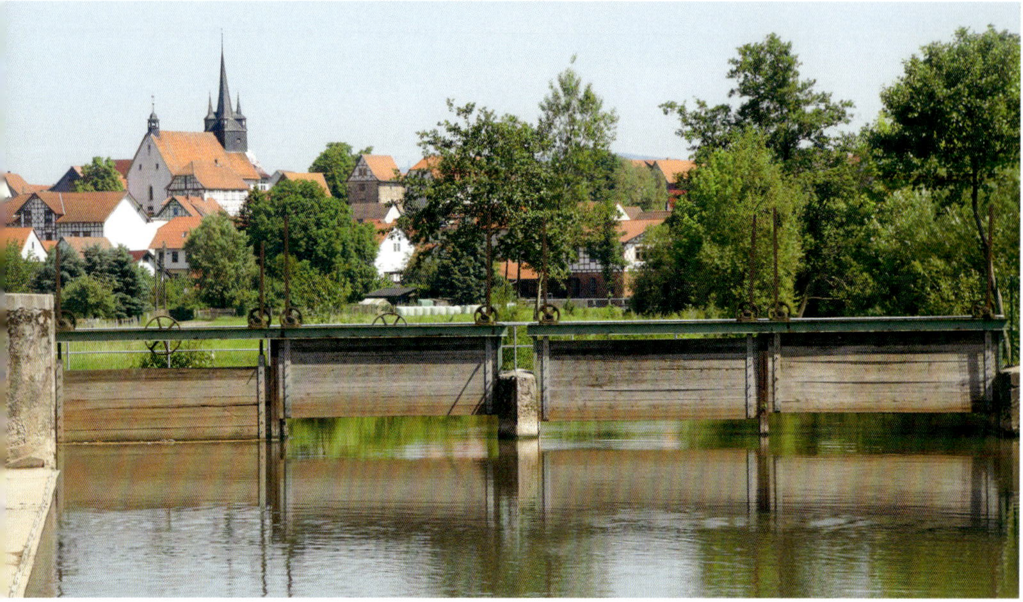

Am Wehr in Wernshausen.

Wasungen ist die Heimat des Thüringer Karnevals. Außerhalb der närrischen Zeit begeistert die unter Denkmalschutz stehende Altstadt. Das spätgotische Rathaus gehört zu den ältesten Fachwerkbauten Thüringens. Die mittelalterliche Wehranlage wird neben Teilen der Stadtmauer durch die Pfaffenburg und den Judenturm repräsentiert. Ehemalige Adelshöfe wie der Marienhof, der Fellehof und der Weyenhof sowie die Bürgerhäuser haben sehenswerte Fachwerkfassaden im sogenannten hennebergisch-fränkischen Stil. Im alten Damenstift sind heute das Thüringer Karnevalsmuseum und das Stadtmuseum zu finden. Wer die kleine Stadt von oben anschauen möchte, muss zur Ruine der Burg Maienluft aufsteigen und den Bergfried besteigen. Von seiner Aussichtsplattform schweift der Blick weit über diesen Abschnitt des Werratals. Vielleicht erblickt man auch den forstbotanischen Garten, zu dem ein Naturlehrpfad führt und in dem Bäume und Sträucher aus vielen Ländern zu finden sind.

In Walldorf wurde viele Jahre unterirdisch Sandstein abgebaut, der u.a. zum Scheuern von Dielen gebraucht wurde. Nach der Schließung des Sandsteinbergwerks wurde es zu einer Schauhöhle, der Sandstein- und Märchenhöhle Walldorf, umgebaut, in die 30 Märchenbilder integriert sind.

Breitungen besitzt ein sehenswertes Renaissanceschloss, das auch das Aktivmuseum beherbergt. Bis 1552 stand dort ein Kloster, welches sich nach dessen Aufhebung der Henneberger Graf Poppo XII. unter den Nagel riss. Zum Schlossensemble gehört auch eine Basilika.

Bad Salzungen trägt stolz den Titel „Staatlich anerkanntes Soleheilbad“. Wurde im Gradierwerk seit Ende des 16. Jahrhunderts aus der hoch konzentrierten Sole Salz gewonnen, trat ab der 2. Hälfte des 19. Jahrhunderts die Heilanwendung im Vordergrund. Das erste Empfangsgebäude für Kurgäste erbaute man bereits

1870. Heute ist im Gradierwerk ein Museum untergebracht, welches natürlich über das Salz und seine Gewinnung informiert. Im modernen Solebad kann man auch etwas für seine Gesundheit tun. Bei einem Rundgang durch Bad Salzungen fallen der Markt mit dem schlichten Rathaus und dem Marktbrunnen, die St. Andreas-Kirche, die St. Simplicius-Kirche und der Haunsche Hof, eines der ältesten Gebäude der Stadt, ins Auge.

Tourbeschreibung 1. Tag

Meiningen – Schwallungen

km 0 - Meiningen, Brücke Henneberger Straße

Wer beim KC Meiningen übernachtet, wird dort auch einsetzen, muss dann allerdings das folgende Wehr umtragen. Die Einsetzstelle hinter dem Wehr ist mit dem Einstieg für diesen Tourenvorschlag identisch und befindet sich am großen Parkplatz Großmutterwiesen, der über die Straße Am Wehr zu erreichen ist. Man überquert den Mühlgraben und setzt am rechten Werraufer ein. Nun folgt eine brückenreiche Stadtdurchfahrt, die u.a. am Schlosspark entlangführt. Vor der Brücke Landsberger Straße gibt es links am Rastplatz noch eine weitere gute Einsetzstelle. Auch hier befindet sich direkt an der Werra ein großer Parkplatz. An der übernächsten Brücke (Defertshäuser Straße) sollte man sich die Durchfahrt vor dem Befahren ansehen, denn es folgt eine raue Schwallstrecke. Nach meiner Meinung sollte man ganz links oder ganz rechts fahren.

Nun wird Meiningen verlassen, und nach vier Kilometern kommt die Brücke Walldorf in Sicht. Vor der Brücke kann man rechts anlegen. Es folgen sechs Kilometer fast unberührte Landschaft, ehe die Eisenbahnbrücke Wasungen erblickt wird. Dreihundert Meter weiter hat am rechten Ufer der ESV Lok Meinigen sein Bootshaus.

km 14 - Wasungen, Brücke Bahnhofstraße

Wer Wasungen einen Besuch abstatten möch-

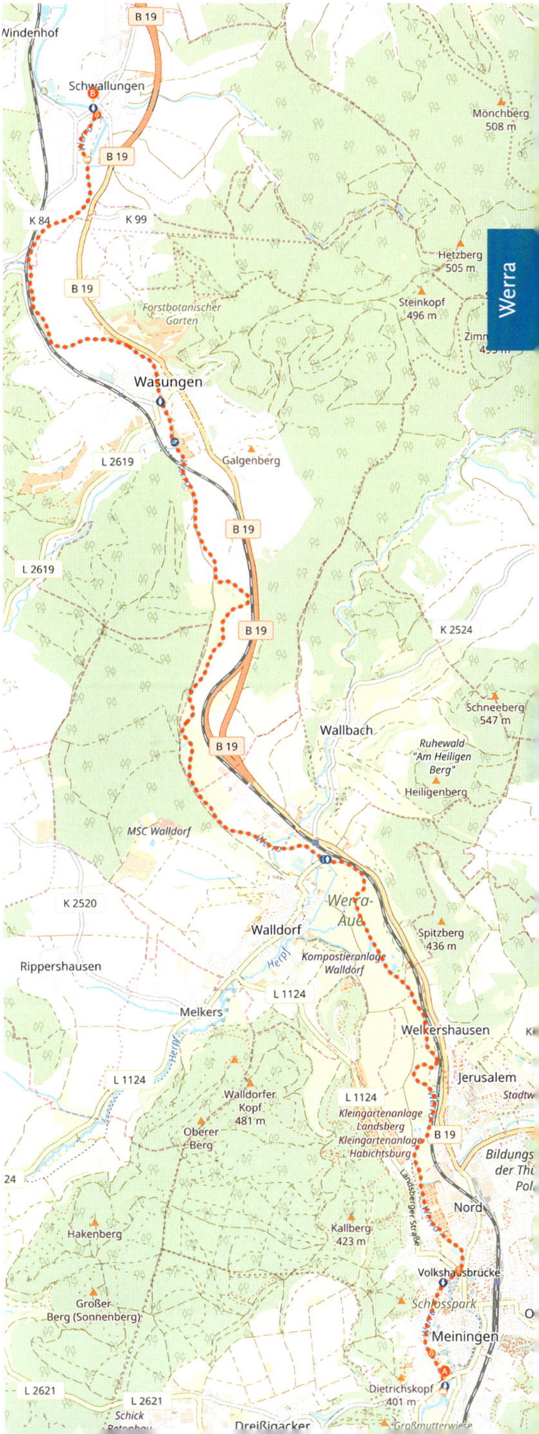

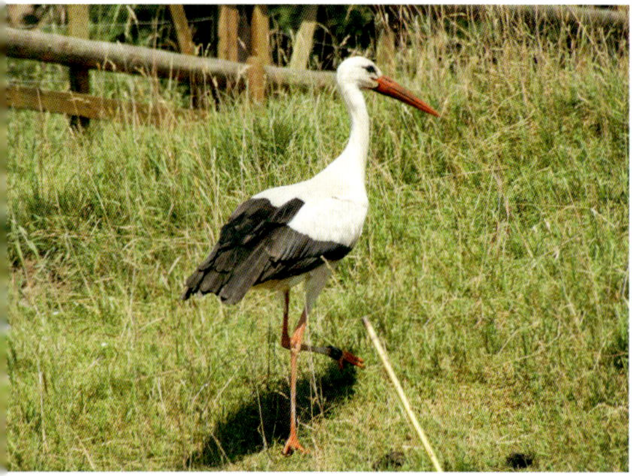

Ein Storch sucht am Werra-Ufer nach Futter.

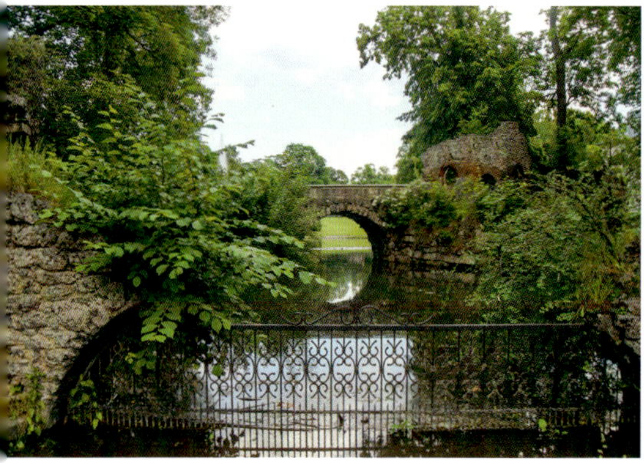

Schlosspark Meiningen.

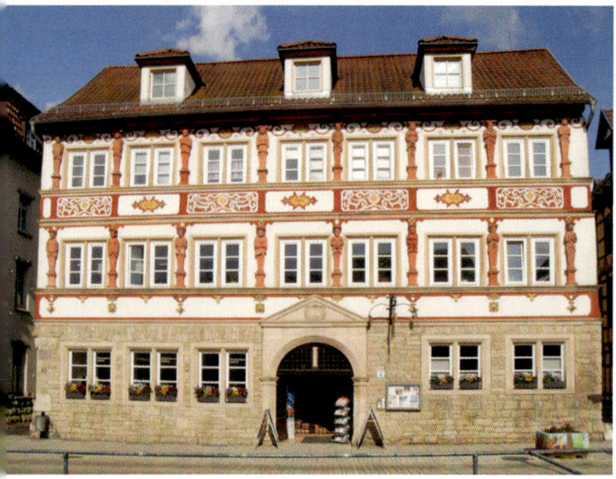

Steinernes Haus in Meiningen.

te, kann hinter der Brücke Bahnhofstraße am linken Ufer beim Supermarkt Edeka anlegen. Gemütlich kann man anschließend dank der flotten Strömung dem Tagesziel in Schwallungen entgegenpaddeln. Vorher muss aber noch am linken Ufer das Wehr Schwallungen umtragen werden. Die Umtragestrecke ist nicht lang. Nach dem Einsteigen in die Kanus nähert man sich wenig später der Straßenbrücke, vor welcher am rechten Ufer die Fahrt beendet wird.

km 19 - Schwallungen, Brücke

Tourbeschreibung 2. Tag

Schwallungen – Bad Salzungen

km 0 - Schwallungen, Brücke

Vor der Brücke in Schwallungen wird die Fahrt wieder aufgenommen. Etwas hinter Schwallungen an einer kleinen Flussinsel gibt es eine Gefahrenstelle, da die Strömung ganz nach rechts ans Ufer drückt. Man muss aufpassen, nicht in einen am Ufer liegenden Baum gepresst zu werden. Eventuell links an der Insel anlegen und treideln. Eine Eisenbahnbrücke kündigt Wernshausen an.

km 4 - Wehr Wernshausen

Vor dem Wehr kann am rechten Ufer zum Umtragen der Kanus angelegt werden. Die Einsetzstelle befindet sich gut einhundert Meter weiter unter der Straßenbrücke. Nun folgen einige spritzige Schwallstrecken und Baumhindernisse. Besonders bei Fahrten in einer Gruppe sollte ein ausreichender Abstand gehalten werden, damit alle rechtzeitig vor den Hindernissen zum Halten kommen. Das Entfernen der Bäume ist nicht ganz einfach, da man von Land schlecht herankommt. Einige Bäume scheinen schon vor längerer Zeit in die Werra gestürzt sein. Je nach Wasserstand kann man sich gerade so durchquetschen, oder man muss mühsam durch dichtes Buschwerk umtragen. An der Breitunger Amtsstraßenbrücke beginnt eine etwa zwei Kilometer lange Durchfahrt durch das schöne Städt-

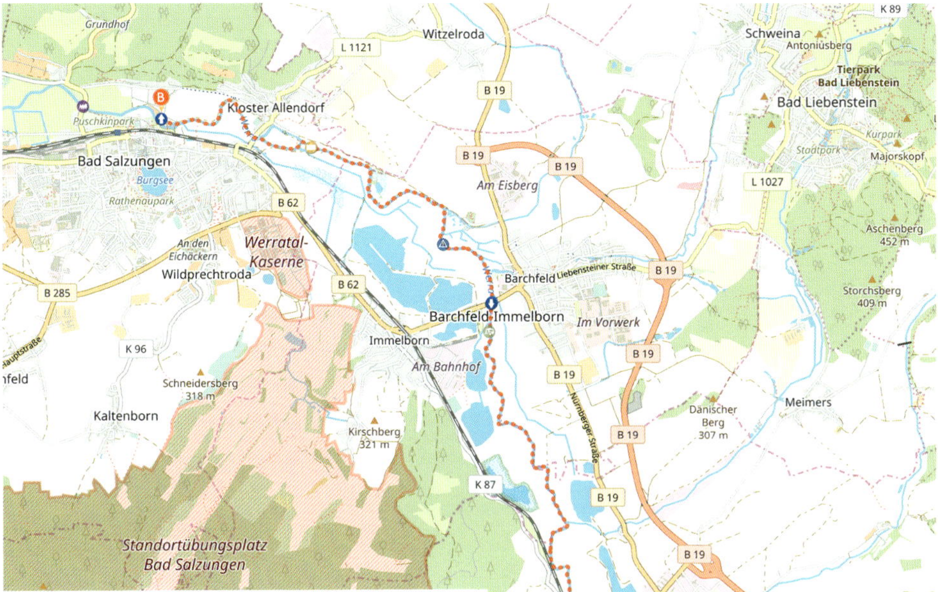

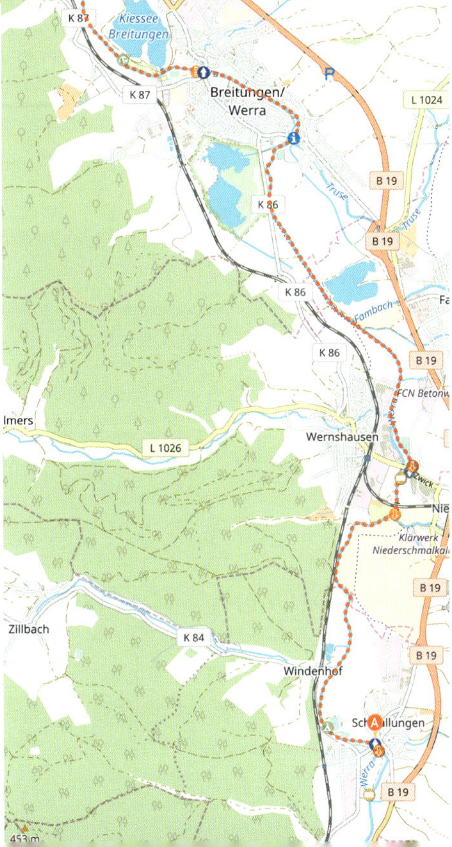

chen. An der Brücke Rathausstraße kann man links aussetzen, um Breitungen zu besichtigen.

km 11 - Breitungen, Brücke Rathausstraße

Etwa 500 m hinter der Brücke liegt am rechten Ufer ein Kiessee, und zwischen der Werra und dem See gibt es einen Campingplatz. Einen weiteren Kiessee mit Campingplatz findet man fünf Kilometer weiter links vor der Brücke Immelborn. Hinter der Brücke fließt die Werra in sanften Windungen Bad Salzungen entgegen. Im Salzunger Ortsteil Allendorf-Kloster gibt es zwei Wehre. Das erste wird links liegengelassen und geradeaus in den Mühlgraben weitergepaddelt. Das zweite kann dann am rechten Ufer umtragen werden. Vor der Straßenbrücke vereinigen sich Werra und Mühlgraben wieder. An der nächsten Wegebrücke ist die Tour dann beendet. Vorher teilt sich die Werra und bildet die kleine Insel Flößrasen. Hier gibt es einen Anlandesteg für Kanus (im linken Flussarm) und einen riesigen Wohnmobilstellplatz.

km 22 - Bad Salzungen, Wohnmobilstellplatz

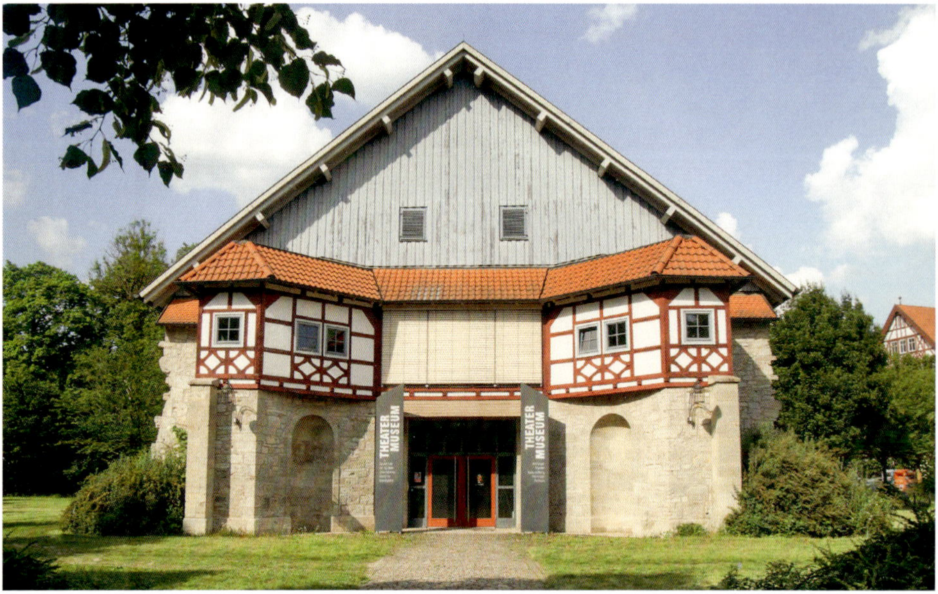

Das Meininger Theatermuseum.

ADRESSEN UND INFOS

Übernachtungen und Gastronomie in Wassernähe

Meiningen:

- Kanu-Club Meiningen *www.kanusport-meinigen.de*
- Hotel Fronveste, *www.fronveste-meiningen.de*
- Schlundhaus, *www.uwe-klein-hotels.de*
- Altstadthotel, *www.altstadthotel-meiningen.de*
- Brauhaus Meiningen

Walldorf:

- Sportlerklause

Wasungen:

Zeltplatz (an der Werra)

- Pension Bürgerhaus Zum Paradies (beide) *www.wasungen.de*
- Zum Bären
- Café Cabana
- Zur Feuchten Ecke
- Zur Linde

Schwallungen:

- Biwakplatz am Sportplatz
- Gaststätte Zum Schwan

Wernshausen:

- Pension und Gasthaus Zur Linde *www.zur-linde-wernshausen.de*

Breitungen:

- Campingplatz Strandbad Kiessee *www.strandbad-breitungen.de*
- Skaras Landhaushotel *www.skaras-landhaushotel.de*
- Gasthaus Zur Linde, *www.linde-breitungen.de*
- Gaststätten Werraschlösschen
- Burgbreitungen

Immelborn:

- Kiesgrube Camping, *www.kiesgrube-immelborn.de*

Bad Salzungen:

- Wohnmobilstellplatz
- Pension Stegmann, *www.pension-stegmann.de*
- Gaststätten Zur Nappe
- Pizza Backhaus
- Kartoffelkäfer

Kanu-Verleih, organisierte Touren

- Pfannstiel Outdoor Aktiv *www.pfannstiel-outdoor-aktiv.de*
- Kanureich Henfstädt, *www.kanureich.de*
- Kanu-Verleih Scout, *www.scout-outdoor.de*

Auskunft, Internetadressen

Meiningen: Tourist-Information
Ernestinerstraße 2, 98617 Meinigen
Tel.: 03693-4 46 50, *www.meiningen.de*
Wasungen: Tourist-Information, Untertor 1
Damenstift, 98634 Wasungen
Tel.: 036941-7 15 05
info@wasungen.de
www.wasungen.de
Bad Salzungen: Tourist-Information
An den Gradierhäusern 4
36433 Bad Salzungen, Tel.: 03695-69 34 20
www.tourismus-badsalzungen.de
www.solewelt.de
Werratal Touristik, Erzberger Allee 14
36433 Bad Salzungen, Tel.: 036956-1 64 18 21
info@werratal.de
www.werratal.de
www.das-meininger-theater.de
www.breitungen.de

Karten, Bücher, Literaturtipps

- Paddelblatt Wasserwandern auf der Weser + Detailkarten von Werratal Touristik *www.werratal.de*
- Karten Werratalradweg vom Kompass-Verlag oder Bikeline-Verlag

Sehenswertes

Meiningen: historische Innenstadt mit sehenswerten Fachwerkhäusern, Theatermuseum, Museum Schloss Elisabethenburg mit Schlosspark (*www.meiningermuseen.de*), Literaturmuseum Baumbachhaus, Englischer Garten.
Walldorf: Sandstein- und Märchenhöhle.
Wasungen: unter Denkmalschutz stehende historische Altstadt mit Stadtmauer, Judenturm und Pfaffenburg, Adelshöfen und Bürgerhäusern im Fachwerkstil und mit spätgotischem Rathaus, ehemaliges Damenstift mit Stadtmuseum und Karnevalsmuseum, Burgruine Maienluft, forstbotanischer Garten.
Breitungen: Renaissanceschloss mit Aktivmuseum, Basilika, historischer Marktplatz mit Marienkirche, Brunnen, Glittstein.
Bad Salzungen: Gradierwerk mit Museum, Unterstadt, Markt mit barockem Rathaus, Marktbrunnen und Fachwerkhäusern.

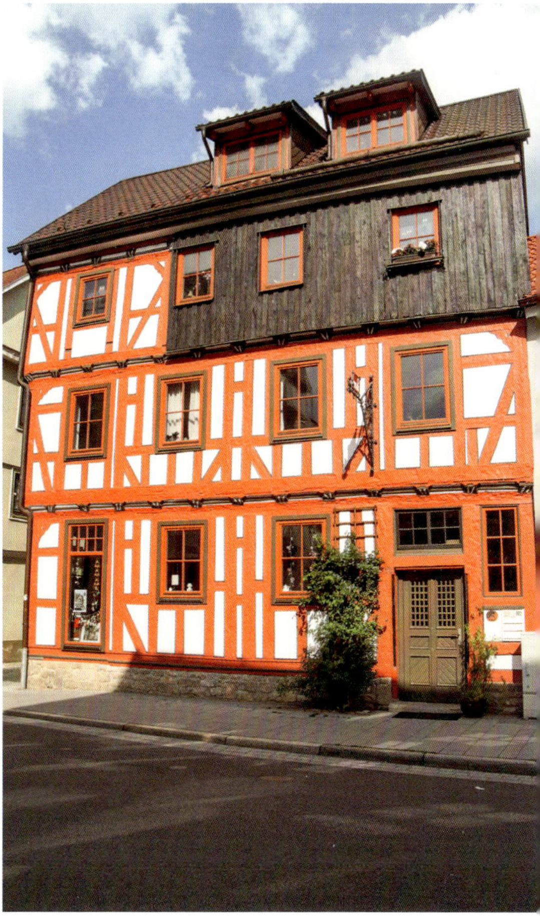

Fachwerkhaus in Meiningen.

Tour 18: Von Gerstungen nach Hörschel

Vor der Tour

Die Paddeltour von Gerstungen nach Hörschel führt entlang einiger kleiner, aber dennoch sehenswerter thüringischer Dörfer. Über den Dörfern thront die Ruine der Brandenburg. Sie wurde in der ersten Hälfte des 12. Jahrhunderts durch die Grafen von Wartberg erbaut, die auch die nahegelegene Wartburg in Besitz hatten. Anfang des 14. Jahrhunderts gingen der östliche und der westliche Teil der Burg in unterschiedliche Besitzer über und es entstanden zwei eigenständige Burganlagen. Schon zu Beginn des Dreißigjährigen Krieges entsprachen die Burgen jedoch nicht mehr dem Stand der Militärtechnik und wurden aufgegeben. Von der Westburg blieben nur der runde Bergfried und Reste des Torhauses erhalten. Von der Ostburg stehen noch der sechseckige Bergfried, der Wohnturm, der Torzwinger und die Torbastion sowie die Außenwand des Palas. Die Burganlage ist frei zugänglich, das Burgmuseum wird jedoch nur an Sonn- und Feiertagen geöffnet.

Wanderfreunden wird der Ort Hörschel mehr sagen als den Paddlern: Hier beginnt nämlich der Rennsteig. Das kleine Dorf besitzt eine sehenswerte Kirche mit einem weithin sichtbaren Kirchturm. Die Kirche ist relativ neueren Datums und wurde 1904/05 im Stil des Historismus erbaut. Die Orgel aus der Bauzeit der Kirche wurde Ende des letzten Jahrhunderts saniert. Dank der guten Akustik der Kirche finden hier überregional bekannte Konzerte statt. Hörschel ist inzwischen ein Ortsteil von Eisenach. Wer länger in der Region weilt und eventuell einen Regentag überstehen muss, kann der Stadt einen Besuch abstatten. Neben der weltberühmten Wartburg kann die alte Residenzstadt auch mit dem Stadtschloss der Thüringer Herzöge punkten, in welchem heute das Thüringer Museum untergebracht ist. Daneben gibt es das Bachhaus, ein Johann Sebastian Bach gewidmetes Museum, welches in seinem Geburtshaus untergebracht ist; das Luther-

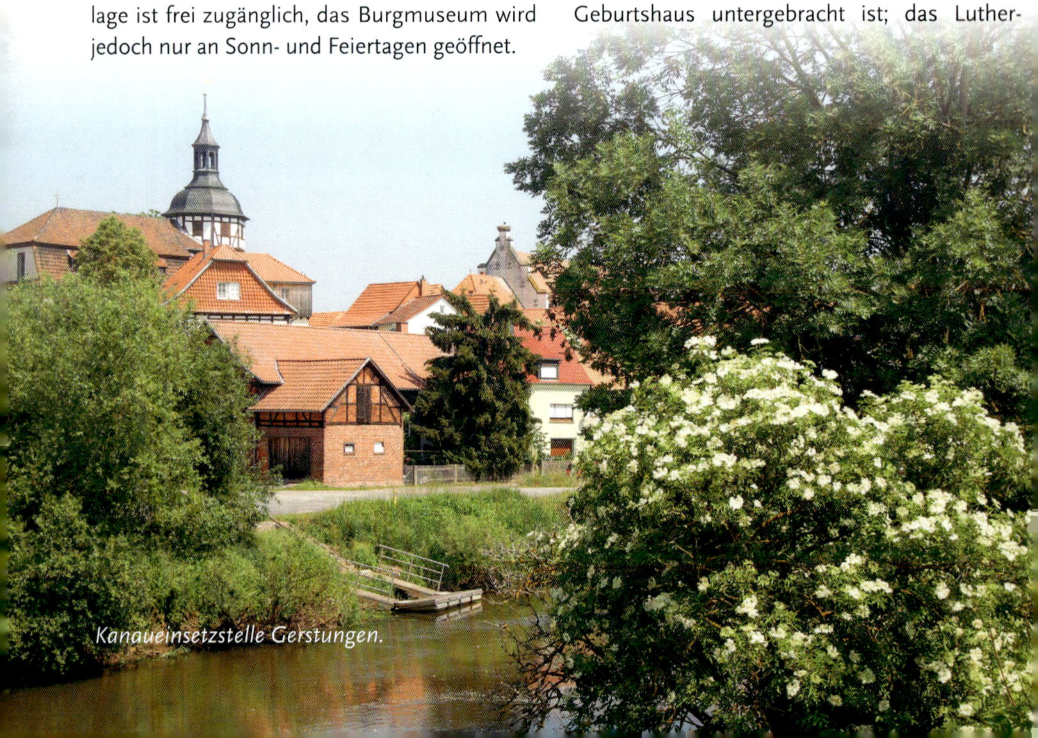

Kanaueinsetzstelle Gerstungen.

Tourensteckbrief

Paddelstrecke
Von Gerstungen nach Hörschel, ca. 22 km.

Charakter
Flott fließender Kleinfluss mit einigen leichten Schwallstrecken, zwei Wehre sind zu umtragen.

Ein- und Aussetzstellen
Einstieg Gerstungen, An der Werra (50.9664,10.0763)
Ausstieg KC Rennsteig Hörschel/Werra, Rennsteigstraße 11, (51.0085,10.2247)
Weitere Einsetzstellen:
Sallmannshausen, Lauchröden, Göringen.

Zurück zum Einstieg
Fahrrad am Ziel abstellen und zur Einsetzstelle entlang Werratalradweg ca. 20 km radeln.

Optionen, Schlechtwettertipps
Kanutour bereits in Heringen beginnen, Besuch der Wartburg, Radtour entlang Werratal-Radweg, Wanderung auf dem Rennsteig.

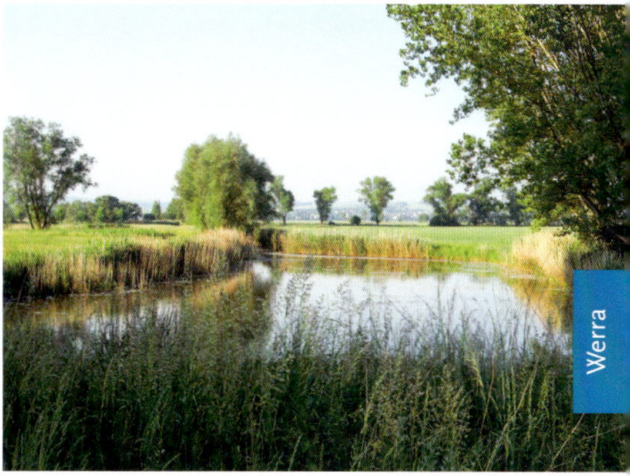

Ein alter Werraarm hinter Gerstungen.

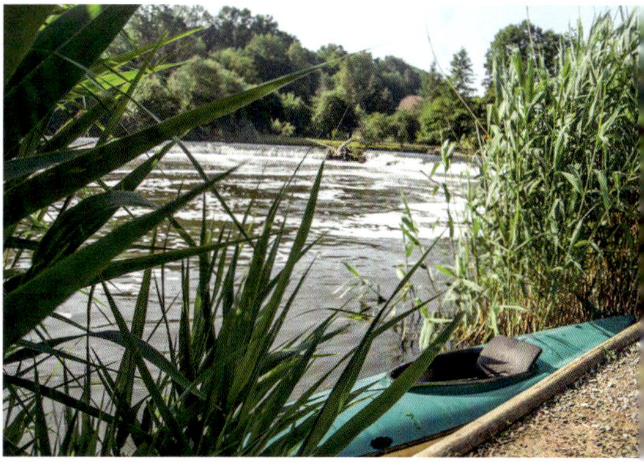

Am Wehr Sallmannshausen.

haus, Martin Luther hatte auf der Wartburg ja bekanntlich das Neue Testament ins Deutsche übersetzt; das Reuter-Wagner-Museum in der Fritz-Reuter-Villa und die Automobile-Welt, welche die über einhundertjährige Tradition der Autoherstellung in Eisenach dokumentiert.

Tourbeschreibung

km 0 - Harra
km 0 - Gerstungen, Brücke
An der linken Uferseite hinter der Brücke befindet sich ein etwas wackeliger Steg, an welchem man einsetzen kann. Hier lassen sich auch die Autos abstellen. Gleich hinter Gerstungen werden eine stillgelegte Eisenbahnbrücke und

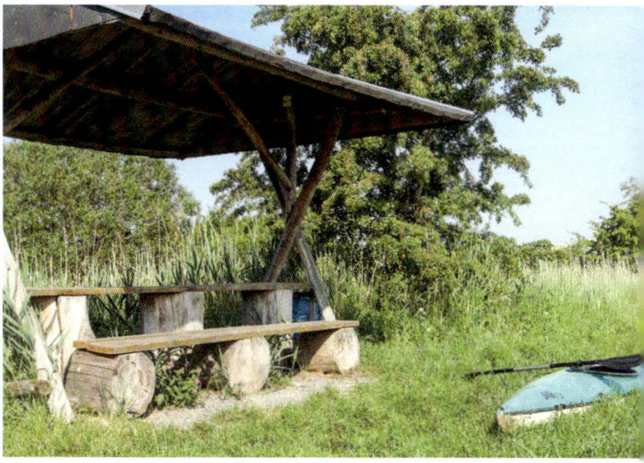

An der Umtragestelle des Wehrs Wommen gibt es einen kleinen Rastplatz.

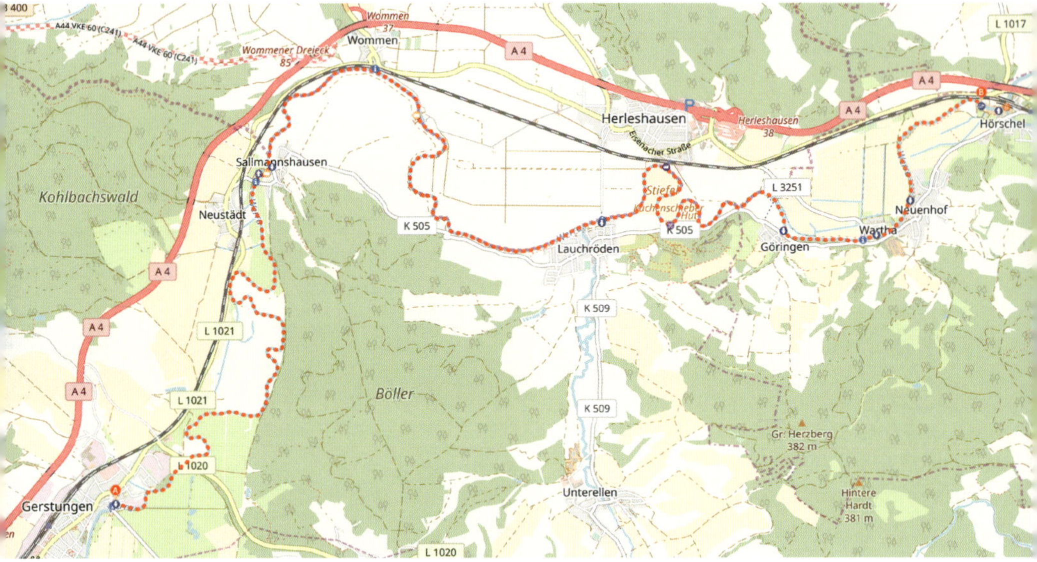

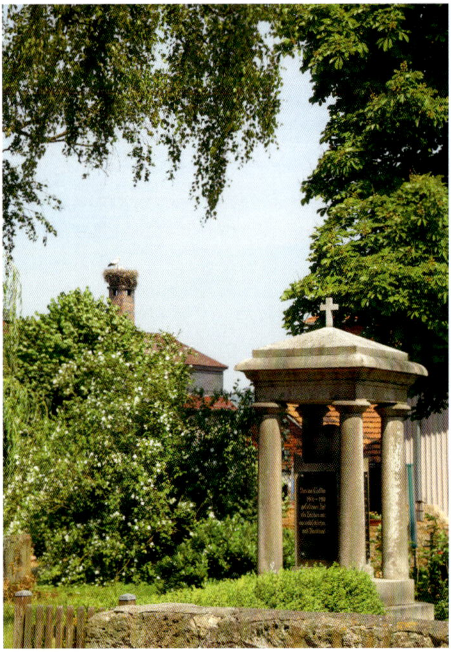

Das Denkmal zur Erinnerung an die Gefallenen des 1. Weltkrieges in Göringen.

eine Straßenbrücke unterquert. Auf dem Weg in Richtung Sallmannshausen zieht sich am rechten Ufer ein größeres Waldgebiet entlang. Ab und zu kann man Radfahrer auf dem flussbegleitenden Werratalradweg erblicken. Hinter der Brücke, die Sallmannshausen mit Neustädt verbindet, taucht das erste Wehr auf.

km 7,5 - Sallmannshausen, Wehr

Links vor der Fischtreppe kann angelegt und auf kurzem Weg hinter dem Wehr wieder eingesetzt werden. Auch hier sind die Stege wie andernorts an der Werra etwas kurz geraten. Bei der Weiterfahrt kommt man an einer am rechten Ufer liegenden Anlegestelle vorbei.

Das nächste Wehr bei Wommen lässt nicht lange auf sich warten. Die Umtragestelle befindet sich am rechten Ufer. Der Anlandesteg ist erst spät zu sehen. Ein überdachter Rastplatz lädt zu einer Pause ein.

km 14 - Lauchröden

Am rechten Ufer taucht nun Lauchröden auf. Eine Fußgängerbrücke verbindet diesen Ort mit Herleshausen auf der linken Flussseite.

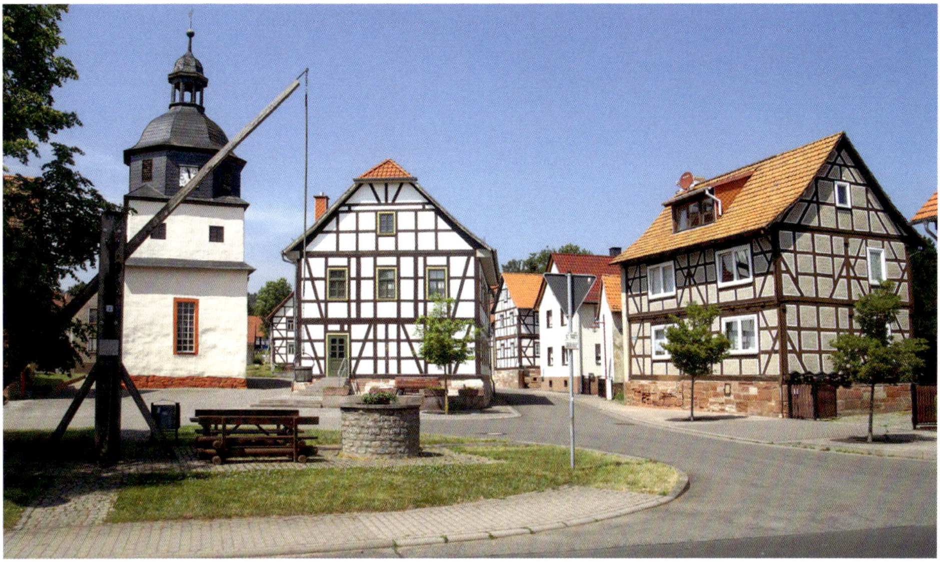

Markt mit Kirche und Ziehbrunnen in Neustädt.

Hinter Lauchröden liegt rechts die Burgruine Brandenburg. Dank des windungsreichen Werralaufes auf diesem Abschnitt bekommt man das sehenswerte Panorama gleich mehrmals zu Gesicht. Zu Beginn einer scharfen Linkskurve hat ein hilfreicher Geist (oder ein besorgter Kanuvermieter) ein Warnschild aufgestellt, welches auf den Teufelsstein im Flussbett hinweist. Wer sich ganz links hält, kommt gut durch und vergällt dem Teufel die Freude über eine unverhoffte Kenterung.

Vor Göringen überquert eine blaue Fußgängerbrücke die Werra. Eine Schutzhütte gibt es hier auch. An Göringen rechterhand geht es vorbei zur nächsten Brücke. Links liegt der Ort Wartha; etwas weiter flussaufwärts am rechten Ufer Neuenhof. Zwischen den Bäumen des bis an die Werra heranreichenden Parks kann man das Schloss Rotenhan sehen. Dann nähert man sich der Autobahn A 4, und der Geräuschpegel schwillt an. Wenn die hoch aufragende Autobahnbrücke über die Werra erblickt wird, ist es nicht mehr weit zum Ziel in Hörschel. Der Anlegesteg des Kanuclubs befindet sich am rechten Ufer. Das Gelände ist nicht abgeschlossen, so dass man hier die Fahrt beenden kann. Die Höflichkeit gebietet es jedoch, dass man unter der gut sichtbaren Telefonnummer dem Platzwart Bescheid gibt. Wer möchte, kann auch ein paar Meter weiterfahren, nach rechts in die Hörsel abbiegen und dort an der Brücke aussetzen.

km 22 - Hörschel, KC Rennsteig

ADRESSEN UND INFOS

Übernachtungen und Gastronomie in Wassernähe

Gerstungen:

- Pension Hofmeisters, *www.hof-meisters.de*
- Gasthaus Lindenallee
- Gaststätte Der Drache
- Fleischerei Dorn
- Gaststätte Freytag

Sallmannshausen:

- Haus Kirchhof, *www.haus-kirchhof.de*
- Gasthof Zum Schiff

Werra

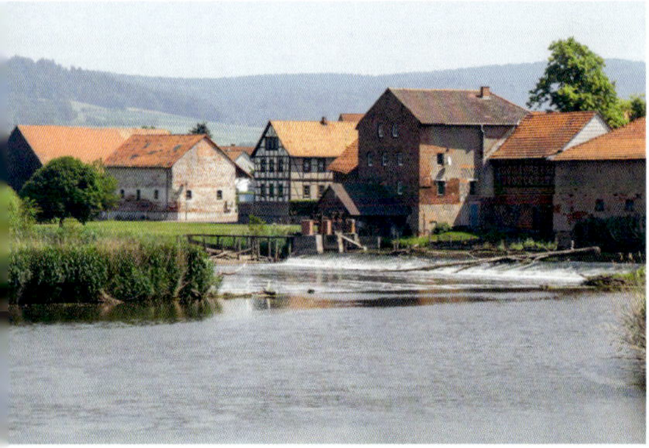

Blick auf Sallmannshausen.

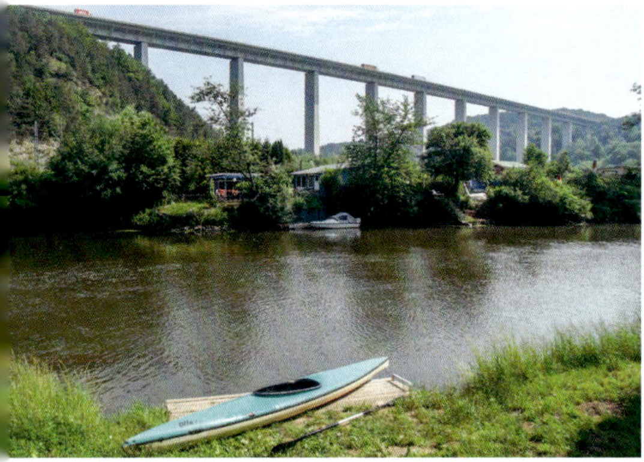

Am Steg des Kanuclubs Hörschel.

Lauchröden:

- Haus an der Werra, *www.werrapension.de*
- Wanderherberge Assmanns Hof
- Gasthof Zum Schiff

Wartha:

- Eiscafé Moseberg

Neuenhof:

- Gasthof Zur Guten Quelle *www.landhotel-gute-quelle.de*

Hörschel:

- KC Rennsteig Hörschel/Werra *www.kanuclub-hoerschel.de*
- Gasthaus und Pension Tor Zum Rennsteig *www.rennsteig-beginn.de*

Kanu-Verleih, organisierte Touren

- Freizeitcamp Werra, *www.freizeitcamp-werra.de*
- Werratal Tours, *www.werratal-tours.de*
- Werra Kanu, *www.werra-kanu.de*
- Kringeltours, *www.kringeltours.de*
- Gasthof Zur Guten Quelle Neuenhof *www.landhotel-gute-quelle.de*

Auskunft, Internetadressen

Eisenach: Tourist-Info, Markt 24
99817 Eisenach, Tel.: 03961-7 92 30
info@eisenach.info | *www.eisenach.de*
www.eisenach.info.de
Creuzburg: Tourist-Information
Auf der Burg, 99831 Creuzburg
Tel.: 036926-9 80 47
tourismus@creuzburg.de
www.creuzburg-online.de
Bad Salzungen: Werratal Touristik,
Erzberger Allee 14, 36433 Bad Salzungen
Tel.: 036956-1 64 18 21, *info@werratal.de*
www.werratal.de | *www.gerstungen.de*

Karten, Bücher, Literaturtipps

- Paddelblatt Wasserwandern auf der Weser + Detailkarten von Werratal Touristik *www.werratal.de*
- Karten Werratalradweg vom Kompass-Verlag oder Bikeline-Verlag

Sehenswertes

Gerstungen: historischer Ortskern mit Schloss (mit Werratalmuseum), Katharinen-Kirche und Storchenbrunnen.
Neustädt: Dorfplatz mit Ziehbrunnen.
Sallmannshausen: Kirche mit spätgotischem **Schnitzaltar.**
Lauchröden: Burgruine Brandenburg mit Burgmuseum (*www.die-brandenburg.de*), Martinskirche.
Neuenhof: Schloss und Schlosspark Rotenhan.
Hörschel: Beginn Rennsteig.

Tour 19: Von Hörschel nach Mihla

Vor der Tour

In Spichra versperrt ein seit 1925 bestehendes Laufwasserkraftwerk des Paddlers Weg. Das technische Denkmal wurde 1997 rekonstruiert und liefert seitdem wieder Strom. Über die Wehranlage führt eine Fußgängerbrücke.

In Creuzburg errichtete der Überlieferung nach der Hl. Bonifatius im Jahr 724 auf einem Berg über der Stadt ein Kreuz. Die strategisch günstig gelegene Stelle wurde jedoch bald darauf befestigt und Mitte des 12. Jahrhunderts vom thüringischen Landgrafen Ludwig II. zu einer festen Burg ausgebaut. Aus dieser Zeit stammen der Wohnturm mit der Elisabethkemenate, die zinnenbewehrte, etwa 12 m hohe Ringmauer, die Überreste des Palas und der fast 40 Meter tiefe Burgbrunnen. Die Stadt Creuzburg selbst, an einem Werraübergang gelegen, sicherte sich vor fremden Truppen durch eine feste Stadtmauer. Vier Stadttore boten Zugang in die Stadt. Von der Befestigung sind aber nur noch einige Reste erhalten. Sehenswert ist auch die romanische Sandsteinbrücke mit der Liboriuskapelle auf der rechten Uferseite. In der Gottesackerkirche befindet sich heute eine Ausstellung des Naturparks Hainich-Werratal.

Mihla ist ein sehenswerter Ort mit vielen schönen Fachwerkhäusern, der St. Martins-Kirche mit einem beeindruckenden Flügelaltar aus dem Jahr 1490, dem Fachwerk-Rathaus, in welchem das Museum „Adel, Bauern und Kriege" u.a ein Diorama der Schlacht bei Waterloo zeigt, und zwei Schlössern. Das Graue Schloss entstand aus einer ehemaligen Wasserburg und beherbergt nach erfolgreicher Sanierung einen Hotel- und Gastronomiebetrieb. Der Propel, ein ehemaliger Gerichtsplatz, wird heute als Festplatz genutzt. Das Wehr Mihla wurde wie viele andere Wehre errichtet, um eine Wassermühle anzutreiben. Die erste urkundliche Erwähnung der Mühle stammt aus dem Jahr 1559. Der Umbau zum Wasserkraftwerk erfolgte 1908. Knapp einhundert Jahre später wurde die Anlage saniert.

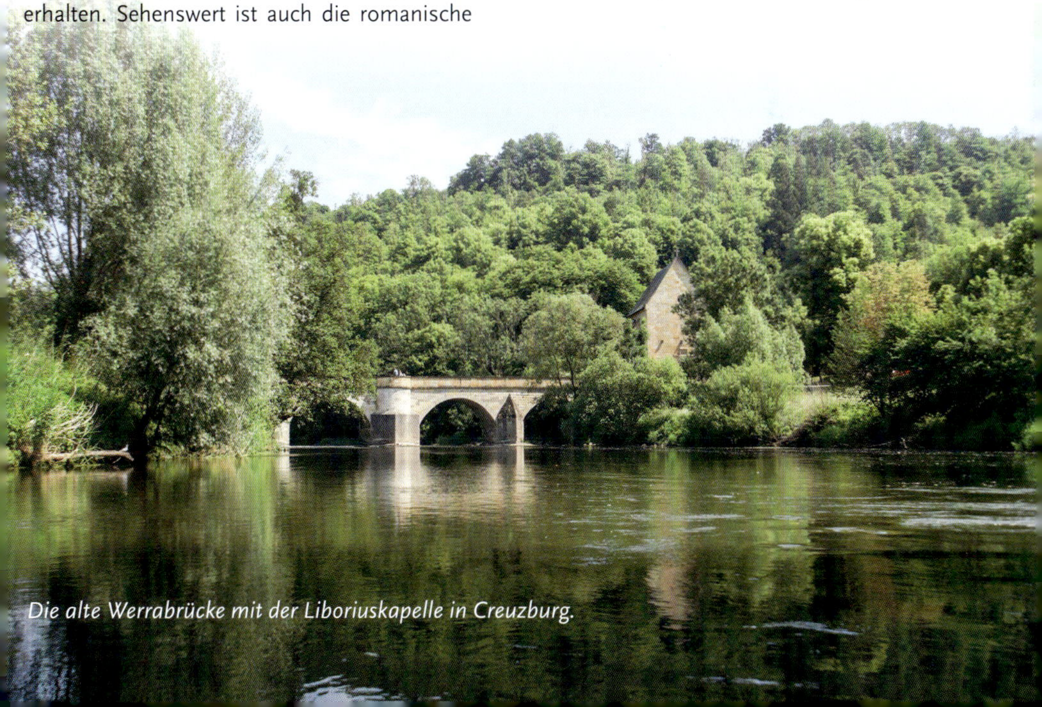

Die alte Werrabrücke mit der Liboriuskapelle in Creuzburg.

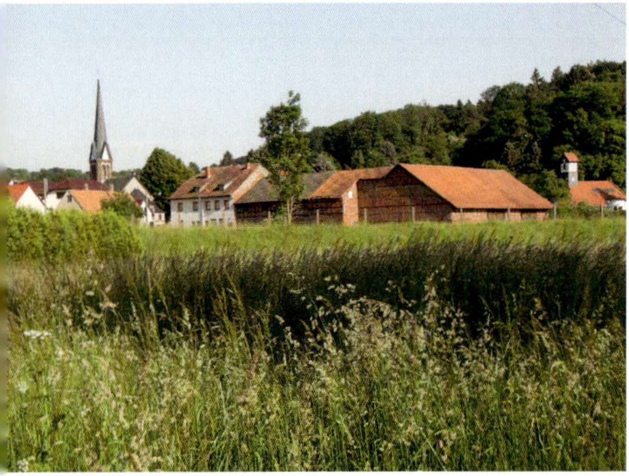

Blick auf Hörschel.

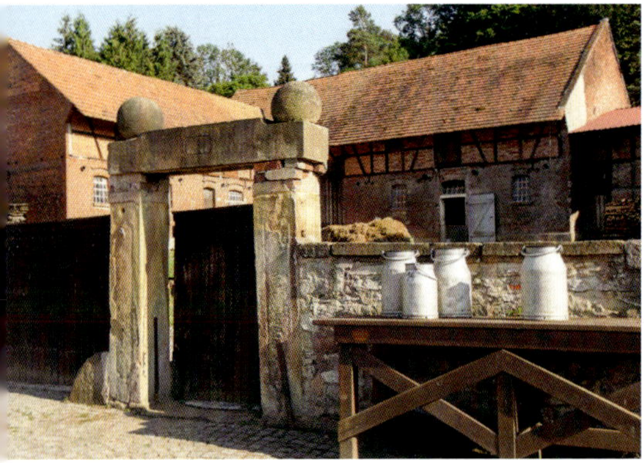

Historischer Bauernhof in Hörschel.

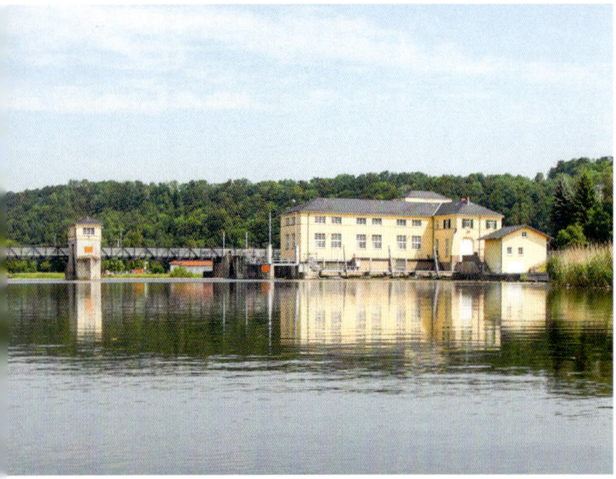

Das Wasserkraftwerk Spichra.

Tourensteckbrief

Paddelstrecke
Von Hörschel nach Mihla, ca. 17 km.

Charakter
Flott fließender Kleinfluss mit einigen Schwallstrecken und einer Umtragestelle am Kraftwerk Spichra.

Ein- und Aussetzstellen
Einstieg: KC Rennsteig Hörschel/Werra, Rennsteigstraße 11, (51.0085,10.2247)
Ausstieg: Wehr Mihla, Mühlgasse, (51.0792,10.3304)
Weitere Einsetzstellen:
Spichra hinter dem Kraftwerk rechts, **Creuzburg** hinter der Natursteinbrücke links, **Buchenau.**

Zurück zum Einstieg
Fahrrad am Ziel abstellen und zur Einsetzstelle entlang Werratalradweg ca. 15 km radeln.

Optionen, Schlechtwettertipps
Besuch der Wartburg, Radtour entlang Werratal-Radweg, Wanderung auf dem Rennsteig.

Tourbeschreibung

km 0 - Hörschel, KC Rennsteig

Gleich nach dem Start gelangt man zum Werra-Durchbruch in Hörschel. Die Werra hat sich hier tief in einen Kalksteinfelsen eingegraben. Drei Brücken überqueren an dieser Stelle die Werra. Zuerst kommt eine Eisenbahnbrücke und dann eine Straßenbrücke, über die sich die Brücke der Autobahn A 4 erhebt. Zuvor fließt aber noch von rechts die Hörsel in die Werra. Die Strömung ist zu Beginn der Etappe nur mäßig, da sich schon das Wehr Spichra ankündigt. Dieses riesige Bauwerk wird am linken Ufer umtragen. Die Umtragestrecke ist etwas länger, so

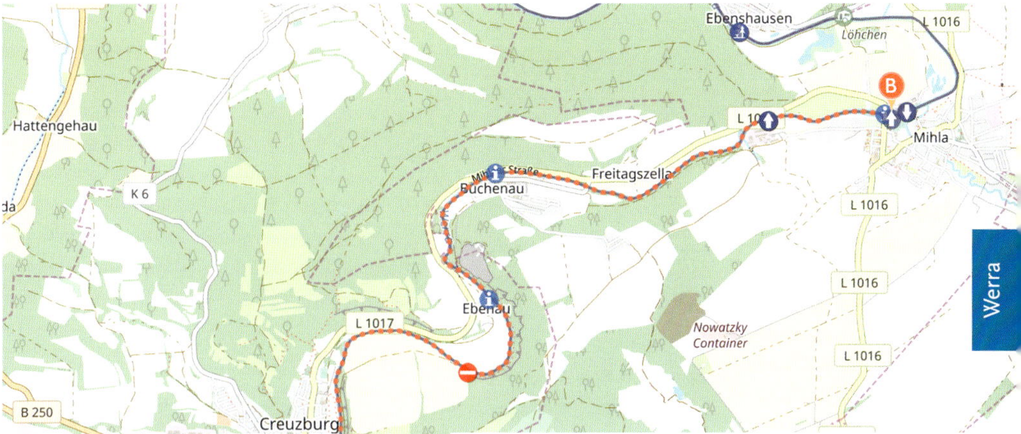

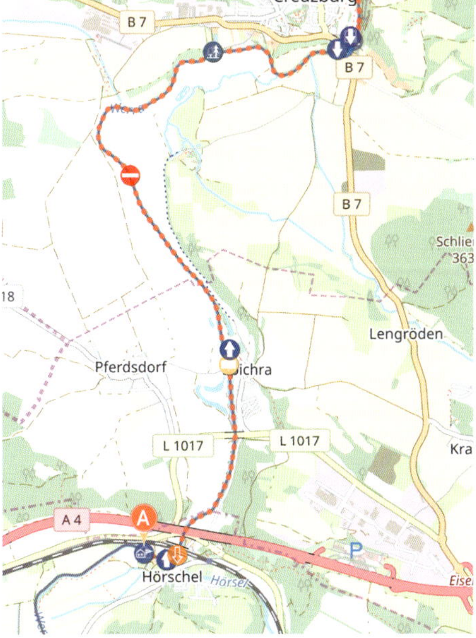

Werra

dass ein Bootswagen hilfreich ist. Auf der anderen Uferseite gibt es hinter dem Wehr eine Einsetzstelle, die gern von Kanuvermietern für den Start von Gruppenreisen genutzt wird.

Nach dem Umsetzen paddelt man durch eine landwirtschaftlich geprägte Gegend mit nun flotterer Strömung Creuzburg entgegen. Zwei Kilometer hinter dem Wehr besteht auf einer Strecke von zwei Kilometern bis zum Werratal-Camping ein beidseitiges Uferbetretungsverbot. Der Campingplatz selbst befindet sich am linken Ufer. Hinter der neuen Creuzburger Straßenbrücke erreicht man ein schönes Beispiel mittelalterlicher Baukunst, die siebenbogige Sandsteinbrücke mit der Liboriuskapelle. Landgraf Ludwig IV. ließ die Brücke 1223 errichten. Sie ist die älteste Natursteinbrücke Deutschlands nördlich des Mains. Die Liboriuskapelle am rechten Ufer entstand 1499, hatte jedoch einen hölzernen Vorgänger. Das Ensemble steht natürlich unter Denkmalschutz. Unter der Brücke beginnt eine heftige Schwallstrecke, die man am besten meistert, indem man durchs rechte Brückenjoch paddelt.

km 7,5 - Creuzburg, Natursteinbrücke

Bei der Weiterfahrt paddelt man durch ein weiteres Werradurchbruchstal, welches sich von den Ebenauer Köpfen über den Buchenauer Kalksteinbruch bis nach Mihla erstreckt. Mit etwas gutem Willen kann man in den zerklüfteten Kalksteinfelsen, die hinter Creuzburg am linken Felsen aufragen, Köpfe erkennen. Von hier gibt es wieder bis zur ersten Buchenauer Fußgängerbrücke ein Uferbetretungsverbot im NSG „Ebenauer Köpfe“. Das auffällige Betriebsgelände rechts in Buchenau gehört der Alltape Klebetechnik GmbH. Hinter der ersten Fußgän-

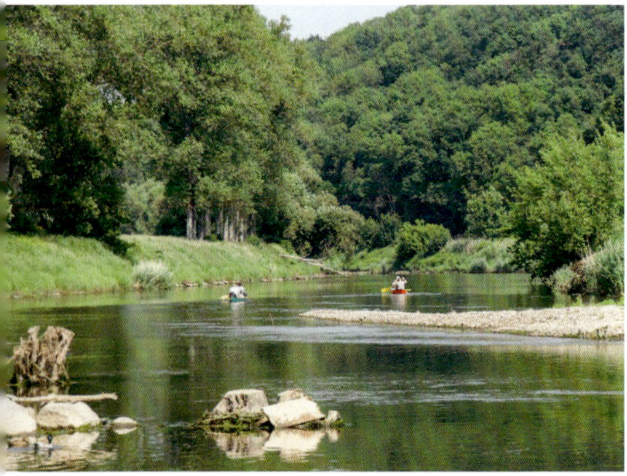

Die Werra hinter Spichra.

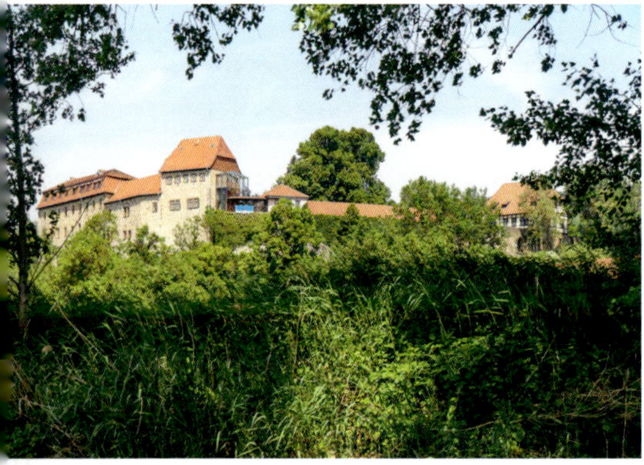

Die Burg in Creuzburg.

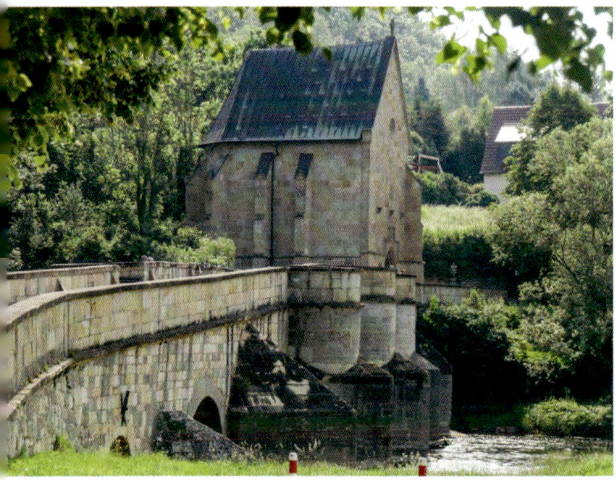

Die Liboriuskapelle hinter der Werrabrücke.

gerbrücke folgt 500 m weiter eine zweite und nach weiteren 500 m eine Straßenbrücke.

km 14 - Buchenau, Straßenbrücke

Der Kalksteinriegel zieht sich hinter der Brücke noch zwei Kilometer dicht am rechten Ufer entlang. Dann tauchen bereits das Bootshaus der Wassersportfreunde Mihla und einige Gewerbebetriebe am rechten Ufer auf. Hinter der Straßenbrücke kommt mit dem Wehr bereits das Ziel dieser Paddeltour näher. Rechts vor dem Wehr kann ausgesetzt werden. Hier gibt es auch einen kleinen Rastplatz.

km 17 - Mihla, Wehr

ADRESSEN UND INFOS

Übernachtungen und Gastronomie in Wassernähe

Hörschel:

- KC Rennsteig Hörschel/Werra *www.kanuclub-hoerschel.de*
- Gasthaus und Pension Tor Zum Rennsteig *www.rennsteig-beginn.de*

Creuzburg:

- Werratal-Camping, *www.werratal-tours.de*
- Biwakplatz Werra Kanu, *www.werra-kanu.de*
- Hotel Alte Posthalterei, *www.c-hap.de*
- Hotel Auf der Creuzburg, *www.burg-creuzburg*
- Gaststätten Zum Werratal
- Klostergarten

Mihla:

- Wassersportfreunde Mihla *www.wassersport-mihla.de*
- Hotel Sandgut Mihla *www.land-unternehmen-mihla.de*
- Restaurant Graues Schloss
- Paddlertreff
- Restaurant Hof Artelbach
- Goldene Aue

Kanu-Verleih, organisierte Touren

- Werratal Tours, *www.werratal-tours.de*
- Werra-Kanu, *www.werra-kanu.de*
- Kringeltours, *www.kringeltours.de*
- Krumos-Aktivreisen, *www.krumos-kanus.de*
- Pension Tor Zum Rennsteig *www.rennsteig-beginn.de*

Auskunft, Internetadressen

Eisenach: Tourist-Info, Markt 24
99817 Eisenach, Tel.: 03961-7 92 30
info@eisenach.info
www.eisenach.de | *www.eisenach.info.de*

Creuzburg: Tourist-Information, Auf der Burg
99831 Creuzburg, Tel.: 036926-9 80 47
tourismus@creuzburg.de | *www.creuzburg-online.de*

Mihla: Tourist-Information VG Hainich-Werratal
Marktstraße 18, 99826 Mihla
Tel.: 036924-48 98 30
tourismus@vg-hainich-werratal.de
www.vg-hainich-werratal.de | *www.mihla.de*

Karten, Bücher, Literaturtipps

- Paddelblatt Wasserwandern auf der Weser + Detailkarten von Werratal Touristik *www.werratal.de*
- Karten Werratalradweg vom Kompass-Verlag oder Bikeline-Verlag.

Sehenswertes

Creuzburg: Museum Burg Creuzburg, (*www.burg-creuzburg.de*),historische Altstadt mit Überresten der Stadtmauer, Nikolai-Kirche, Marktplatz mit altem Brauhaus, Posthalterei und Brunnen, Natursteinbrücke mit Liborius-kapelle.

Mihla: historische Altstadt mit Grauem und Rotem Schloss, St. Martins-Kirche mit spätgotischem Schnitzaltar, Hölzerkopfhaus und andere Fachwerkhäuser, Dorfanger, mittelalterlicher Gerichtsplatz Propel, Museum im Rathaus.

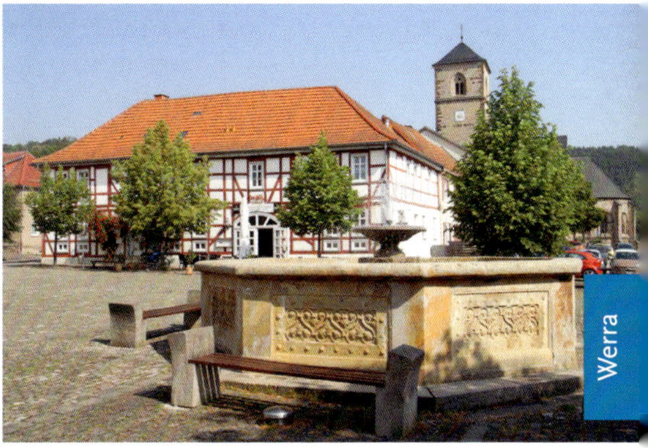

Der Marktplatz in Creuzburg.

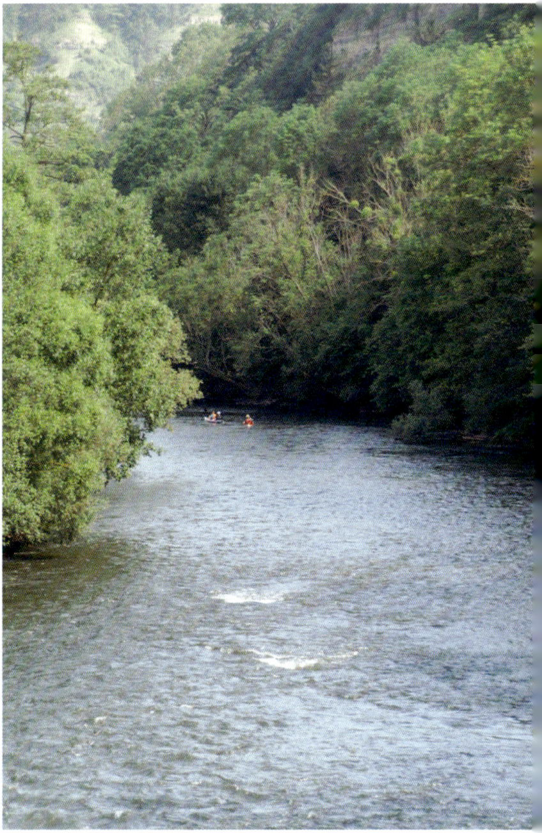

Hinter Creuzburg ist eine Schwallstrecke zu meistern.

Tour 20: Von Mihla nach Treffurt

Vor der Tour

Der Name der Kleinstadt Treffurt geht auf die drei Furten zurück, die hier im Mittelalter ein halbwegs trockenes Überqueren der Werra ermöglichten. Um den Schutz der Werraübergänge und des hier entstehenden Marktfleckens zu sichern, wurde oberhalb der Stadt die Burg Normannstein errichtet. In der Altstadt ist noch das mittelalterliche Kalksteinpflaster erhalten. Aber nicht nur wegen des Pflasters lohnt ein Bummel durchs Städtchen. Das Fachwerk-Rathaus mit seinem ebenfalls aus Fachwerk bestehendem Turm über dem Eingang und den die Heiligen Georg und Michael darstellenden Schnitzarbeiten an den Säulen der Freitreppe ist eine Augenweide. Unweit davon befinden sich mit dem Bürgerhaus, in dem früher Zigarren hergestellt wurden, dem Trottschen Hof mit dem Heimatmuseum, dem Ohrfeigenhaus, dessen Bauherr einst von seinem Fürsten eine Ohrfeige wegen des zu prunkvollen Baus bekommen haben soll, dem ehemaligen Stadtgefängnis Falkenstein, dem Pfuhls Hof und dem wahrscheinlich ältesten Wohnhaus Treffurts in der Kirchstraße weitere sehenswerte Stadthäuser. Die spätromanische St. Bonifatius-Kirche stammt aus dem 13. Jahrhundert. Im 19. Jahrhundert wurde sie saniert und umgebaut. Nahe des Pfuhlhofs in der Hessischen Straße steht eine Prangersäule. Auf dem Weg zur Burg Normannstein kommt man am Mainzer Hof, der Normannsteinquelle und einem Abenteuerspielplatz vorbei. In der Burg selbst kann man die Ausstellung „Werraburgen über Werrafurten“ ansehen und vor dem Rückweg den weiten Blick über Treffurt und das umgebende Werratal genießen.

Tourbeschreibung

km 0 - Mihla, Wehr

Nach dem Start in Mihla beschreibt die Werra eine weite Linkskurve, beendet hier ihren zwischenzeitlichen Weg ostwärts und wendet sich wieder gen Norden. Vor Ebenshausen befindet sich am rechten Ufer ein kleiner Zeltplatz. Einen Kilometer weiter gibt es in Ebenshausen an der Radwegebrücke eine Anlegestelle mit Rastplatz.

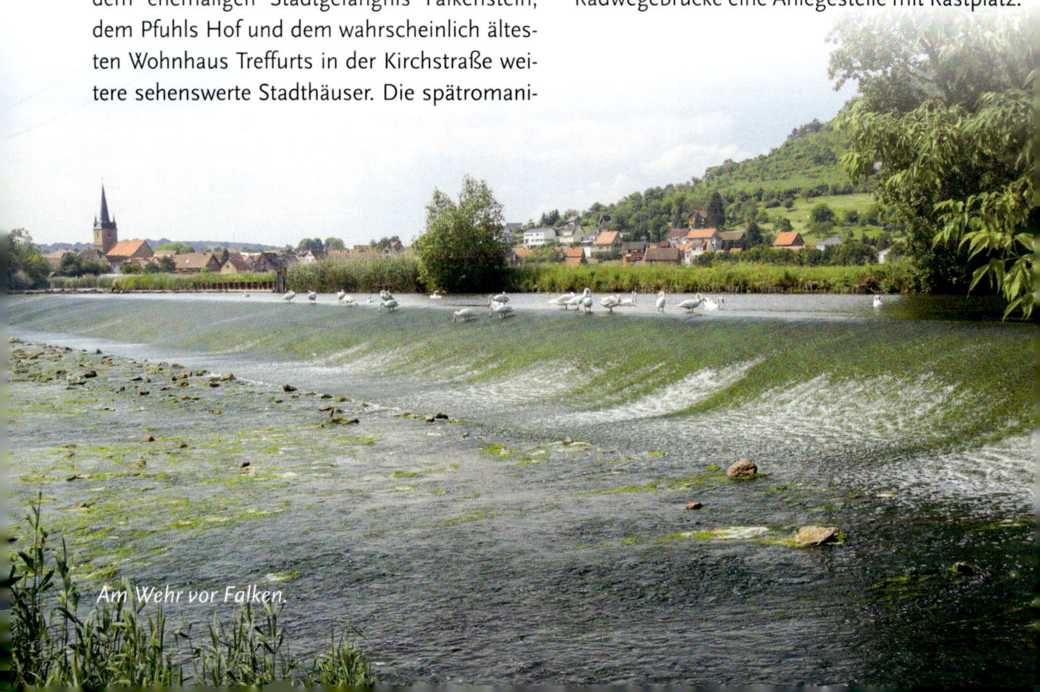

Am Wehr vor Falken.

Tourensteckbrief

Paddelstrecke
Von Mihla nach Treffurt, ca. 17 km.

Charakter
Flott fließender Kleinfluss mit einigen Schwallstrecken, insbesondere unter den Brücken, ein Wehr muss umtragen werden.

Ein- und Aussetzstellen
Einstieg: Wehr Mihla, Mühlgasse, (51.0792,10.3304).
Ausstieg: Treffurt, Unter den Linden (51.1344,10.2372).
Weitere Einsetzstellen:
Brücke Ebenshausen rechts,
Rastplatz Frankenroda rechts,
Rastplatz Falken rechts.

Zurück zum Einstieg
Fahrrad am Ziel abstellen und zur Einsetzstelle entlang Werratalradweg ca. 16 km radeln.

Optionen, Schlechtwettertipps
Radtour entlang Werratal-Radweg, Wanderung im Nationalpark Hainich, Besuch Mühlhausen, Wanderung auf dem Orchideen- und Naturlehrpfad Treffurt – Falken.

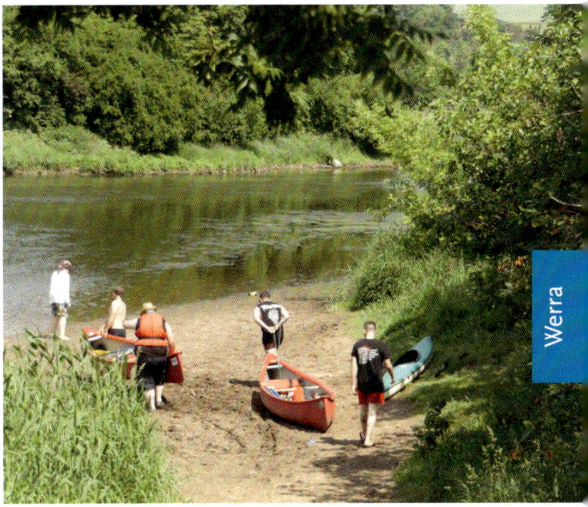

Einsetzstelle hinter dem Wehr in Mihla.

Werra

Die Werra fließt nun nördlich einer bewaldeten Kalksteinhöhe Frankenroda entgegen. Zwischen beiden Orten überquert eine weitere Radwegebrücke den Fluss. Gleich hinter den ersten Häusern von Frankenroda lädt am rechten Ufer ein Rastplatz zu einem Stopp ein.

km 7 - Frankenroda

Einen knappen Kilometer weiter verbindet eine Straßenbrücke beide Uferseiten. Nach weiteren zwei Kilometern, dort, wo die Zeltwiese des Landgasthofes Probstei-Zella beginnt, bekommt die Werra einen offiziellen Anstrich. Sie wird Bundeswasserstraße. Alle Kilometer bis zum Zusammenschluss mit der Fulda zur Weser steht nun am rechten Ufer ein Kilometerschild, beginnend mit dem Flusskilometer eins. Es steht da, wo sich steile Muschelkalkhänge am rechten Ufer der Werra erheben. Nach den Werradurchbrüchen bei Hörschel und hinter Creuzburg hat die Werra auch hier ein Durchbruchstal geschaffen. Kurz vor Falken teilt sich die Werra. Nach rechts fließt der Wehrkanal zum Wasserkraftwerk und nimmt einen Großteil des Werrawassers mit. Links vor dem Wehr kann man am Steg aussetzen und umtragen. Der Wasserstand ist bis zur Vereinigung mit dem Wehrkanal recht niedrig. Hinter der Brücke in Falken kann man am rechten Ufer zum Rasten aussetzen. Wer will, kann auch den Ort besichtigen oder dort einkehren.

km 12,5 - Falken, Rastplatz

Nach einigen sanften Werraschlingen taucht am rechten Ufer die neue Eigenheimsiedlung von Treffurt auf. Über der Stadt erhebt sich die Burg Normannstein. Nach Durchfahrt unter der Straßenbrücke der B 250 kann links am Steg des Kanurastplatzes ausgesetzt werden. Hier befindet sich auch ein Wohnmobilstellplatz.

km 17 - Treffurt, Wohnmobilstellplatz

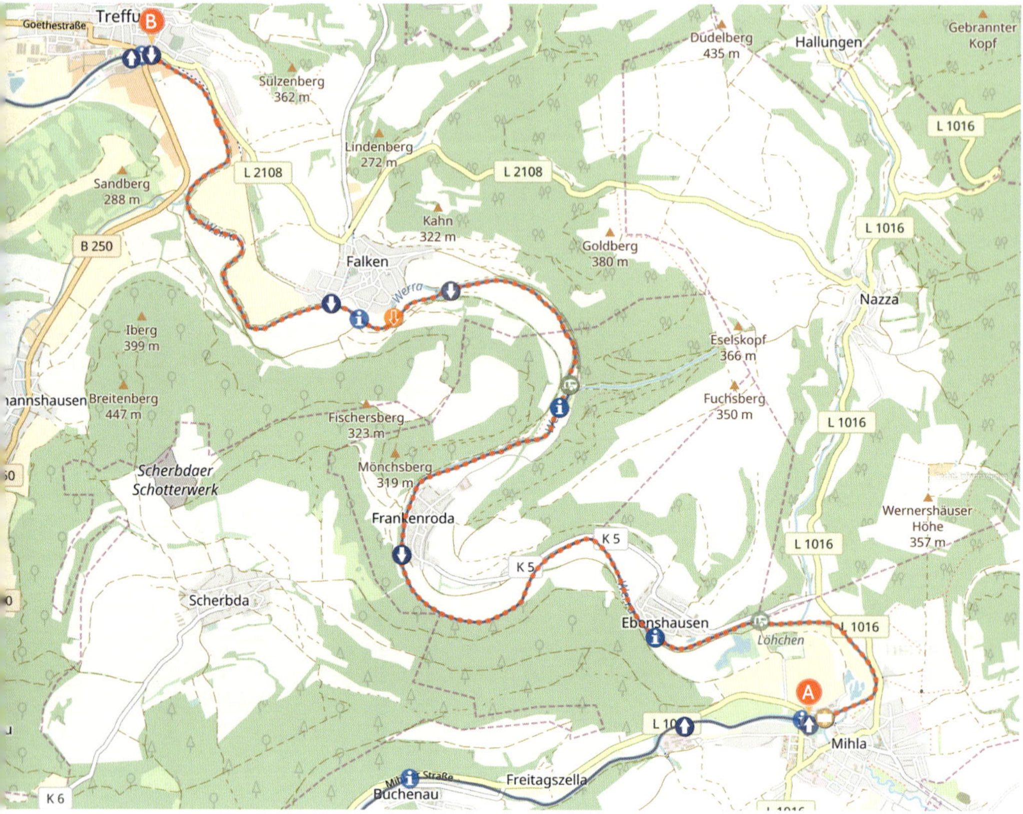

ADRESSEN UND INFOS

Übernachtungen und Gastronomie in Wassernähe

Mihla:

- Wassersportfreunde Mihla *www.wassersport-mihla.de*
- Hotel Sandgut Mihla *www.land-unternehmen-mihla.de*
- Restaurant Graues Schloss
- Paddlertreff
- Restaurant Hof Artelbach
- Goldene Aue

Frankenroda:

- Landgasthof Probstei-Zella mit Camping und Ferienzimmer, *www.zella.de*
- Café Gisela
- Restaurant Bürgerhaus

Falken:

- Pension Veronika, *www.veronikas-pension.de*
- Restaurant Goldene Aue
- Brückenklause

Treffurt:

- Wohnmobilstellplatz
- Hotel Waldblick, *www.waldblick-treffurt.de*
- Restaurant Klostergarten
- Ratskeller

Kanu-Verleih, organisierte Touren

- Werratal Tours, *www.werratal-tours.de*
- Werra Kanu, *www.werra-kanu.de*
- Kringeltours, *www.kringeltours.de*

▸ Krumos-Aktivreisen, *www.krumos-kanus.de*
▸ Werra-Erlebnistouren *www.werra-erlebnistouren.de*

Auskunft, Internetadressen

Creuzburg: Tourist-Information, Auf der Burg 99831 Creuzburg, Tel.: 036926-9 80 47
tourismus@creuzburg.de
www.creuzburg-online.de

Mihla: Tourist-Information VG Hainich-Werratal Marktstraße 18, 99826 Mihla
Tel.: 036924-48 98 30
tourismus@vg-hainich-werratal.de
www.vg-hainich-werratal.de

Treffurt: Tourist-Information, Puschkinstraße 3 99830 Treffurt, Tel.: 036923-5 15 42
info@treffurt.de I *www.treffurt.de, www.mihla.de*

Karten, Bücher, Literaturtipps

▸ Paddelblatt Wasserwandern auf der Weser + Detailkarten von Werratal Touristik *www.werratal.de*
▸ Karten Werratalradweg vom Kompass-Verlag oder Bikeline-Verlag.

Sehenswertes

Mihla: historische Altstadt mit Grauem und Rotem Schloss, St. Martins-Kirche mit spätgotischem Schnitzaltar, Hölzerkopfhaus und andere Fachwerkhäuser, Dorfanger, mittelalterlicher Gerichtsplatz, Museum.

Ebenshausen: Fachwerkhäuser, steinerne Torbögen, Dorfanger, Dorfkirche, alte Brunnen, Schrägseilbrücke für Werratal-Radweg.

Frankenroda: Fachwerkhäuser, Dorfkirche, Ziehbrunnen.

Falken: Martini-Kirche mit Heimatstube, historischer Anger mit Fachwerkhäusern.

Treffurt: Burg Normannstein, historische Altstadt mit ehemaligem Pranger, Renaissance-Fachwerk Rathaus, romanische St. Bonifatius-Kirche mit Schnitzaltar von 1450, altes Pfarrhaus, Gefangenenhaus, Reste der Stadtmauer.

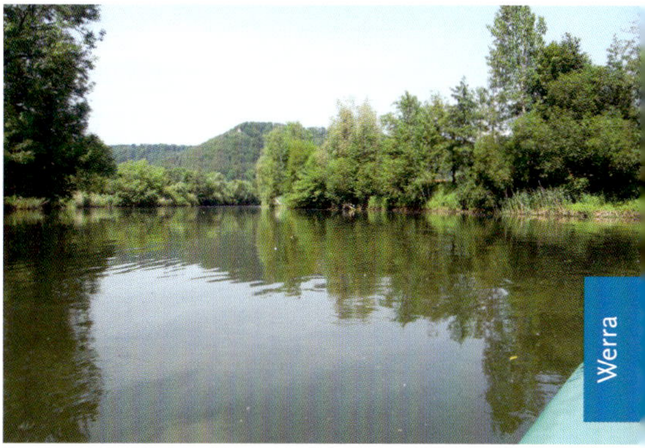

Die Werra bei Frankenroda.

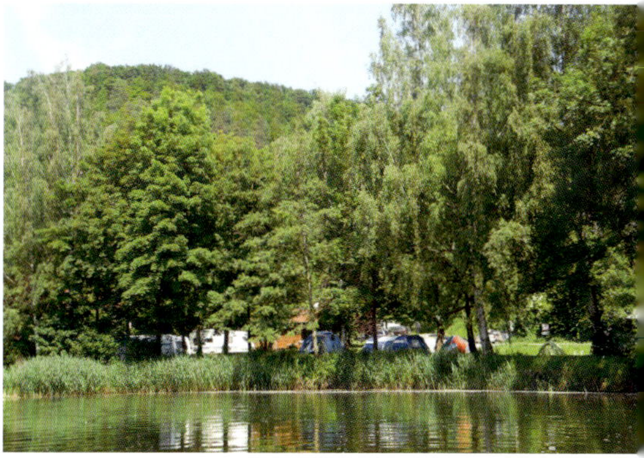

Der Zeltplatz Probstei Zella.

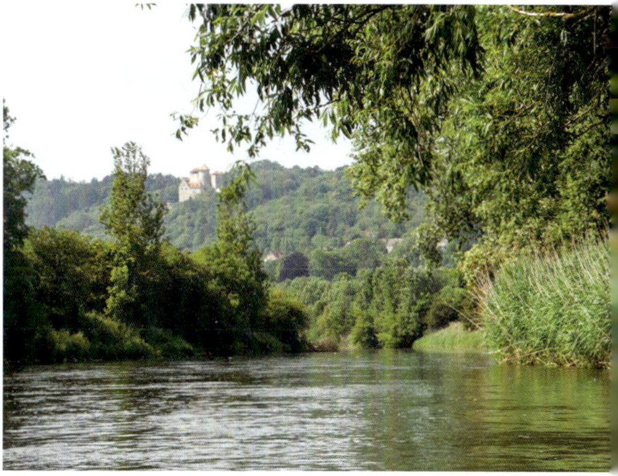

Wenn die Burg Normannstein auftaucht, ist Treffurt nicht mehr weit.

Tour 21: Von Leubingen nach Artern

Vor der Tour

Die Unstrut können zwischen Leubingen und Artern auch Paddelnovizen gut bewältigen. Einige Schwallstrecken lassen die Tour aber auch nicht zu einfach werden. Daneben gibt es unterwegs viel Interessantes zu sehen.

Nähert man sich dem Ort Sachsenburg, erblickt man an einem Berghang hinter dem Ort zwei Burgruinen, die Sachsenburgen. Nach der Eroberung Thüringens im Jahr 531 durch die Franken und die mit ihnen verbündeten Sachsen wurde mit dem Bau einer Befestigung zum Schutz des wichtigen Handelsweges durch die Thüringer Pforte begonnen. Von der Unterburg, auch Hakenburg genannt, existieren noch der Wartturm, die Ringmauern, ein Teil des Brunnenhauses und das Kellergewölbe. Von der Oberburg ist außer dem Wartturm noch die Ruine des Wohnhauses erhalten geblieben.

Neben den Burgen hat der Ort noch eine weitere Sehenswürdigkeit zu bieten: die 12-Bogen-Brücke. Im Jahr 1974 legte man zum Hochwasserschutz in einem Unstrutbogen am rechten Ufer eine 1.300 m lange Flutmulde an. Um bei Hochwasser dennoch trockenen Fußes oder besser Autoreifens nach Sachsenburg zu gelangen, musste durch die Senke eine lange, 12-bogige Brücke gebaut werden.

Wer die lange Umtragestrecke am Wehr Oldisleben vor sich sieht, dem mag das Lied „Das Wandern ist des Müllers Lust“ in den Sinn kommen. Nicht zu unrecht. Denn hier vertonte einst, vom Rauschen des Wassers inspiriert, der Komponist Carl Friedrich Zöllner ein Gedicht von Wilhelm Müller aus der Gedichtsammlung „Die schöne Müllerin“. In der Folgezeit wurde es zu einem der bekanntesten deutschen Volkslieder.

Artern verdankt seinen Aufstieg einer Solequelle. Selbst das Wehr wurde nicht zur Verbesserung der Schifffahrt errichtet, sondern um die Saline kontinuierlich mit Wasser versorgen zu können. Und wenn die Einwohner Arterns baden gehen wollen, gehen sie auch heute noch ins Soleschwimmbad.

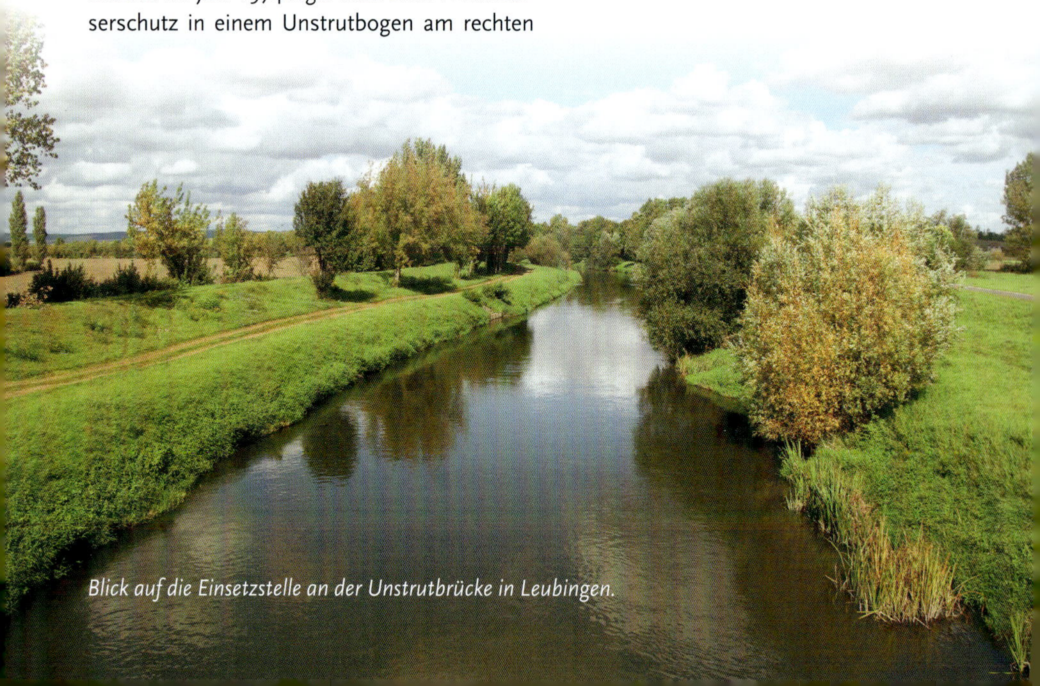

Blick auf die Einsetzstelle an der Unstrutbrücke in Leubingen.

Tourensteckbrief

Paddelstrecke
Von Leubingen nach Artern, ca. 26 km.

Charakter
Flott fließender Kleinfluss mit einigen Schwallstrecken, alte Spundwand unter der Brücke Riethgen, Umtragen erforderlich, Wehr Oldisleben ebenfalls umtragen.

Ein- und Aussetzstellen
Einstieg: hinter der **Brücke Leubingen** am rechten Ufer (51.2053, 11.1411),
auf der Rosa-Luxemburg-Straße Richtung Scherndorf, Parkmöglichkeit für einige Autos an der Brücke rechts.
Ausstieg: an der Schleuse Artern (51.3615, 11.2853), Parkplatz hinter der Schleuse.

Zurück zum Einstieg
1. Per Bahn (Entfernung zum Bahnhof Artern ca. 2 km, zum Bahnhof Leubingen ca. 1 km). Weitere Bahnhöfe in Heldrungen und Bretleben.
2. Fahrrad am Ziel abstellen und zur Einsetzstelle entlang Unstrutradweg ca. 30 km radeln.

Optionen, Schlechtwettertipps
Start bereits ab Sömmerda bzw. erst an der Brücke Riethgen. Radtour entlang des Unstrutradweges oder Kyffhäuserradweges, Wanderung in Hainleite, Schmücke oder Hohe Schrecke, Ausflug zum Kyffhäuserdenkmal und Panoramamuseum (*www.panorama-museum.de*) bei Bad Frankenhausen.

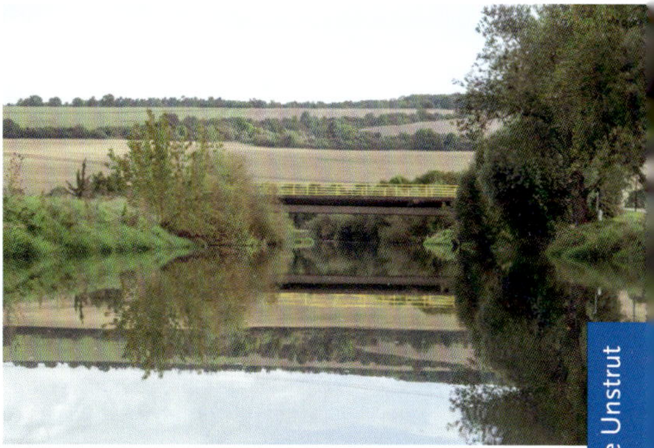

Hinter der Brücke bei Gorsleben fließt von rechts die Lossa in die Unstrut.

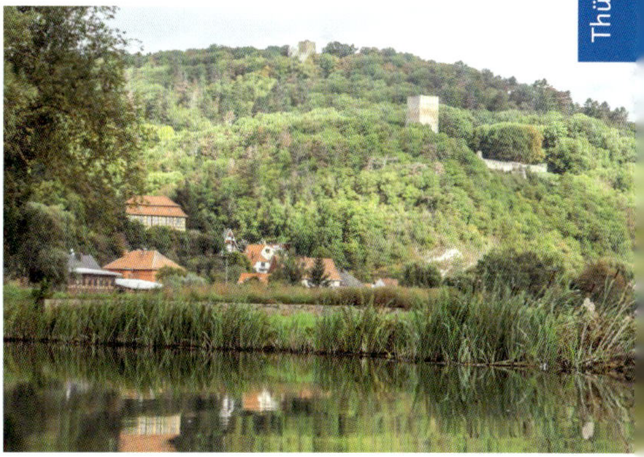

Blick auf die Sachsenburgen.

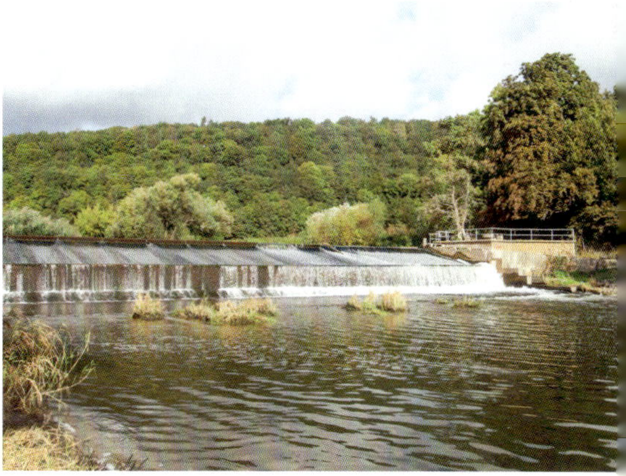

Das nicht befahrbare Wehr in Oldisleben.

Thüringische Unstrut

Tourbeschreibung

km 0 - Leubingen, Unstrutbrücke

In Leubingen gibt es leider noch keinen Einstiegssteg, so dass hinter der Brücke am rech-

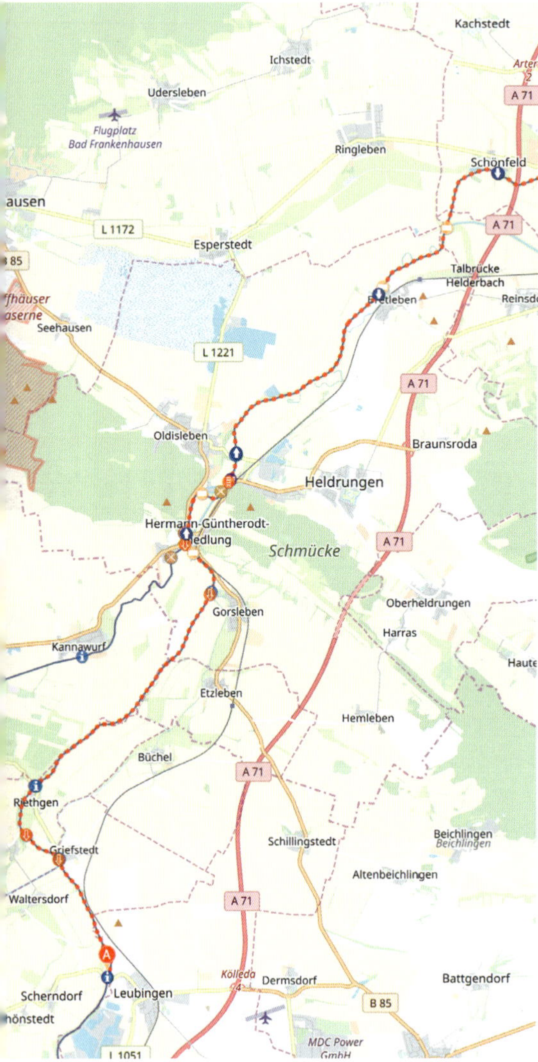

ten Ufer eine Einsetzmöglichkeit gefunden werden muss. Mit flotter Strömung geht es bis Artern durch eine landwirtschaftlich intensiv genutzte Region, von der vom Wasser aus allerdings nicht viel zu sehen ist. Eine etwa zwei Meter hohe, mit Gräsern bewachsene Böschung verhindert jede Sicht auf das Umland. Ein Anlegesteg kurz hinter Leubingen führt rechts zu einem Picknickplatz. Bei Griefstädt fließen von links die glasklare Lache und einen Kilometer weiter die Halbe in die Unstrut. Unter der dortigen Brücke würzt eine Schwallstrecke die Fahrt. Vor der Straßenbrücke Riethgen heißt es dann aussteigen.

km 5 - Riethgen

Direkt hinter der Brücke befindet sich in einer Schwallzone eine mit Steinen gespickte Spundwand unter Wasser. Es gibt zwar eine schmale Durchfahrt, die aber wegen des „sprudelnden“ Wassers schwer zu erkennen ist. Das Befahren sollte darum nur erfahrenen Kanuten vorbehalten sein, die die Stelle vorher besichtigt haben. Wer sein Kanu liebt, trägt lieber um. Ein- und Aussetzstege erleichtern dies. Nun folgt eine wildromantische Flussstrecke, die dicht mit Laubbäumen bewachsen ist. Die Unstrut strömt noch ein wenig schneller. Ein paar Kilometer vor Sachsenburg öffnet sich die Landschaft, und man erhascht jetzt auch Blicke auf die Höhenzüge rechts und links, die Hainleite, die Schmücke und die Hohe Schrecke. Dieses Durchbruchstal ist auch als Thüringer Pforte bekannt. Einen guten Kilometer vor Sachsenburg kommt von rechts die Lossa zur Unstrut. Hier, vor der Brücke rechts, gibt es eine Ein- und Aussetzstelle mit Rastplatz. Wer möchte, kann ins nahe Gorsleben wandern. Vor Sachsenburg hat man einen schönen Blick auf die Ruinen der Sachsenburgen. Von links kommt die Wipper; trotzdem fließt die Unstrut nun langsamer, denn der Rückstau vom Wehr Oldisleben macht sich schon bemerkbar.

km 13,5 - Oldisleben, Wehr

Die Umtragestrecke rechts um das Wehr herum ist recht lang (gut einhundert Meter), da schon weit vor dem Wehr ausgesetzt werden muss. Die folgenden 500 m hinter dem Wehr ist das Wasser sehr flach, da der größte Teil in den Mühlenbach umgeleitet wird. Dort, wo Unstrut

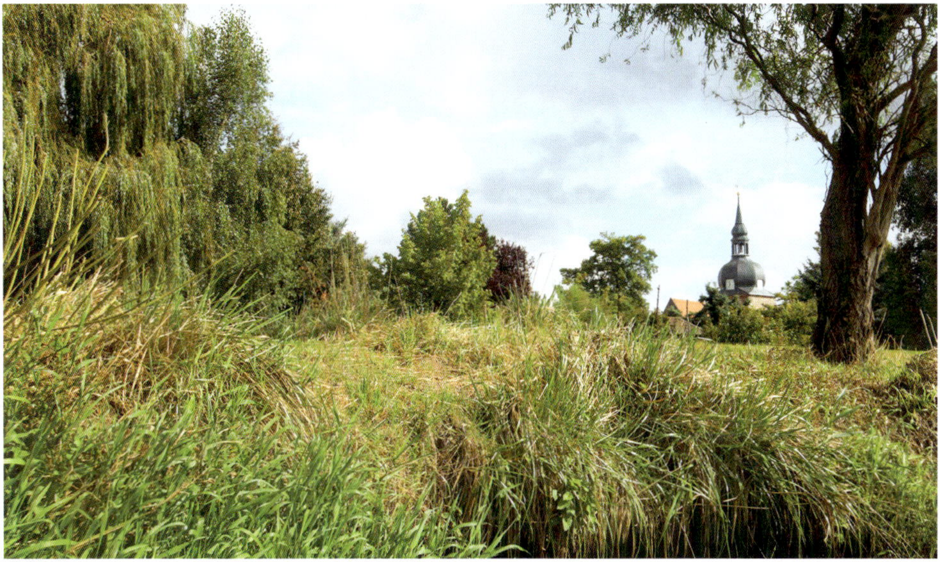

Hinter der Böschung taucht der Kirchturm der Kirche Schönfeld auf.

und Mühlenbach wieder zusammentreffen, geht es nach links gegen die flotte Strömung zum kleinen Zeltplatz des Reit- und Fahrvereins Oldisleben. Einen Kilometer weiter flussabwärts gibt es an der Brücke Heldrungen rechts einen Rastplatz mit entsprechender Ausstiegsstelle, etwas weiter, ebenfalls am rechten Ufer, ein Pegelhäuschen. Unterhalb der Brücke schwallt es wieder mächtig. Etwas unangenehm ist der im Auslauf liegende große Stein.

km 18 - Bretleben

Einfache Schwallstrecken gibt es unter der Brücke Bretleben (rechts Rastplatz mit Ein- und Ausstiegsstelle) und der 2,5 km entfernten Eisenbahnbrücke. Zwei Kilometer hinter der Eisenbahnbrücke geht nach rechts, durch eine Wehranlage von der Unstrut getrennt, der Flutkanal ab, der vor Memleben wieder zur Unstrut stößt. Die Unstrut wird hier deutlich schmaler und fließt links an der Wehranlage vorbei. Bald taucht hinter der Böschung der Kirchturm der Kirche Schönfeld auf. Eine Fußgängerbrücke überquert hier die Unstrut. Kurz dahinter folgt

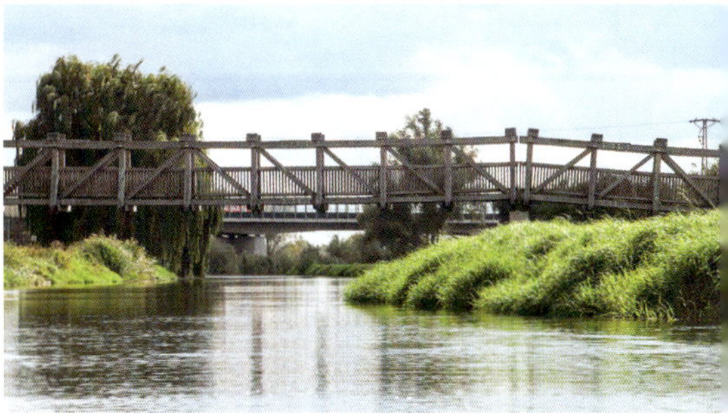

Fußgänger und Radfahrer können bei Schönfeld die Unstrut überqueren.

die wuchtige Brücke der Autobahn A 71, deren Lärm uns bis Artern begleitet. In Artern wird rechts vor der Schleuse angelegt. Das Grundstück rechts der Schleusenkammer gehört zum Kanu- und Wanderverein Artern, bei welchem man man auch zelten kann und der auch Bedarfsschleusungen nach telefonischer Anmeldung übernimmt. Im Allgemeinen wird jedoch umgetragen. Das ist problemlos möglich, denn Aus- und Einstiegsstelle befinden sich auf dem

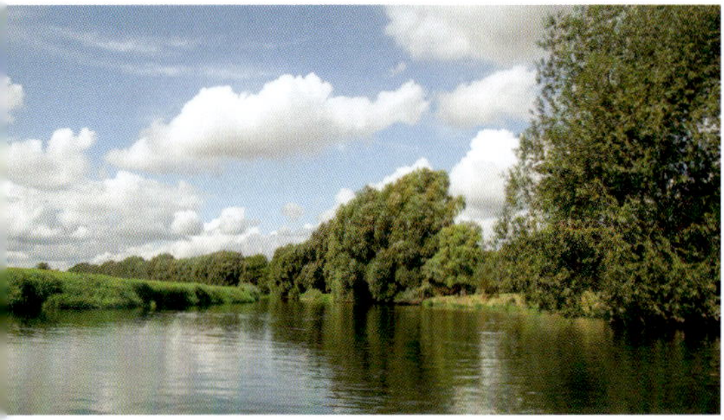

Die Unstrut vor Artern taucht der Kirchturm der Kirche Schönfeld auf.

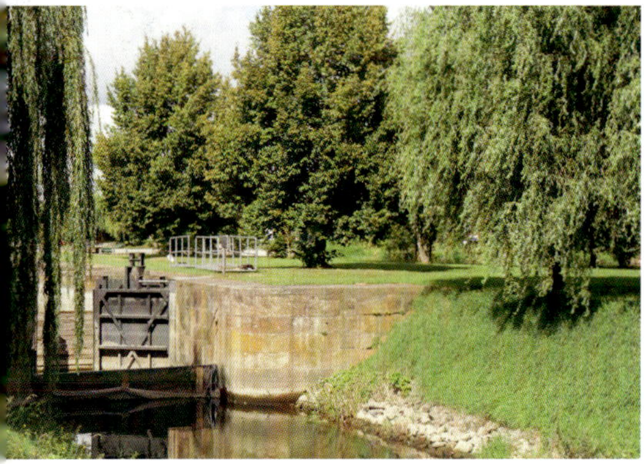

Die Unstrutschleuse in Artern.

Schleusengrundstück. Wer seine Tour an der Schleuse beenden möchte, kann, soweit das Tor zum Schleusengrundstück geöffnet ist, der Umtragestrecke folgen und am Tor das Gelände verlassen. Ist das Tor verschlossen, muss etwas umständlich rechts an der Schleuse vorbei umtragen werden.

km 26 - Artern, Schleuse

ADRESSEN UND INFOS

Übernachtungen und Gastronomie in Wassernähe

Oldisleben:

- Zeltplatz Reit- und Fahrverein Oldisleben,

Bretleben:

- Gasthof Ehrichs Hof *www.bretleben.de/ehrichs-hof*

Schönfeld:

- Gaststätte Anglerheim

Artern:

- Kanu- und Wanderverein Artern
- Hotel Friedchen *www.hotel-friedchen.de*
- Karpfenklause

Kanu-Verleih, organisierte Touren

- Kanu-Club Sömmerda, *www.kc-soemmerda.de*
- Kanustation Schleuse Ritteburg *www.pension-schleuse.de*
- Kanu-Verleih Burgenland *www.kanuverleih-burgenland.de*
- Kanu-Verleih Nebra, *www.kanuverleih-nebra.de*

Auskunft, Internetadressen

www.oldisleben.de
www.region-suedharz-kyffhaeuser.de
www.geopark-kyffhaeuser.de

Karten, Bücher, Literaturtipps

- Faltblatt Wasserwandern auf der Unteren Unstrut
- Bikeline-Radtourenbuch Unstrut-Radweg
- Unstrut Radwanderweg, Verlag grünes herz
- Radwander- und Wanderkarte Unstrut-Radweg, Verlag Dr. Barthel

Sehenswertes

Sachsenburg: Burgruinen Sachsenburg und Hakenburg (*www.sachsenburgenverein.de*)
Oldisleben: historische Zuckerfabrik (*www.suedzucker.de*), Feuerwehrmuseum.
Bretleben: Museum Ehrichs Hof.
Artern: Salinepark mit Soleschwimmbad, Altstadt mit Rathaus, St. Veitskirche und St. Marienkirche, Parkfriedhof mit Solequelle und Solgraben, Jüngkens Aussichtsturm.

Tour 22: Von Artern nach Memleben

Vor der Tour

Im Jahr 933 versuchte ein ungarisches Reiterheer das im Entstehen begriffene deutsche Reich zu unterjochen. Der erste Sachse auf dem Königsthron, Heinrich I., besiegte die Ungarn aber in einer Schlacht an der Unstrut. Der genaue Ort des Kampfes konnte bisher nicht ermittelt werden; es gibt aber Hinweise, dass er in der Nähe von Ritteburg stattgefunden haben könnte. Vielleicht gelingt einem Paddler hier ja mal ein ähnlich sensationeller Fund wie jenem an der Tollense in Mecklenburg-Vorpommern, der bei Niedrigwasser Überreste einer bronzezeitlichen Schlacht entdeckte.

Im Mühlenmuseum in Bottendorf hat der Förderverein „Kupferhütte Bottendorf" eine Ausstellung zum Kupferbergbau und zur Kupferverhüttung erstellt. Der Kupferschiefer wurde an den Bottendorfer Höhen gewonnen. Heute wachsen dort seltene Pflanzen, unter anderem die nach dem Ort benannte Grasnelke armeria bottendorfensis.

Wenn sich in einem eher flachen Flusstal ein steiler Felsen bis nahe an das Ufer heranschiebt, ist dieser Standort prädestiniert für eine Burganlage. Es wird vermutet, dass bereits die Sachsen im frühen Mittelalter dort, wo sich heute die Burg Wendelstein erhebt, eine Befestigung gegen die anrückenden Franken erbauten und sich später hier die Kaiserpfalz Memleben befand. Im Mittelalter wechselte die Burg mehrmals ihren Besitzer. Im Dreißigjährigen Krieg wurde die Burg von katholischen und später protestantischen Truppen erobert und dabei stark zerstört. Heute wird sie zu Wohnzwecken genutzt. Aber allein wegen der Aussicht über das Unstruttal lohnt ein Aufstieg auf die Anhöhe. Memleben wird in der folgenden Unstrut-Etappe beschrieben.

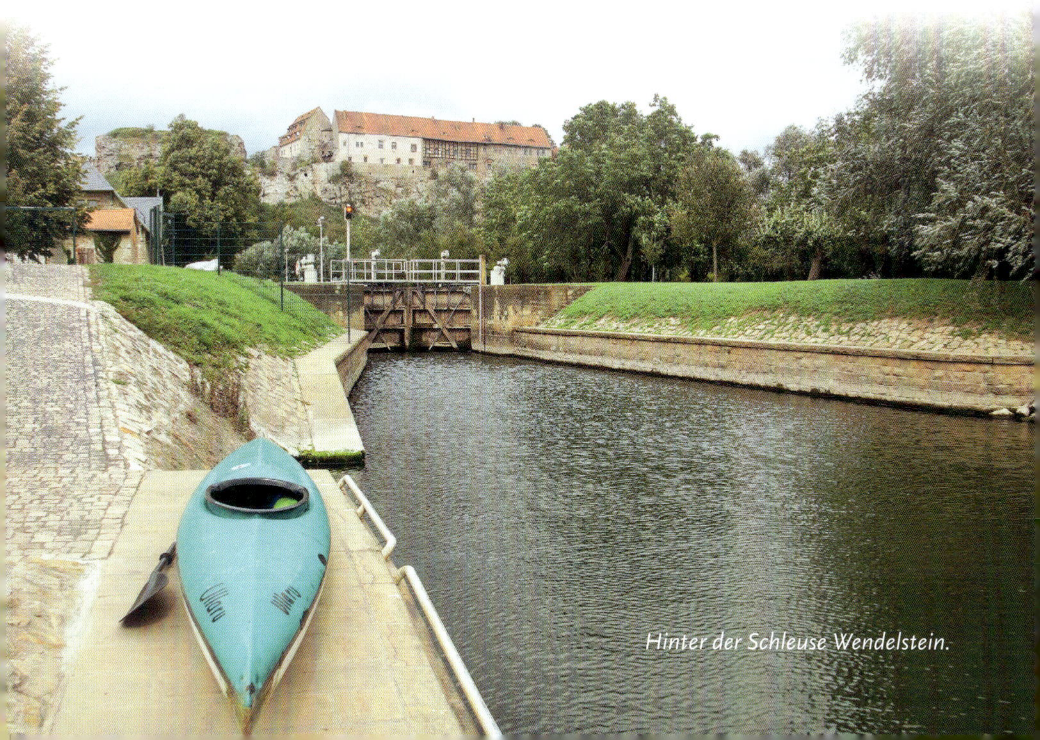

Hinter der Schleuse Wendelstein.

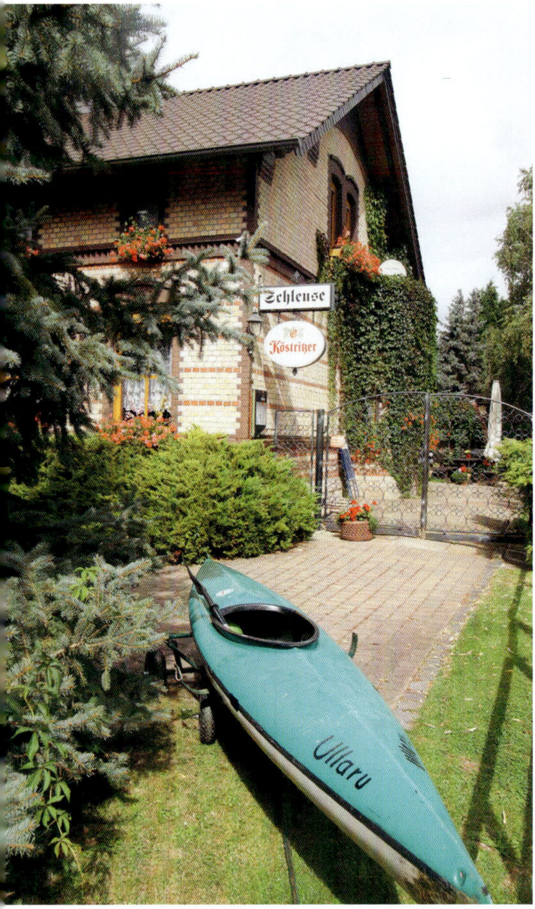

Die Pension Zur Schleuse in Ritteburg.

Tourensteckbrief

Paddelstrecke

Von Artern nach Memleben, ca. 20 km.

Charakter

Flott fließender Kleinfluss mit einigen Schwallstrecken, insbesondere unter den Brücken in Schönewerder und Bottendorf, Schleusen in Ritteburg und Wendelstein, eventuell umtragen.

Ein- und Aussetzstellen

Einstieg: hinter der Schleuse Artern (51.3615, 11.2853), Parkplatz.
Ausstieg: am Rastplatz Memleben hinter Flutkanal (51.2673, 11.4833), Parkplatz.

Zurück zum Einstieg

Fahrrad am Ziel abstellen und zur Einsetzstelle entlang Unstrutradweg ca. 22 km radeln.

Optionen, Schlechtwettertipps

Besuch der Modelbahnanlage in Wiehe, Radtour entlang des Unstrutradweges oder Kyffhäuserradweges, Wanderung in Hohe Schrecke, Ausflug zum Kyffhäuserdenkmal und Panoramamuseum bei Bad Frankenhausen.

Tourbeschreibung

km 0 - Artern, Schleuse

Hinter der Schleuse gibt es am Bootshaus des Kanu- und Wandervereins Artern einen großen unbefestigten Parkplatz. Wenn das Tor zum Kanugelände offen ist, kann man mit Erlaubnis den Einsetzsteg nutzen; ansonsten muss das Kanu etwas beschwerlich eine steile Böschung hinuntertransportiert werden. Nach wenigen Metern wird die erste Brücke unterquert. Weiter links folgt die Ein- und Aussetzstelle, die zum Besuch der Stadt Artern einlädt (eventuell auch hier einsetzen). Hinter der Eisenbahnbrücke wird Artern verlassen und die Strömung trägt die Boote flott zur Schleuse Ritteburg (Tel.: 03466-32 23 32).

km 4 - Ritteburg, Schleuse

Vor der Schleuse wird rechts angelandet. Wenn umgetragen werden soll, kann man eventuell den Bootswagen des Schleusenbetreibers nutzen, der bei der letzten Befahrung hier vorhanden war. Die Umtragestrecke beträgt etwa 100 m. Von links fließt hinter der Schleuse die Helme (siehe Helme-Etappe) in die Unstrut. Die

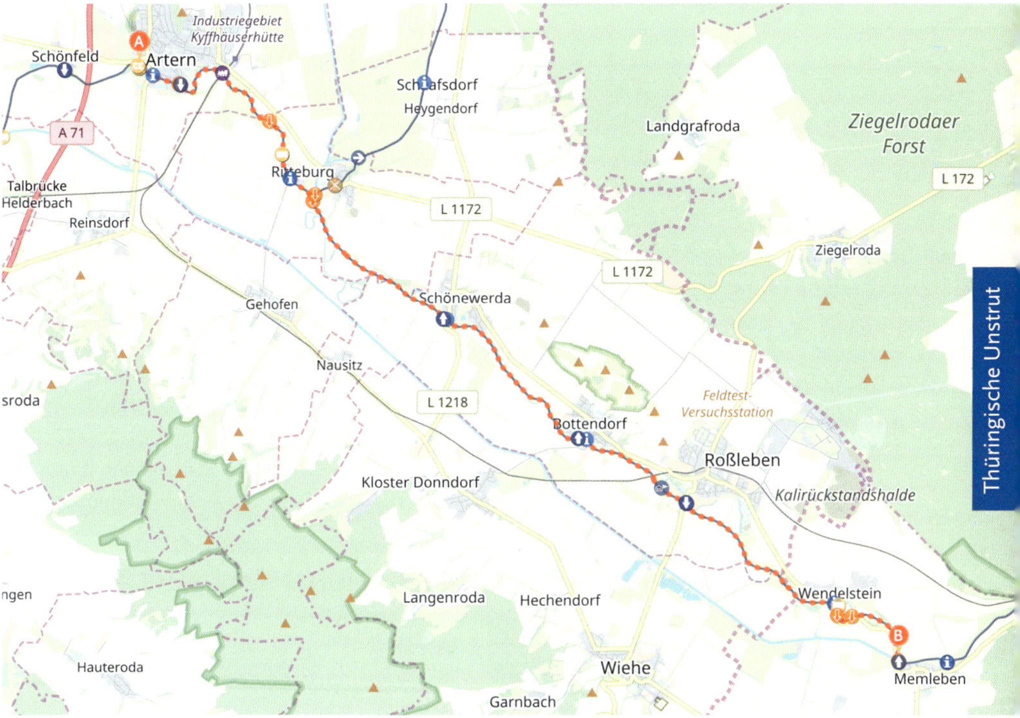

folgende Brücke sollte in der Nähe des rechten Ufers unterquert werden; im linken Flussabschnitt liegen einige Steine.

km 8 - Schönewerder

Unter der Brücke Schönewerder gibt es einen kräftigen Schwall. Diesen entweder in der Nähe des linken oder auch rechten Ufers durchfahren; auf jeden Fall dem mittleren Brückenpfeiler nicht zu nahe kommen. Ein- und Aussetzstege gibt es vor der Brücke rechts und hinter der Brücke links. Auch die Brückendurchfahrt in Bottendorf vier Kilometer weiter hat es in sich. Hier links vom Brückenpfeiler in die Stromzunge einfahren und dann nach links steuern, um der Untiefe hinter dem Brückenpfeiler zu entgehen. Ausetzen und rasten kann man hinter der Brücke links. Der Steg vor der Brücke rechts führt zum Bedarfscampingplatz der Bottendorfer Mühle. Dort sind auch seltene Rinderrassen zu bestaunen. Zweihundert Meter hinter der nächsten Eisenbahnbrücke liegt am linken Ufer das Bootshaus des Ruderklubs Roßleben.

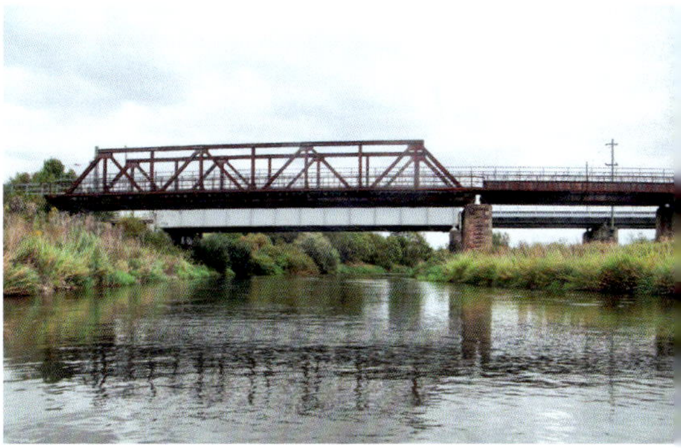

Gleich hinter Artern überspannt eine Eisenbahnbrücke die Unstrut.

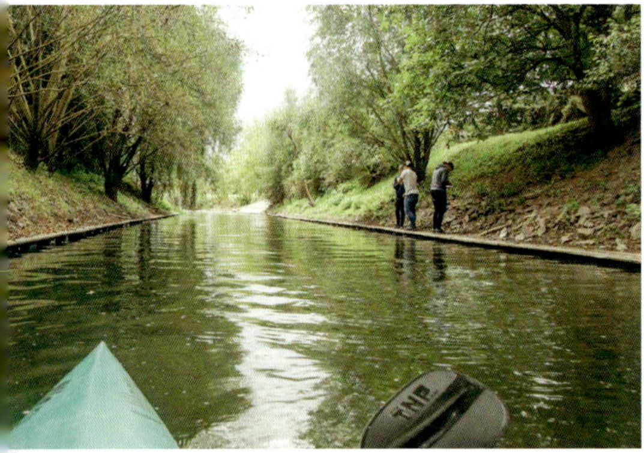

Am dem Auslaufkanal der Ritteburger Schleuse wird geangelt.

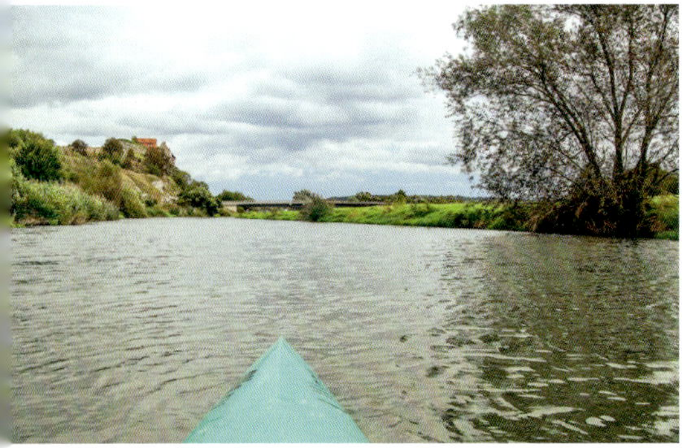

Auf einem Höhenzug am ansonsten flachen Ufer der Unstrut thront die Burg Wendelstein.

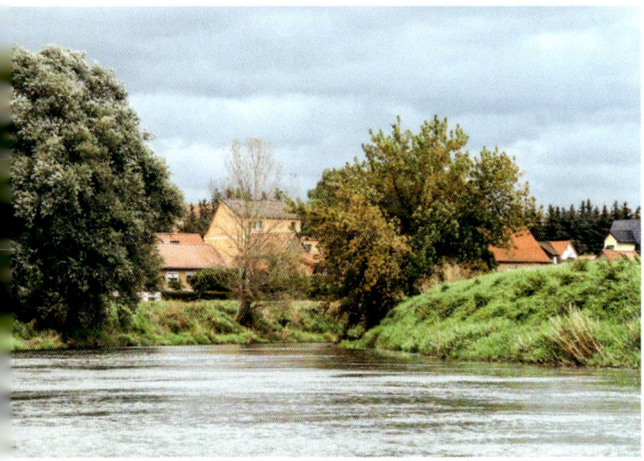

Schönewerder an der Unstrut.

km 14 - Roßleben
Wer dem Städtchen einen Besuch abstatten möchte, kann hinter der Brücke links anlegen. Bei der Weiterfahrt ist in der Ferne bereits die Burg Wendelstein zu erblicken. An der Schleuse Wendelstein (Tel.: 034672-9 31 47) rechts die Schleuseneinfahrt nutzen. Rechts von der Schleuse kann auch umgetragen werden. Nun sind es noch zwei Kilometer bis zum Ziel. Von links kommt der Flutkanal zurück zur Unstrut (siehe vorangegangene Tour). Das Aussteigen erfolgt bequem direkt hinter der Mündung des Flutkanals am Steg am rechten Ufer.

km 20 - Memleben

ADRESSEN UND INFOS

Übernachtungen und Gastronomie in Wassernähe

Artern:
- Kanu- und Wanderverein Artern
- Hotel Friedchen
  www.hotel-friedchen.de
- Karpfenklause

Ritteburg:
- Pension Schleuse Ritteburg
  www.pension-schleuse.de

Schönewerder:
- Pension Unstrut-Gut
  www.unstrut-gut.de

Bottendorf:
- Wassermühle (Ferienzimmer, Camping)
  www.bottendorfer-muehle.kyff.de
- Gaststätten Weintraube und Gambrinus-

Roßleben:
- Gaststätte Zum Unstrutkoch

Memleben:
- Pension und Restaurant Zum Storchennest
  www.storchennest-memleben.de
- Pension und Cafe´ am Kloster
  www.storchennest-memleben.de
- Kloster, *www.kloster-memleben.de*

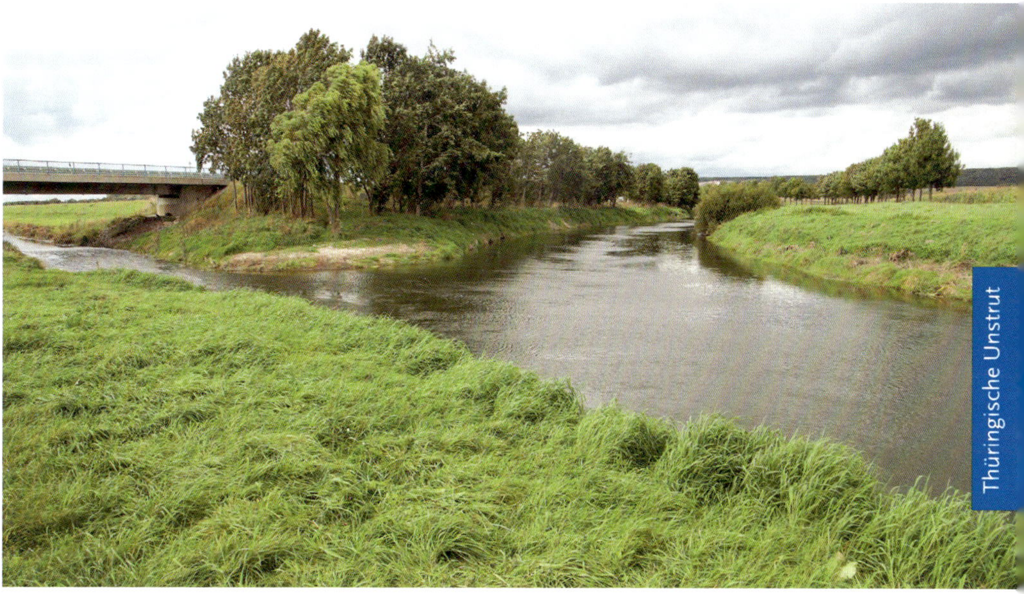

Bei Memleben vereinigt sich der Flutkanal wieder mit der Unstrut.

Kanu-Verleih, organisierte Touren

- Kanustation Schleuse Ritteburg
  www.pension-schleuse.de
- Kanu-Verleih Burgenland
  www.kanuverleih-burgenland.de
- Kanu-Verleih Nebra
  www.kanuverleih-nebra.de
- Outtour, *www.outtour.de*

Auskunft, Internetadressen

Naumburg: Saale-Unstrut Tourismus
Lindenring 34, 06618 Naumburg
Tel.: 03445-23 37 90
info@saale-unstrut-tourismus.de
www.saale-unstrut-tourismus.de

Memleben: Kloster Memleben
Thomas-Müntzer-Straße 48, 06642 Memleben
Tel.: 034672-60274, *info@kloster-memleben.de*
www.kloster-memleben.de

Nebra: Naturpark Saale-Unstrut-Triasland
Unter der Altenburg 1, 06642 Nebra
Tel.: 034461-2 20 86
info@naturpark-saale-unstrut.de
www.naturpark-saale-unstrut.de

Karten, Bücher, Literaturtipps

- Faltblatt Wasserwandern auf der Unteren Unstrut
- Bikeline-Radtourenbuch Unstrut-Radweg
- Unstrut Radwanderweg, Verlag grünes herz
- Radwander- und Wanderkarte Unstrut-Radweg, Verlag Dr. Barthel

Sehenswertes

Artern: Salinepark mit Soleschwimmbad, Altstadt mit Rathaus, St. Veitskirche und St. Marienkirche, Parkfriedhof mit Solequelle und Solgraben, Jüngkens Aussichtsturm.
Bottendorf: Mühlenmuseum Kupferhütte (*www.bottendorfer-muehle.kyff.de*).
Wendelstein: Burgruine
Memleben: Kloster und Kaiserpfalz (*www.kloster-memleben.de*), Erlebnistierpark (*www.erlebnistierpark.de*).

Tour 23: Von Martinsrieth nach Kalbsrieth

Vor der Tour

Die Helme, ein Nebenfluss der Unstrut, entwässert das südliche Harzvorland. Nach starken Regenfällen im Harzgebiet kam es immer wieder zu Überschwemmungen, sodass in den 1960er Jahren zum Schutz vor den Hochwassern der Stausee Kelbra angelegt wurde. Der Wasserstand des hier beschriebenen Flussabschnitts ist somit stark vom Wasserablass des Stausees abhängig. Eine Bedeutung als Wasserstraße kann die Helme eigentlich nie gehabt haben. Trotzdem tauchen bis 6 km vor der Mündung in die Unstrut immer wieder Kilometerschilder am rechten Ufer auf. Die hinter dem Fluss liegenden Wiesen und Felder sind selten zu sehen, denn die Böschung ist ca. 1,5 m hoch. Am rechten Uferrand liegen zahlreiche schmale Streuobstwiesen.

Das Wehr in Klosterrohrbach kann nicht befahren werden.

Tourbeschreibung

km 0 - Martinsrieth

An der Helme-Brücke kann man sehr gut einsetzen. Wer hier nicht am Straßenrand parken möchte, findet am Ortsausgang in Richtung Riethnordhausen einen kleinen Parkplatz. Nach drei, vier Paddelschlägen bleibt Martinsrieth hinter einer Kurve zurück. Drei Kilometer weiter ist das Wehr bei Klosterrohrbach erreicht, das sich rechts umtragen lässt. Da die Böschung gleich hinter dem Wehr etwas steil und stark bewachsen ist, sollte man etwa 50 m flussabwärts einsetzen. Die Eisenbahnbrücke vor Oberröblingen kündigt das nächste Wehr an, welches sich in einer Rechtskurve hinter der nächsten Straßenbrücke befindet.

km 5 - Oberröblingen, Wehr

Auch dieses Wehr wird rechts umtragen. Wer möchte, kann hier die Fahrt beenden oder auch zu einem Kurztripp starten. Nach der Weiterfahrt dringt bald der Fahrzeuglärm der neuen Autobahn A 71 zur Helme herüber. Kaum ist

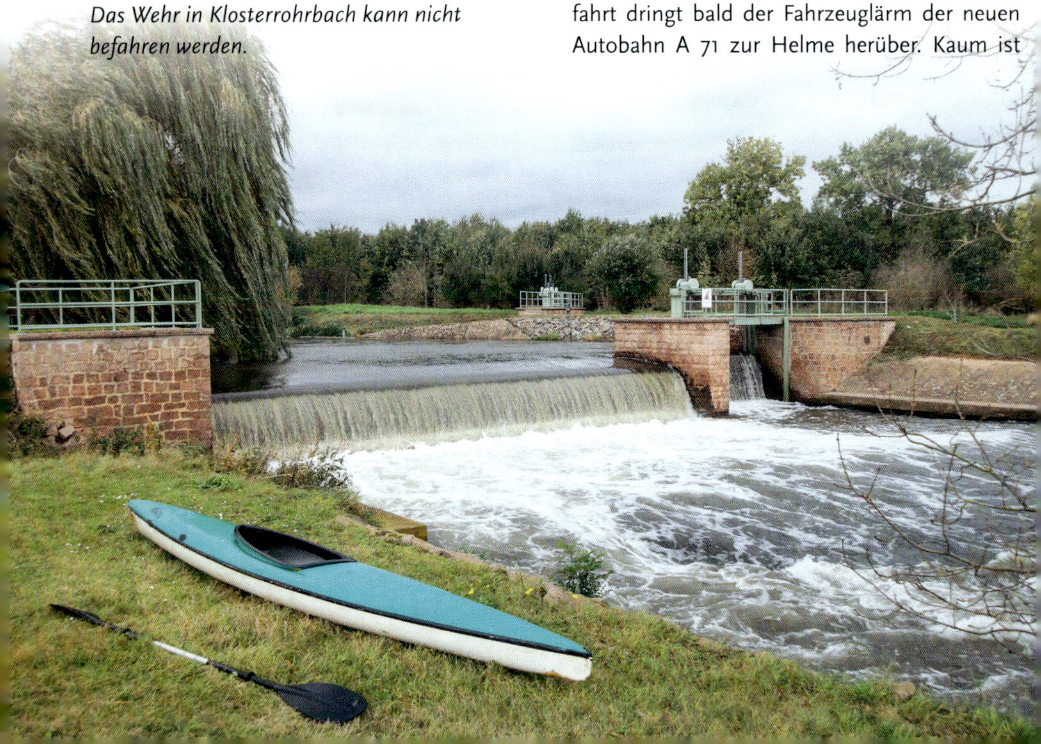

Tourensteckbrief

Paddelstrecke
Paddelstrecke: von Martinsrieth nach Kalbsrieth, ca. 18 km.

Charakter
Die Helme ist ein flott fließender Kleinfluss. Die Äste von Weiden und Büschen reichen immer wieder bis in die Strommitte, und oft bleibt nur ein schmaler Durchgang. Wegen der flotten Strömungsgeschwindigkeit sollte man sein Kanu steuern können. Eine 1,2 km lange Strecke hinter der Einsetzstelle gehört zum NSG „Helme bei Martinsrieth". Hier bestehen ein Uferbetretungsverbot und ein Fahrverbot zwischen dem 01. Januar und dem 30. Juni eines jeden Jahres. Wer im 1. Halbjahr dort paddeln möchte, sollte in Oberröblingen einsetzen. Zwei Wehre in Klosterrohrbach und Oberröblingen müssen umtragen werden.

Ein- und Aussetzstellen
Martinsrieth, Sangerhäusener Straße (51.4419,11.2428)
Kalbsrieth, Hauptstraße (51.3429,11.3365)

Zurück zum Einstieg
Fahrrad in Kalbsrieth abstellen und nach der Tour zurück über einige kleine Dörfer (u.a. Kachstedt, Borxleben) nach Martinsrieth.

Optionen, Schlechtwettertipps
Befahrung des Oberlaufs der Helme, Stadtbummel Sangerhausen mit Rosarium und Spengler-Museum.

die Autobahnbrücke passiert, teilt sich die Helme. Der linke Flussarm lässt sich problemlos paddeln. Dahinter überquert eine kleine Brücke die Helme, die den Bewohnern des Ortes Niederröblingen den Übergang zu Fuß oder mit dem Rad über den Fluss ermöglicht. Ein lautes Rauschen macht auf eine langgezogene Sohlschwelle aufmerksam, die mittig zu befahren ist.

km 9 - Katharinenrieth

Kurz vor Katharinenrieth wird der Uferbewuchs dichter. Zwischen einigen Lücken im Gehölz ist rechts der alte Gutshof zu erblicken. Hinter der Brücke zieht sich der Ort noch lange am Ufer der Helme entlang. Knapp zwei Kilometer hinter Katharinenrieth erfordert eine weitere Sohlschwelle des Paddlers Aufmerksamkeit. Fünf Kilometer vor dem Ziel liegt Nikolausrieth am rechten Ufer. Auch hier befindet sich am Orteingang ein alter Gutshof. Die Brücke verbindet den Ort mit Mönchpfiffel, das etwas entfernt am linken Ufer liegt. Links taucht bald die Kirche von Heygendorf auf. Zwei Kilometer hinter der altersschwachen Heygendorfer Brücke biegt die Helme scharf links vom Flutgraben ab, der um den Ort herumführt und erst kurz vor der Mündung in die Unstrut wieder zur Helme zurückkehrt. In Kalbsrieth selbst folgt Brücke auf Brücke. In der 50 m breiten Lücke zwischen den Brücken über die Brückengasse und der Hauptstraße kann links angelandet werden. Das Ufergrundstück soll zwar nicht mit Autos befahren werden, aber zum Verladen der Boote dürfte wohl niemand etwas dagegen haben.

km 18 - Kalbsrieth

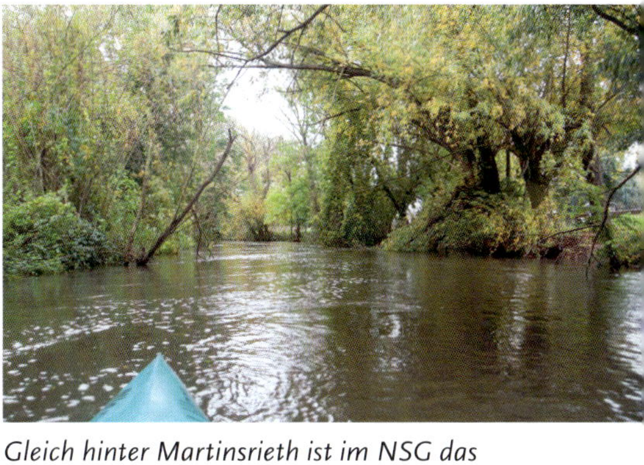

Gleich hinter Martinsrieth ist im NSG das Anlanden untersagt.

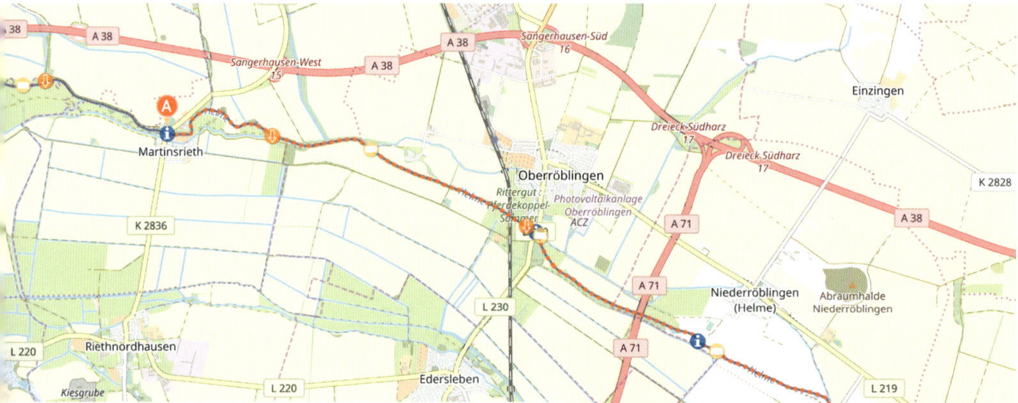

ADRESSEN UND INFOS

Übernachtungen und Gastronomie in Wassernähe

Martinsrieth:

- Gemeindeschänke

Oberröblingen:

- Hotel und Restaurant Zum Löwen
  www.zum-loewen-hotel.de

Kalbsrieth:

- Fleischerei Koch

Kanu-Verleih, organisierte Touren

- Outtour-Aktivreisen, *www.outtour.de*

Auskunft, Internetadressen

Tourist-Information Sangerhausen
Kaltenborner Weg 10, 06526 Sangerhausen
Tel.: 03464-1 94 33
www.sangerhausen-tourist.de
info@sangerhausen-tourist.de
www.sangerhausen.de
www.blaues-band.de

Karten, Bücher, Literaturtipps

- Fahrradkarte Kyffhäuser, Nordthüringen Verlag grünes herz.
- Radwander- und Wanderkarte Unstrut-Radweg, Verlag Dr. Barthel.

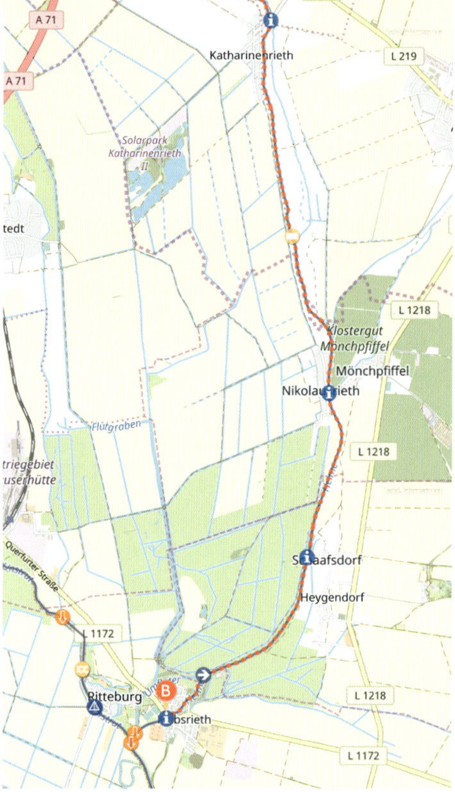

Sehenswertes

Mönchpfiffel: Klostergut mit Heimatmuseum (*www.moenchpfiffel.de*).
Kalbsrieth: Schloss mit Schlosspark, Kirche.

Tour 24: Von Memleben nach Kirchscheidungen

Vor der Tour

Diese Unstrut-Etappe führt durch eine der geschichtsträchtigsten Regionen Deutschlands. Der Startort Memleben war eines der Zentren des ersten deutschen Königreiches. Eine Residenz wie in späterer Zeit gab es um die erste Jahrtausendwende noch nicht: Es war die Zeit der Reisekönige und -kaiser. Mit ihrem Hoftross zogen sie von Pfalz zu Pfalz, um von diesen die Belange des Reiches zu ordnen. Eine herausragende Stellung wie die Pfalzen in Aachen, Quedlinburg oder Goslar erlangte Memleben zwar nicht; allerdings wurde es als Sterbeort der beiden ersten deutschen Könige Heinrich I. und dessen Sohnes Otto dem Großen bekannt. König Otto II., Sohn von Otto dem Großen, ließ zum Gedenken an seine Vorfahren in Memleben ein Benediktiner-Kloster mit einer monumentalen doppelchörigen Klosterkirche errichten, von der allerdings nur noch die Ruinen erhalten sind. Die spätromanische Krypta jedoch befindet sich in einem sehr guten Zustand. Die Klosterzellen stehen heute Übernachtungsgästen zur Verfügung.

Mehr Schlagzeilen machte in den letzten Jahrzehnten die Himmelsscheibe Nebra: Allein ihre archäologische Bedeutung hätte dazu ausgereicht. Hinzu kam aber die abenteuerliche Geschichte ihrer Bergung. Von zwei Grabräubern gefunden, wurde sie mehrmals weiterverkauft und vom verdeckt arbeitenden Landesarchäologen Sachsen-Anhalts in Zusammenarbeit mit der Schweizer Polizei sichergestellt. Die bronzezeitliche Himmelsscheibe selbst ist etwa 3.600 Jahre alt und zeigt die bislang älteste erhaltene Darstellung des Kosmos auf einer 32 cm im Durchmesser messenden, runden Bronzescheibe. Drei Kilometer vom Fundort entfernt wurde mit der Arche Nebra ein Museum mit Planetarium erbaut; ein Wanderweg führt zum Fundort der Scheibe. Dort, auf dem Plateau des Mittelberges, wurde ein 30 m hoher Aussichtsturm errichtet, der um 10° geneigt ist und als Zeiger einer überdimensionalen Sonnenuhr fungiert. Die Scheibe selbst ist allerdings nicht hier, sondern im Museum für Vorgeschichte Halle (Saale) ausgestellt.

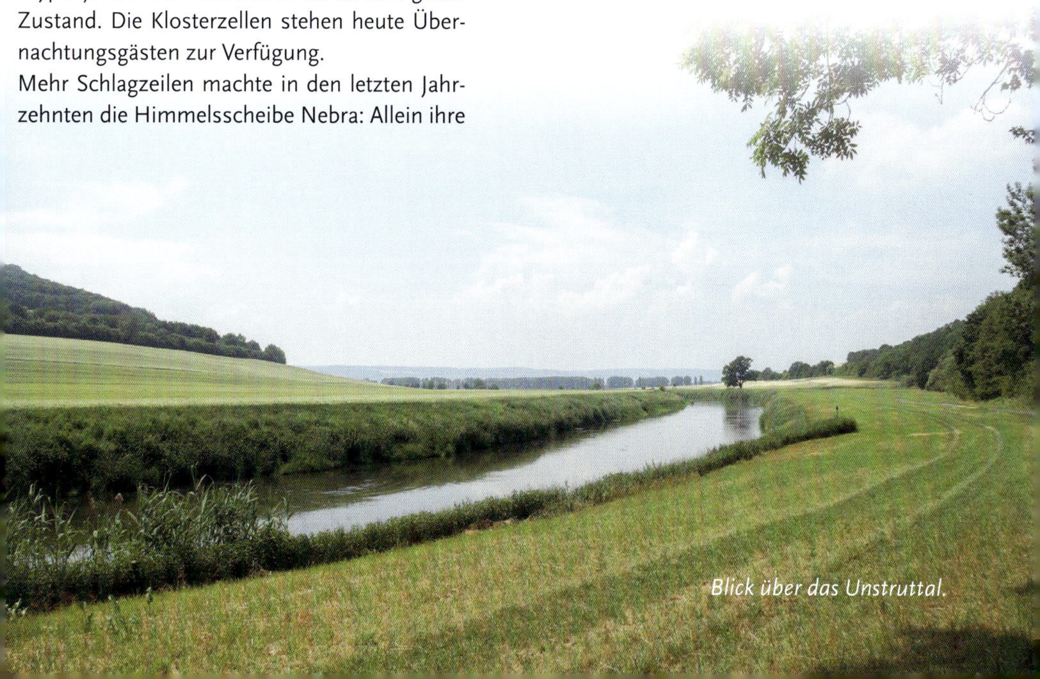

Blick über das Unstruttal.

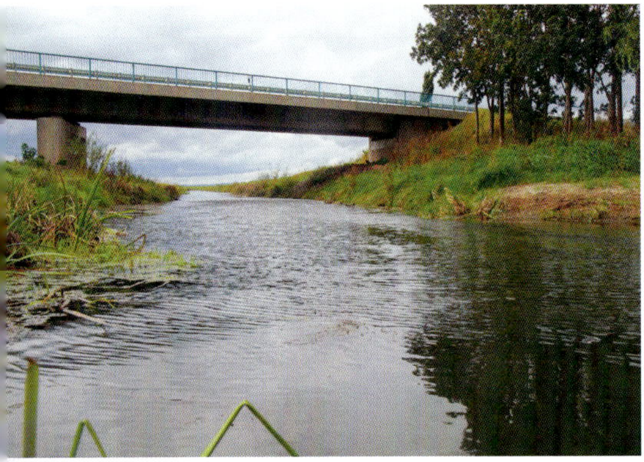

Der Flutkanal, der vor Artern die Unstrut verließ, fließt am Einstieg bei Memleben wieder zurück.

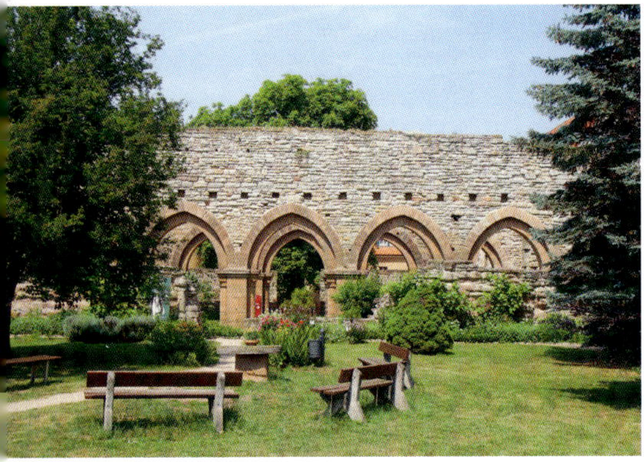

Blick ins Kloster Memleben.

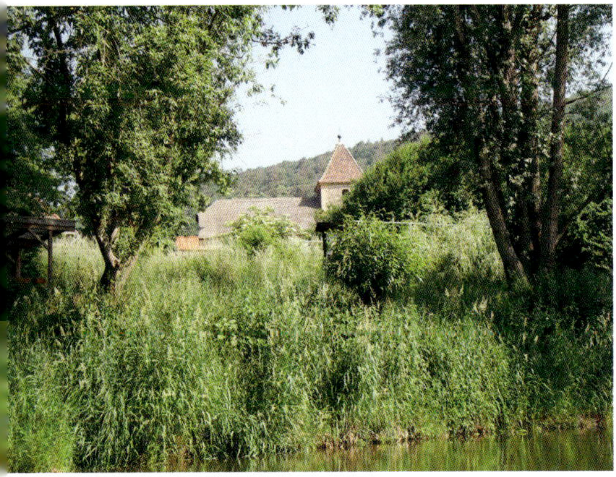

Blick auf Wangen.

Tourensteckbrief

Paddelstrecke
Von Memleben nach Kirchscheidungen, ca. 23 km.

Charakter
Flott fließender Kleinfluss ohne besondere Hindernisse, bei Niedrigwasser und bei einigen wenigen Schwallstrecken kann es zu Grundberührungen kommen, in Tröbsdorf gibt es eine Schleuse.

Ein- und Aussetzstellen
Memleben, Rastplatz hinter Flutkanal (51.2673, 11.4833)
Kirchscheidungen, Zur Unstrut, Zeltplatz Outtour Aktivreisen (51.2455,11.6546)

Zurück zum Einstieg
1. Mit Regionalbahn von Kirchscheidungen nach Wangen und zu Fuß auf Unstrutradweg nach Memleben, 5 km.
2. Fahrrad vor der Tour in Kirchscheidungen abstellen und auf Unstrutradweg zurück nach Memleben (ca. 22 km).

Optionen, Schlechtwettertipps
Radtouren Unstrut-Radweg, Himmelsscheiben-Radweg, Salzstraße-Radwanderweg, Besichtigung Erlebnistierpark Memleben oder Arche Nebra, Erlebnisfreibad „Balison" in Bad Bibra.

In der Kleinstadt Nebra selbst gibt es im Heimathaus eine geologische Ausstellung zum Triaszeitalter, in deren Mittelpunkt aus dieser Zeit stammende Fossilien stehen. Östlich des Ortes befinden sich die Ruinen einer alten Höhenburg.
Wer mit Kindern reist, sollte unbedingt einen Ruhetag in Memleben einplanen, um dem Erlebnistierpark einen Besuch abzustatten. Dort kann man nicht nur Tiere aus aller Welt bestau-

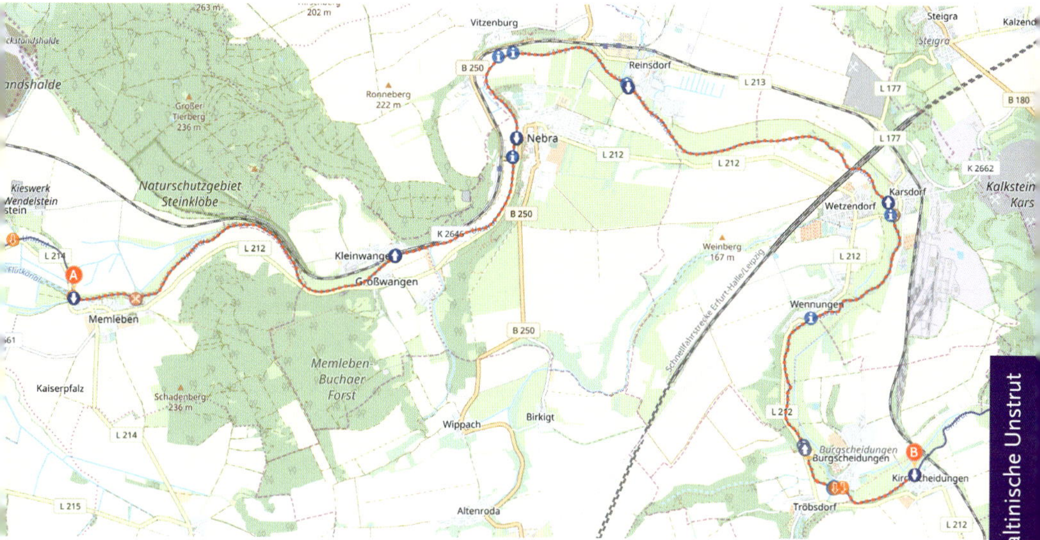

nen, sondern auch Gold waschen, Mini-Bahn und Karussell fahren, sich an Tiershows erfreuen und vieles mehr unternehmen.

Tourbeschreibung

km 0 - Memleben

Hinter dem Ortsausgang Memlebens in Richtung Wendelstein / Roßleben gibt es rechts vor der Brücke über den Flutkanal eine Parkmöglichkeit an der Ein- und Aussetzstelle. Nun paddelt man am Dorf entlang mit Blick auf die Kirche und die Rückseite der Bauernhöfe. Hinter der zweiten Memlebener Brücke liegt am rechten Ufer das bekannte Kloster. Unter der Brücke muss man wegen einer Schwallstrecke etwas aufpassen und auf der linken Flussseite paddeln. Bei der Weiterfahrt schieben sich auf dem Weg nach Wangen bewaldete Hügel an den Fluss heran, der Ziegenrodaer Forst. Hier, auf dem Plateau des Mittelberges, wurde die weltberühmte Himmelsscheibe gefunden, über die im eigens eingerichteten Museum „Arche Nebra" informiert wird. Das markante Museumsgebäude erblickt man noch vor Wangen am linken Ufer. Die Wangener Brücke verbindet das am rechten Ufer liegende Groß- mit Kleinwangen. Links hinter der Brücke gibt es eine Ein- und Ausstiegsstelle und einen Rastplatz. Von hier sind es etwa 2 km zu Fuß bis zur Arche. Etwa genauso weit ist es flussabwärts bis zur Brücke Nebra.

km 8 - Nebra

Etwa 200 m hinter der Brücke findet man am rechten Ufer das Bootshaus der Nebraer Kanuten und einige Paddelschläge dahinter einen Rastplatz. Vom Wasser aus kaum zu sehen, liegt am linken Ufer hinter Bäumen verborgen das Schloss Zingst. Weithin sichtbar ist dagegen auf dem Ronneberg das Neorenaissanceschloss Vitzenburg. Oberhalb des Weinbergs steht das zum Schlossensemble gehörende Weinberghaus. Beim Weiterpaddeln passiert man die links liegende ehemalige Grabenmühlenschleuse, bevor die Fußgängerbrücke Reinsdorf erreicht wird. Links ist es nicht weit zur sehenswerten Klosterkirche. Hinter der Brücke kann man rechts anlegen. Dann liegt ein gewaltiges Bauwerk voraus. Auf einer Länge von 2,7 km überquert eine neue Eisenbahnbrücke hier das Unstruttal.

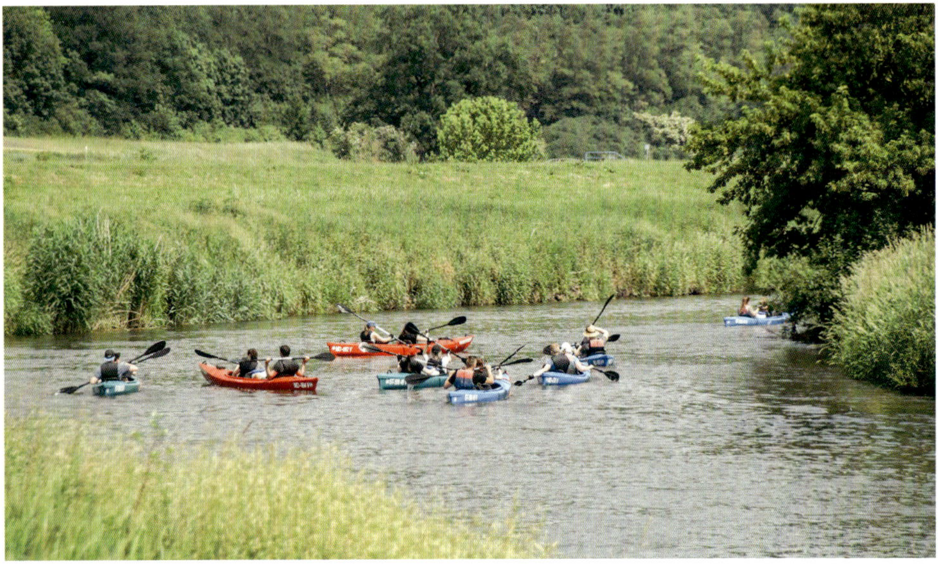

Auf der Unstrut vor Wangen.

km 16,5 - Wetzendorf / Karsdorf

Links vor der folgenden Straßenbrücke befindet sich in Karsdorf an der Ein- und Aussetzstelle der Zeltplatz des Kanu-Verleihs Nebra. Rechts liegt Wetzendorf. Hinter den beiden Orten wendet sich die Unstrut für zwei Kilometer nach Westen, um hinter Wennungen (am rechten Ufer) wieder südwärts zu fließen. Bevor die Unstrut einen östlichen Kurs einschlägt, ist noch die Schleuse Tröbsdorf (Tel.: 034462-2 00 31) zu überwinden. Am rechten Ufer kann sie auch gut umtragen werden. Hier gibt es auch einen Rastplatz. Die folgende Brücke verbindet die beiden Dörfer Tröbsdorf (rechts) und Burgscheidungen. In Burgscheidungen liegt auf einem Hügel hoch über der Unstrut das gleichnamige Schloss. Heinrich I., der erste Sachse auf dem deutschen Königsthron, ließ dort im 10. Jahrhundert eine Reichsburg errichten. Diese wurde mehrmals umgebaut; zuletzt zwischen 1724 und 1727 im Stil des Barock. Auch der Schlosspark ist sehenswert. In Kirchscheidungen lässt sich die Paddeltour rechts am Zeltplatz von Outtour-Aktivreisen beenden. Auch wer nicht übernachten will, darf hier aussetzen.

km 23 - Kirchscheidungen

ADRESSEN UND INFOS

Übernachtungen und Gastronomie in Wassernähe

Memleben:

- Pension und Restaurant Zum Storchennest *www.storchennest-memleben.de*
- Pension und Cafe am Kloster *www.storchennest-memleben.de*
- Kloster, *www.kloster-memleben.de*

Wangen:

- Hotel Waldschlösschen *www.waldschloesschen-saale-unstrut.de*

Nebra:

- SV 1924 Nebra, Abt. Wasserwandern *www.sv-nebra.de*
- Hotel Himmelsscheibe, *www.travado-hotels.de*
- Jugendherberge, *www.jugendherberge-nebra.de*

- Bier- und Kaffeegarten Sommerfrische

Reinsdorf:
- Landhaus zum Rosental (G)

Burgscheidungen:
- MAVI, *www.fahrradpension-saale-unstrut.de*

Tröbsdorf:
- Gasthof Zum grünen Tal *www.zumgruenental.com*

Kirchscheidungen:
- Zeltplatz Outtour Aktivreisen, *www.outtour.de*

Kanu-Verleih, organisierte Touren
- Kanu-Verleih Nebra, *www.kanuverleih-nebra.de*
- Outtour, *www.outtour.de*
- Kanustation Schleuse Ritteburg *www.pension-schleuse.de*
- Kanu-Verleih Burgenland *www.kanuverleih-burgenland.de*
- Saale-Unstrut-Tours *www.saale-unstrut-tours.de*

Auskunft, Internetadressen
Naumburg: Saale-Unstrut-Tourismus
Lindenring 34, 06618 Naumburg
Tel.: 03445-23 37 90
info@saale-unstrut-tourismus.de
www.saale-unstrut-tourismus.de
Bad Bibra: Tourist-Information An der Finne
Bahnhofstraße 2a, 06647 Bad Bibra
Tel.: 034465-70 19 12, *info@tourismus-finne.de*
www.tourismus-finne.de | *Stadtinformation Nebra*
Promenade 13, 06642 Nebra,
Tel.: 034461-2 20 16
info@stadt-nebra.de | *www.tourismus-nebra.de*
www.verbgem-unstruttal.de
www.stadt-laucha.de | *www.stadt-nebra.de*

Karten, Bücher, Literaturtipps
- Wasserwanderführer Untere Unstrut ISBN: 3-9806006-9-6
- Faltblatt Wasserwandern auf der Unteren Unstrut
- Bikeline-Radtourenbuch Unstrut-Radweg,
- Unstrut-Radwanderweg Verlag grünes herz,
- Radwander- und Wanderkarte Unstrut-Radweg, Verlag Dr. Barthel

Sehenswertes
Memleben: Museum Kloster und Kaiserpfalz (*www.kloster-memleben.de*), Erlebnistierpark (*www.erlebnistierpark.de*).
Wangen: Arche Nebra (*www.himmelsscheibe-erleben.de*)
Nebra: Heimathaus mit Hedwig-Courths-Mahler-Archiv und Triasausstellung, Burgruine, Geologischer Lehrpfad, Terrassenschwimmbad.
Vitzenburg: Neorenaissanceschloss
Burgscheidungen: Barockschloss

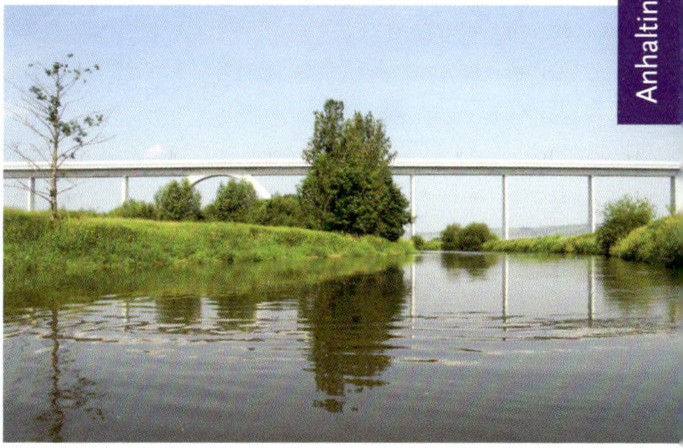

Bei Karsdorf überwindet auf einer Länge von 2,7 km eine neue Eisenbahnbrücke das Unstruttal.

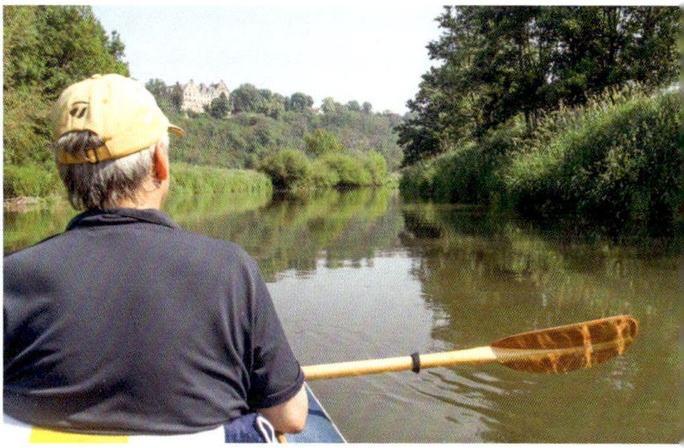

Hoch über der Unstrut thront das Neorenaissance-Schloss Vitzenburg.

Anhaltinische Unstrut

Tour 25: Von Kirchscheidungen nach Naumburg

Vor der Tour

Anfang der 1990er Jahre stand die traditionsreiche Rotkäppchen-Sektkellerei Freyburg kurz vor dem Aus. Im westlichen Teil Deutschlands war die Marke noch ziemlich unbekannt, im Osten versuchte man sich nun an anderen Sorten. Durch geschickte Werbemaßnahmen gelang es dem Unternehmen jedoch, den Absatz zu stabilisieren und zu erweitern. Inzwischen ist Rotkäppchensekt Marktführer in Deutschland. Wer mehr über die Sektherstellung wissen möchte, kann an einer Führung durch die historischen Kelleranlagen teilnehmen und u.a. das größte hölzerne Cuvéefass Deutschlands besichtigen. Rotkäppchen ist zwar die bekannteste Marke im Saale-Unstrut-Weinanbaugebiet, aber bei weitem nicht die einzige. Und Freyburg ist das Zentrum des Weinanbaus in der Region; die Winzervereinigung Freyburg-Unstrut spricht auch von der Weinhauptstadt der Toskana des Nordens. Kellerführungen werden täglich um 13 Uhr durchgeführt.

Hoch über Freyburg erhebt sich das Schloss Neuenburg mit dem weithin sichtbaren Bergfried Dicker Wilhelm. Nach ihrer Fertigstellung war die Neuenburg mehr als dreimal so groß wie die berühmtere Wartburg bei Eisenach. Heute findet man in ihr ein Museum mit Ausstellungen zum Hochmittelalter und zum Weinanbau. Sehenswert ist auch die Stadtkirche St. Marien, die oft mit dem Naumburger Dom verglichen wird.

Etwas außerhalb von Freyburg, in Groß Jena, gibt es die in den Felsen gehauene Steinerne Festschrift. Ein Naumburger Hofjuwelier mit dem passenden Namen Steinauer wollte sich im Jahr 1722 wohl bei seinem Hauptauftraggeber, dem Herzog von Sachsen-Weißenfels, einschleimen und ließ zu dessen 10jährigem Regentenjubiläum Szenen aus dem Alten Testament in den Felsen hauen. Der Unstrutradweg führt direkt an den barocken Felsreliefs vorbei.

In Laucha wurden einst Glocken gegossen. In der ehemaligen Glockengießerei befindet sich heute ein Museum, in welchem auch Glocken aus verschiedenen Jahrhunderten ausgestellt sind.

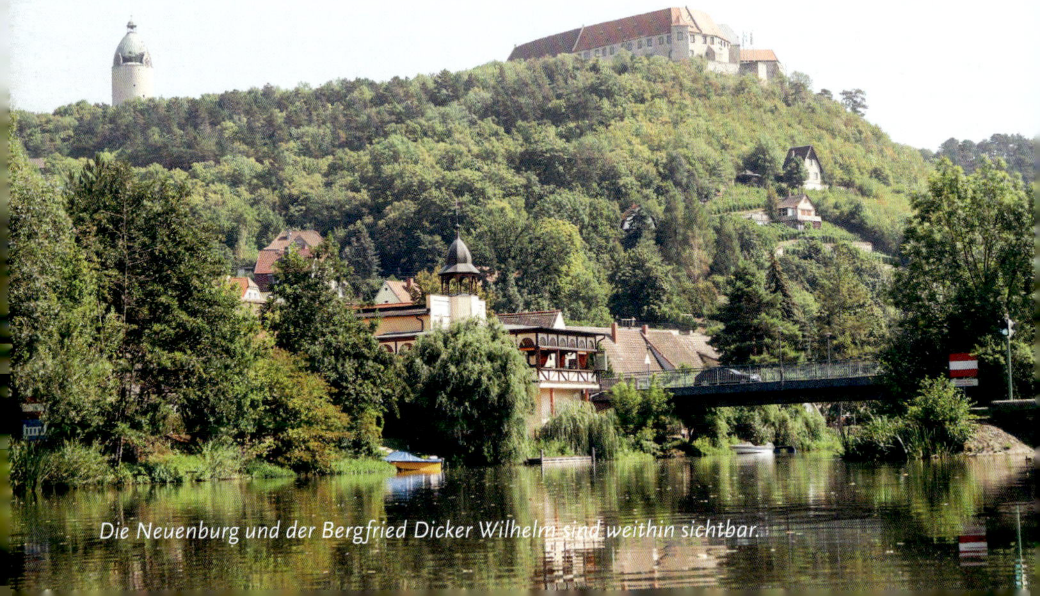

Die Neuenburg und der Bergfried Dicker Wilhelm sind weithin sichtbar.

Tourensteckbrief

Paddelstrecke
Von Kirchscheidungen nach Naumburg, ca. 20 km.

Charakter
Drei Schleusen (Laucha, Mühle Zeddenbach, Freyburg) bremsen die Fließgeschwindigkeit der Unstrut deutlich ab. Gefahrloses Paddeln auch für Anfänger möglich, vor dem Wehr Freyburg rechtszeitig zur rechten Uferseite wechseln, um nicht in den Sog des Wehres zu kommen.

Ein- und Aussetzstellen
Kirchscheidungen, Zur Unstrut, Zeltplatz Outtour-Aktivreisen (51.2455,11.6546).
Naumburg, Im Blütengrund (51.1763,11.8049)

Zurück zum Einstieg
1. Mit Regionalbahn von Naumburg nach Kirchscheidungen, 0,5 h zu Fuß zum Bahnhof Naumburg.
2. Fahrrad vor der Tour in Naumburg abstellen und auf Unstrutradweg zurück nach Kirchscheidungen (ca. 22 km).

Optionen, Schlechtwettertipps
Radtour auf dem Unstrutradweg, Stadtbesichtigung Freyburg mit Besuch der Sektkellerei und Museum Schloss Neuenburg, Stadtbesichtigung Naumburg mit Dom, Rundflüge vom Flugplatz Laucha (*www.hdlsj.de*).

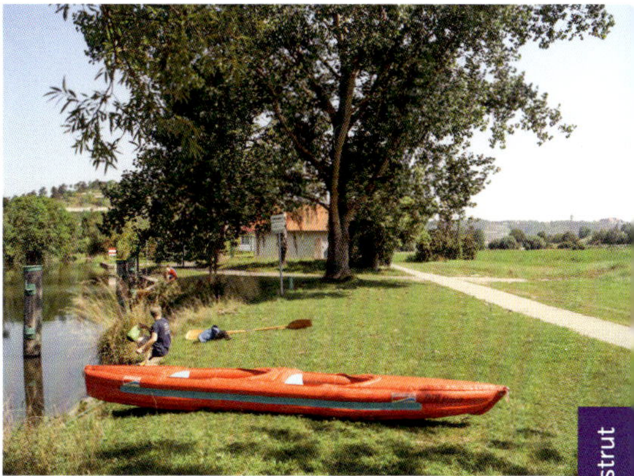

Die Wartezeit vor der Schleuse Zeddenbach kann man mit einem Blick auf die Neuenburg und den Dicken Wilhelm verkürzen.

Anhaltinische Unstrut

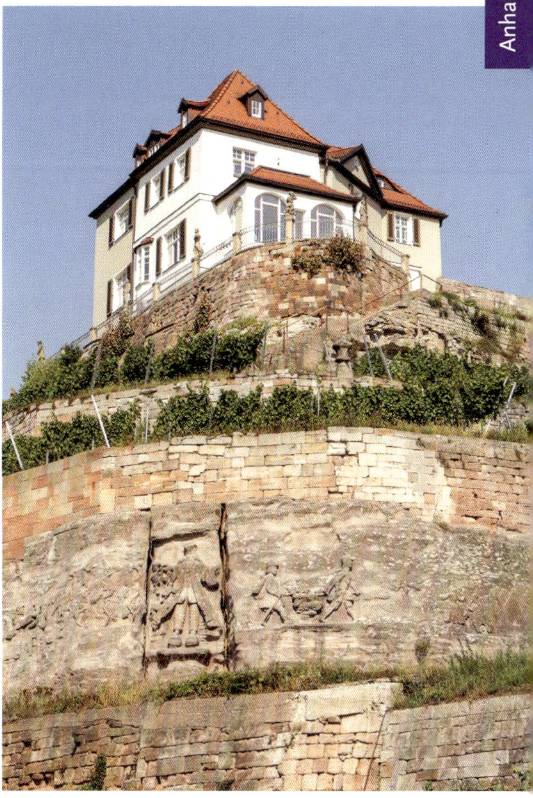

Das Felsrelief Steinerne Festschrift.

Tourbeschreibung

km 0 - Kirchscheidungen

Auch wer nicht auf dem Zeltplatz von Outtour-Aktivreisen übernachtet hat, kann hier einsetzen. Gleich hinter dem Einstieg überquert eine Eisenbahnbrücke die Unstrut. Diese fließt auf der heutigen Etappe zunächst nach Nordost,

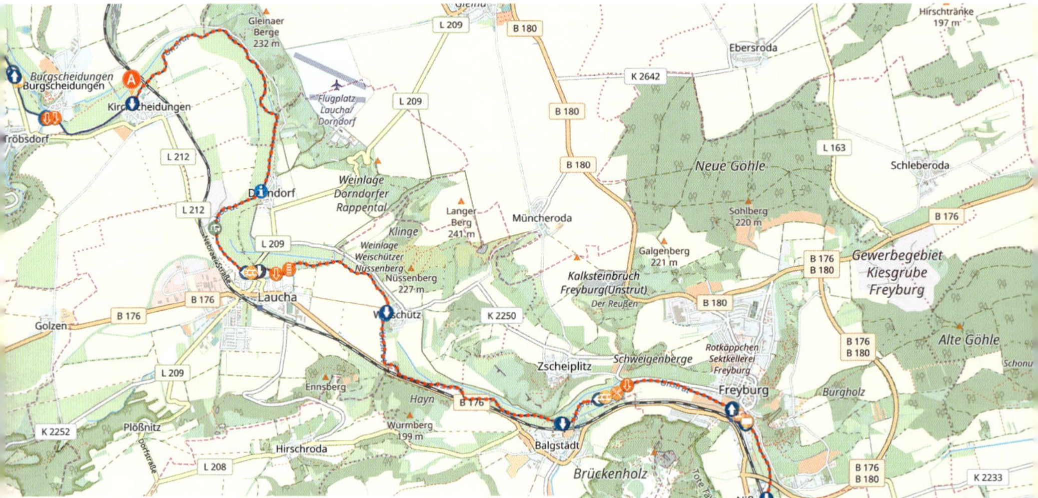
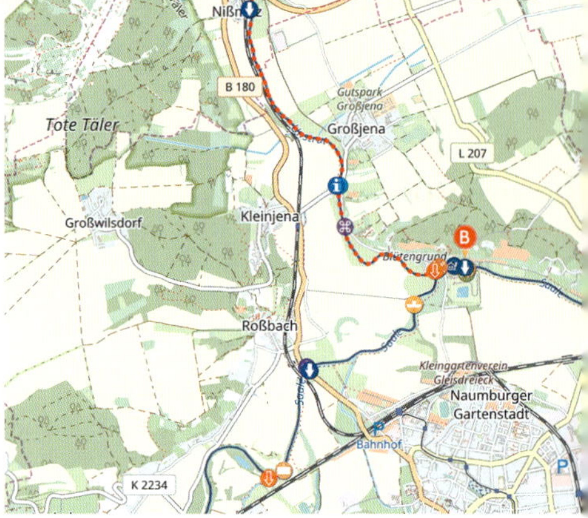

wendet sich dann nach Süden, um schließlich ab Laucha in südöstlicher Richtung der Saale zuzustreben. Etwa bei Unstrutkilometer 17 ragt am linken Ufer eine Felswand auf, der Geoaufschluss Glockenseck. In Dorndorf gibt es am linken Ufer einen Schiffsanleger. Wegen der drei Schleusen auf dem Weg nach Naumburg können kleine Ausflugsschiffe hier entlang schippern. Dann kommt bereits die alte Zuckerfabrik von Laucha in Sicht. Am rechten Ufer taucht der Anleger des Unstrutcamps auf. Wer die Stadt besichtigen möchte, sollte noch bis zum Wehr weiterpaddeln, denn die Entfernung zum Stadtzentrum beträgt von hier etwa einen Kilometer.

km 6 - Laucha, Schleuse

Rechts vor der Schleuse liegt das Restaurant Schifferklause. Außerhalb der Schleusenzeiten kann man am linken Ufer umtragen. Allerdings muss auf dem etwa 200 m langen Weg die Landesstraße 209 überquert werden. Zwei Kilometer hinter Laucha überspannt eine Fußgängerbrücke die Unstrut. Links vor der Brücke gibt es einen Rastplatz, etwas hinter der Brücke den nächsten Schiffsanleger. Wenn sich von links ein Weinberg an die Unstrut heranschiebt, ist es nicht mehr weit bis Balgstädt.

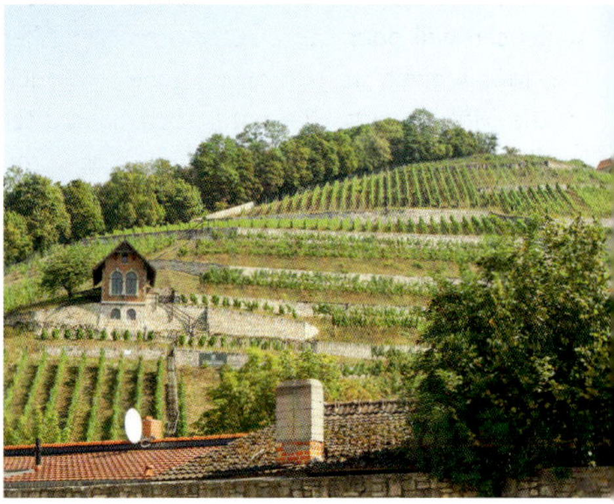

Weinberg bei Freyburg.

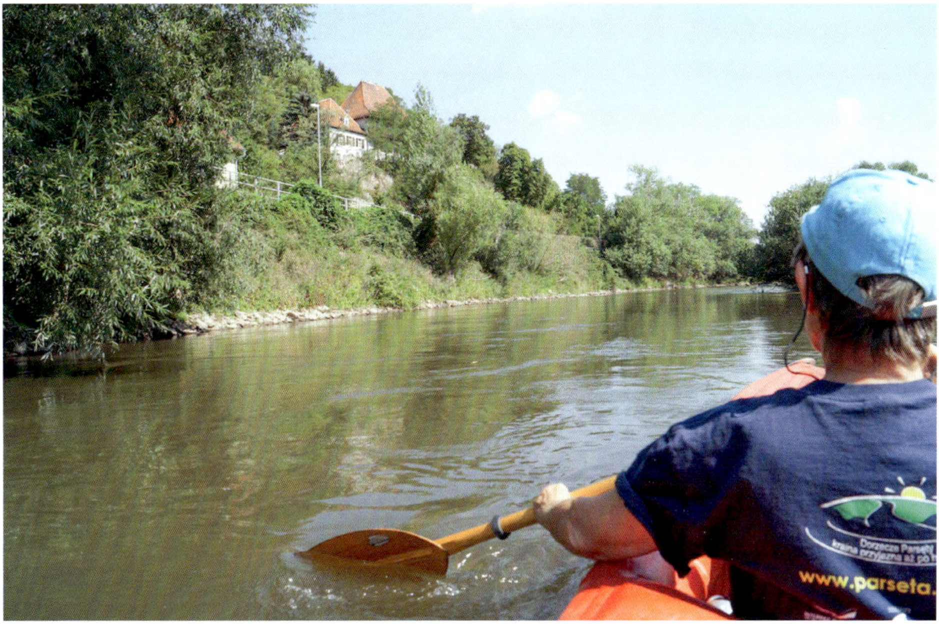

Unstrut bei Großjena.

km 11 - Balgstädt

Rechts am Ufer liegt der Zelt- und Rastplatz Balgstädt. Die Betreiber bieten auch feste Unterkünfte im Wasserschloss an. Interessant ist eine Besichtigung der Kanuwerft Burgenland. Hier werden formschöne Holzkanus hergestellt. Einen Kilometer hinter Balgstädt wird die Schleuse Mühle Zeddenbach erreicht. Wer nicht schleusen will oder kann, hat am rechten Ufer die Möglichkeit, umzutragen. Einen Besuch ist die Mühle wert: Hier wird noch nach alter Tradition Mehl gemahlen und neben anderen selbst hergestellten Produkten im Mühlenladen verkauft. Auch ein Restaurant gibt es. An den Freyburger Weinhängen entlang geht es nun der gleichnamigen Weinstadt entgegen.

km 14 - Freyburg, Schleuse

Die Pause an der Schleuse (Umtragen am rechten Ufer) kann mit einem Stadtbummel verknüpft werden. Beim Einsetzen ist darauf zu achten, dass die Strömung das Kanu nicht zum Wehr zieht. Hinter der Stadt spannt sich eine neue Brücke über den Fluss. Rechts hinter der Brücke liegt Nißmitz mit einer Ein- und Aussetzstelle und einem Rastplatz. Hinter der Brücke Großjena erblickt man am linken Ufer die in einen Buntsandsteinfelsen gehauenen barocken Felsreliefs. Dann ist auch schon die Mündung der Unstrut in die Saale erreicht. Gäste des Naumburger Kanu-Clubs können an dessen Steg anlanden. Einhundert Meter weiter gibt es ebenfalls am rechten Ufer einen öffentlichen Anleger.

km 20 - Naumburg

ADRESSEN UND INFOS

Übernachtungen und Gastronomie in Wassernähe

Kirchscheidungen:

- Zeltplatz Outtour-Aktivreisen, *www.outtour.de*

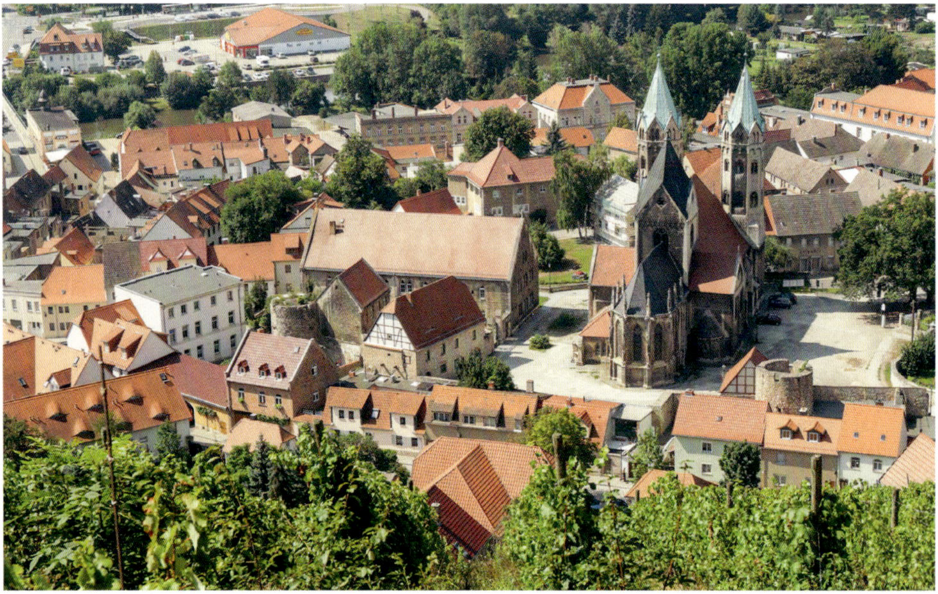

Blick auf das historische Stadtzentrum von Freyburg.

Laucha:
- Unstrutcamp, *www.unstrutcamp.de*
- Restaurant Schifferklause
- Hotel und Restaurant Schützenhaus *www.schuetzenhaus-laucha.de*

Balgstädt:
- Schloss
- Zeltplatz
- Alte Schule, *www.saale-unstrut.org*
- Kaffee Moness

Zeddenbach:
- Restaurant Die Feiße mit Mühlenladen

Freyburg:
- Steakhaus und Pension Zur Weintraube *www.saale-unstrut-info.de*
- Hotel Zur Neuenburg *www.hotel-zur-neuenburg.de*
- Restaurant Athos
- Restaurant Am Unstrutwehr

Großjena:
- Weinpension *www.weinpension-grossjena.de*

Naumburg:
- Naumburger KC *www.naumburger-kanu-club.de*
- Campingplatz Blütengrund *www.campingplatz-naumburg.de*

Kanu-Verleih, organisierte Touren
- Kanu-Verleih Nebra *www.kanuverleih-nebra.de*
- Outtour, *www.outtour.de*
- Kanustation Schleuse Ritteburg *www.pension-schleuse.de*
- Kanu-Verleih Burgenland *www.kanuverleih-burgenland.de*
- Saale-Unstrut-Tours *www.saale-unstrut.de*

Auskunft, Internetadressen
Saale-Unstrut Tourismus, Lindenring 34
06618 Naumburg, Tel.: 03445-23 37 90
info@saale-unstrut-tourismus.de
www.saale-unstrut-tourismus.de

Freyburg: Freyburger Fremdenverkehrsverein
Markt 2, 06632 Freyburg
Tel.: 034464-2 72 60
kontakt@freuyburg.info
www.freyberg-tourismus.de
Naumburg: Tourist-Information, Markt 6
06618 Naumburg, Tel.: 03445-27 31 25
touristik@naumburg.de
www.naumburg-touristik.de
www.verbgem-unstruttal.de
www.winzervereinigung-freyburg.de

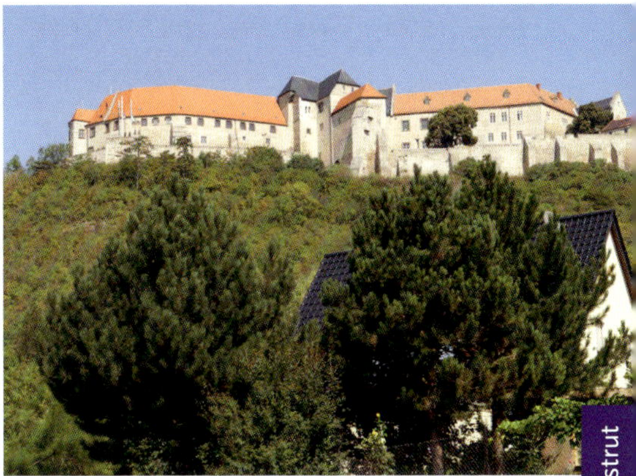

Die Neuenburg in Freyburg.

Karten, Bücher, Literaturtipps

- Wasserwanderführer Untere Unstrut ISBN: 3-9806006-9-6
- Faltblatt Wasserwandern auf der Unteren Unstrut
- Bikeline-Radtourenbuch Unstrut-Radweg
- Unstrut Radwanderweg, Verlag grünes herz
- Radwander- und Wanderkarte Unstrut-Radweg, Verlag Dr. Barthel

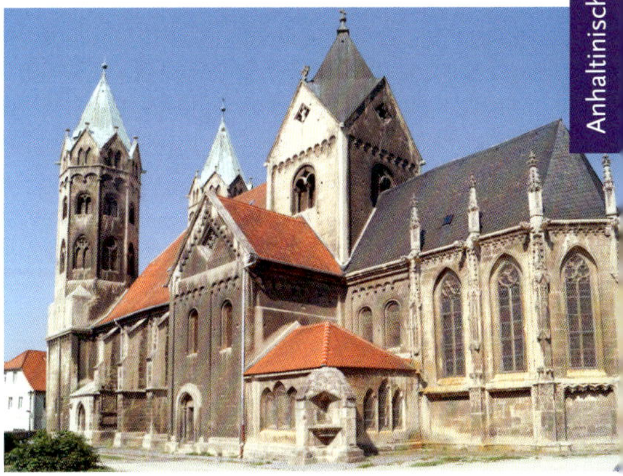

Die kleine Schwester des Naumburger Doms, die Stadtkirche St. Marien in Freyburg.

Sehenswertes

Laucha: Glockenmuseum, Altstadt mit Stadtmauer und Zwingtor, Marienkirche und Rathaus.
Balgstädt: frühbarockes Wasserschloss
Freyburg: Friedrich-Ludwig Jahn-Museum (*www.jahn-museum.de*), Museum Schloss Neuenburg mit Bergfried „Dicker Wilhelm“ (*www.schloss-neuenburg.de*), Sektkellerei (*www.rotkaeppchen.de*).
Großjena: Max-Klinger-Gedenkstätte, Steinerne Festschrift (*barocke Felsreliefs*).
Naumburg: Altstadt mit Dom, Wenzelskirche, Stadttor und Bürgerhäusern.

Tour 26: Von Ditfurt nach Gröningen

Vor der Tour

Die Region zwischen Ditfurt und Gröningen besitzt ausgesprochen fruchtbare Böden. Unter anderem gediehen hier Zuckerrüben besser als anderswo. Mitte des 19. Jahrhunderts entstand in Gröningen eine für damalige Verhältnisse riesige Zuckerfabrik, die allerdings nach dem 2. Weltkrieg geschlossen wurde. Die Gebäude verfielen, wurden abgerissen und auf dem ehemaligen Betriebsgelände entstand ein Park mit einer landwirtschaftlichen Freiluftausstellung. Ansonsten gibt es in der Stadt vier Kirchen zu sehen, von denen die bekannteste die St. Vitus-Kirche des ehemaligen Klosters Gröningen ist. Die Empore der dreischiffigen romanischen Kirche mit dem ungewöhnlichen achteckigen Turm ist ein Nachbau. Das Original kann in Berlin im Bodemuseum bewundert werden.

An sonnigen Wochenenden wird die beschriebene Strecke von Leihkanupaddlern oder im Rahmen von organisierten Touren stark frequentiert.

Tourbeschreibung

km 0 - Ditfurt, Parkplatz am Schützenhaus

Am riesigen Parkplatz des Restaurants Schützenhaus führt ein Fußgängersteg über die Bode. Hier kann man gut einsetzen. Vor dem Steg am linken Ufer befindet sich das Pegelhäuschen. Die Ufer entlang der Bode sind dicht von Weiden und Erlen gesäumt. Dahinter erstrecken sich die fruchtbaren Äcker und Wiesen der Magdeburger Börde. Nach drei Kilometern wird die Eisenbahnbrücke der Bahnstrecke Aschersleben – Halberstadt unterquert. Nun folgt ein etwas windungsreicherer Abschnitt. Am linken Ufer schiebt sich eine sanfte Hügelkette ab und zu bis auf einhundert Meter an die Bode heran. Etwa 800 m hinter der Eisenbahnbrücke kann ein Schwall etwas Wasser in die Kanus wirbeln. Dahinter folgt eine Fußgängerbrücke. Nach weiteren drei Kilometern mündet von rechts die Selke in die Bode. Kurz darauf heißt es am Wehr Rodersdorf aussteigen.

km 7 - Rodersdorf, Wehr

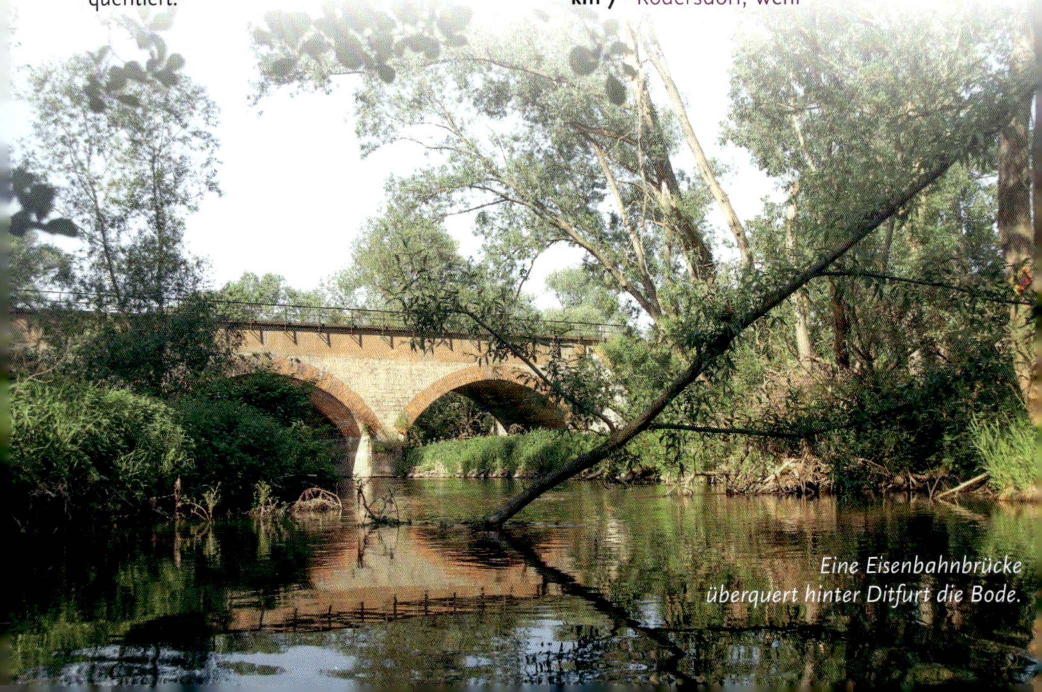

Eine Eisenbahnbrücke überquert hinter Ditfurt die Bode.

Tourensteckbrief

Paddelstrecke
Von Ditfurt nach Gröningen, ca. 19 km.

Charakter
Flott fließender Wiesenbach mit einigen teils kräftigen Sohlschwellen, im Sommer kann Entenflott und Kraut die Fahrt behindern, zwei unbefahrbare Wehre.

Ein- und Aussetzstellen
Ditfurt, Parkplatz am Schützenhaus, Schützenstraße 33, (51.8339,11.2102).
Gröningen, Am Campingplatz, Deesdorfer Straße 4, (51.9327,11.2074) bzw. Weiterfahrt bis **Mühlgraben,** dort gleich rechts anlanden (Hinterstraße).
Weitere Einsetzstellen:
hinter Bodebrücke in **Wegeleben** rechts, Wegebrücke **Adersleben**.

Zurück zum Einstieg
Fahrrad in Gröningen abstellen und nach der Tour zurück über einige kleine Dörfer (Deesdorf, Adersleben, Wegeleben) nach Gröningen, ca. 16 km.

Optionen, Schlechtwettertipps
Weiterfahrt auf der Bode bis Oschersleben, Besuch Harz, Stadtbesichtigung Quedlinburg und Halberstadt.

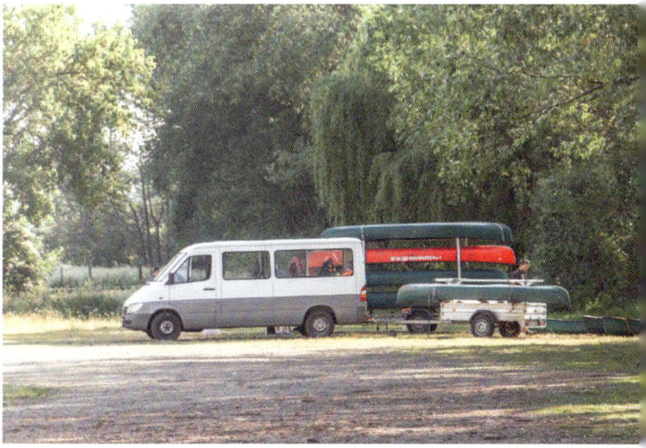

Ein Kanuverleiher bereitet eine Gruppenfahrt an der Kanueinsetzstelle Ditfurt vor.

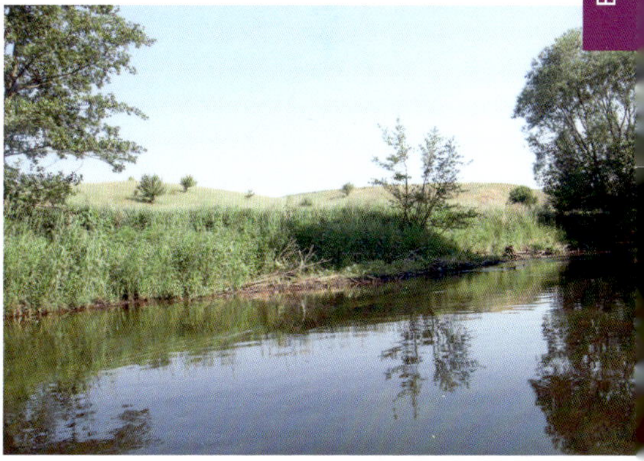

Ein sanfter Hügel zieht sich bis nahe ans Bodeufer heran.

Am Rodersdorfer Wehr kann man links umtragen. Bei entsprechendem Wasserstand kann man auch versuchen, die Kanus zu treideln. Rechts befindet sich ein verlassenes Betriebsgelände. Die Umtragestrecke ist zwar nur kurz, aber das Aus- und Einsteigen in die Kanus ist wegen der steilen, rutschigen Lehmböschung nicht ganz einfach. 500 m weiter wird eine Fußgängerbrücke passiert. In einer weiten Schleife wird Rodersdorf umfahren. Danach geht es in sanften Windungen Wegeleben entgegen. Wer

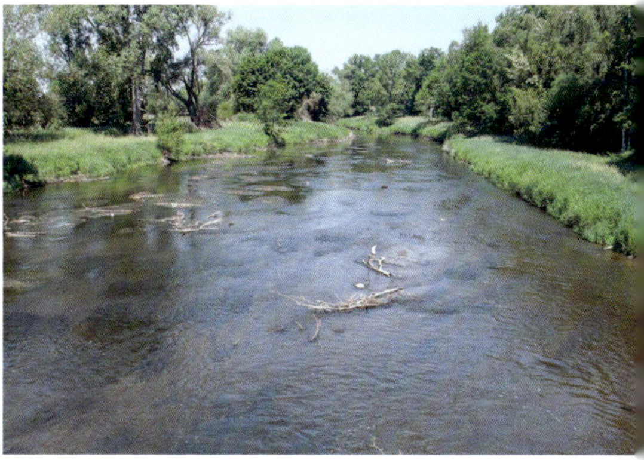

Blick von der Wegelebener Brücke auf die Bode.

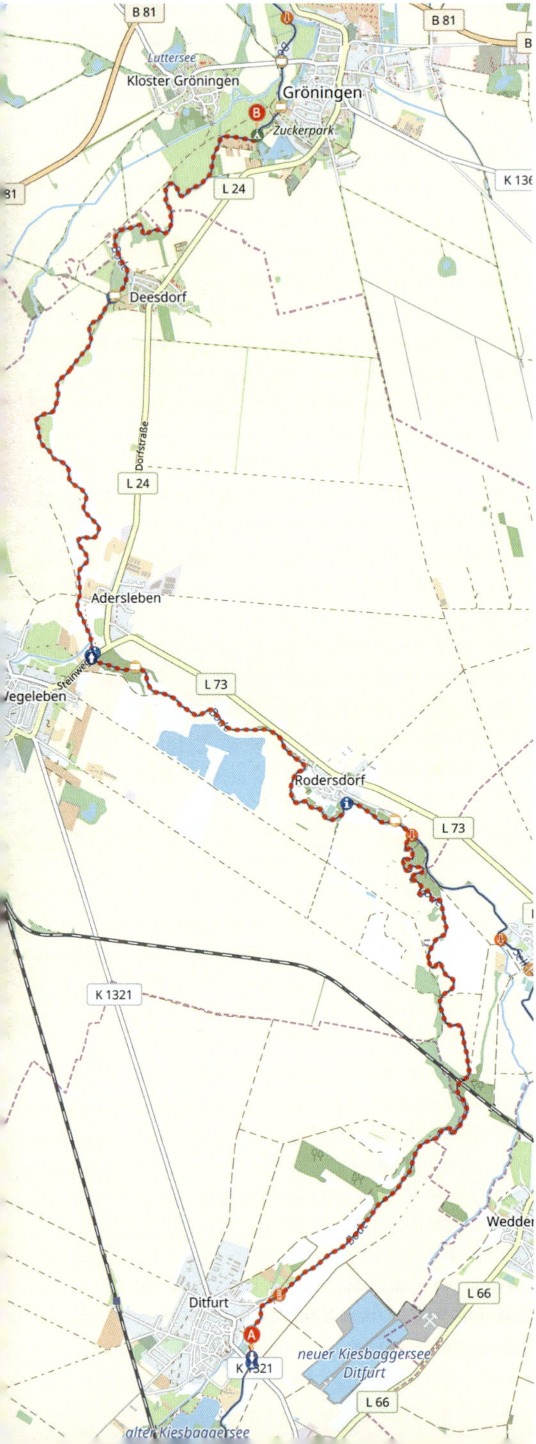

aufmerksam ist, wird im Wasser den Bisam und am Ufer den Eisvogel erblicken. Damit es abwechslungsreich bleibt, haben die fleißigen Brückenbauer noch eine Fußgängerbrücke erbaut. An der Damm-Mühle Wegeleben fordert ein weiteres Wehr zum Umtragen auf; diesmal auf der rechten Uferseite. Auch hier kann eventuell getreidelt werden. Die folgende Brücke zwischen Wegeleben und Adersleben kann auch von motorgetriebenen Fahrzeugen überquert werden. Wer einkehren möchte, kann an der Brücke an beiden Ufern gut ein- und aussetzen. Bei niedrigem Wasserstand sollte man die Brücke ganz rechts durchfahren.

km 11 - Wegeleben, Brücke

Wenige hundert Meter weiter folgt bereits die nächste Brücke. Die folgenden vier Kilometer bis Deesdorf paddelt man in unberührter Natur. Die steilen Uferabschnitte sind ein ideales Brutrevier für den Eisvogel. An der Deesdorfer Brücke wird es wieder etwas knifflig. Es ist besser, sich vor dem Befahren die wuchtige Sohlgleite hinter der Brücke anzusehen. Wer sein Kanu schonen möchte, kann auch am rechten Ufer umtragen. Die Folgestrecke bis Gröningen ist nun wieder windungsreicher. Hinter ein paar Kleingärten kommt dann am rechten Ufer der Gröninger Campingplatz in Sicht. Hier ist ein tiefliegendes Seil über den Fluss gespannt, an welchem wohl ein ausgedienter Ruderkahn als provisorische Fähre über den Fluss gezogen wird. Wer sich hier angemeldet hat, kann am Anlegesteg seine Tour beenden. Oder man paddelt noch ein paar Meter und steigt hinter den beiden alten Eisenbahnbrücken am rechten Ufer im Mühlgraben aus. Die Bode selbst fließt direkt vor der Ausstiegsstelle nach links. Wer weiterpaddeln möchte, muss hier am Wehr die Kanus umtragen.

km 19 - Gröningen, Campingplatz

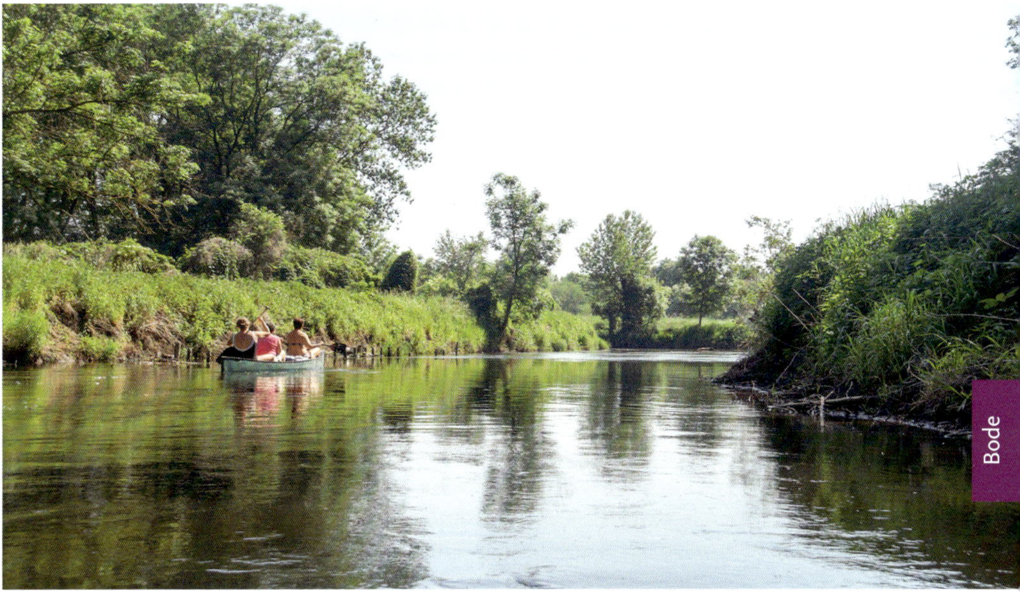

Dank der flotten Strömung kommt man auf der Bode ohne große Anstrengung voran.

ADRESSEN UND INFOS

Übernachtungen und Gastronomie in Wassernähe

Ditfurt:

- Restaurant Schützenhaus
- Herberge im Heimatmuseum
  www.heimatmuseum-ditfurt.de

Adersleben:

- Aderslebener Hof

Gröningen:

- Campingplatz Gröningen
  www.bootsverleih-campinganderbode.de
- Gaststätte Zum Kronprinzen

Kanu-Verleih, organisierte Touren

- Gröninger Bode Bootsverleih
  www.bootsverleih-campinganderbode.de
- Kanu-Verleih Ditfurt
  www.kanuverleih-ditfurt.de
- Funda-Bootsverleih, *www.bodetramp.de*

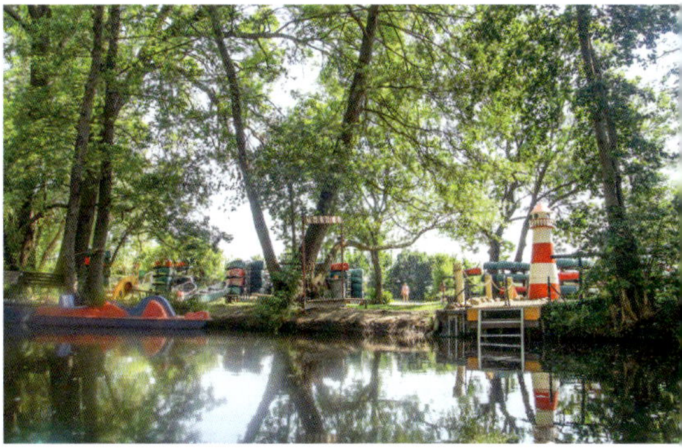

Zeltplatz Gröningen.

Auskunft, Internetadressen

www.verbgem-westlicheboerde.de
www.vorharz.net

Sehenswertes

Ditfurt: Heimatmuseum, St. Bonifatius-Kirche
Gröningen: St. Vitus Kirche, Zuckerpark, Germania-Denkmal.

Tour 27: Von Roßlau nach Barby

Vor der Tour

Dessau verdankt seine Entwicklung der günstigen Lage an der Mündung der Mulde in die Elbe, die hier durch eine Furt leicht zu überqueren war. Hier kreuzten sich auch mehrere Handelswege. Ausgangs des Mittelalters wurde Dessau dann Residenz des Fürstentums und späteren Herzogtums Anhalt-Dessau. Mitte des 18. Jahrhunderts übernahm Leopold III. Friedrich Franz, auch Fürst Franz genannt, die Herrschaft. Er war einer der aufgeklärtesten Herrscher seiner Zeit. Dank seiner Reformen im Bildungs-, Gesundheits- und Sozialwesen, aber auch in wirtschaftlichen Dingen, wurde aus Anhalt-Dessau der „fortschrittlichste Territorialstaat der Zeit", wie der Dichter Christoph Martin Wieland schrieb. Bekannt bis in unsere Tage wurde er durch die Anlage des Dessau-Wörlitzer Gartenreichs, welches seit dem Jahr 2000 zum UNESCO-Welterbe gehört. Der Wörlitzer Park, etwa 15 km östlich von Dessau gelegen, ist der bekannteste Teil dieses Landschaftsparks, aber auch Schloss und Park Georgium in Dessau und das Luisium im Dessauer Ortsteil Waldersee gehören dazu. Anfang des 20. Jahrhunderts siedelte das Staatliche Bauhaus, eine von Walter Gropius gegründete Kunstschule, von Weimar nach Dessau um. Es entstanden das Bauhausgebäude als Kunst-, Design- und Architekturschule, die als „Keimzelle der Moderne" berühmt wurde, und die sogenannte Meisterhaussiedlung. Bereits 1932 musste das Bauhaus nach einem Beschluss des nationalsozialistisch dominierten Dessauer Gemeinderates schließen. Inzwischen ist die Stiftung „Bauhaus Dessau" wieder in der Stadt ansässig. Auf Initiative der Stiftung soll im Jahr 2019 das neue Bauhausmuseum im Dessauer Stadtpark eröffnet werden. Es wird nach einem Entwurf des Architekturbüros Gonzales Hinz Zabala aus Barcelona erbaut.

In Aken wurde 1976 meine erste längere Kanutour abrupt unterbrochen. Nachts gegen 1.30 Uhr hatte ich einen Zusammenstoß mit der Akener Fähre und kenterte. Eigentlich wollte ich in drei Wochen von Cesky Krumlow an der Mol-

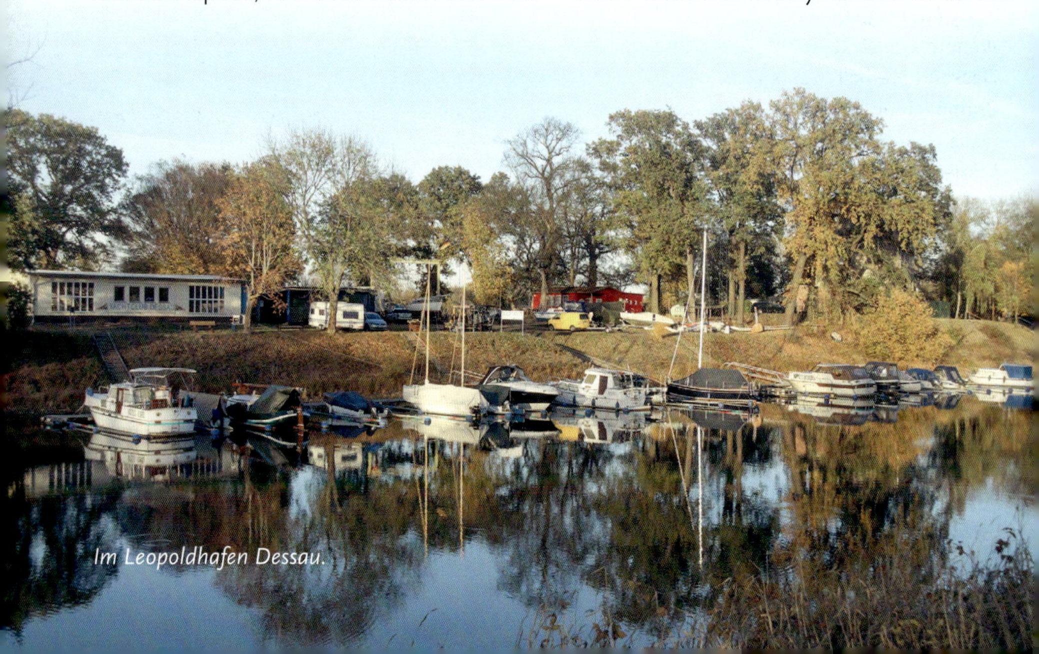

Im Leopoldhafen Dessau.

Tourensteckbrief

Paddelstrecke
Von Roßlau nach Barby, ca. 30 km.

Charakter
International genutzte Bundeswasserstraße mit Schubschiffverkehr, Ausflugsschifffahrt und einigen Fähren (siehe auch Übers Paddeln, 2. Fähren...).

Befahrungsregelungen
Von Aken bis zur Saalemündung am Elbkilometer 290,8 befindet sich die Paddelstrecke in der Kernzone des Biosphärenreservats. Hier besteht ein totales Anlegeverbot, welches auch von der Wasserschutzpolizei kontrolliert wird. Nur in den Ortschaften Steckby, Tochheim und Breitenhagen darf angelegt werden.

Ein- und Aussetzstellen
Roßlau: Schiffsanleger an der Eisenbahnbrücke, Sachsenbergstraße, (51.8811,12.2365)
Barby: Elbwiese, Friesweg, Elbkilometer 293,5 (51.9745,11.8869)
Weitere Einsetzstellen:
Dessau unterhalb Gaststätte Kornhaus, **Brambach** unterhalb der Gaststätte Elbterrassen, **Breitenhagen** am Schiffsrestaurant Marie-Gerda.

Zurück zum Einstieg
Fahrrad am Ziel abstellen und zur Einsetzstelle entlang Elberadweg ca. 35 km radeln.

Optionen, Schlechtwettertipps
Besuch des Wörlitzer Parks, Wanderung auf den Auenpfaden des Biosphärenreservats, Radtour Elberadweg.

dau bis Wesenberg an der Havel paddeln. Doch das Problem, mein Faltboot über die Grenze zu bekommen, kostete mich sechs Tage. Um die Zeitverzögerung etwas aufzuholen, wollte ich ab Nünchritz mit wenigen Pausen 36 Stunden durchpaddeln. Dank des sprichwörtlichen Anfängerglücks gelang es mir nach der Kenterung, mich mitsamt Kanu und Paddel gleich ans Ufer zu retten. In nassen Sachen wurde die Tour bis zum Sonnenaufgang fortgesetzt. Ohne wasserdichte Packsäcke unterwegs musste alles, von der Kleidung über Ausweis, Geld und einigen in Prag gekauften, deutschsprachigen Büchern, getrocknet werden. Zum Glück wurde es ein warmer und sonniger Tag.

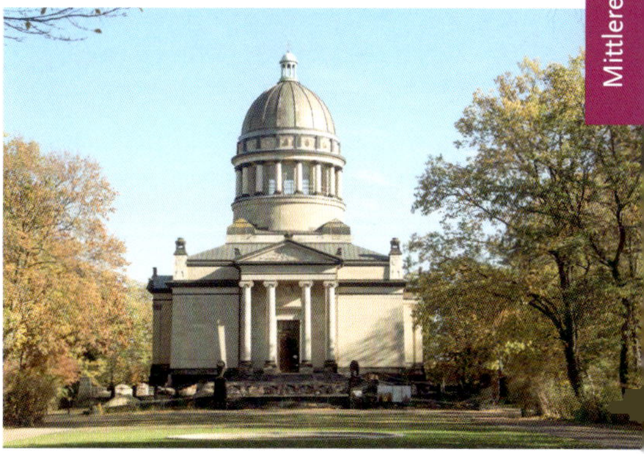

Das Mausoleum im Jugendstilgarten des Schlosses Georgium.

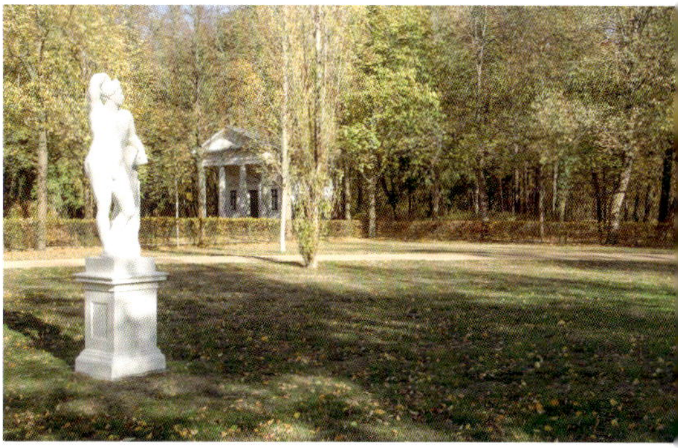

Im Jugendstilgarten des Schlosses Georgium.

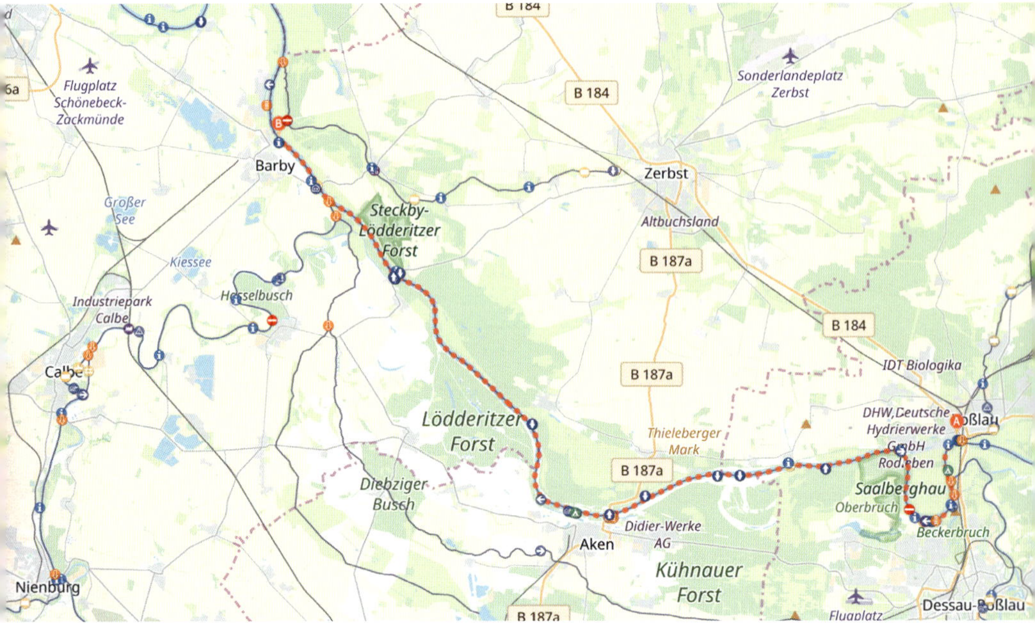

Mehr als vierzig Jahre dauerte es, bis ich der alten Fischerstadt Aken erneut einen, diesmal erfreulichen, Besuch abstattete. Die Kleinstadt wird geprägt durch die Überreste der Stadtmauer und die drei noch erhaltenen Wehrtürme, den Dessauer, den Köthener und den Burgtorturm. Daneben recken sich noch die Türme der Marien- und der Nikolaikirche in den Himmel. Im Heimatmuseum kann man viel über die Schifffahrtsgeschichte des Ortes erfahren.

Tourbeschreibung

km 257,9 - Roßlau, Eisenbahnbrücke

Am Schiffsanleger an der Eisenbahnbrücke gibt es eine Ein- und Aussetzstelle, die auch nicht weit vom Roßlauer Bahnhof entfernt ist. Gleich dahinter befinden sich das Gelände des Roßlauer Paddelvereins, eine Schiffswerft und der Yachthafen. Dort wendet sich die Elbe nach Süden und strömt auf Dessau zu. Am linken Ufer haben eine Reihe von Wassersportvereinen ihre Bootshäuser; u. a. die Kanustation der Wassersportfreunde Rodleben. Dahinter münden auf der linken Seite die Mulde und der Muldeflutgraben in die Elbe. Dreihundert Meter weiter beginnt die berühmte Dessauer Motorbootrennstrecke, die am Elbkilometer 263 endet. Wer zu Junkers Paddelgemeinschaft will, muss links in den Leopoldhafen einbiegen (Besuch Stadt Dessau). Die Elbe wendet sich nun wieder nach Norden und kehrt Dessau den Rücken. Direkt hinter der Motorbootrennstrecke gibt es am rechten Ufer einen Rastplatz. Einen Kilometer weiter beginnt das Industriegebiet Rodleben mit der Einfahrt zum Industriehafen. Nun biegt die Elbe nach links ab und verlässt den dicht bebauten Dessauer Ballungsraum. Auf dem Weg nach Aken unterbrechen nur die rechts hinter dem Deich hervorlugenden, kleinen Dörfer Brambach und Rietzmeck die einsame Naturlandschaft. In Brambach überquert eine Fähre die Elbe und

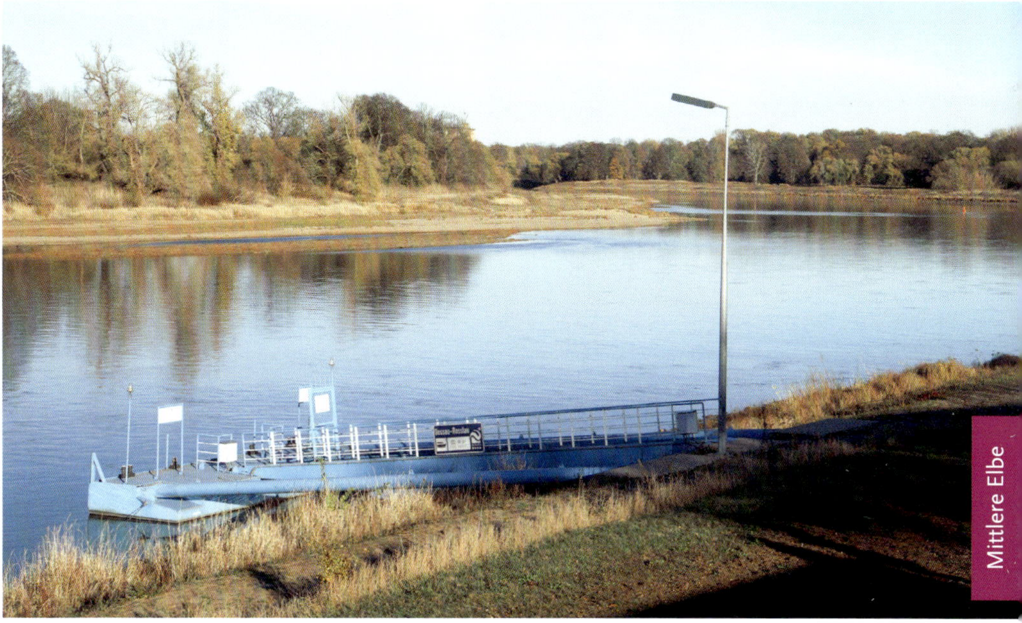

Die Elbe bei Dessau.

am rechten Ufer es gibt einen Rastplatz und ein Ausflugslokal. Zwei weitere Rastplätze folgen an beiden Ufern bei Elbkilometer 270.

km 275 - Aken

Der Hornhafen in Aken links vor der Gierseilfähre und darf von Sportbooten nicht befahren werden. Wer anlegen möchte, kann es links an der Fährstation tun. Die Fähre selbst hat ihren Liegeplatz am rechten Ufer und ist somit auf der linken Elbseite zu passieren. Die folgenden 15 km sind als Kernzone des Naturschutzgebietes Steckby-Lödderitzer-Forst ausgewiesen. Es besteht ein striktes Uferbetretungsverbot. Nur in Steckby (km 280,1) darf an der Naturschutzstation (auch Rastplatz) und am Elbkilometer 287,2 links am Rastplatz Breitenhagen oder gegenüber in Tochheim angelegt werden. In Breitenhagen überquert auch eine Gierseilfähre den Strom. Das Seil ist rechts von der Strommitte verankert; also links vorbeipaddeln. Hinter der Fähre befindet sich die Anlegestelle des Schiffsrestaurants Marie-Gerda. Bei Elbkilometer 290,8 mündet von links die Saale in die Elbe. Wenig später kommt bereits die Stadt Barby in Sicht. An der Gierseilfähre muss links vorbei gepaddelt werden. Dort, ebenfalls am linken Ufer, befindet sich das Bootshaus des SSV Blau-Weiß Barby. Wer sich hier angemeldet hat, wird dort die Fahrt beenden. Näher an der Stadt liegt aber die Ausstiegsstelle zwei Kilometer weiter in der Nähe des Friesweges an der Elbwiese Barby, zu erkennen am wuchtigen Betonsockel.

km 293,5 - Barby, Pfad zum Friesweg

ADRESSEN UND INFOS

Übernachtungen und Gastronomie in Wassernähe

Dessau:

- Wassersportfreunde Rodleben
  www.wassersportfreunde-rodleben.de

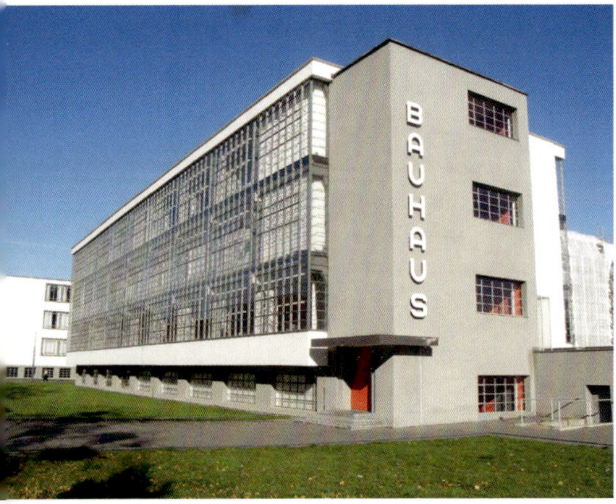

Das Dessauer Bauhaus.

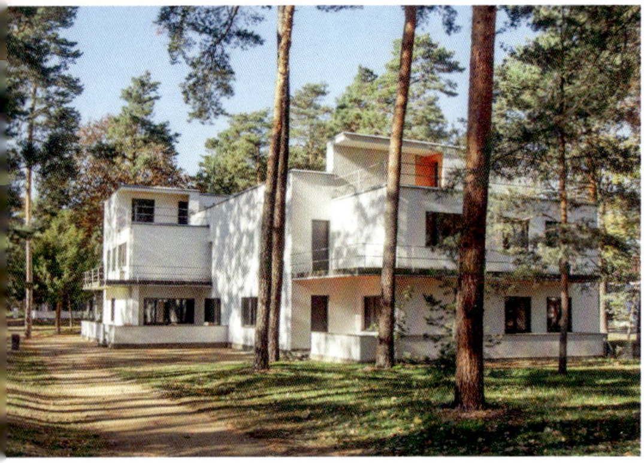

Die zum Weltkulturerbe gehörenden Meisterhäuser.

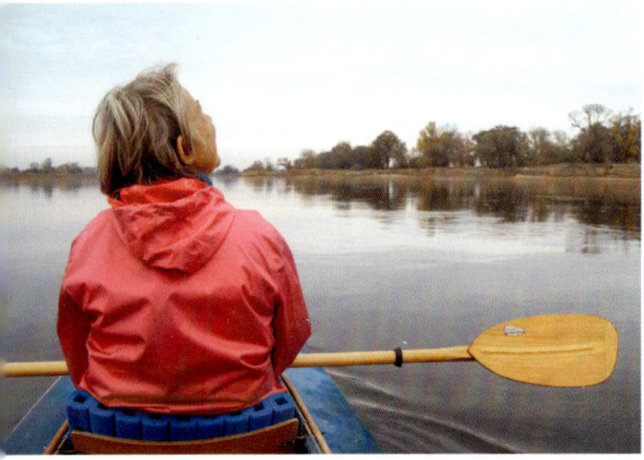

Am Himmel sind Zugvögel zu beobachten.

- Junkers Paddelgemeinschaft *www.junkers-paddelgemeinschaft.de*
- Elbzollhaus, *www.elbzollhaus.de*
- Kornhaus

Brambach:

- Gaststätte Elbterrassen

Aken:

- Boot- und Campingcenter *www.elbe-camping.de*
- Pension An der alten Post *www.pension-an-der-alten-post.de*
- Fährhaus Aken
- Naumanns Schuppen
- Weißer Schwan

Steckby:

- Gasthaus und Pension Zum Biber *www.pension-zum-biber.de*

Breitenhagen:

- Museumsschiff Marie-Gerda, auch Campingmöglichkeit *www.elbe-schiffsrestaurant.de*

Barby:

- SSV Blau-Weiß 04 Barby, *www.kanu-barby.de*
- Gasthof Grüner Anker, *www.gruener-anker.de*
- Gasthof Zum Rautenkranz *www.rautenkranz-barby.de*
- Omas Heuhotel

Kanu-Verleih, organisierte Touren

- Boot- und Campingcenter *www.elbe-camping.de*
- Biber Kanutouristik *www.biber-kanutouristik.de*
- Kanukontor ,*www.kanukontor.de*
- Bootsverleih Im Baumgarten *www.baumgarten-malecki.de*
- Wassersportzentrum Henning *www.wsz-henning.de*

Auskunft, Internetadressen

Wörlitz: Wörlitz-Information, Förstergasse 26
06785 Oranienbaum-Wörlitz
Tel.: 034904-3 10 09

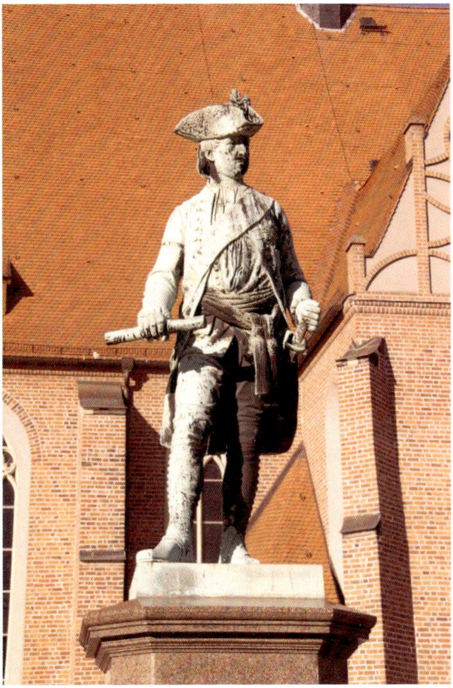

Leopold, Fürst zu Anhalt wurde auch der Alte Dessauer genannt.

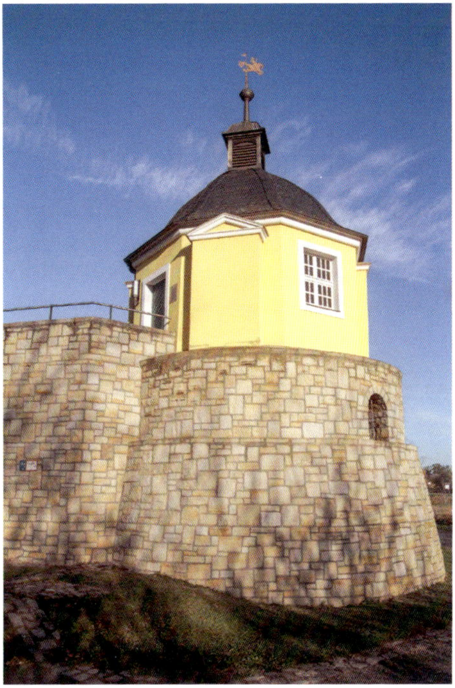

Der Prinz wird dieses Häuschen in der Stadtmauer Barby genannt.

info@woerlitz-information.de
www.woerlitz-information.de
Infozentrum Biosphärenreservat Mittelelbe Am Kapenschlösschen 106785 Oranienbaum-Wörlitz, Tel.: 034904-40 60
www.mittelelbe.com
Dessau: Tourist-Information Dessau-Roßlau Zerbster Straße 2C, 06844 Dessau
Tel.: 0340-2 04 14 42
touristinfo@dessau-rosslau.de
www.dessau-rosslau-tourismus.de
www.gartenreich.com I *www.aken.de*
www.tourismusprojekt-grafschaft-barby.de
www.stadt-barby.de

Karten, Bücher, Literaturtipps

- Tourenatlas Wasserwandern TA 7 (Elbe vom Elbsandsteingebirge bis Magedeburg) 1:75.000, Jübermann-Verlag
- Reiseführer „Die Elbe“ von Ernst Paul Dörfler im Trescher-Verlag

Sehenswertes

Roßlau: Wasserburg (*www.burg-rosslau.de*), Schiffbau- und Schifffahrtsmuseum.
Dessau: Bauhausmuseum, Schloss und Park Georgium mit Anhaltinischer Gemäldegalerie, Stadtmuseum im Johannbau, St. Marien und St. Johannis Kirche, Technik-Museum Hugo Junkers (*www.technikmuseum-dessau.de*).
Aken: Stadtmauer mit drei Wehrtürmen, Heimatmuseum.
Barby: Stadtmauer mit Türmen Prinzesschen und Prinz.

Tour 28: Von Barby nach Magdeburg

Vor der Tour

Während andernorts Stadtmauern in der frühen Neuzeit ihre militärische Bedeutung verloren und zu touristischen Sehenswürdigkeiten wurden, richteten die Stadtväter von Barby die ihre gegen einen neuen Feind: das Elbehochwasser. Da dieses aber auch nur alle Jubeljahre die Stadt bedroht, ist die Stadtmauer also auch hier in erster Linie Touristenmagnet. Zwei Türme in der Stadtmauer tragen die Namen Prinz und Prinzesschen. Wer wegen des Stadtnamens einen Zusammenhang mit der gleichnamigen amerikanischen Puppe vermutet, liegt allerdings falsch. Das Prinzesschen der Stadt Barby trägt seinen Namen schon deutlich länger.

Die Stadt Schönebeck verdankt ihren Aufstieg einer Jahrmillionen zurückliegenden Naturkatastrophe. Ein Meerwassereinbruch überschwemmte das sogenannte germanische Becken mit stark salzhaltigem Wasser. Nach dessen Verdunstung blieben Salzlager zurück, die in Schönebeck seit über 800 Jahren abgebaut werden. Einige Salzlager kamen mit dem Grundwasser in Berührung und es bildete sich die sogenannte Sole. Um auch die Sole wirtschaftlich nutzen zu können, wurden Gradierwerke errichtet, in welchen per Verdunstung des Wasseranteils der Salzgehalt der Sole weiter erhöht wurde, bevor man in einem Siedevorgang das Wasser gänzlich vom Salz trennte. In Schönebeck entstand das mit 1837 Metern längste jemals errichtete Gradierwerk. Ein Teil davon ist noch erhalten. Wer Probleme mit seinen Atemwegen hat, kann hier die salzhaltige Luft inhalieren, aber sich auch im Kurpark kostenlos an der Trinksole bedienen. An die Bedeutung des Salzes erinnern die an der Elbe stehende Salzblume, eine 16 m hohe Stahlskulptur, und das Salzlandmuseum im Ortsteil Bad Salzelmen.

Residenzen wie im Spätmittelalter gab es zur Zeit der Ottonen, der ersten deutschen Könige und Kaiser, noch nicht. Diese reisten noch

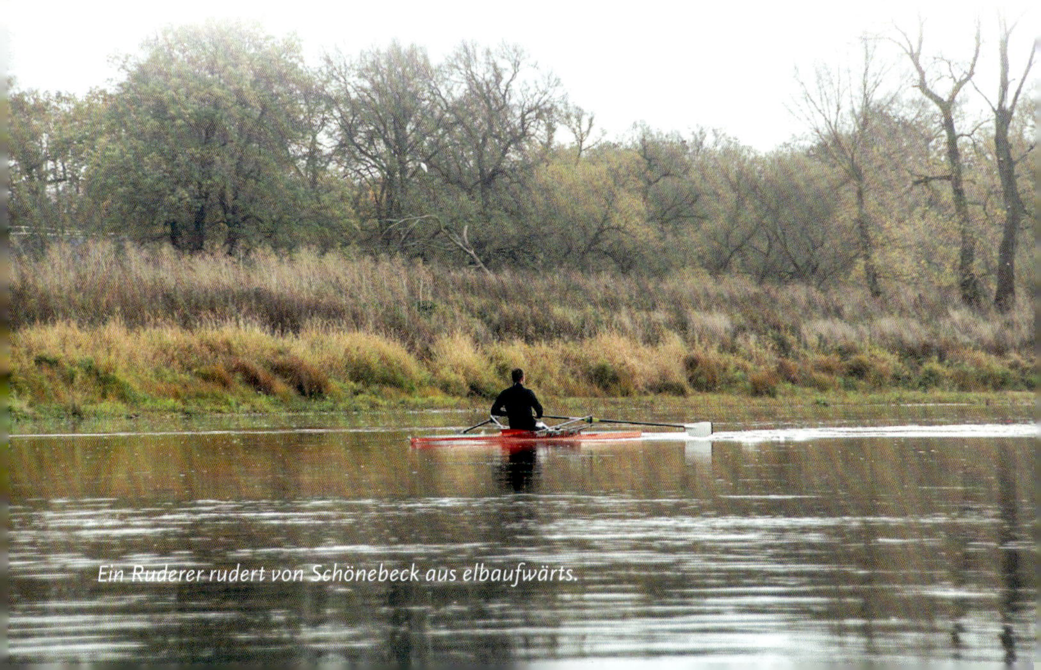

Ein Ruderer rudert von Schönebeck aus elbaufwärts.

Tourensteckbrief

Paddelstrecke
Von Barby nach Magdeburg, ca. 32 km.

Charakter
International genutzte Bundeswasserstraße mit Schubschiffverkehr und Ausflugsschifffahrt und einigen Fähren (siehe auch Übers Paddeln, 2. Fähren...)

Ein- und Aussetzstellen
Barby: Elbwiese, Friesweg, Elbkilometer 293,5 (51.9745,11.8869)
Magdeburg: WSV Lok Magdeburg, Seilerweg 9, (52.1119,11.6574)
Weitere Einsetzstellen:
Pretzien am Wehr der Alten Elbe, in **Glinde, Schönebeck** vor der Eisenbahnbrücke links.

Zurück zum Einstieg
Fahrrad am Ziel abstellen und zur Einsetzstelle entlang Elberadweg ca. 35 km radeln.

Optionen, Schlechtwettertipps
Abstecher in die Dornburger Alte Elbe zum Pretziner Wehr, Stadtbesichtigung Magdeburg, Radtour entlang Elberadweg.

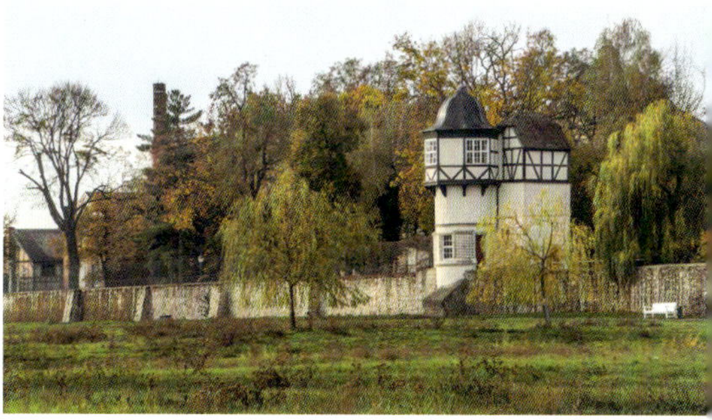

Das Fachwerkbauwerk trägt in Barby den passenden Namen Prinzesschen.

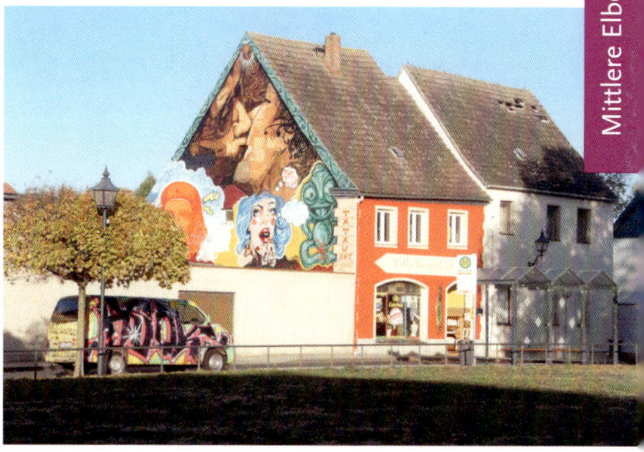

Vor der Villa Kunterbunt steht in Barby ein ebenso kunterbunter Transporter.

von Pfalz zu Pfalz und regelten von dort die Geschicke des Deutschen und des Kaiserreiches. Und doch ragte Magdeburg aus der Vielzahl der Aufenthaltsorte empor: Otto der Große ließ hier eine monumentale Kathedrale errichten und schenkte die Stadt seiner ersten Gemahlin Editha. Beide fanden im Magdeburger Dom ihre letzte Ruhestätte. Nach Jahren des Wachstums folgte im Dreißigjährigen Krieg die erste große Katastrophe: Die Kaiserlichen Truppen unter Tilly machten die Stadt dem Erdboden gleich und töteten 25.000 Einwohner. „Magdeburgisieren" nannte man in späteren Zeiten

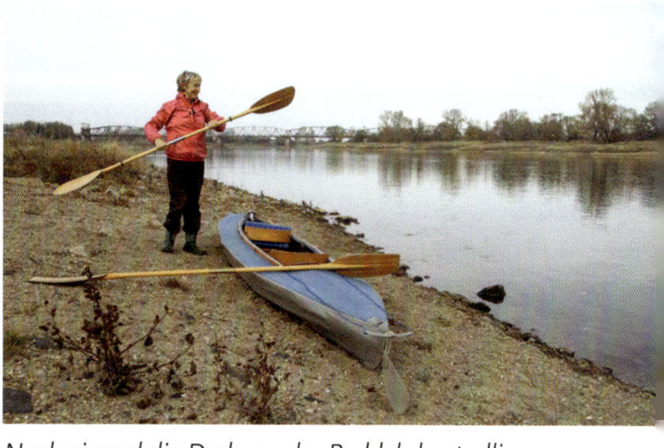

Noch einmal die Drehung des Paddels kontrollieren und dann kann es losgehen.

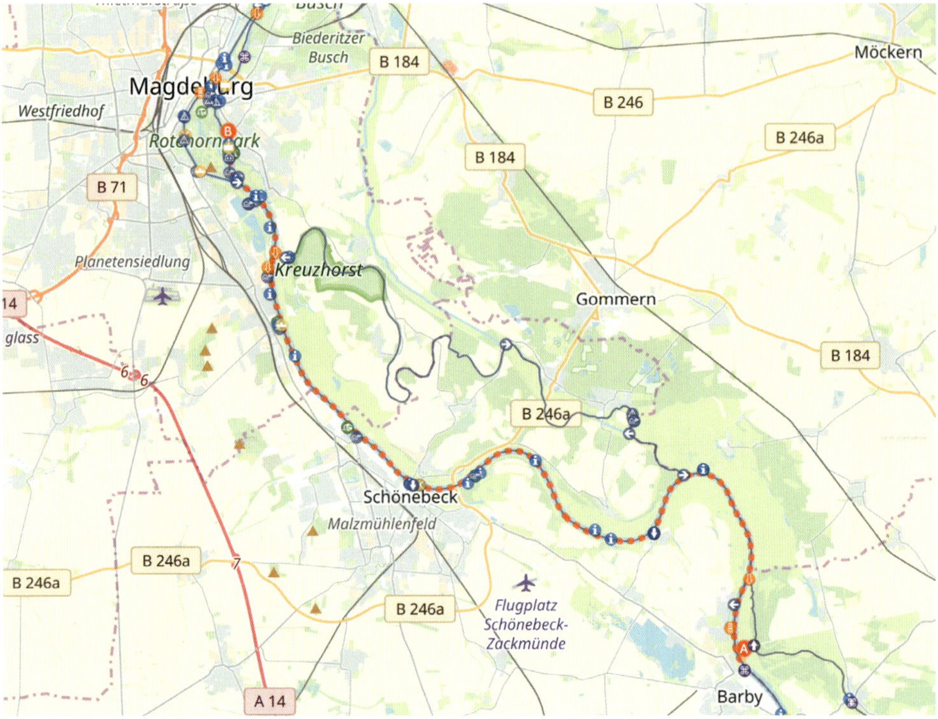

das massenhafte Abschlachten der Zivilbevölkerung in Kriegszeiten. Die Stadt erholte sich jedoch wieder, und von ihrem Reichtum zeugten u.a. sieben doppeltürmige Kirchen, die die Stadtsilhouette prägten. 1945 ging nach einem Bombenangriff die Stadt erneut in Flammen auf. Magdeburg ist aber auch noch heute einen Besuch wert: Neben dem Dom ist das älteste Bauwerk der Stadt, das ehemalige Kloster Unser Lieben Frauen, zu besichtigen. Dort befindet sich jetzt das städtische Kunstmuseum. Die Johanneskirche etwas nördlich davon besitzt eine Aussichtsplattform, die einen weiten Blick über die Stadt und den Flusslauf bietet. Unweit davon liegt der Alte Markt mit dem Alten Rathaus und dem Ratskeller sowie einigen Denkmalen. Das sind z.B. der Magdeburger Reiter, der Otto den Großen darstellen soll, der Magdeburger Roland, das Otto-von-Guericke-Denkmal und der Eulenspiegelbrunnen. Die Grüne Zitadelle ist das letzte Bauwerk des Architekten Friedensreich Hundertwasser. Weiterhin locken zahlreiche Museen wie das Museumsschiff MS Württemberg, das Otto-von-Guericke-Museum, das kulturhistorische Museum oder das Technikmuseum.

Etwa drei Kilometer Luftlinie von der Elbe entfernt liegt bei Zackmünde der Nachbau des Ringheiligtums Pömmelte. Diese, dem englischen Stonehenge vergleichbare Kultstätte wurde vor etwa 4.300 Jahren in der ausgehenden Jungsteinzeit errichtet und bis in die frühe Bronzezeit genutzt. Seit dem Jahr 2016 ist die beeindruckende Rekonstruktion frei zugänglich. Mit dem Fahrrad oder dem Auto ist das Heiligtum von Barby oder Schönebeck aus schnell erreicht.

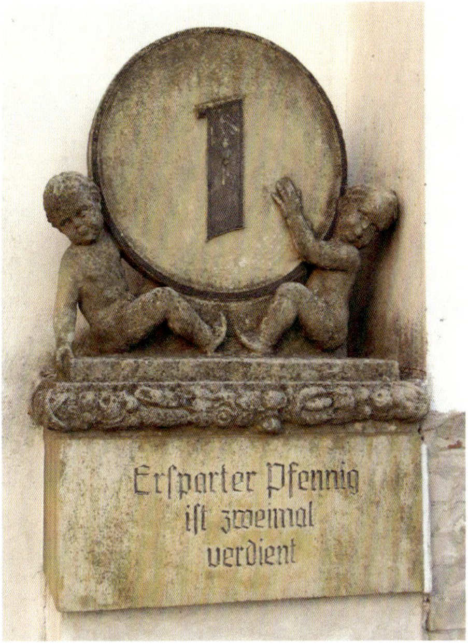

Nicht an der Sparkasse sondern am Rathaus findet man diesen Ratschlag.

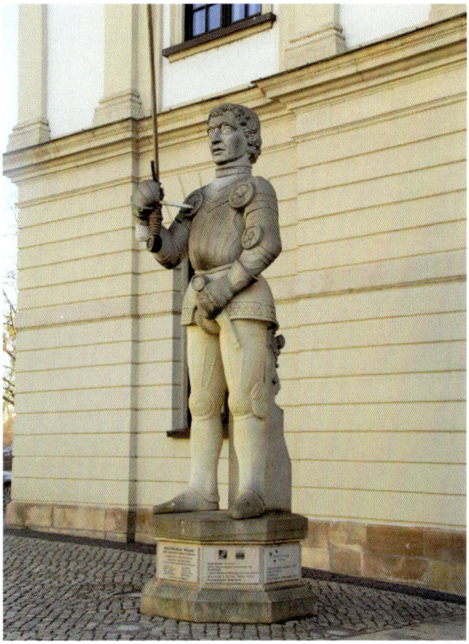

Der Magedeburger Roland.

Tourbeschreibung

km 291,4 - Barby, Fähre, Bootshaus SSV Blau-Weiß 04 Barby

Wer sich auf einer Etappenfahrt auf der Elbe befindet und in Barby in Zelten übernachten möchte, kann dies vor der Fähre links beim Kanu-Verein oder dahinter auf dem kommunalen Biwakplatz tun. Die Fähre Barby ist eine Gierseilfähre und im rechten Flusslauf verankert. Sie ist also auf der Stadtseite am linken Ufer zu passieren. Hinter der Eisenbahnbrücke wird Barby verlassen. Über diese fahren jedoch keine Züge mehr; dafür kommen Fußgänger und Radfahrer jetzt über sie auf die andere Elbseite. Links befindet sich bis zum Hafen noch das Industriegebiet der Stadt. Einen Kilometer weiter mündet von rechts die Nuthe in die Elbe, die allerdings im Mündungsbereich aus Naturschutzgründen nicht befahren werden darf. Wenn auf dem weiteren Weg nach Schönebeck kein Sportmotorboot oder Schubschiff die Ruhe stört, kann man die weite Elblandschaft genießen. Bei Elbkilometer 302,7 taucht nur kurz am linken Ufer der Rastplatz Glinde am dortigen Schiffsanleger auf. Zwischen den Elbkilometern 304 und 306 gibt es auf der rechten Seite eine Wasserskistrecke. Vier Kilometer weiter erblickt man dann am linken Ufer vor der 2013 fertiggestellten neuen Straßenbrücke das Schiffshotel Sonnenschein und die Zeltwiese des Schönebecker Kanusportclubs. Das Schiffshotel ist ein umgebauter, ehemaliger Lastkahn.

km 311,8 - Schönebeck

Wer der Stadt Schönebeck einen Besuch abstatten möchte, hat die Möglichkeit, vor der Straßenbrücke bei Elbkilometer 311,8 anzulegen. Wegen Baumaßnahmen ist dieser Elbzugang allerdings bis 2020 gesperrt. Bevor die Stadtbrücke gebaut wurde, befand sich hier die Fährstation, die Schönebeck mit dem gegenüberliegen-

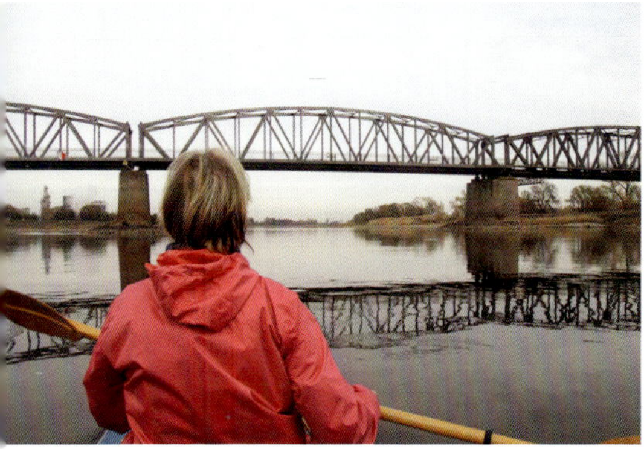

Gleich nach dem Start in Barby wird die stillgelegte Eisenbahnbrücke unterquert.

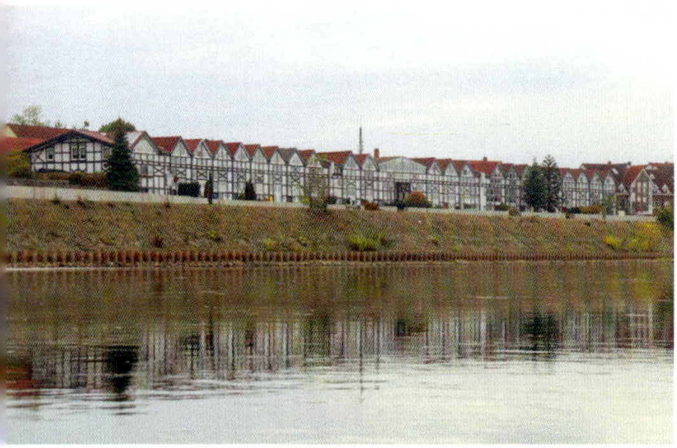

Die ehemaligen Salzschuppen am Elbufer in Schönebeck sind zu Wohnungen ausgebaut worden.

den Grünewalde verband. Hinter Schönebeck gibt es links am Hafen Frohse noch einen privat geführten Rastplatz am Wassersportzentrum Henning. Nun kommen bereits die ersten Vororte von Magdeburg in Sicht. Bevor Magdeburg-Westerhüsen am linken Ufer erreicht wird, ist zwischen Elbkilometer 317,5 und 317,85 auf eine Reihe von Steinen zu achten, auf die bei Niedrigwasser schon manch einer aufgelaufen ist. Gleich dahinter folgt eine Gierseilfähre. Da das Seil ebenfalls links im Fluss verankert ist, lohnt es sich, rechtzeitig ans rechte Ufer zu wechseln. Bei Elbkilometer 322 findet man am linken Ufer das Bootshaus des WSV Buckau-Fermersleben; dahinter folgt auf einem Kilometer eine Wasserskistrecke. Noch vor deren Ende kann man nach links in den alten Elbearm einfahren, in dem einige Magdeburger Kanu-Vereine ihren Sitz haben. Wer sich bei einem dieser Vereine angemeldet hat, wird dort natürlich anlanden. Es besteht aber auch die Möglichkeit, zwischen den Bootshäusern anzulegen und vor der Tour sein Auto dort zu parken. Zum Bahnhof sind es von hier allerdings vier Kilometer Fußweg. Wer mit dem Zug zurück nach Barby will, sollte besser auf dem Hauptstrom vier Kilometer weiter paddeln und nach rechts in die Zollelbe einbiegen und dort beim SC Magdeburg oder beim Yachthafen Zollelbe aussetzen. Von hier beträgt der Weg zum Bahnhof nur einen Kilometer.

Wer in die Alte Elbe einfährt muss beachten, dass nach etwa einem Kilometer das Wehr Cracau kommt, das einen starken Sog hat. Also rechtzeitig vorher umkehren.

km 322,8 - Magdeburg, Abzweig Alte Elbe
(+ 0,7 km auf der Alten Elbe)

Variante

Bei Elbkilometer 300,7 rechts in die Dornburger Alte Elbe abbiegen und drei Kilometer bis zum Pretziner Wehr paddeln. 500 m vor dem Wehr zweigt nach rechts ein Seitenarm ab, in welchem der Campingplatz Steinhafen Pretzin sowie die DKV-Kanustation des Kanu-Vereins Eintracht Gommern zu finden ist. Um die Stadt Magdeburg besser vor Hochwassern zu schützen, baute man im 19. Jahrhundert den alten Elbearm zu einem Umflutkanal aus. Bei Normalwasser sollte der Elbe aber dieser Weg versperrt bleiben, und in den Jahren 1869 bis 1876 wurde das Pretziner Flutwehr erbaut; ein auch heute noch imposantes Bauwerk.

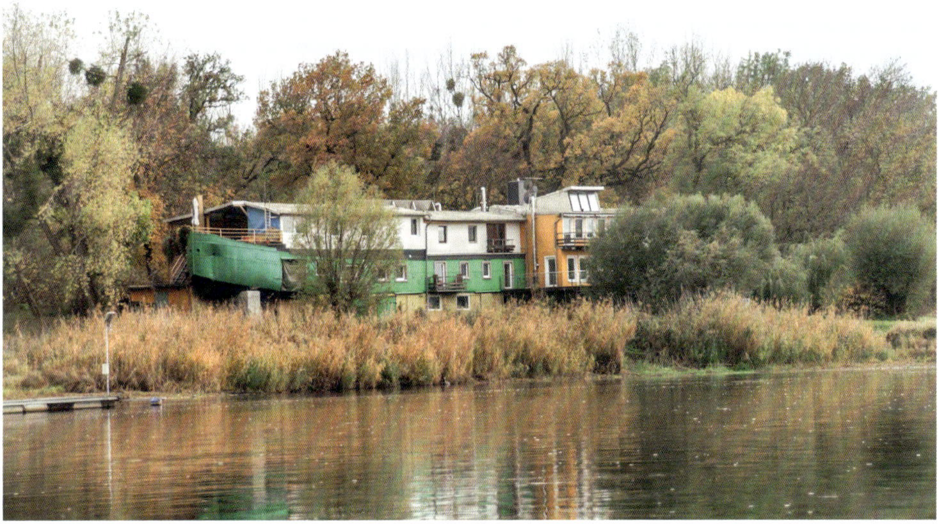

Das Schiffshotel Sonnenschein.

ADRESSEN UND INFOS

Übernachtungen und Gastronomie in Wassernähe

Barby:

- SSV Blau-Weiß 04 Barby, *www.kanu-barby.de*
- Gasthof Grüner Anker, *www.gruener-anker.de*
- Gasthof Zum Rautenkranz *www.rautenkranz-barby.de*
- Omas Heuhotel

Pretzin:

- Campingplatz Steinhafen, *www.elbaue-sbk.de*
- SV Eintracht Gommern *www.eintracht-gommern.de*

Schönebeck:

- Schiffshotel Sonnenschein, *www.schiffshotel.de*
- Schönebecker SC, Abt. Kanu, *www.ssc-kanu.de*
- Pension Elbe, *www.pension-elbe.eu*
- Quartier und Restaurant Weltrad *www.weltrad.de*
- Restaurant Am Salzblumenplatz
- Elbblick

Frohse:

- Wassersportzentrum Henning *www.wsz-henning.de*

Magdeburg: u.a.

- Mückenwirt in Buckau
- Kanustationen WSV Buckau-Fermersleben *www.wbf-magdeburg.de*
- WSV Lok Magdeburg, *www.lok-magdeburg.de*
- Kanu-Klub Börde, *www.kanuklub-boerde.de*
- Sportgaststätte Seilerwiesen

Kanu-Verleih, organisierte Touren

- Biber Kanutouristik, *www.biber-kanutouristik.de*
- Kanukontor, *www.kanukontor.de*
- Bootsverleih Im Baumgarten *www.baumgarten-malecki.de*
- Wassersportzentrum Henning *www.wsz-henning.de*

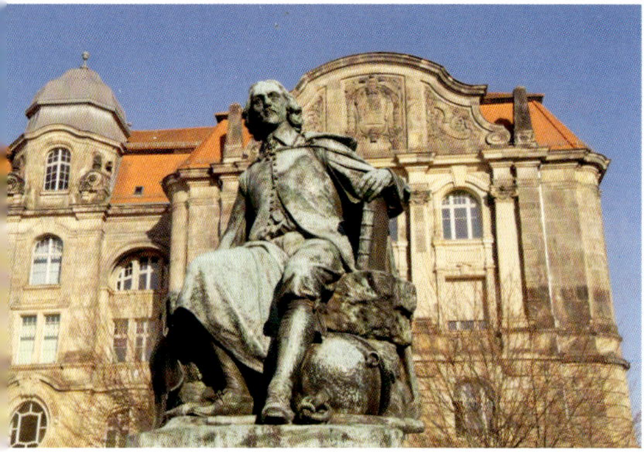

Der damalige Bürgermeister Magedeburgs, Otto von Guericke, wies mit einem Experiment das Vakuum nach.

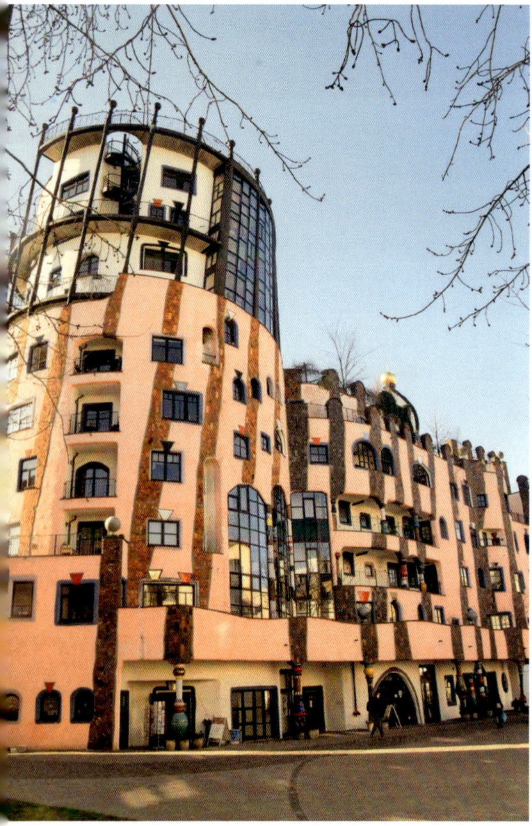

Das Hundertwasserhaus Grüne Zitadelle in Magdeburg.

Auskunft, Internetadressen

Schönebeck: Stadt-Information, Markt 21
39218 Schönebeck, Tel.: 03928-84 27 42
stadtinfo-stadt@solepark.de
www.schoenebeck.de
Stadtinformation am Soleturm, Badepark 1
39218 Schönebeck (Elbe), Tel.: 03928-70 55 55
stadtinfo-park@solepark.de
www.solepark.de
Magdeburg: Tourist-Information, Breiter Weg 22
39104 Magdeburg, Tel.: 0391-63 60 14 02
info@magdeburg-tourist.de
www.magdeburg-tourist.de
Magdeburger Tourismusverband Elbe-Börde-Heide, Domplatz 1b, 39104 Magdeburg
Tel.:0391-73 87 90
info@elbe-boerde-heide.de
www.elbe-boerde-heide.de
www.tourismusprojekt-grafschaft-barby.de
www.stadt-barby.de

Karten, Bücher, Literaturtipps

- Tourenatlas Wasserwandern TA 7 (Elbe vom Elbsandsteingebirge bis Magdeburg) 1:75.000, Jübermann-Verlag
- Reiseführer „Die Elbe“ von Ernst Paul Dörfler im Trescher Verlag

Sehenswertes

Barby: Stadtmauer mit Türmen Prinzesschen und Prinz, Johanniskirche.
Schönebeck: Innenstadt mit Rathaus, Marktbrunnen, Salzturm und Jakobi-Kirche, Salzlandmuseum, Salzblume, Gradierwerk mit Inhalatorium, Kurtrinkbrunnen.
Magdeburg: Dom, Kloster Unser Lieben Frauen mit Kunstmuseum, Alter Markt, Grüne Zitadelle, Otto-von-Guericke-Museum, Kulturhistorisches Museum, Technikmuseum.

Tour 29: Von Rogätz nach Tangermünde

Vor der Tour

Tangermünde ist ein sehenswertes Städtchen mit vielen gut erhaltenen Bauwerken im Stil der norddeutschen Backsteingotik. Gelegen auf einem Höhenrücken an der Mündung des Tanger in die Elbe ist die Stadt gut vor Elbehochwassern geschützt. Der höchste Punkt des Höhenrückens wurde bereits im zentralen Mittelalter mit einer Grenzburg zur Sicherung der Elbgrenze gegen die am östlichen Elbufer siedelnden slawischen Stämme erbaut. Später gehörte die sich unterhalb der Burg entwickelnde Stadt zur Mark Brandenburg und gelangte im 14. Jahrhundert in den Besitz von Kaiser Karl IV. Dieser ließ die Burg als Nebenresidenz zu seinem Stammsitz im Hradschin in Prag ausbauen. Sein Ziel war, das böhmische Handelsgebiet mit dem der Hanse zu verbinden. Tangermünde war nämlich einige Jahre zuvor Mitglied des Hansebundes geworden. Nach dem Tode Kaiser Karls gelangte die Mark Brandenburg und damit auch Tangermünde in die Hand der Hohenzollern. Zwei Denkmäler auf dem Burgplateau erinnern an diese Zeit: die Standbilder Kaiser Karls IV. und des Kurfürsten Friedrich I. aus dem Hause der Hohenzollern. Zum Burgensemble gehören das ehemalige Schloss, heute das Schlosshotel Tangermünde, die Kanzlei, der Gefängnisturm und der Kapitelturm. Zu bestimmten Zeiten kann man im Rahmen einer Führung den Turm besteigen und hat aus den Luken im Obergeschoss einen weiten Ausblick über die Stadt und die Elbtalaue. Vor der Burg befindet sich das älteste erhaltene Wohnhaus der Stadt, die Schlossfreiheit mit dem Burgmuseum. Wer die Kunstausstellung in der Salzkirche ansehen möchte, muss sich nach Nordost wenden. Ansonsten gelangt man über das Hünerdorfer Tor mit dem Eulenturm in die Innenstadt. In der Nähe gibt es das private Museum Zeitzeug. An der riesigen St. Stephans-Kirche vorbei geht es die Lange Straße entlang zum Markt mit dem sehenswerten Rathaus und seinem gotischen Schmuckgiebel. Im Innern

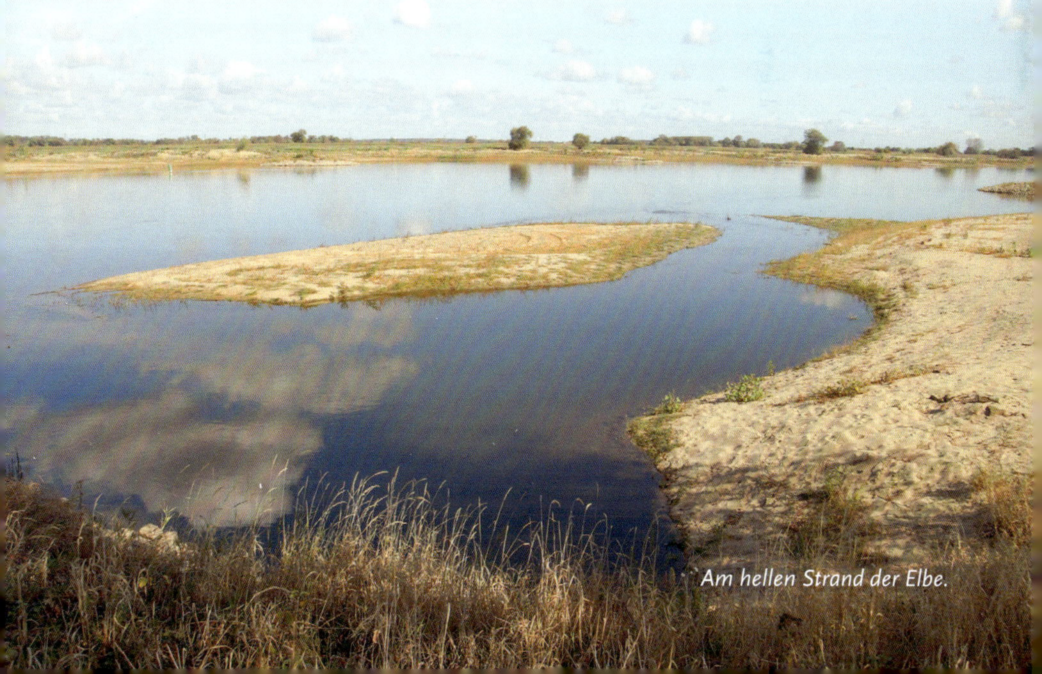

Am hellen Strand der Elbe.

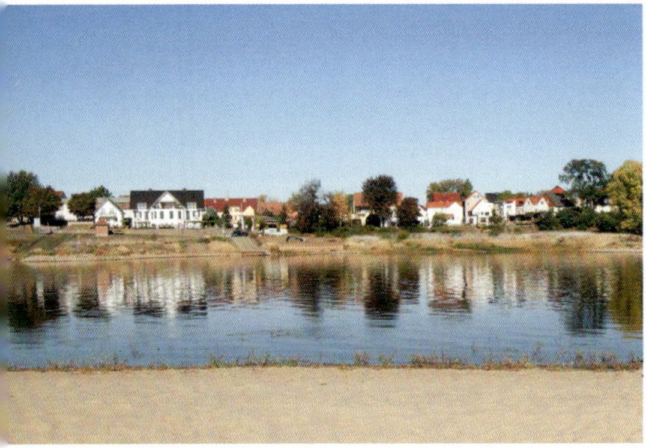

Hinter der Fähre Rogätz gibt es beidseitig der Elbe schöne Einsetzstellen.

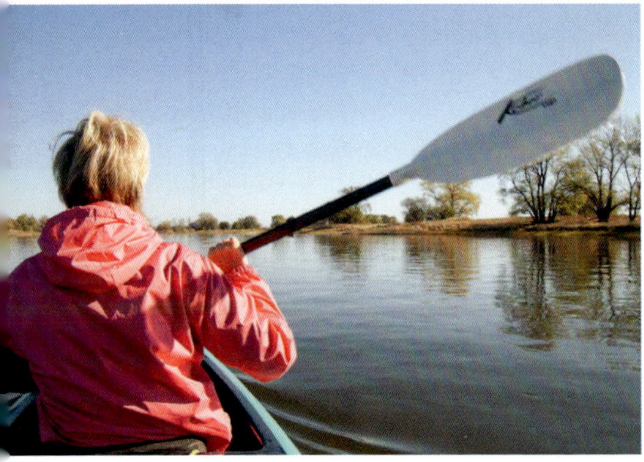

An einem windstillen, sonnigen Herbsttag auf der Elbe.

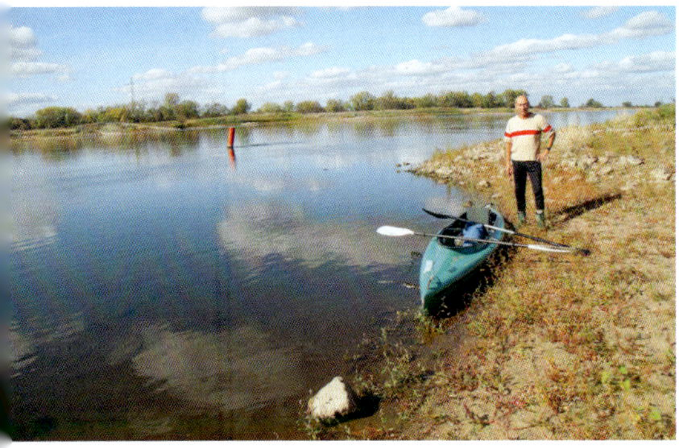

In Ferchland gibt es oberhalb des Fähranlegers einen überdachten Rastplatz.

Tourensteckbrief

Paddelstrecke
Von Rogätz nach Tangermünde, ca. 38 km.

Charakter
International genutzte Bundeswasserstraße mit Schubschiffverkehr und Ausflugsschifffahrt.

Befahrungsregelungen
Zwischen den Elbkilometern 381,5 und 385 befindet sich die Paddelstrecke in einer Kernzone des Biosphärenreservats, dem NSG Bucher Brack – Bölsdorfer Haken. Das Anlegen ist hier verboten und auch die Nebengewässer dürfen nicht befahren werden.

Ein- und Aussetzstellen
Rogätz Fähre (52.3133,11.7705)
Tangermünde Hafen (52.5419,11.9792)
Weitere Einsetzstellen:
Blumenthal Rastplatz rechts, **Bittkau** links, **Ferchland Fähre** rechts.

Zurück zum Einstieg
1. Per Bahn.
2. Fahrrad am Ziel abstellen und zur Einsetzstelle entlang Elberadweg ca. 40 km radeln.

Optionen, Schlechtwettertipps
Kanutouren auf der Elbe oberhalb und unterhalb der vorgeschlagenen Strecke, Wanderung im Biosphärenreservat Mittelelbe, Besuch Kloster Jerichow, Radtour Elberadweg.

des Rathauses befindet sich das stadtgeschichtliche Museum. Die Skulptur vor dem Rathaus stellt Grete Minde dar, die beschuldigt wurde, für den Großbrand im Jahr 1617 verantwortlich gewesen zu sein. Sie wurde zum Tode auf dem

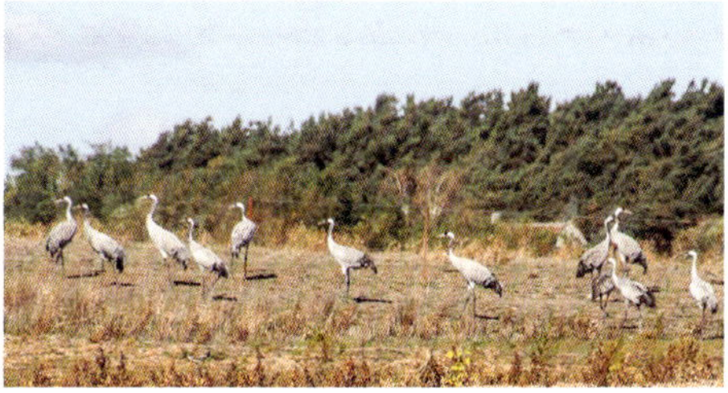

Kraniche.

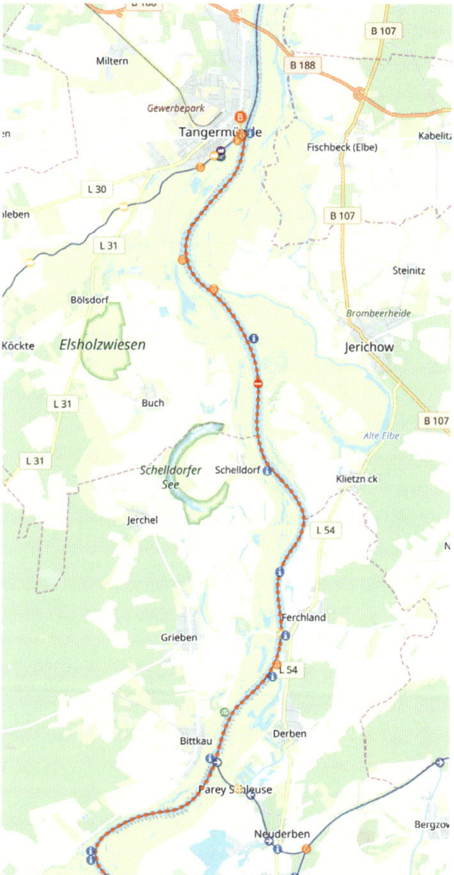

Scheiterhaufen verurteilt. Ob sie unschuldig verurteilt wurde oder tatsächlich für das Feuer verantwortlich war, konnte bislang nicht zweifelsfrei geklärt werden. Vom Rathaus geht es über die Nikolaikirche zum Neustädter Tor; eine Backsteintoranlage mit einem runden und einem eckigen Torturm. Die Mauerstraße vor dem Turm führt nach rechts entlang der Stadtmauer zum Schrotturm, dem höchsten Turm der ehemaligen Wehranlage. Vor dem Tor führt ein Weg zum Hafen an der Ruine des ehemaligen Dominikaner-Klosters vorbei. Nun kann man entweder unterhalb der Stadtmauer an der Hafenpromenade entlang schlendern, oder man steigt über eine Treppenanlage, Putinnen genannt, wieder in die Innenstadt hinauf. An einigen Fachwerkhäusern vorbei, eins davon trägt

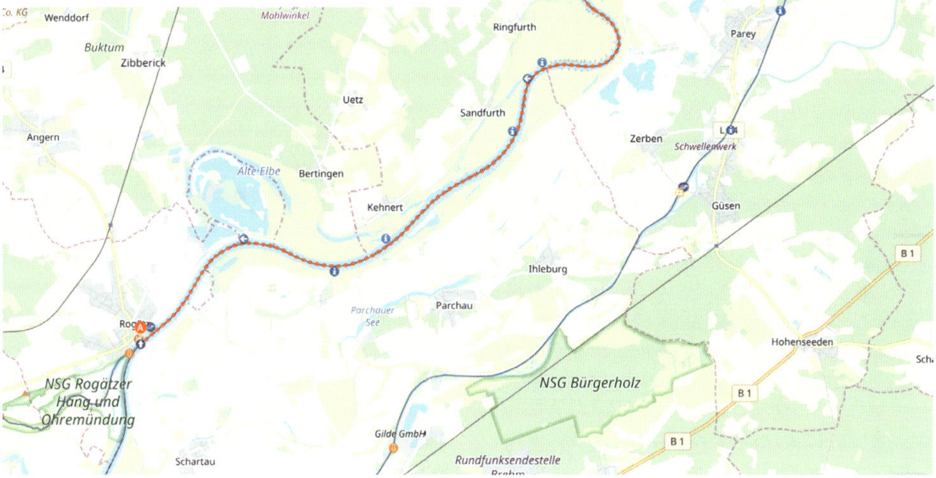

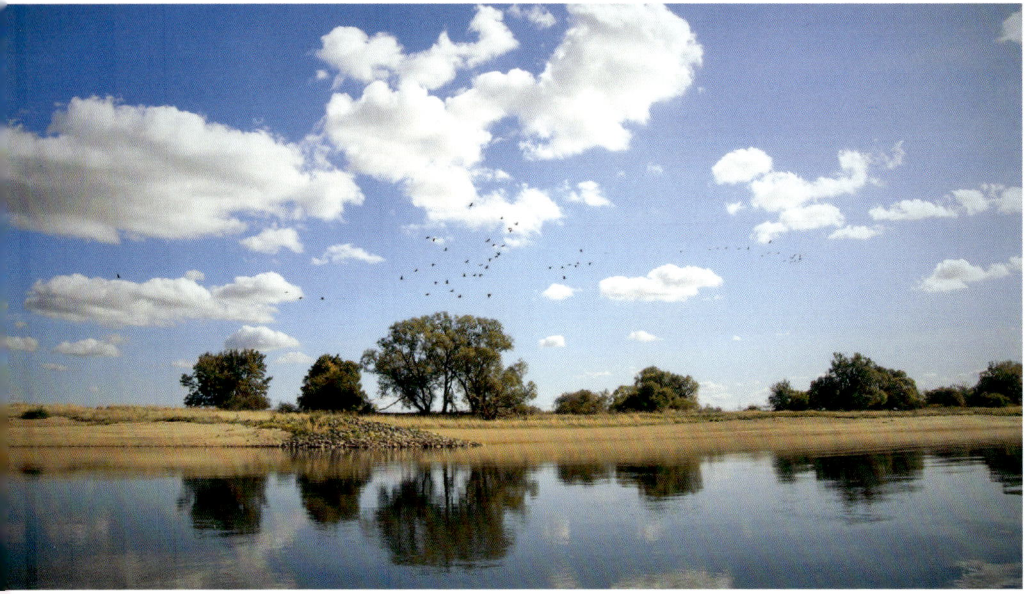

Im Herbst sammeln sich die Graugänse an der Mittleren Elbe.

den Namen Buhnenkopf, gelangt man über den Steigberg, einer mit einem Wehrturm überbauten Treppe, wieder zur Hafenpromenade. Wenige Meter weiter kommt man durch das Elbtor und die Rossfurt, einen 100 m langen Hohlweg, zurück zur Innenstadt.

In Tangermünde wird inzwischen auch wieder Bier gebraut. In früheren Zeiten, als Tangermünde noch mehrere Brauereien besaß, nahm man das Wasser des Tangers zum Brauen. Aber auch die Kühe der angrenzenden Wiesen löschten ihren Durst im Fluss. Damit die deftigen Kuhfladen das Wasser nicht zu sehr verschmutzten, trieben die Gehilfen der Braumeister vor dem Wasserschöpfen die Rindviecher aus dem Fluss. Es ließ sich jedoch nicht vermeiden, dass trotzdem bei der Entnahme des Brauwassers mindestens ein Kuhschwanz im Wasser hing. Die Tangermünder Nachbarn nannten deren Bier darum auch verächtlich Kuhschwanzbier. Wer heute ein Kuhschwanzbier trinken möchte, bekommt diese Spezialität in einigen Läden, aber auch in Tangermünder Gasthöfen.

Wenn man vom Kapitelturm Richtung Osten schaut, kann man jenseits der Elbe das drei Kilometer entfernte Fischbeck erblicken. Diesen Ort erwischte das Elbhochwasser 2013 besonders schlimm. Nach dem Bruch des Elbdeiches wurde Fischbeck komplett überschwemmt. Drei alte Lastkähne wurden vorsichtig zum Deichdurchbruch geschleppt und dort versenkt. Es gelang, das Leck zu schließen. Die Schäden nach dem Ablaufen des Wassers zu beseitigen, dauerte allerdings Jahre.

Tourbeschreibung

km 350,7 - Rogätz

In Rogätz kann man auf Höhe der Fähranleger an beiden Elbseiten zur Tour starten. Welche Seite gewählt wird, ist davon abhängig, ob man ein Begleitfahrzeug hat; mit dem Fahrrad zum Ausgangspunkt zurückradeln muss oder die öffentlichen Verkehrsmittel nutzen will. Oder ob

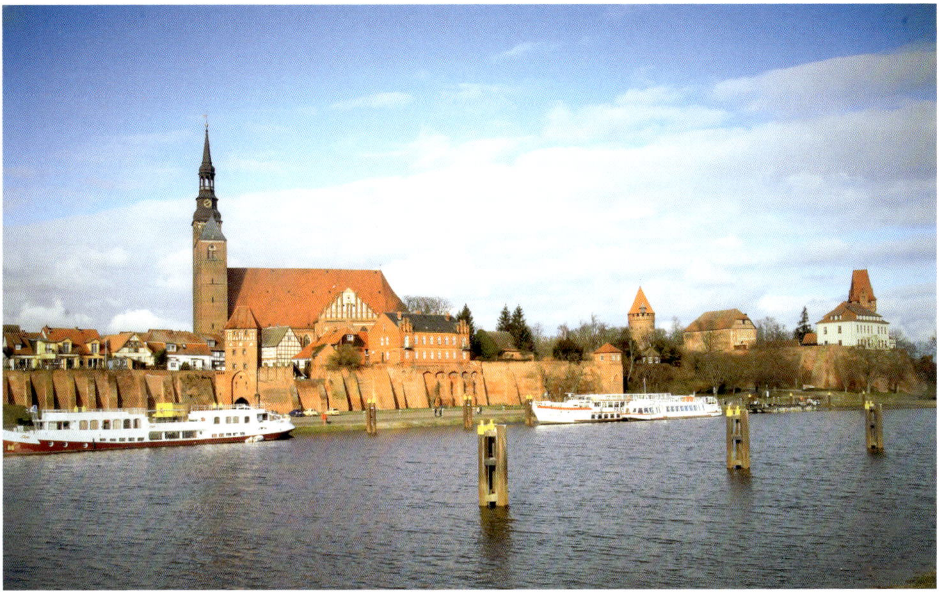

Blick auf Tangermünde.

man mit mehreren Fahrzeugen für den Shuttle sorgen kann. Wer mit dem Fahrrad zurückfährt, ist linkselbisch besser beraten, denn die Radstrecke auf dieser Seite ist deutlich kürzer als die andere. Auch für die Rückkehr mit öffentlichen Verkehrsmitteln ist diese Seite besser geeignet. Etwas außerhalb von Rogätz gibt es einen Bahnhof.

Wenige Meter hinter dem Start liegt auf der Rogätzer Seite die Kanustation des SC Kanu Rogätz. Nun führt die Tour durchs Biosphärenreservat Mittelelbe. Die wenigen Orte sind gut hinter den Deichen versteckt. Unterhalb Blumenthals gibt es bei Elbkilometer 356,5 am Deich einen Rastplatz. Einen Kilometer hinter Bittkau liegt versteckt hinter einem Auenwäldchen das Family-Camp Kellerwiehl. Im Kehrwasser liegt ein kleiner Yachthafen. Am rechten Ufer mündet einen Kilometer weiter die Baggerelbe in die Elbe. Paddelt man diese etwa 500 m stromauf, befindet sich vor der Schiffswerft die Gaststätte mit Biergarten Zur Bergquelle.

km 375,0 - Ferchland, Fähre

Die nächste Chance zum Einkehren gibt es in Ferchland. Allerdings muss man nach dem Anlegen vor der Fähre etwas in den Ort hineinlaufen. Auf dem weiteren Weg nach Tangermünde folgt zwischen Elbkilometer 376,5 und 377,5 eine Jetskistrecke und zwischen 381,5 und 385 das NSG Bucher Brak – Bölsdorfer Haken. Im Naturschutzgebiet besteht ein beidseitiges Anlegeverbot. Zu den Kranichrastplätzen sollte während der Rastzeit eine Fluchtdistanz von 300 m eingehalten werden. Dann ist bald Tangermünde erreicht. Bei Elbkilometer 388,2 mündet von links der Tanger in die Elbe. Paddelt man diesen stromauf, gelangt man zum Hafen, zum Kanu-Verein und zum Ruderverein. Entweder setzt man an einer dieser drei Stellen aus oder bereits davor, hier allerdings etwas mühsam an der Böschung an der Stadtseite.

km 388,2 - Tangermünde

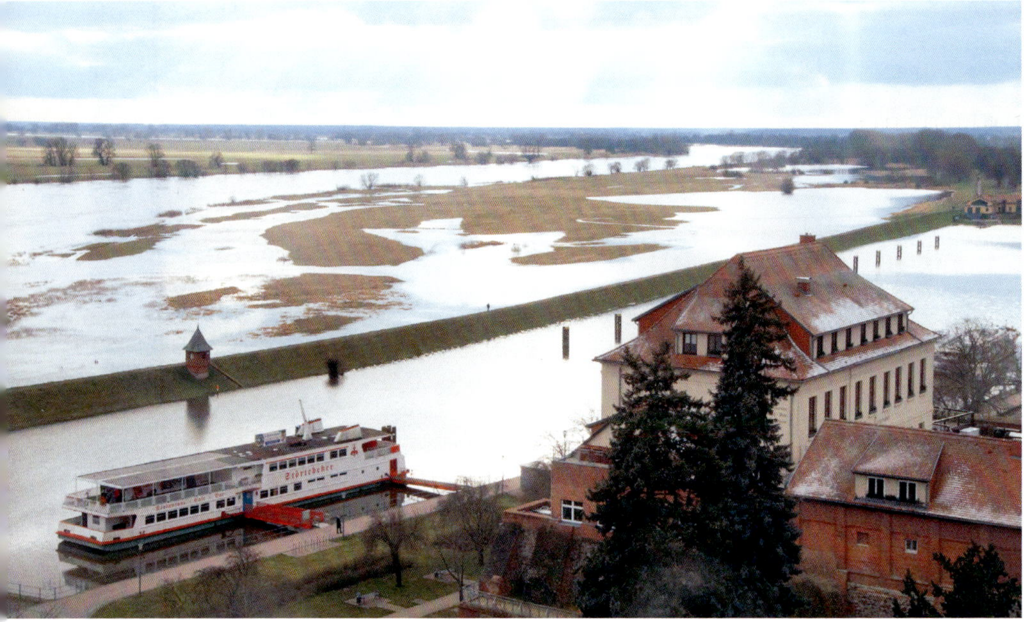

Leichtes Elbhochwasser überflutet die Wiesen bei Tangermünde.

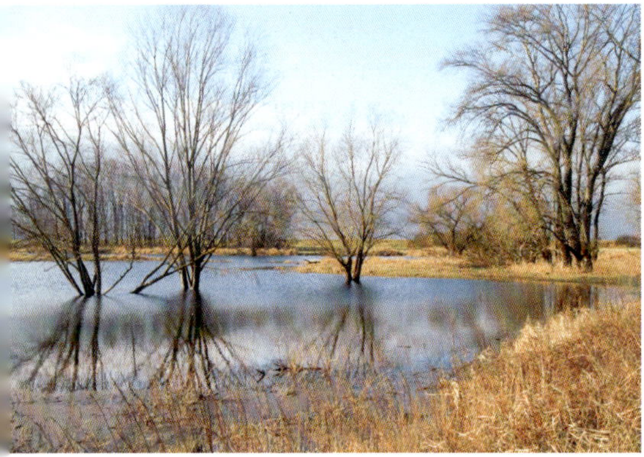

Elbaue.

ADRESSEN UND INFOS

Übernachtungen und Gastronomie in Wassernähe

Rogätz:

- SC Kanu Rogätz
  www.sportclub-kanu-rogaetz.de
- Rogätzer Eck

Bittkau:

- Family-Camp Kellerwiehl, *www.kellerwiehl.de*

Derben:

- Zur Bergquelle

Ferchland:

- Gaststätten Storchennest
- Elbestrand

Tangermünde:

- Tangermünder WSV, Tangermünder RC
  www.tangermuender-ruderclub.de
- Pension Zum Schmuckgiebel
  www.pension-schmuckgiebel.de

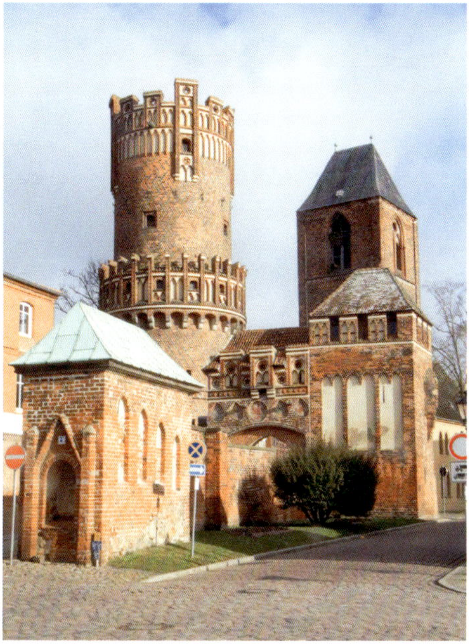

Das Neustädter Tor in Tangermünde.

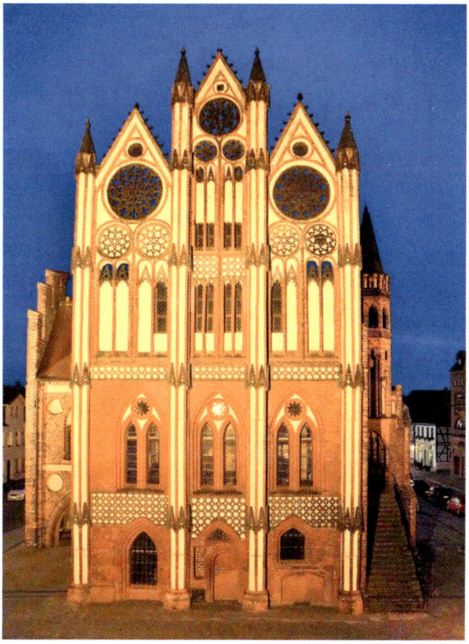

Der Schmuckgiebel des Tangermünder Rathauses.

- Ringhotel Schloss Tangermünde
  www.schloss-tangermuende.de
- Wohnmobilstellplatz hinterm WSV
- Schiffsrestaurant Störtebeker
- Gasthaus Zum Neustädter Platz (viele Fischgerichte)

Kanu-Verleih, organisierte Touren

- Kanustation Elbtalaue Gartow
  www.kanustation-gartow.de
- Biber Kanutouristik
  www.biber-kanutouristik.de
- Kanukontor, *www.kanukontor.de*

Auskunft, Internetadressen

Tangermünde: Tourist-Information, Markt 2
39590 Tangermünde, Tel.: 039322-2 23 93
buero@tourismus-tangermuende.de
www.tourismus-tangermuende.de
www.rogaetz.de

Karten, Bücher, Literaturtipps

- Tourenatlas Wasserwandern TA 7 (Elbe vom Elbsandsteingebirge bis Magdeburg) 1:75.000, Jübermann-Verlag
- Reiseführer „Die Elbe“ von Ernst Paul Dörfler im Trescher Verlag

Sehenswertes

Rogätz: Schifffahrtsmuseum, Klutturm und Herrenhaus.
Bittkau: Dorfkirche
Ferchland: Fachwerkkirche
Tangermünde: historische Altstadt mit Stadtgeschichtlichem Museum, Burgmuseum, Museum Zeitzeug am Eulenturm (Hünerdorfer Tor), Rathaus, Neustädter Tor, Elbtor Roßpforte, Dominikaner-Kloster, Grete-Minde-Denkmal, Kapitelturm, 2 km lange Stadtmauer.

Mittlere Elbe

Tour 30: Rundfahrten Muldestausee und Großer Goitzschesee (2 Etappen)

Vor der Tour

Der Muldestausee als auch der Große Goitzschesee verdanken ihre Entstehung der Braunkohleförderung. Während heute die ehemaligen Tagebaue mit dem Ziel geflutet werden, eine attraktive Seenlandschaft zu schaffen und der Region ein neues wirtschaftliches Standbein zu geben, war es bei der Entstehung des Muldestausees wesentlich profaner. Um das etwas weiter westlich gelegene Braunkohlevorkommen Goitzsche nutzen zu können, musste man die mitten hindurch fließende Mulde verlegen. Was lag näher, als sie durch den ausgekohlten Tagebau zu schicken. Als auch der Tagebau Goitzsche leergebaggert war, begann man 1998, auch ihn zu fluten. Das Muldehochwasser 2002 führte zu einem Dammbruch mit dem Ergebnis, dass der Tagebau nicht nur vollllief, sondern sogar über seine Ufer trat und die Bitterfelder nasse Füße bekamen. Der Große Goitzschesee ist etwa doppelt so groß wie der Muldestausee und hat seinem kleineren Bruder ein wenig die Schau gestohlen. Der nördliche Teil ist fast komplett touristisch erschlossen. Dagegen ist man auf dem Muldestausee noch so ziemlich allein. Wer eher die Ruhe liebt, sollte diesen bevorzugen. Und er ist auch längst nicht so windanfällig. In Pouch trennt nur ein 600 m bis 700 m breiter Landstreifen beide Seen. Der Begriff Pouch steht seit vielen Jahren für hochwertige Faltboote. Dass die Boote ihren Namen nach dem Ort ihrer Herstellung bekommen haben, ist sicher nicht jedem bekannt. Die Holzteile werden auch heute noch im Stammsitz der Firma in Pouch produziert. Ein neues Werk mit Ausstellungsräumen gibt es seit Kurzem im nahen Bitterfeld. Von einer im 13. Jahrhundert in Pouch errichteten Burg ist der Rote Turm erhalten. Einhundertfünf Stufen führen hinauf zu einer Aus-

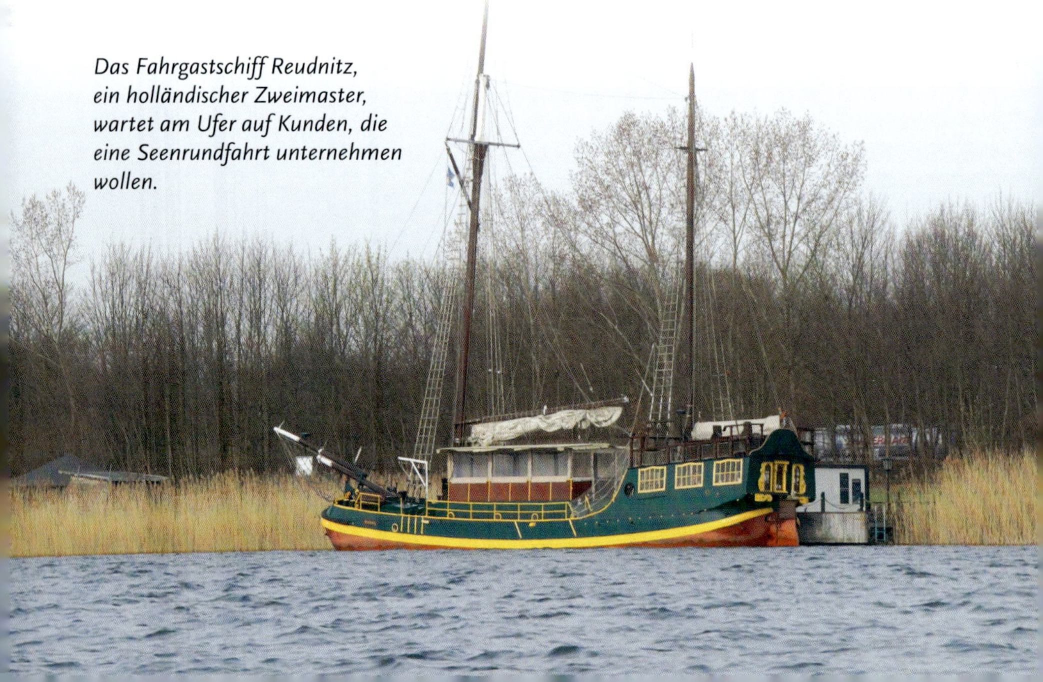

Das Fahrgastschiff Reudnitz, ein holländischer Zweimaster, wartet am Ufer auf Kunden, die eine Seenrundfahrt unternehmen wollen.

Tourensteckbrief Muldestausee

Paddelstrecke
Von Pouch nach Pouch, ca. 16 km.

Charakter
Aus einem ehemaligen Tagebau entstandener See, der etwa 7 km lang und 2 km breit ist. Nach dem Muldeeinlauf öffnet er sich zu einem breiten See, der zur Staumauer hin in einer schmalen, langen Bucht ausläuft. Er ist außer am Ostufer mit einem schmalen Schilfstreifen bewachsen, bietet aber immer wieder Rastmöglichkeiten. Bei stärkeren Winden auf eine Umrundung verzichten und an der windabgewandten Seite paddeln.

Einsetzstellen
Pouch: Stauseestraße (ehemals Karl-Marx-Straße, von Bitterfeld kommend die letzte Straße nach links einbiegen), diese führt zu einem kleinen Waldparkplatz, von dort führt ein befestigter Weg abwärts zum See. **Friedersdorf:** am Wassersportclub Friedersdorf nach vorheriger Anmeldung.

Optionen, Schlechtwettertipps
Radtour um den Muldestausee oder um den Großen Goitzschesee, Besuch von Gräfenhainichen und Delitzsch.

sichtsplattform, von der man einen schönen Blick über beide Seen bis hin nach Leipzig und Halle hat. Mühlbeck und Friedersdorf haben 1997 gemeinsam das erste deutsche Buchdorf gegründet. Leseratten können hier in sieben Antiquariaten in einem Buchbestand von etwa 250.000 Büchern stöbern.

Bitterfeld hat in den letzten Jahren einen erstaunlichen Wandel von der schmutzigsten Stadt Deutschlands zu einer Industriestadt mit einer grünen Lunge erfahren. Besonders die Luftqualität hat davon profitiert.

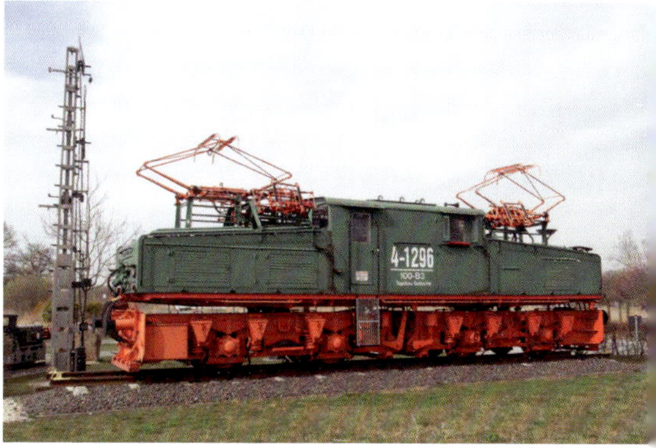

Die Bitterfelder Museumslok.

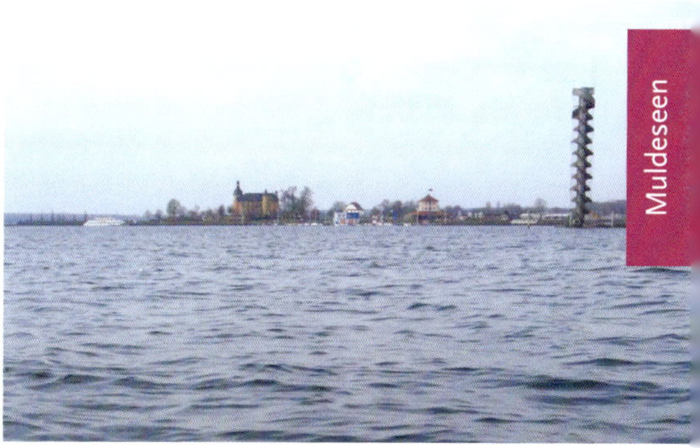
Blick zurück nach Bitterfeld zum Fahrgastschiff Vineta und zum Pegelturm.

Sollte einmal der Wind so stark blasen, dass ein Paddeln nicht möglich ist, kann man mit zwei Fahrgastschiffen den Goitzschesee umrunden. Die MS Reudnitz ist ein holländischer Zweimaster und schipperte ursprünglich auf den Wattenmeeren umher.

Tourbeschreibung Muldestausee
km 0 - Pouch, Einsetzstelle am Waldparkplatz
Nach dem Einsetzen wird in Uhrzeigerrichtung am Steilufer des Dorfes Pouch entlang zum Seglerverein SV Pouch gepaddelt. Nun geht es am unbebauten, schilfbewachsenen Ufer weiter in Richtung Friedersdorf. Zwei Kilometer hinter

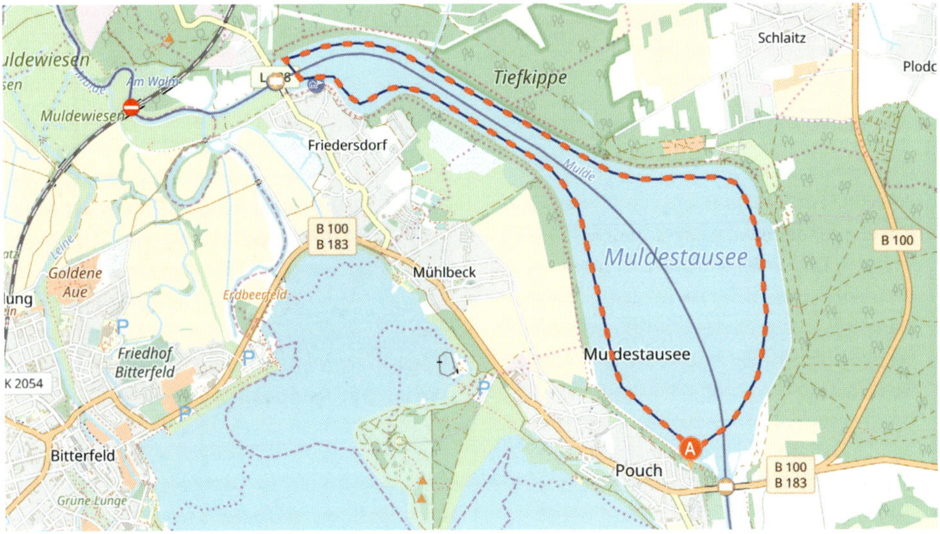

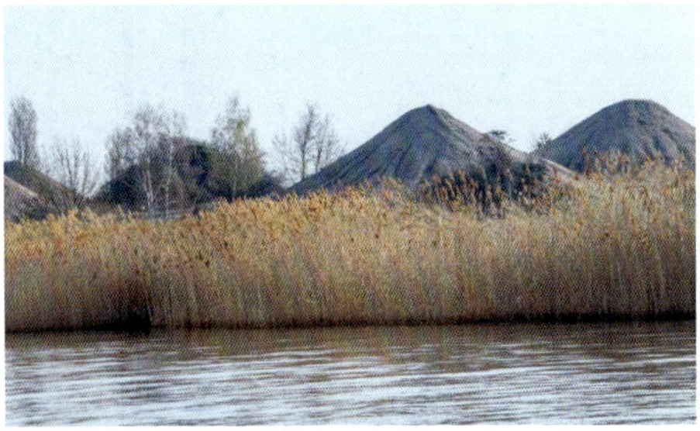

Beim Vorbeipaddeln an der Halbinsel Pouch erblickt man noch einige Abraumhalden.

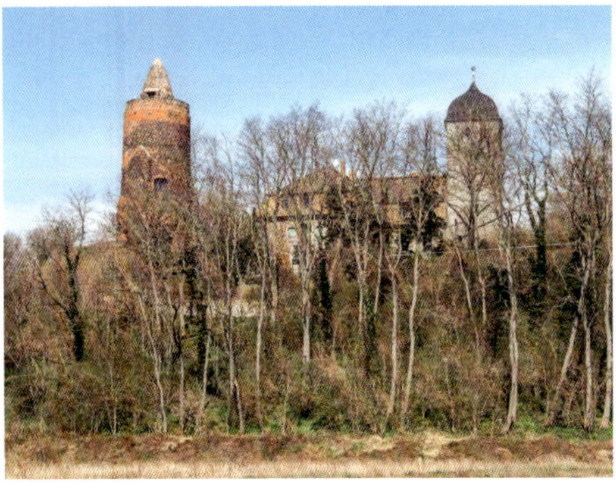

Vom Roten Turm in Pouch hat man einen tollen Blick über den Goitzschesee.

dem Gelände des Seglervereins verengt sich der Muldestausee zu einer 300 m bis 400 m breiten Bucht. Am Ende der Bucht befindet sich links vor der Staumauer der Wassersportclub Friedersdorf. Auf der Wasserfläche vor dem Verein gibt es eine ausgetonnte Regattastrecke. Diese bitte vorsichtig umfahren.

km 7 - Wassersportclub Friedersdorf

An der 303 m langen Staumauer wird zum Nordufer des Sees gewechselt. In der schmalen Bucht geht es nun 4 km ostwärts, bevor wieder die breite Seenfläche erreicht wird. Am Ende der Bucht befindet sich links auf einem alten Fundament ein Aussichtspunkt. Zwei Kilometer weiter erreicht man das Vereinsgelände der Muldesegler und das Heide-Camp Schlaitz. Im Naturschutzzentrum Haus am See kann man eine interessante Ausstellung besichtigen und über eine Livecam einem Fischadlerpaar ins Nest schauen.

km 13 - Heide-Camp Schlaitz

Einen Kilometer weiter verändert sich das Uferbild; statt eines Schilfgürtels erblickt man jetzt einen vier bis sechs Meter hohen Steilhang mit einem dahinterliegenden Nadelwald. Hier gibt

Tourensteckbrief Großer Goitzschesee

Paddelstrecke

Von Mühlbeck nach Mühlbeck, ca. 21 km.

Charakter

Aus einem ehemaligen Tagebau entstandener See, der etwa 7 km lang und 3 km breit ist. Die einzelnen Buchten tragen ihrerseits selbst den Namen See wie der Bernsteinsee, der Döberner See oder der Niemegker See. Der südwestlichste Teil des Goitzschesees steht als Goitzsche-Wildnis unter Naturschutz und darf nicht bepaddelt werden. Bei einer Umrundung sind somit längere Strecken fern vom Ufer zu paddeln. Bei windigem Wetter sollte darum auf eine Umrundung verzichtet und eine ufernahe Strecke im Windschatten gewählt werden.

Einsetzstellen

Bootseinsetzstelle Wasserfront Bitterfeld, Berliner Straße (gleich hinter dem Ortsausgang Bitterfeld Richtung Pouch befindet sich rechts ein großer Parkplatz, von dort führt eine betonierte Schräge in den See).
Mühlbeck, Strand, Straße Bernsteinpromenade, Parkplatz 50 m entfernt (Straße An den Kiefern).

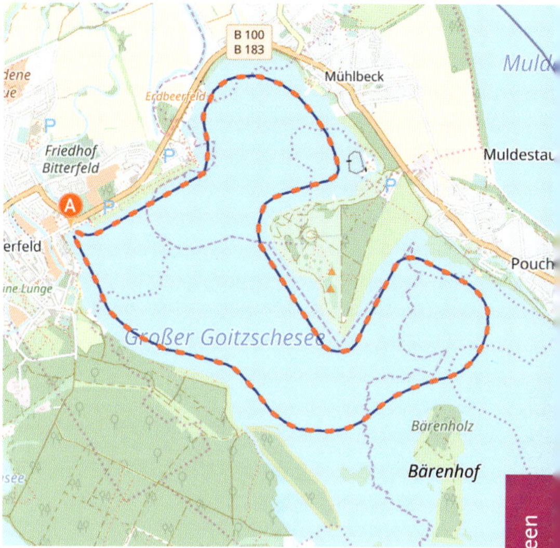

Muldeseen

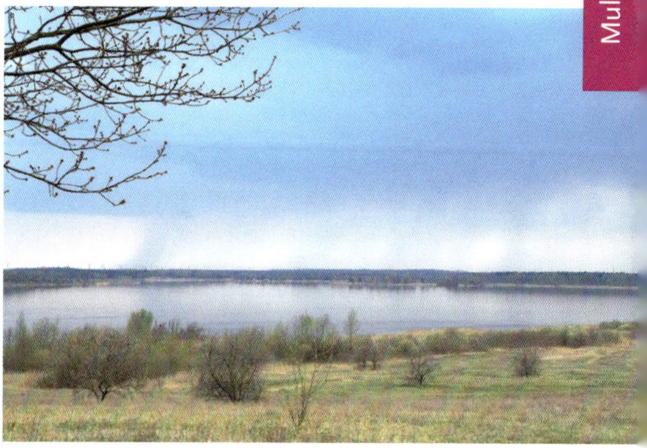

Blick von Pouch über den Goitzschesee.

es überall Anlegemöglichkeiten. Am südlichsten Punkt des Muldestausees fließt unter einer hohen Brücke die Mulde in den See. Westlich vom Einlauf liegt eine flache Insel, die nicht betreten werden darf. Bei Niedrigwasser ist sie mit dem Land verbunden und nur eine Halbinsel. Dahinter ist der Ausgangspunkt der Tour wieder erreicht.

km 16 - Pouch, Einsetzstelle am Waldparkplatz

Tourbeschreibung Großer Goitzschesee

km 0 - Bitterfeld, Bootseinsetzstelle Wasserfront

Nach dem Einsetzen wird in Uhrzeigerrichtung an der Wasserfront entlang gepaddelt. Dort, wo die Bernsteinsee genannte Bucht beginnt, erblickt man am Ufer die Museumslok und die markante Villa am See. An den Anlegestellen der Ausflugsschiffe Vineta und Reudnitz vorbei geht es zum Pegelturm. Etwas weiter werden die ersten Häuser des Buchdorfs Mühlbeck erreicht. In der Bucht vor der Halbinsel Pouch befindet sich der

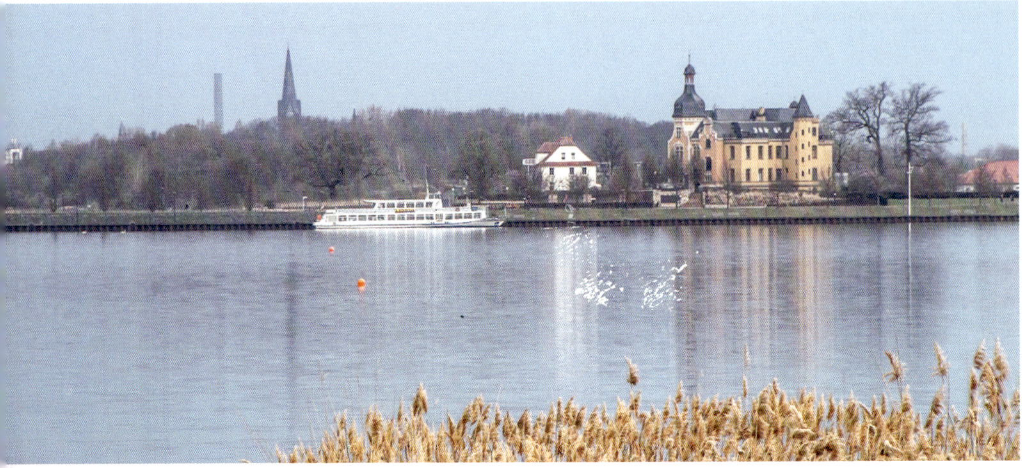

Weithin sichtbar ist die Bitterfelder Kirche.

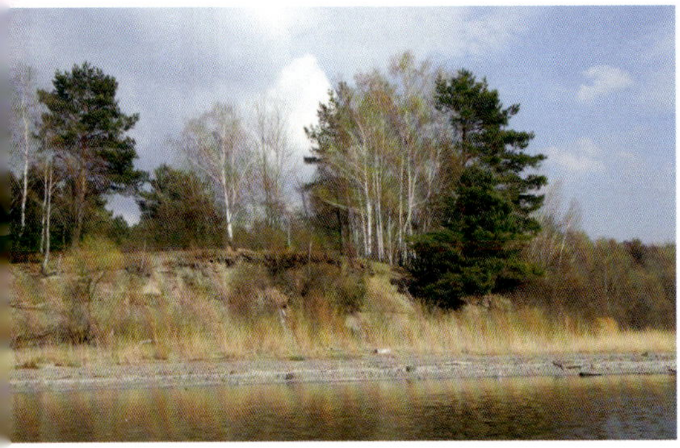

Kiefern und Birken bestimmen die Ufervegetation.

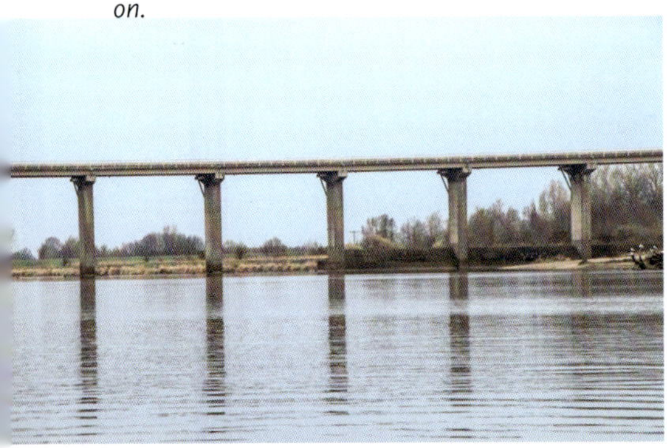

Unter einen hohen Brücke fließt die Mulde in den Stausee.

Goitzsche-Wakepark, in den nicht eingefahren wird. Auf der Halbinsel selbst gibt es neben der Veranstaltungsarena Agora einige Landschaftskunstobjekte. Hinter der Halbinsel wird Pouch mit seinem markanten Roten Turm erreicht.

km 8 - Pouch, Badestelle

Auf Höhe des Roten Turms gibt es eine Booteinsetzstelle und eine Badewiese. Wer möchte, kann hier anlegen und den Turm besteigen. Hinter Pouch paddelt man in die Döberner See genannte Bucht. An der Bärenhofinsel beginnt das Naturschutzgebiet Goitzsche-Wildnis. An der Insel muss im Abstand von etwa 300 m vorbeigepaddelt werden. Im Normalfall ist der Naturschutzbereich auch durch Bojen markiert. Dreihundert Meter hinter der Bärenhofinsel kann man westwärts paddeln und erreicht nach 2,5 km das andere Ufer. An den schwimmenden Häusern gelangt man zum Goitzsche-Camp.

km 18 - Bitterfeld, Goitzsche-Camp

Hinter dem Campingplatz steht am Ufer die riesige Blaue Bank; eher ein Kunstwerk als ein Sitzmöbel. Am Niemegker Strandbad vorbei gelangt man zur Marina Bitterfeld. Bei südöstlichen Winden bilden sich in der Nähe der Uferbebauung unangenehme Kreuzwellen. Auch dies sollte man

bei der Tourenplanung berücksichtigen. Hinter der Marina ist der Ausgangspunkt der Tour an der Bitterfelder Wasserfront wieder erreicht.
km 20 - Bitterfeld, Bootseinsetzstelle Wasserfront

ADRESSEN UND INFOS

Übernachtungen und Gastronomie in Wassernähe

Pouch:

- Hotel und Restaurant Zur Schiffmühle *www.hotel-schiffmuehle.de*

Mühlbeck / Friedersdorf:

- Kanustation Wassersportclub Friedersdorf *www.wsc-friedersdorf.de*
- Pension und Antikgasthof Stern *www.antik-gasthof-friedersdorf.de*
- Pension am See und Trattoria al faro *www.trattoria-al-faro.de*

Schlaitz:

- Heide-Camp, *www.heide-camp-schlaitz.de*
- Ferienhausanlage und Restaurant Schachtbaude, *www.schachtbaude.de*

Bitterfeld:

- Feriendorf am Pegelturm *www.feriendorf-goitzsche.de*
- Hotel Villa am Bernsteinsee *www.villa-am-bernsteinsee.de*
- Hotel Bernsteinsee, *www.hotelbernsteinsee.de*
- Goitzsche-Camp, *www.goitzschecamp.de*
- Restaurant Seensucht
- Wohnmobilstellplatz am Strandbad Woliday *www.woliday.de*
- Eiscafé und Restaurant Marinapark Goitzsche

Kanu-Verleih, organisierte Touren

- 2Water Wassersportzentrum, *www.2water.de*

Auskunft, Internetadressen

Tourist-Information Goitzsche im Wasserzentrum Bitterfeld, Berliner Straße 6a
06749 Bitterfeld-Wolfen, Tel.: 03493-9 22 31 40

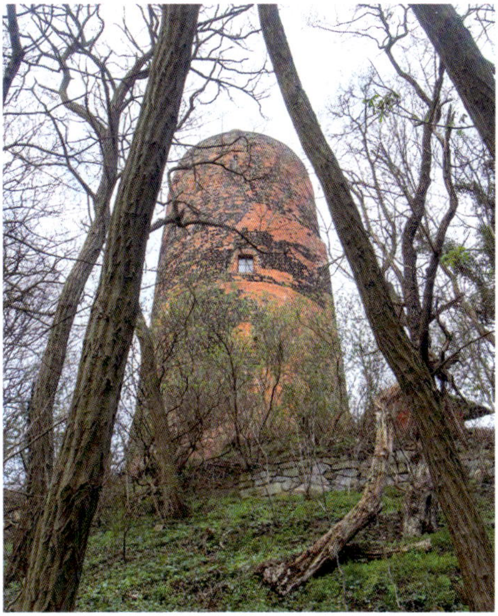

Der Rote Turm ist der Überrest einer im 13. Jahrhundert errichteten Burg.

touristinfo@wasserzentrum-bitterfeld.de
www.goitzsche-tourismus.de
www.wasserzentrum-bitterfeld.de
www.gemeinde-muldestausee.de
www.buchdorf-erlebniswelt.de

Karten, Bücher, Literaturtipps

- Freizeitkarte Goitzsche und Umgebung (erhältlich bei der Touristinfo)

Sehenswertes

Pouch: Roter Turm
Feldsteinkirche: Halbinsel Pouch
Schlaitz: Haus am See (Infozentrum für Umwelt und Naturschutz mit Fischadler Livecam) (*www.informationszentrum-hausamsee-schlaitz.de*).
Friedersdorf / Mühlbeck: Buchdorf mit sieben Antiquariaten.
Bitterfeld: Kreismuseum (*www.kreismuseum-bitterfeld.de*), Museumslok an der Bitterfelder Wasserfront, Architekturskulptur Bitterfelder Bogen.

Tour 31: Von Rossau nach Seehausen

Vor der Tour

Eigentlich ist es nur ein Fluss und sind es nicht derer drei, der mit zahlreichen Nebenarmen auf einer Länge von etwa 90 km die nördliche Altmark in die Elbe entwässert. Trotzdem ändert er nach jeweils einem Drittel seines Laufes seinen Namen von Milde in Biese und schließlich in Aland. Der natürliche Flusslauf wird durch zahlreiche Wehre unterbrochen, die oft nur mühevoll zu umtragen sind. Das mag sich mit Erscheinen dieses Kanuführers bereits geändert haben, denn es ist angedacht, mit Hilfe von EU-Fördermitteln an den Wehren Ein- und Aussetzstellen zu errichten. Ein schöner Anlandesteg existiert bereits in Krumke. Dort sollte man unbedingt aussteigen und den Schlosspark besichtigen. Hier gibt es eine mehr als 400 Jahre alte, 100 m lange und 5 m hohe Buchsbaumhecke zu bestaunen, die zu den ältesten in Europa gezählt wird. Im Sommer blühen im Park Rhododendronbüsche in vielen Farben.

Osterburg war einst eine gut befestigte Hansestadt mit einer hohen Stadtmauer und vier Stadttoren. Da diese Wehranlagen am Ende des 16. Jahrhunderts keine militärische Bedeutung mehr besaßen, wurden diese abgerissen. Nur von der Stadtmauer blieb ein Rest erhalten, der heute auf dem Schulhof zu finden ist. An Stelle der inneren Wallanlage ließen die Stadtväter um 1800 eine Promenade errichten. Wer möchte, kann auf ihr heute noch die historische Altstadt umrunden. Auch die Innenstadt ist sehenswert, da viele historische Gebäude erhalten blieben und aufwändig saniert wurden. Beispiele sind die Nikolai-Kirche mit dem Neptunbrunnen, einem in Italien erbauten Stück, an ihrer Nordseite; das Kreismuseum in einem 250 Jahre alten, zweigeschossigen ehemaligen Geschäftshaus; das Rathaus und die St. Josefs-Kirche. In der Stadtinformation kann man zur Orientierung einen Flyer bekommen.

Auch die alte Hansestadt Seehausen lohnt einen Besuch. Von der Wehranlage blieben das Beuster-Tor und Teile der vier Meter hohen

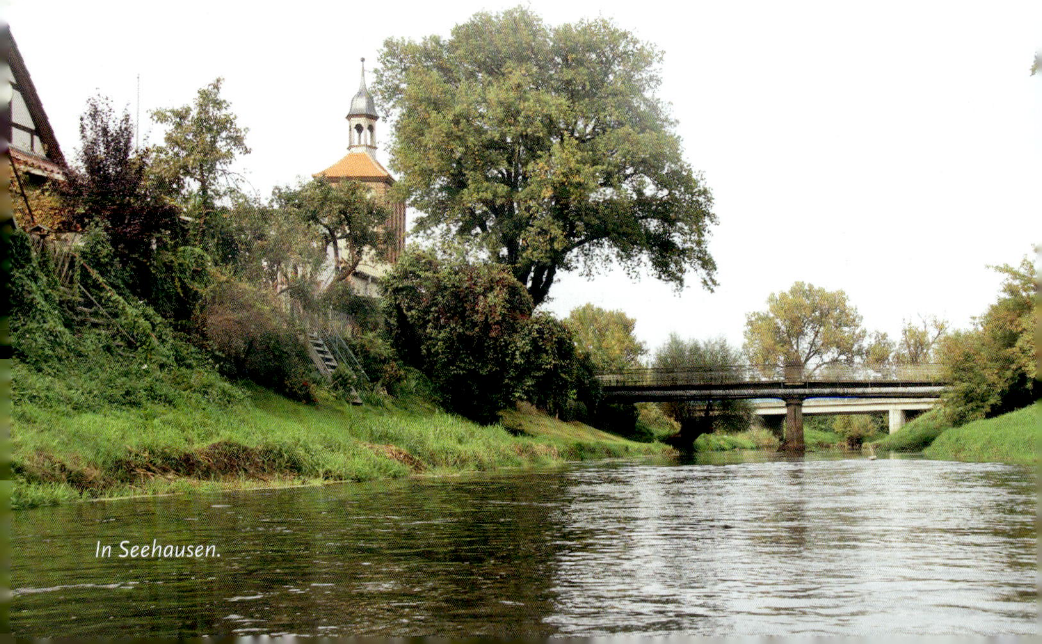

In Seehausen.

Tourensteckbrief

Paddelstrecke
Von Rossau nach Seehausen, ca. 24 km.

Charakter
Leichter Kleinfluss mit einigen Sohlschwellen, einige Krautsperren, natürlicher Flusslauf bis Osterburg, danach eingedeicht, im Sommer viel Entenflott und Kraut (beste Zeit: Frühjahr, Herbst), zwei unbefahrbare Wehre.

Ein- und Aussetzstellen
Rossau, Dorfstraße, (52.7873,11.6386)
Seehausen, Brücke K1020, vor dem Mühlentor (52.9006,11.7549)

Zurück zum Einstieg
Fahrrad in Seehausen abstellen und nach der Tour zurück über einige kleine Dörfer (u.a. Drüsedau, Dequede, Krevese) nach Rossau.

Optionen, Schlechtwettertipps
Paddelrundfahrt auf dem Arendsee, Radtour durch die Altmark, Fahrt nach Stendal.

Stadtmauer erhalten. Den Turm der St. Petri-Kirche können Kanuten bereits weit vor der Stadt erblicken. Der doppeltürmige Backsteinbau ist mit einem sehenswerten, spätromanischen Backsteinportal versehen. Die Salzkirche vor dem Beuster-Tor wurde als Hospitalkirche erbaut. Nach der Schließung des Hospitals nutzte man sie zur Salzlagerung.
Die Vogelwelt ist an der Biese mit Grau- und gelegentlich Silberreiher, Eisvogel, Schwan, Enten und einigen Greifvogelarten vertreten. Unterwegs konnte zwischen Rossau und Osterburg mehrmals der Bisam gesichtet werden, ein am Wasser lebendes Nagetier, das erst seit etwa einhundert Jahren in Deutschland heimisch ist.

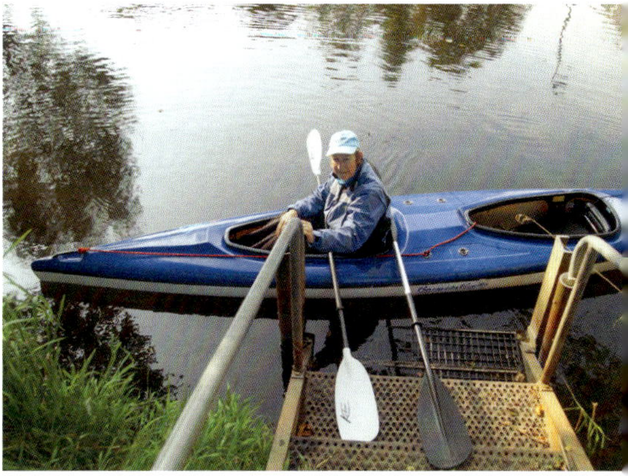

Einstiegsstelle hinter der Biesebrücke in Rossau.

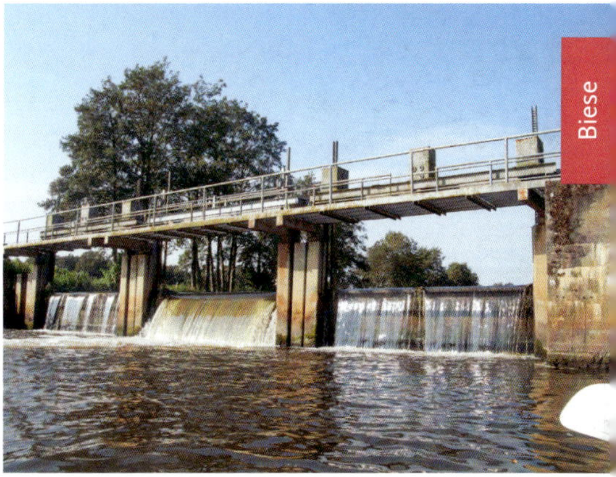

Wehr Schliecksdorf.

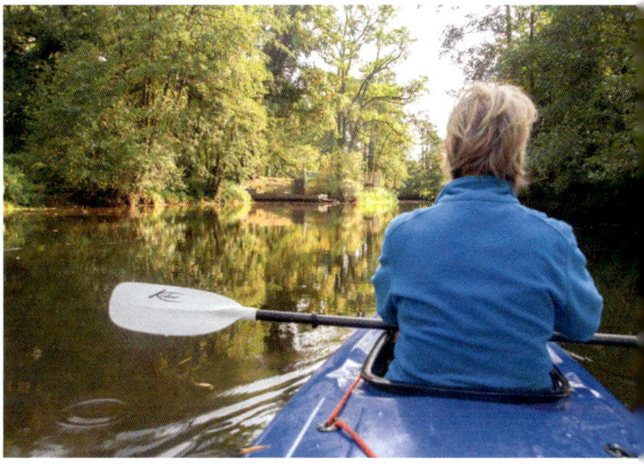

Am Park Krumke gibt es einen sicheren Anlegesteg.

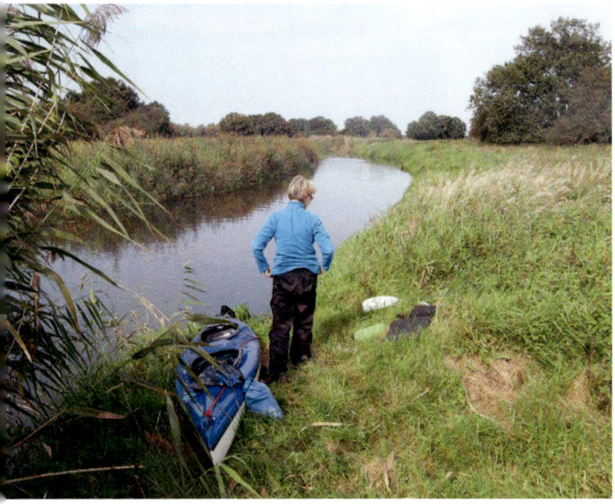

Pausenplatz an der Biese.

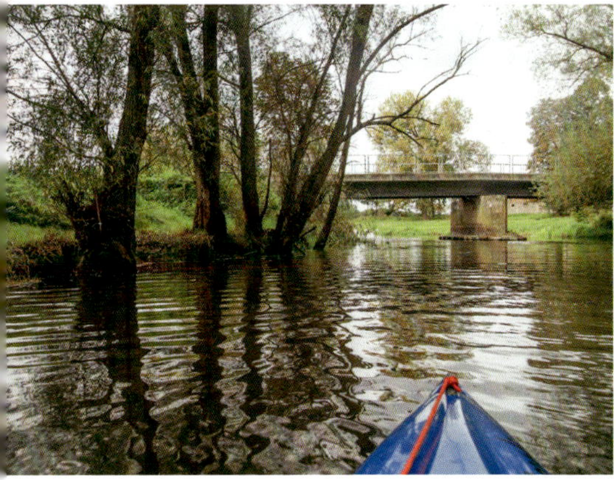

Bei Dobbrun überquert eine Straßenbrücke die Biese.

In den Dörfern im Umfeld der Biese kann man noch viele gut erhaltene Vier-Seiten-Höfe entdecken; Bauernhöfe, deren Wirtschaftshof von Wohnhaus, Scheune, Speicher und Stall umgeben ist.

Tourbeschreibung Großer Goitzschesee

km 0 - Rossau, Biesebrücke

Eine ideale Einsetzstelle bietet sich an der Biesebrücke in Rossau; dort wo der Ortsteil Groß Ros-

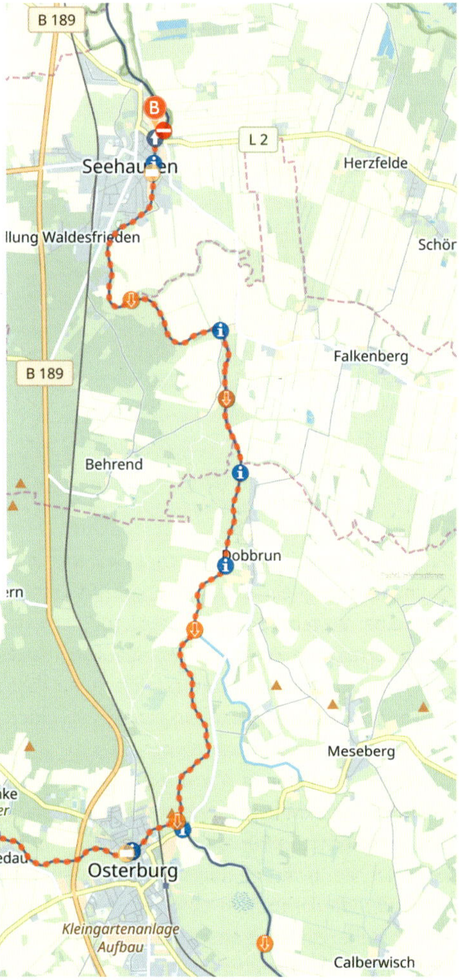
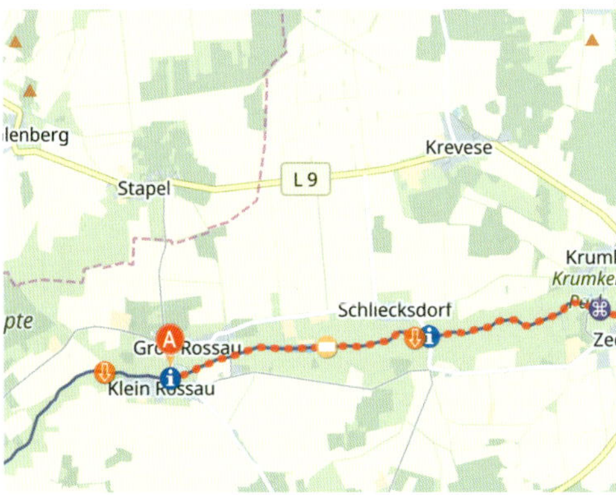

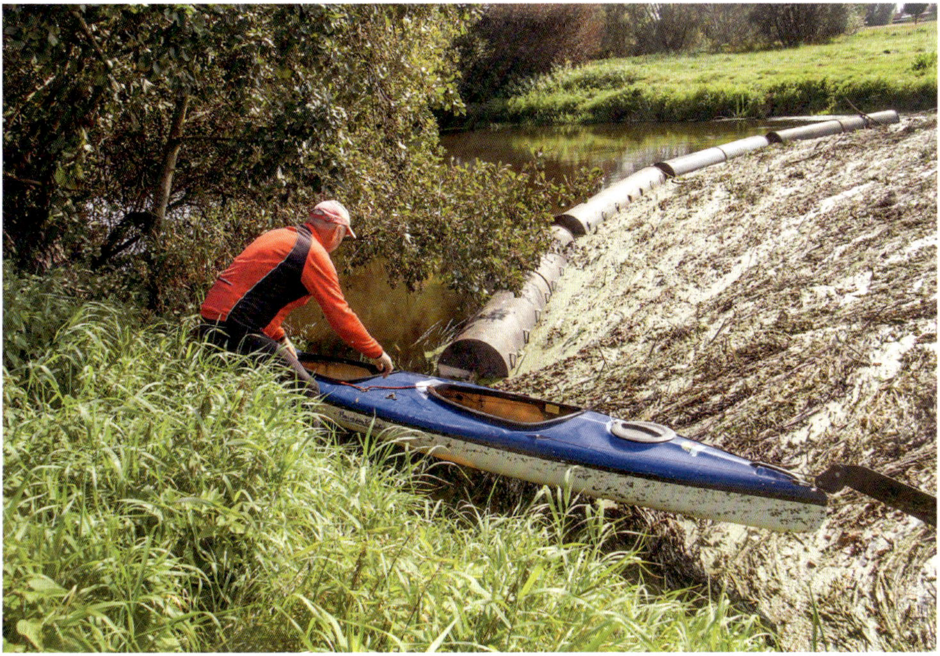

Einsetzen hinter der Krautsperre.

sau in den Ortsteil Klein Rossau übergeht. Eine Treppe führt links hinter der Brücke zum Fluss. Man kann direkt mit dem Auto vorfahren. Die Wiese links hinter der Brücke ist auch als Parkplatz ausgeschildert, so dass man hier auch parken kann.

Kurz nach dem Start verbreitert sich der Fluss; ab und an zweigt ein toter Arm ab. Dann kommt unter einer Wegebrücke das erste Hindernis: eine Krautsperre. Zum Zeitpunkt der Befahrung hatte sich nicht allzuviel Kraut angesammelt, so dass wir ganz am rechten Ufer die Sperre überwinden konnten. Umtragen ist am linken Ufer möglich. Hinter der Krautsperre öffnet sich die Biese zu einem etwa 1,5 km langen See. Ob er natürlichen Ursprungs oder ein Rückstau des Schliecksdorfer Wehrs ist, war nicht in Erfahrung zu bringen. Der See endet mit dem Schliecksdorfer Wehr.

km 2 - Wehr Schliecksdorf

Links vor dem Wehr kann man halbwegs gut aussetzen. Eine Betonschräge führt hinter dem Wehr zurück zum Fluss. Bei Regen mag diese etwas rutschig sein, so dass man dann hinter der Schräge einsetzen kann. In Schliecksdorf, links am Fluss gelegen, mündet von rechts der Markgraben in die Biese, dahinter überquert eine Brücke den Fluss.

km 6 - Krumke, Park

Einen Kilometer hinter einer weiteren Brücke taucht links das Schloss Krumke auf. Ein Anleger links lädt zur Besichtigung des Krumker Parks mit seinen Buchsbäumen ein. Hinter der folgenden Straßenbrücke gibt es links eine Ein- und Aussetzstelle mit einer kleinen Parkfläche. Anderthalb Kilometer weiter überquert die B 189 den Fluss. Davor musste wieder eine Krautsperre überwunden werden. Ein Durchfahren war hier nicht möglich, aber das Kanu ließ sich direkt am Ufer über den Schlick ziehen. Die ehemalige Wegebrücke gleich hinter der B 189 wurde abgeris-

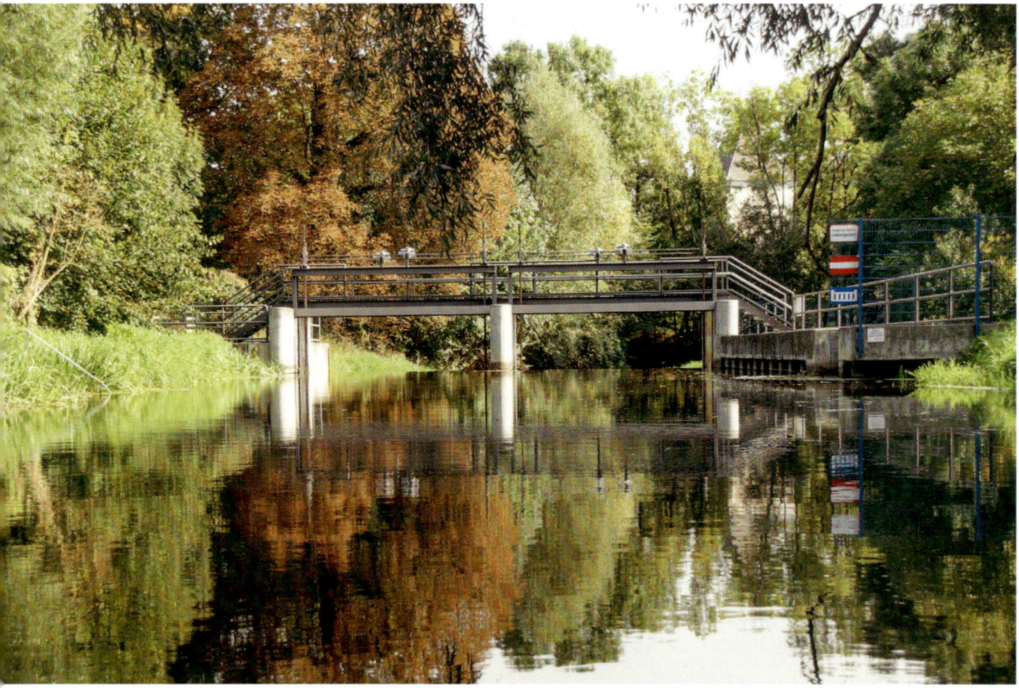

Das Wehr Osterburg kann man links umtragen.

sen. Hinter einer noch vorhandenen Wegebrücke liegt rechts die Flussbadeanstalt Osterburg; dann versperrt das Schützwehr die Weiterfahrt.

km 8 - Wehr Osterburg

Das Gelände der Wasserwirtschaft ist am rechten Wehrufer weiträumig eingezäunt, so dass wir links umgetragen haben. Die folgende Brückendurchfahrt war eine spritzige Angelegenheit; auch unter der folgenden Eisenbahnbrücke gibt es eine Schwallstrecke. Auf dem weiteren Flusslauf münden immer wieder kleine Bäche, meist von rechts, in die Biese. Hinter Osterburg ändert sich der Flußcharakter: Floss die Biese zu Beginn weitgehend natürlich mit einigen Ausstiegsmöglichkeiten und dichtem Uferbewuchs durch die Altmark, wurde sie hinter Osterburg zu einem eingedeichten Wiesenfluss.

km 14 - Dobbrun, Brücke

Bei Dobbrun taucht die nächste Brücke auf. Rechts hinter der Brücke steht ein Pegelhäuschen. Zwei Kilometer weiter gibt es rechts eine kleine Flussbadestelle. Dann taucht links Gehrhof auf. Auf einigen hundert Metern wird der Uferbewuchs wieder dichter. Rechts der nächsten Brücke liegt das Dorf Biesehof. Nun heißt es, sich bald von der Biese zu verabschieden, denn nach zwei Kilometern fließt von rechts der Taube Aland, ein alter Elbearm, in die Biese.

km 19,5 - Mündung Tauber

Ab hier trägt der Fluss den Namen Aland. Bereits vor dem Zusammenfluss ist am Horizont die Kirche des Tourenziels Seehausen zu erblicken. Seehausen selbst kündigt sich uns mit Gewehrfeuer an, der vom nahen Schützenplatz herüberdringt. Danach folgt am linken Ufer eine Freizeitanlage mit dem Seehausener Waldbad. Vor der Steintorbrücke ist noch eine langgezogene Sohlschwelle zu durchfahren. Bei Niedrigwasser sollte man sich die Stelle vorher ansehen. Die alte Brücke vor dem Beustertor ist wegen Baufälligkeit gesperrt; einhundert Meter weiter gibt es einen Brückenneubau. Der Aland schlägt nun noch einen Bogen um eine Kleingartenanlage am linken Ufer; dann kommt das Ziel, die Brücke der Kreisstraße K 1020, in Sicht. Hinter der Brücke rechts kann man aussetzen und zum Verladen der Kanus direkt bis an die Aussetzstelle heranfahren (siehe auch Tour Aland).

km 24 - Seehausen

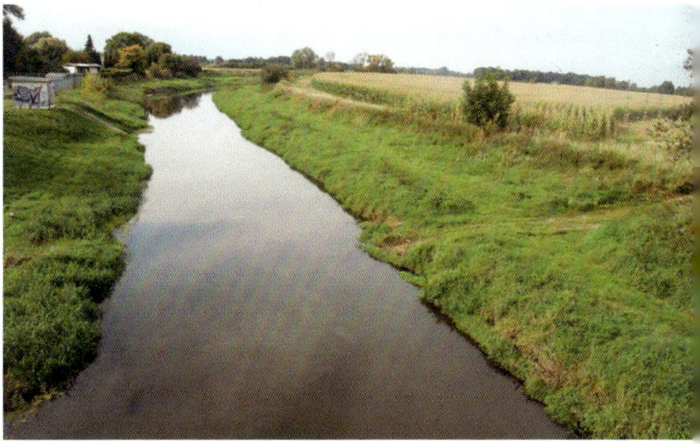

Blick von der Brücke der Kreisstraße 1020 auf die Biese.

ADRESSEN UND INFOS

Übernachtungen und Gastronomie in Wassernähe

Klein Rossau:
- Bootsstation Rossau: FeWo, Zelt, Wohnmobil, Tel.: 039392-8 16 74

Krumke:
- Kavaliershaus (Cafè)

Osterburg:
- Cafè Behrends
- Ratskeller

Dobbrun:
- Ferienhof Katz, *www.hunde-katz.de*

Seehausen:
- Ratskeller
- Hotel Alanda

Kanu-Verleih, organisierte Touren

- **Klein Rossau:** Bootsstation Rossau Tel.: 039392-8 16 74
- **Dobbrun:** Mathias Katz, *www.hunde-katz.de*

Auskunft, Internetadressen

Osterburg: Stadtinformation Osterburg
Großer Markt 10, 39606 Osterburg
Tel.: 03937-89 50 12
stadtinfo@osterburg.de | *www.osterburg.de*

Seehausen: Tourist-Information Seehausen
Arendseer Straße 6, 39615 Seehausen
Tel.: 039386-5 47 83
info@stadt-seehausen.de
www.seehausen-altmark.de

Karten, Bücher, Literaturtipps

- DKV-Gewässerführer Ostdeutschland
- bikeline-Radkarte Altmark West

Sehenswertes

Klein Rossau: frühgotische Feldsteinkirche mit Wandmalereien aus dem 15. Jahrhundert, Fachwerkbauernhäuser.
Groß Rossau: Dorfkirche, historische Bauernhöfe.
Schliecksdorf: Neogotische Backsteinkirche, historische Bauernhöfe.
Krumke: Schloss, Landschaftspark mit einer der ältesten Buchsbaumhecken Europas.
Osterburg: Stadtkirche, Neptunbrunnen, Kreismuseum
Seehausen: Kleinstadt mit Überresten alter Stadtbefestigung, Beuster Tor, gotische, doppeltürmige Backsteinkirche mit romanischem Backsteinportal, Turmuhrenmuseum.

Tour 30: Von Seehausen nach Schnackenburg

Vor der Tour

Als Milde und Biese hat der Aland bereits ca. 60 km hinter sich, ehe er kurz vor Seehausen mit nun neuem Namen der Elbe entgegenfließt. Über Seehausen wurde bereits in der Paddelbeschreibung der Biese berichtet.

Von der umgebenden Landschaft ist beim Paddeln nicht viel zu entdecken, da den Fluss ein etwa zwei Meter hoher Deich umgibt. Auch das Anlanden ist schwierig, da Schilf und andere Gräser weit in den Aland hineinreichen. Da, wo es dann wegen der Uferbeschaffenheit möglich wäre, gibt es ein Uferbetretungsverbot. Wer rasten möchte, sollte dies in der Nähe von Brücken tun. Der Deich ist meist wenig bewachsen; in Ortsnähe treten aber auch kleine Weidenwäldchen bis an den Fluss heran. Die Strömung ist recht flott; schneller, als man es bei einem Wiesenfluss erwarten würde. Bei zwei Fahrten im Abstand von vier Wochen hatte sich auch der Wasserpegel stark verändert; beim zweiten Mal war er etwa 60 cm bis 70 cm gefallen.

Grau- und Silberreiher waren häufig zu erblicken, ebenso wie große Schwanfamilien. Ein lautes Platschen war manchmal zu vernehmen; ob es jedoch der Biber oder der Bisam verursachte, konnte nicht erkannt werden.

Schnackenburg, das Ziel der Paddeltour, liegt bereits in Niedersachsen. Zu Zeiten der deutschen Kleinstaaterei mussten hier die Elbeschiffer auf die von ihnen transportierten Waren Zoll bezahlen. Jahre später befand sich bis zur Wende in Schnackenburg die Kontrollstelle zwischen Ost und West für den Transit- und Wechselverkehr der Elbeschifffahrt. Schnackenburg ist ein hübsches Städtchen – übrigens das kleinste in Niedersachsen – mit schönen Fachwerkhäusern und der St. Nicolai-Kirche. An die deutsche Teilung erinnert das Grenzlandmuseum im alten Fischerhaus. Östlich des Hafens befindet sich ein Aussichtsturm, von dem aus man einen schönen Ausblick über das Elbtal und den Aland genießen kann.

Bei Umsetzen wurde in Krüden „Bei Michele" (www.cafe-bistro-michele.de) angehalten und vortrefflich gespeist: Es gab schmackhafte und große Portionen.

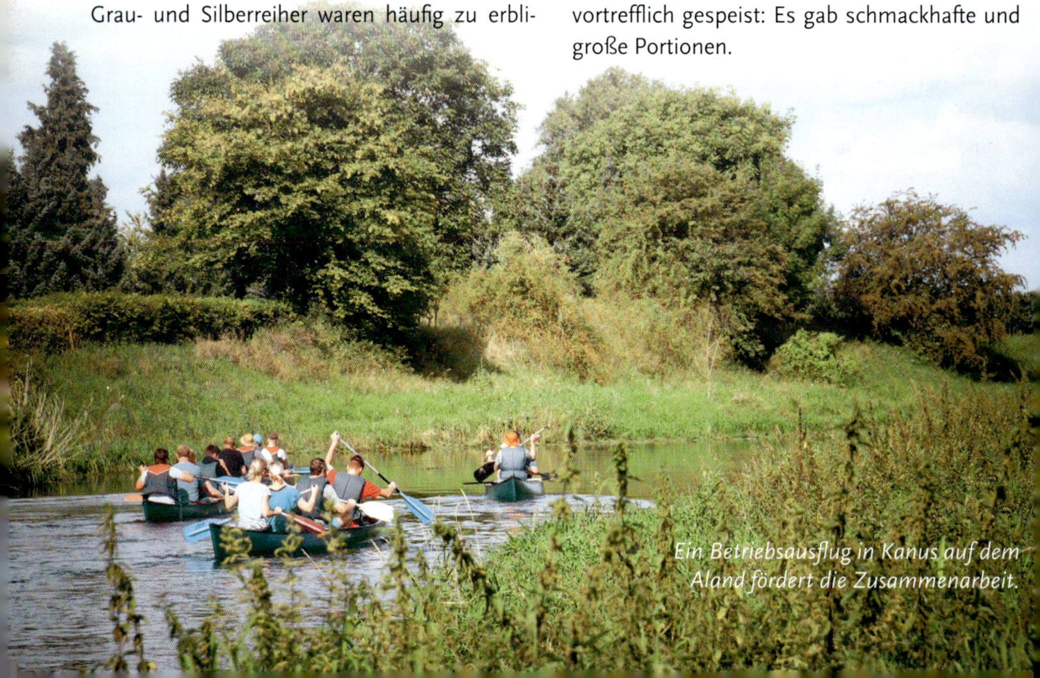

Ein Betriebsausflug in Kanus auf dem Aland fördert die Zusammenarbeit.

Tourensteckbrief

Paddelstrecke
VVon Seehausen nach Schnackenburg, ca. 26 km.

Charakter
leichter, meist eingedeichter Kleinfluss mit Krautsperre(n), im Sommer viel Entenflott und Kraut (beste Zeit: Frühjahr, Herbst).

Befahrungsregelungen
Uferbetretungsverbot zwischen der Straßenbrücke Wahrenberg – Scharpenhufe und der Wegebrücke 2,5 km vor Schnackenburg, Befahrungsverbot vom 01.03. bis 30.06. eines jeden Jahres zwischen der Wegebrücke 2,5 km vor Schnackenburg bis 0,7 km vor der Mündung in die Elbe.

Ein- und Aussetzstellen
Seehausen, Brücke K1020, vor dem Mühlentor (52.9006,11.7549)
Schnackenburg, bei Elbekilometer 474,6 (53.0386,11.5678)

Zurück zum Einstieg
Fahrrad in Schnackenburg abstellen und nach der Tour zurück über einige kleine Dörfer (u.a. Wanzer, Pollitz, Scharpenhufe) nach Seehausen, Shuttleservice Kanustation Gartow.

Optionen, Schlechtwettertipps
Paddeltour auf der Elbe, Radtour entlang der Elbe.

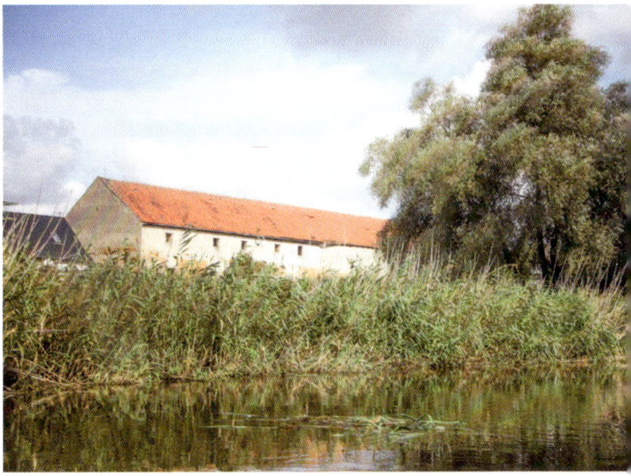

Eine der beiden großen Voßhofer Scheunen.

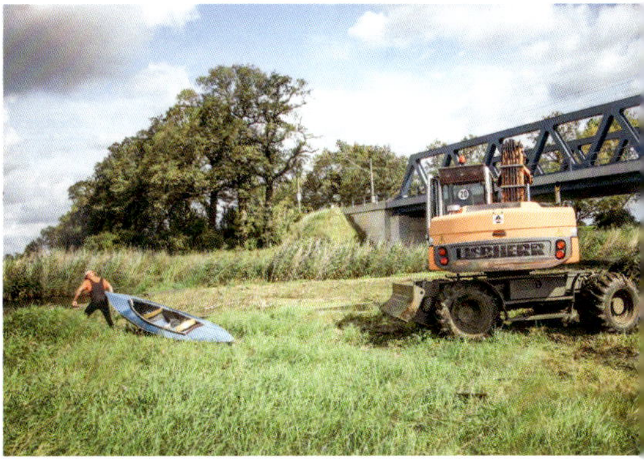

Der Faltbootzweier muss mühsam umgesetzt werden.

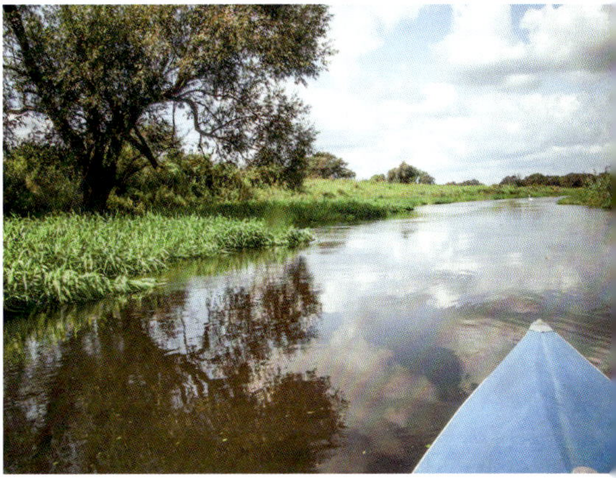

Begegnung mit einem Schwan.

Tourbeschreibung Großer Goitzschesee

km 0 - Seehausen, Brücke der K1020

Am nördlichen Ortseingang von Seehausen auf die K1020 Richtung Wegenitz abbiegen. Gleich hinter der Alandbrücke nach links abbiegen. Dort gibt es eine Zufahrt zum Fluss. Das Auto nach dem Einsetzen auf der gegenüberliegenden Brü-

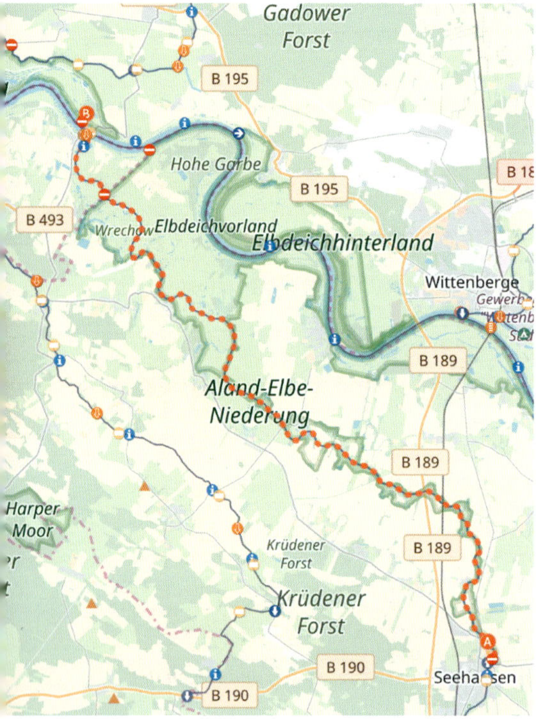

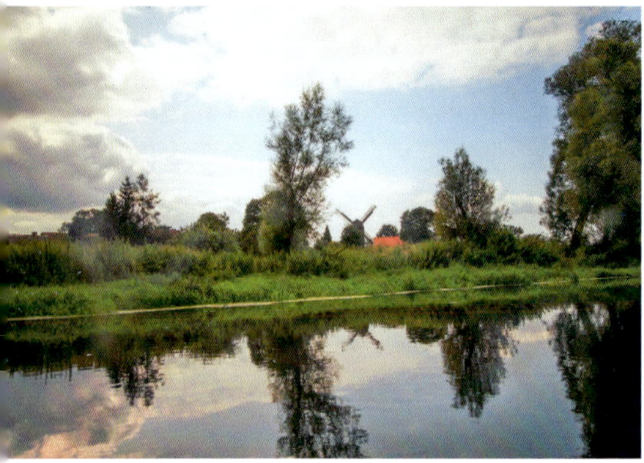

In Wanzer gibt es eine Bockwindmühle.

ckenseite abstellen. Die Einsetzstelle kann etwas schlammig sein.

Der Wiesenfluss hat eine angenehme Strömung von etwa 2 bis 3 km/h, so dass man auch mal das Paddel ruhen lassen kann und trotzdem vorwärts kommt. Von links kommt nach 100 m der Stadtgraben hinzu, bringt aber nur wenig Wasser.

km 2 - Voßhof

Nach zwei Kilometern tauchen links zwei große Scheunen auf, die zum Ort Voßhof gehören. Hinter dem Dorf gibt es links einen Rastplatz. Wer sich auskennt, kann hier auch ein- oder aussetzen. Der Weg hierher ist allerdings nicht leicht zu finden. Nach einigen Kilometern Paddelei durch eine flache Wiesenlandschaft taucht voraus eine hübsche Eisenbahnbrücke auf. Das Unheil sieht man erst, kurz bevor man die Brücke passiert: eine Krautsperre. Ein Bagger ist gerade dabei, den angetriebenen Krauthaufen ans Ufer zu befördern. Ein Versuch, sich rechts durchs Hindernis zu kämpfen, scheitert. Also auf der linken Uferseite aussteigen und das Kanu mühevoll umtragen. Ein Bootswagen bietet wegen des unebenen Uferbereiches keine große Hilfe. Nun folgen in geringem Abstand zwei weitere Straßen- und eine Eisenbahnbrücke. Rastplätze sind auf dem Aland rar; das Anlegen ist wegen des bis in den Fluss hineinreichenden Bewuchses kaum möglich. Erst kurz vor der Straßenbrücke Wahrenberg – Scharpenhufe findet man am linken Ufer einige günstige Anlandestellen.

km 11,5 - Straßenbrücke Wahrenberg – Scharpenhufe

Ab hier besteht auf den folgenden 12 km ein beidseitiges Uferbetretungsverbot. Ob dies auch im Bereich der Brücken gilt, konnte nicht in Erfahrung gebracht werden. Eine Gruppe Kanuten hat jedenfalls links an der Fußgängerbrücke Pollitz (ca. km 14) ihre Fahrt beendet. Auch hier ist die Zuwegung zum Fluss schwer zu finden.

km 19 - Wanzer, Wegebrücke

Kurz vor Wanzer wird der Uferbewuchs dichter. Weiden und Erlen lassen kaum einen Blick aufs Ufer zu. Trotzdem tauchen ab und zu der markante Kirchturm von Wanzer und die Silhouette der Bockwindmühle auf. Gut drei Kilometer hinter Wanzer ist das wuchtige Alandsperrwerk zu überwinden. Meist steht es offen, so dass es einfach zu

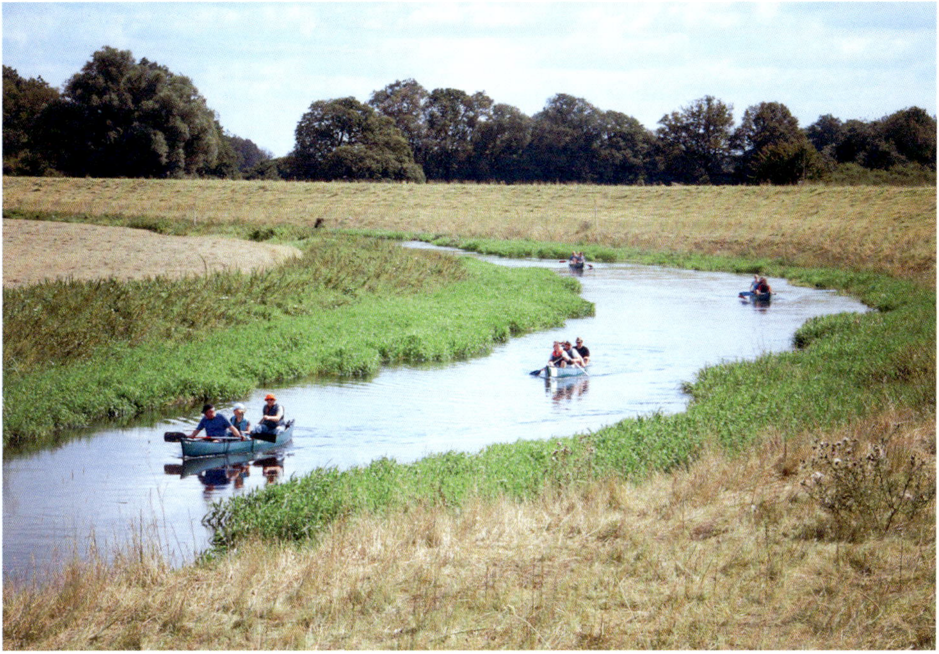

Nur selten findet man zum Rasten eine Stelle, an der das Anlanden nicht verboten und wegen des meist dichten Uferbewuchses möglich ist.

durchfahren ist. Sollte es geschlossen sein, kann es beidseitig umtragen werden. Wenige hundert Meter weiter kündigt eine Wegebrücke das Ende des Uferbetretungsverbotes an; dafür ist ab hier die Weiterfahrt zwischen dem 01.03. und 30.06. eines jeden Jahres generell verboten. Das heißt, innerhalb dieses Zeitraumes muss die Fahrt hier beendet werden. Bei der Weiterfahrt sind nun die erhöht auf dem Deich stehenden Häuser und die Kirche von Schnackenburg zu erblicken. Es sind jedoch noch 2,5 km zurückzulegen, bevor hinter einer leicht baufälligen Brücke der Schnackenburger Hafen erreicht ist. Links am Bollwerk entlang fließt der Aland zur Elbe. Dort kann kurz vor der Fähre ausgesetzt werden. Die Zufahrt zu dieser Stelle mit dem Auto ist nur Fahrzeugen erlaubt, die zur Fähre wollen. Man muss die Boote somit ein paar Meter bis zum Markt tragen.

km 26 - Schnackenburg, Elbekilometer 474,6

ADRESSEN UND INFOS

Übernachtungen und Gastronomie in Wassernähe

Seehausen:

- Ratskeller
- Hotel Alanda

Schnackenburg:

- Hafencafé Felicitas (Ü,G)
  www.cafefelicitas.de
- Ölmanufaktur Dreyer (Ü)

Kanu-Verleih, organisierte Touren

- **Klein Rossau:** Bootsstation Rossau
  Tel.: 039392-8 16 74
- **Dobbrun:** Mathias Katz
  www.hunde-katz.de
- **Gartow:** Kanustation Elbtalaue Gartow
  www.kanustation-gartow.de

Aland

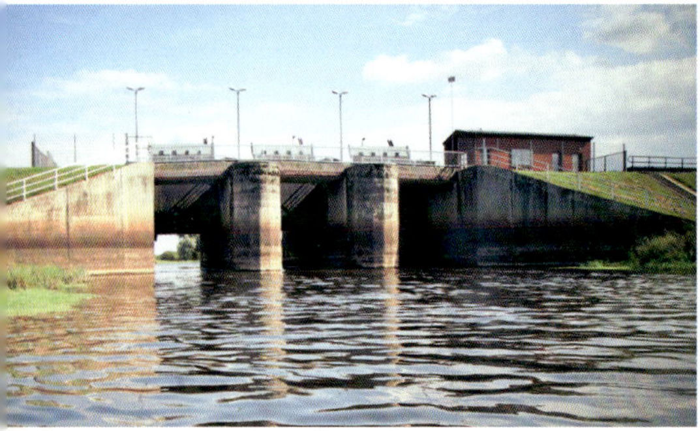

Das Alandsperrwerk steht meist offen und kann dann durchfahren werden.

Auskunft, Internetadressen

Seehausen: Tourist-Information Seehausen
Arendseer Straße 6, 39615 Seehausen
Tel.: 039386-5 47 83
info@stadt-seehausen.de
www.seehausen-altmark.de
www.gartow-erleben.de
www.museum-schnackenburg.de

Karten, Bücher, Literaturtipps

- DKV-Gewässerführer Ostdeutschland
- bikeline-Radkarte Altmark West

Sehenswertes

Seehausen: Kleinstadt mit Überresten alter Stadtbefestigung, Beuster Tor, gotische, doppeltürmige Backsteinkirche mit romanischem Backsteinportal, Turmuhrenmuseum.
Schnackenburg: Grenzlandmuseum, Kleinstadtzentrum mit Kirche und Fachwerkhäusern, Aussichtsturm